思考與解讀

李殿仁学术报告新选

国防大学出版社

图书在版编目(CIP)数据

思考与解读:李殿仁学术报告新选/李殿仁著.—北京:国防大学出版社,2014.12

ISBN 978-7-5626-2269-7

Ⅰ.①思… Ⅱ.①李… Ⅲ.①李殿仁—文集 Ⅳ.①Z427

中国版本图书馆 CIP 数据核字(2014)第 301971 号

书　　名:**思考与解读:李殿仁学术报告新选**
作　　者:李殿仁
出版发行:国防大学出版社
地址邮编:北京市海淀区红山口甲 3 号(100091)
电　　话:010-66772856
责任编辑:仇裕国
印　　刷:北京市凯鑫彩色印刷有限公司
开　　本:710×1000 毫米　1/16
字　　数:400 千字
印　　张:32
版　　次:2014 年 12 月第 1 版第 1 次印刷
定　　价:58.00 元

说明 FOREWORD

退出领导岗位后，本可安心休息，没想到，许多单位和朋友还是按照“惯性”，时常邀我参加各种社会活动，或讨论发言，或登台讲课，或接受采访。时间长了，积累的资料就越来越多，有些还被报刊择要发表，获得不少褒扬和鼓励。一些热心的朋友劝我把近年来的讲稿结集出版，我都婉拒了。原因有二：一是感到水平不够，讲了就算了，没必要出书；二是怕搭了工夫，招惹闲话，出力不讨好。后来，索要讲稿者日多，打印寄送也很麻烦，特别是，有的领导同志也劝我，还是出版一下好，这不是个人的事情，而是一种政治责任，在更大范围汇报交流自己的学习体会，也是在党言党、在党忧党、在党为党的义务。我仔细一想也有道理，于是，就从中选了 20 多篇汇编成册，供有兴趣有时间的同志茶余饭后消遣之用。

这些报告的题目都是邀请者出的，大多是应当时形势所需，属于命题作文，听众需要听什么就讲什么。但无论讲什么，熟悉的还是不太熟悉的，我都进行认真准备和深入思考，只要时间允许，还会在一定范围征求意见，力求准确、深刻、生动，“随意”而不“随便”，“离稿”但不“离谱”。说的虽是我之所思、所感、所悟，但这些讲稿的形成不是我一人所为。备课过程中，得到了许多同志的热心帮助，有的帮我查找核对资料，有的与我探讨观点、选择事例、推敲文字，所以，它又是集体劳动的成果。

为了尊重历史，每课都原文照收，未作改动，因此，反映的是当时的历史背景和认识水平。许多课不只在一个单位讲，讲课对象变了，联系的实际、语言的运用也会有相应的变化，但总的框架、主体内容和观点保持一致。出版时，根据多次录音综合整理，在保持口语风格的基础上，对事例进行了对比筛选，对文字进行了推敲润色。

值此出版之际，向所有在备课和出版中给予各种帮助的同志表示衷心的感谢！

李殿仁

二〇一四年十一月

目录 CONTENTS

附录：

关于我国周边安全形势及其对策的思考*

经过三十多年的改革开放，我国的经济社会发展已经站到了一个新的起点上。党的十八大的胜利召开，标志着我们党和国家的事业进入了一个新的发展阶段。以习近平同志为总书记的党中央主政以来，给中国政坛、给全国人民、给世界公众带来一股新风。习主席以纠风开局，以发展为要，以民生为本，稳中求进，领导全党全军和全国人民推进中国特色社会主义各项建设，取得了阶段性的成果。最明显的是从中央到地方，领导带头端正风气，密切联系群众，遏制了腐败，伸张了正义，赢得了民心。有了民心就有了方向、有了力量、有了信心。以前大家反映，几十个红头文件管不住一张嘴。这次不同了，一个八项规定就取得了明显效果。形式主义、官僚主义、享乐主义、奢靡之风得到了有效纠正，至少遏制了发展蔓延的势头。清风正气得到支持、伸张和发扬。

为什么效果这么明显？我看主要经验有三条：一条是领导带头，从中央做起，层层做好样子；第二是发动群众，群众监督、网上举报等起到了重要作用；三是动真格的，过去也讲领导带头，也号召群众监督，但说得多做得少，甚至说一套做一套，群众举报了也没人处理。现在有些领导干部特别是搞不正之风的人感到不舒服了，

* 根据 2013 年在空军某疗养院和北京交通大学 EMBA 班等处的讲课录音整理。

广大群众感到大快人心，这是社会健康运行的标志。今年以来，党中央国务院先后召开中央宣传工作会议、中央组织工作会议、中纪委全会、全国经济工作会议，对党的各项工作进行了全面部署。特别是深入开展党的群众路线教育实践活动，中央政治局带头整顿作风，深入各联系点调研，使思想作风焕然一新。由此推动经济建设稳步前进，政治建设扎实有效，文化建设繁荣发展，社会建设全面加强，生态文明建设更加进步。习近平、李克强等中央领导同志先后出访若干国家，参加一系列国际会议，鲜明地阐明我们的内外政策，开展了富有成效的外交活动，我们的国际地位和国际影响力空前提高。中国共产党和中国人民的道路自信、制度自信、文化自信和理论自信更加坚定。11 月份，我们党将召开十八届三中全会，专门研究部署深化改革问题，相信将迎来一个改革开放和全面建设的新高潮。但是，我们的发展并不是一帆风顺的。前进的道路上充满困难和挑战，还会遇到来自各方面的干扰。所以，我们要打起精神，瞪起眼睛，清醒地分析形势，积极应对挑战。今天我主要和大家交流两个方面的内容：一是我国安全形势面临的主要挑战；二是我国安全的应对之策。

一、我国安全形势面临的主要挑战

首先要清醒地认清形势。十八大具体地提出了两个一百年的目标：在建党一百周年的时候，全面建成小康社会，实现国内生产总值和居民人均收入比 2010 年翻一番；在建国 100 周年的时候，基本实现现代化。中国人民正在中国共产党的领导下，沿着中国特色的社会主义道路阔步前进，并且再三申明，中国走的是和平发展的道路。

但是，形势的发展并不是以人的意志为转移的。你想和平发展，有的人就是不让你顺顺利利地发展。和平可以，发展不行，或者说和平发展可以，但是要在合乎我的战略和利益的前提下和平发展，否则就给你制造麻烦，设置障碍，进行干扰。大家知道，和平和安全是两个概念。不打仗是和平，叫干啥就干啥，唯命是从当然能和平，但没有尊严。比如，历史上宋朝很富裕，《清明上河图》是大画家张择端的名作，展示的就是当时京城东京汴梁的繁荣景象。宋徽宗的文化修养很高，诗词歌赋样样精通。可就是这个大宋朝武备不行，屡受外部侵略，不仅丢了半壁江山，连皇帝也做了俘虏。和平安全的内涵外延是十分清楚的。要自由、要尊严、要有自主性就叫安全。没有尊严的和平是屈辱的和平，是没有安全的和平。只有安全的自由的和平才是最可靠的和平。所以，我们要和平发展，还要安全发展，安全发展是科学发展的题中应有之义。

当然，这个安全不是社会管理和生产管理层面的，而是按照我们的根本利益、共同愿望的发展。老实讲，就目前的形势分析，世界上没有哪个国家敢对我国发动大规模侵略战争，也没有哪个国家愿意与我国发生大规模的军事冲突，亡国灭种之虞可以说离我们越来越远，我们的生存安全目前讲还是比较可靠的。尽管国际上的反华势力和国内的敌对势力相互勾结、制造分裂、破坏稳定，挑战我们党的领导和社会主义制度，但我看很难成气候。只要我们头脑清醒、处置得当，敌人的图谋很难得逞。因为搞分裂制造动乱是不得人心的，广大人民群众不会答应。党的领导、社会主义制度是我们党经过几十年的艰苦奋斗得来的，是把马克思主义基本原理和中国具体实践相结合得来的，是总结了中国和外国多层次的经验教训得来的。不要共产党领导，谁来领导？至少目前还没有哪个党能取代中国共产党。中国特色社会主义道路是历史的选择、人民的选择、正确的选择。正如习近平同志讲的："鞋子合适不合适，只有穿在自己脚上才知道。"我们这条路才走了几十年，就取得了资本主义300多年取得的成就，就这一条，就证明了它的正确性。当然，这条路是一条崭新的路，都没走过，一边走一边探索，在这条路上，还有许多新的矛盾、新的问题需要我们去化解、去解决。比如，发展不平衡的问题，收入差距过大的问题，消极腐败的问题，民生欠账太多的问题，等等。这些是我们内部的问题，我们要好好解决。但是，这类问题哪个国家都有，尤其是从农业经济向工业经济转轨过程中，旧的方式已经过时，新的秩序尚未建立起来，都有一个过渡期。庆幸的是，我们的党中央对这个过渡期的阶段性特征，阶段性呈现的机遇和挑战，思想是清醒的，及时提出了一些方针、政策和办法，并且取得了一定成效。这些问题解决得越好，越能证明社会主义制度的优越性。社会主义就是解决社会的问题，社会是人的社会，人是社会的人，说到底，就是要解决大多数人的问题。这是社会主义的本质，解放和发展社会生产力，消灭两极分化，实现共同富裕。这条路是历史发展的必然趋势。但趋势只是方向，并无现成经验可以借鉴，真正走这条路并不容易。除了要战胜底子薄、人才缺、资源少、科技水平低的困难，还要克服经验的不足，经验不足就难免犯错误，还要关注各种不安全因素，排除各种干扰，创造良好环境，确保安全发展。发展和安全是我国面临的两大现实问题，站在人民的立场上制定路线方针政策，需要妥善处理这两大关系，确保发展不受干扰、安全不受威胁，确保安全发展。如果用新安全观来观察，有政治安全、经济安全、文化安全、军事安全，再一个层次有网络安全、粮食安全、金融安全等。

今天主要讲讲传统安全问题、周边安全问题，就是我们发展中应对外来干扰和周边捣乱的问题。

我们面临的安全挑战是多方面的，周边也是多方向。西南的印度、缅甸问题，西北的东突和三股势力问题，还有大家常讲的“四海”（台海、东海、南海、黄海）问题。因为时间关系，这里主要讲三个方面：一是美国直接遏制；二是中日钓鱼岛之争；三是南海争端。这三个方面的威胁，归根到底都是美国因素。

（一）美国调整军事部署，直接遏制中国和平发展

随着中国实力的迅速提高，中美之间的结构性矛盾更加凸显出来，不仅意识形态分歧严重，而且美国从根本上就不允许中国接近和挑战美国的霸权。一个最著名的例子就是奥巴马悖论。奥巴马作为美国总统、美国的精英，他和他的政府都在不遗余力地呼吁、诱导中国走西方的所谓自由民主道路。但是，就在前不久，一年前，奥巴马说："如果中国也过上我们西方那样的生活，那将是世界的灾难。"这就是著名的奥巴马悖论。这个悖论最深刻地反映了中美两国的结构性矛盾是不可逆的。他为什么让你走西方道路呢？因为这符合中国老百姓的利益，这是他说的，中国老百姓往这条路上走，才能走向民主、富裕、文明。但是他又说了，如果真是这样的话，那就是个灾难，绝对不允许。他说世界就那么多资源，中国人和美国人一样生活，世界资源就枯竭了，那是灾难性的，所以绝不允许、绝对避免。

美国和我们过不去由来已久。我这里不是指美国人民，绝大多数美国人民对中国是友好的，即使有些误解，也可以化解、达成共识。但是，那些代表垄断资产阶级利益的反华势力是顽固不化的，很难沟通。首先是意识形态、世界观价值观有很大分歧。他们骨子里反对共产主义、反对共产党，而且发誓消灭共产主义、搞垮共产党。这不是保密的，是公开的。许多人说这是结构性矛盾。美国绝对不愿意看到一个社会主义中国发展起来，更怕你强大起来。这是从社会制度和意识形态讲的。还有一条，就是绝不能允许挑战它的霸主地位。你搞社会主义不行，搞资本主义也不行。苏联原来搞社会主义，美苏两大国争夺霸权，所谓冷战，就是美苏搞起来的。后来苏联解体了，本该满意了，俄罗斯搞的是资本主义，但美国并没有放过它，还是千方百计地干扰它甚至要颠覆它。所以，对美国反华势力的本质要有清醒的认识，它对中国是矛盾心理，希望你发展，

你不发展怎么买它的股票？怎么供应它产品？怎么给它提供市场、提供服务。所以它说欢迎中国发展、希望中国发展。但又怕你发展太快，怕你发展起来挑战它的霸主地位。最新的事例，11 月 4 日美国航天局将在加州主办一场国际天文学会议，主要讨论寻找太阳系以外星球的生命迹象。就是这么一个纯学术性会议，美国人也以禁止中美航天合作的“沃尔夫条款”为由，不让中国人参加，要封杀中国学者。这引起了世界许多国家科学家的反对，认为美国这种把学术性、科研性活动政治化的做法是极其错误的，连美国航天局长博尔登都认为这样不妥，要求纠错。美国就有那么一些人主张发展可以，但要纳入它的轨道，按着它的意图和摆布发展。别说中国，它对它的铁哥们，对欧洲，同样是鼓励和限制两手并用。欧盟搞了货币统一，国与国的交易减少了许多烦琐的手续，发展速度和效益大大提高，美国看到，感觉很不舒服，就千方百计把欧盟搞垮。如果欧洲团结起来，欧盟成了气候，先是货币统一，搞欧元区，逐步走上经济一体化、政治一体化，将是很大的力量，会对美国霸权形成挑战，所以它照样不允许。要说价值观、社会制度，欧美是一致的，但它还是限制你发展。这就应了一句世界名言：“只有永恒的利益没有永恒的友谊。”

美国的战略文化比较深厚，战略筹划能力很强。这既是美国维持霸权的保证，又反映了美国政策适用得当。美国战略主要包括全球战略、国家战略和地区战略三个层次。如果单从安全上分，第一个层面是国家战略，由总统发布；第二个层面是防务战略，由国防部长发布；第三个层面是军事战略，由参谋长联席会议主席发布。据美国国防部战略研究机构透露：“美国战略移到亚太地区，这一战略的核心即实施对华围堵遏制，它分为三大战略组成部分：对华地缘军事战略；对华政治外交战略；对华经贸战略。其中对华经贸战略是为了配合对华政治外交战略，而对华政治外交战略是为了配合对华地缘军事战略，三大战略组成部分紧密配合，中心是对华实施围堵遏制。”关于对我们实施和平演变战略，在经济政治文化上的渗透，因时间关系我不细讲，只讲讲美国要高调重返亚洲，这件事足以说明美国的战略图谋。

我理解，美国重返亚洲、经略亚洲，既是它全球战略的重大调整，也是遏制中国发展的重要举措。说它是全球战略的调整，本来小布什一上台，就宣布主要对手是中国。因为苏联解体了，东欧剧变了，世界舆论也认为社会主义该寿终正寝了。当时就到处唱衰中国，宣扬中国崩溃论。结果，2001 年发生了“9·11”事件，美国就把注意力放在了反恐上，之后又发生了伊拉克战争、利比亚战争，还有阿富汗战争，美国人的战略重点就放在反恐上了。再加上当时在反恐、防止核扩散、朝鲜半岛问题上，美国需要中国配合，有些事想借助中国，中美关系暂时缓和下来。但不久发现中国发展很快，就又鼓噪“中国威胁论”，搞了半天没有市场，又讲“中国责任论”，要中国协助它维持美国主导下的世界秩序，担负更多世界事务。这段时间倒给了中国一个良好的机遇。当时的东盟各国、欧洲各国对中国发展普遍看好，主动调整同中国的关系，从中国经济发展中得到好处。也确实得到了好处，包括日本、韩国，还有我们的台湾，都觉得中国发展为它们提供了市场、提供了服务，它们的资金、技术、人才、劳动力都在中国找到了用武之地，它们都在中国发展过程中得到不少好处，沾了中国发展的光。结果呢，没想到中国发展速度太快，到了 2010 年 GDP 一下子超过了日本，跃升世界第二，虽然只是美国的五分之二，但经济总量达到了 40 多万亿人民币，接着 2011 年 47 万亿，2012 年 51 万亿，还有 3 万多亿美元的外汇储备和 1.3 万亿的美国国债。同时，中国成为世界上第二大进口国，第一大出口国，第一制造大国。美国人感到不舒服了，日本人也不舒服了，周边一些国家也开始担忧了。美国人担心中国真正崛起了，会不会主导亚洲事务，把美国人挤出去，甚至在世界上加大话语权，挑战它的霸主地位。这个时候美国把伊拉克收拾了，把利比亚也收拾了，阿富汗也撤军了，就开始战略东进了，提出要重返亚洲、经略亚洲、平衡亚洲。谈经济少了，谈军事多了，把战略安全提到了比经济贸易和外交更重要的位置。

美国称霸全球，从军事力量上看是两个层次：一是盟国策略，借助盟国力量达成自己的战略目标。大家都看到了最近还在举行的美日韩联合军事演习，其中目的之一就是显示和加强它的军事同盟关系。二是美军直接战略部署。美国新军事战略白纸黑字写着，“美战略优先事项和国家利益将越来越多集中在亚洲地区”，提出强化美在亚太地区的军事存在，发挥美在制定地区行为规范和应对地区安全挑战方面的主导作用。一个是，完善兵力布局，加紧完善以关岛为中枢，第一岛链固北强南，三条岛链紧密衔接，太平洋与印度洋整体联动的亚太兵力布局。计划2020年前将太平洋与大西洋的海军战舰比例由目前的5∶5调整为6∶4，保持东北亚的军事势力，强化东南亚和扩大利益军事存在。二是把最新装备首先布置到亚太地区，计划在西太平洋部署F－22隐形战斗机和濒海战斗舰等先进武器装备。三是加强演练和侦察，美在亚太地区演习数量多、规模大，实战性针对性加强。近年来年均50余次，差不多月月有演习，多次演习以我为假想敌。与此同时，加大对我侦察监视力度，覆盖的区域以南海、东海为重点，还大量运用“全球鹰”无人机等新型的先进装备对我侦察。世界上有一种舆论，美国称霸世界有两大支柱：一是美元，二是美军，这两条对中国都发挥了作用，都获得了效益。

美国一重返亚洲，亚洲的许多国家就赶紧在中美两大国中选边站队，想借中美摩擦捞好处、占便宜。这些大家都看到了。这些国家的基本战略，就是经济上和中国拉关系，安全上靠美国当大树。美国一来，就把几十年刚刚调整的相互适应的亚洲各国的和平局面、安全局面、友好局面搅乱了。陆上的如印度、缅甸，包括蒙古，美国一插手都和中国闹别扭了。这个大家从媒体上都看到了，不细说了。

（二）利用钓鱼岛冲突，加剧中日矛盾

钓鱼岛问题，既是日本右倾化的产物，也是美国利用中日矛盾遏制中国的图谋。一炒作，加剧了东亚、中日之间的紧张关系。钓鱼岛距琉球群岛约73海里，但相隔一条很深的海槽。钓鱼岛列岛由钓鱼岛、黄尾屿、赤尾屿、南小岛、北小岛和三个小岛礁组成，总面积约6.3平方公里。钓鱼岛最大，面积4.3平方公里，海拔约362米，东南侧山崖陡峭，呈鱼叉状，东侧岩礁颇似尖塔，岛上长期无人居住。但它并不是无主之地，从15世纪初我们就发现了钓鱼岛，并划归台湾管辖，当时日本是承认的。1879年日本吞并琉球后，吞并了钓鱼岛。1894年前，冲绳政府多次上书日本政府，企图把钓鱼岛从版图上划归日本，但慑于清政府的反应，不敢设立国家标桩。1894年甲午战争清政府失败，1895年清政府与日本签订《马关条约》，将台湾及附属岛屿割给日本，钓鱼岛列在其中，直到1945年日本战败，被日本占领50年。1943年12月的开罗宣言，1945年7月的《波茨坦公告》，都明确规定日本必须归还所占领土，包括钓鱼岛。开罗宣言写得明明白白："日本所窃取中国之领土，例如东北四省、台湾、澎湖群岛等，归还中华民国。其他日本以武力或贪欲所攫取之土地，亦务将日本驱逐出境。"这期间有一个插曲，就是1945年二战结束以后，美国总统罗斯福两次向蒋介石提出，把琉球群岛还给中国，条件是让蒋介石派孙立人带上10万人去日本作占领军，中国派兵，美国派领导，成立一个占领机关，蒋介石没同意。后来，美国又降低条件，去五万人也可以，蒋介石还是没同意。这个机会就错过去了。蒋介石不要，可能有他的考虑，主要是想拖住美国人，帮他打共产党、反攻大陆。美国人一看蒋介石不要，就自已占领了，把它的海空军基地部署在这个地方，作为一个非常大的军事基地驻在这里，并把钓鱼岛作为基地的靶场。美国人一直观察，未来中国和日本谁有可能成为美国的盟友，就把这地方交给谁。

新中国成立以后，中国的政治生态发生了变化，中美双方在朝鲜战场上大打出手，成为势不两立的对手，美国看到这个情况，新中国和苏联搞社会主义、共产主义，显然不是它的盟友，而蒋介石力量太弱，过去给他他没有要，就认定日本成为它的盟友。1951 年美国避开中国，与日本签署《旧金山和约》托管琉球，裹挟钓鱼岛，日本人把琉球改名为冲绳，这时候还是托管，没说主权归谁。1971 年 6 月，美日签署“归还冲绳协定”，将琉球和钓鱼岛“施政权”交给日本，当时中国政府提出严重抗议，美国马上澄清，声明说：“把原从日本取得的对这些岛屿的施政权归还给日本，毫不损害有关主权的主张。美国既不能给日本增加在它们将这些岛屿施政权移交给我们之前所拥有的法律权利，也不能因为归还给日本施政权而削弱其他要求者的权利。……对此等岛屿的任何争议的要求均为当事者所应彼此解决的事项。”这就是美国反复标榜的主权问题上美国不持“立场”。

实际上，美国立场是有偏向的，不持立场你怎么不交给中国而交给日本啊？琉球群岛还可以另当别论，因为它原来是一个独立的小国，既不属日本，也不属中国，只是中国的一个藩属国，因为当时中国很强大，琉球人自称是华人，向中国皇帝称臣朝贡，官方语言是汉语，日本人也称他们为华人。但钓鱼岛主权非常明确，它是台湾管辖的岛屿，理应和台湾一起交还中国。把钓鱼岛划到冲绳是日本人干的，是美国支持的。特别是中日发生钓鱼岛争夺时，美国人一方面说在主权问题上不持立场，让你们自己商量解决，一方面又说钓鱼岛主权适应美日安保条约，这不明显地站在日本一边吗？

钓鱼岛大陆架海域有丰富的油气资源，有三个比大庆油田还大的油田和其他矿源，有可供我们使用80年的锰、300年的钴、30年的镍，以及丰富的渔业资源。钓鱼岛有重大的地缘战略意义。一旦属日本，我们将被迫接受日本以中间线划分大陆架的无理要求，更为严重的是，美日军事同盟将试图把我们封死在中间线以西，我们的战略空间会被大大挤压。一旦日方在岛上建立远程预警雷达，则不仅可监视台湾北部，而且可以监视我国东南沿海各地。如果真的日本占领了钓鱼岛，那么，二战后开罗宣言、波茨坦公告有关日本的条文就失效。二战历史就要重新评价，这一点也是美国人有所顾忌的原因之一。日本人看到了这一点，就是要趁美国需要它充当反华先锋之机，翻二战侵略罪行的案。在钓鱼岛问题上搞了一系列动作，从石原和野田内阁串通投机搞购岛闹剧，到野田下台后安倍代表的右翼势力上台，又搞了一系列反华反人民的行动，让世人擦亮了眼睛。为了挑动修宪，安倍的副首相麻生甚至说可以学习希特勒纳粹党，不要经过国会，自己偷偷修改就行了，引起了轩然大波。最近安倍在纽约演讲时口出狂言：如果大家想把我叫作右翼的军国主义者，那就请便吧！这引起了包括日本国内人士的世界人民的强烈反对。这些具体情况媒体都报道了，因时间关系不细说了。有一点大家看得很清楚，就是我们在钓鱼岛问题上采取抓住机会后发制人的策略，已经取得了阶段性成果。日本人闹事，挑起事端是坏事也是好事，正好给了我们进一步宣示主权和海事巡逻的机会。现在已经打破了日本单方实际控制钓鱼岛的局面，我们的海监船可以抵近钓鱼岛几百米进行巡逻，我们可以不间断地连续地进行巡逻了，可以海空立体巡逻了。

（三）挑起南海争端，激化中国与南海周边国家的矛盾

美国重返亚太，明显的是针对中国，这搅动了平静的南海。南海自然海区总面积约为350万平方公里，包括南海主体海域、北部湾和泰国湾。南海海域纵跨约2000公里，东西横越约1000公里。

南海几乎整个被大陆、半岛和岛屿包围，北部邻接中国海南、广西、广东和台湾等省区，东侧与菲律宾群岛相邻，南部邻接马来西亚、文莱和印度尼西亚的一部分，西至越南、马来半岛、印度尼西亚部分领土。中国领土的最南点曾母暗沙位于南沙群岛最南端，北纬3°58′，东经112°17′。南海四周由许多海峡与太平洋和印度洋沟通，是东亚和东南亚国家与世界各国之间的贸易和海上运输的“生命线”，其中马六甲海峡被誉为南海与印度洋之间的“咽喉”。南海诸岛是位于南海的中国许多岛屿、沙洲、岩礁、暗礁、暗沙和浅滩等自然地形的总称，共有岛、礁、沙、滩等各种自然地形300多个。分布极广，南北绵延约1800公里，东西分布约900公里。按照这些自然地形的分布，中国历来将它们分成四大群岛进行管理，即东沙群岛、西沙群岛、中沙群岛和南沙群岛。根据1983年4月24日中国地名委员会受权公布“我国南海诸岛部分标准地名”，南沙群岛共计189个名称，其中包括群岛、岛屿14个，沙洲6个，暗礁134个，暗沙35个。

目前，东沙群岛在中国台湾的管辖下；西沙群岛在中国大陆的管辖之下；中沙群岛，除了黄岩岛外，均位于水下，处在中国大陆的管辖下；南海群岛，除了中国驻守的8个岛礁（大陆驻守7个，包括永暑礁、华阳礁、赤瓜礁、东门礁、南薰礁、渚碧礁和美济礁；台湾驻守南沙最大的岛屿——太平岛）外，其他40余个岛礁分别被越南、菲律宾和马来西亚等争端国所非法侵占。

南沙群岛自古以来就是中国领土。早在公元2世纪汉武帝时，中国人就已在南海航行、捕鱼，并发现了南沙群岛，三国时代《扶南传》已对群岛特征进行了描述，可以说我们是最早发现、最早命名、最早进行管辖行使主权的国家。唐代至宋代（618—1279年）将南沙群岛划归琼州都督府、琼管安抚都监台管辖。明宣德五年（1430年）郑和最后一次下西洋时的航海图，已将包括南沙群岛在内的南海诸岛列入中国版图，清代以后中国官方出版的大量史志和地图，都明确地将南海群岛列入中国版图并行使管辖。

1935 年、1947 年、1983 年中国政府曾三次调整，审定公布包括南沙群岛在内的南海诸岛的地名，充分体现了对群岛拥有的主权。南海群岛地处中国南部海域前沿，扼太平洋与印度洋海上交通要冲，位居菲律宾马尼拉湾和越南金兰湾之间，地近马六甲、望加锡等重要海峡，战略地位重要，历史上屡遭侵占。1867 年和 1883 年，英德先后派舰船侵入南沙海域非法调查勘测。1919 年至 1929 年间，日本连续在各岛勘测，并在太平岛、南子岛等岛上采掘鸟粪磷矿。1933 年法国派舰船入侵太平、中业和南威等岛屿和沙洲并公布占领，造成了“九小岛事件”，受到中国政府和人民的反抗和抗议。1938 年至 1945 年又被日本侵占。

日本投降后，当时的国民政府派第二舰队司令（后来成为共和国海军的副司令）林遵将军乘太平、中业两舰接收并派兵在太平岛驻守。当时在南海公布了 172 个岛礁的名字，并以 11 条断续国界线（后改为 9 条断续国界线）的形式，标清东沙、西沙、中沙、南沙及所属岛礁均属中国领土，所属海域均属中国领海和专属经济区。当时国际上都承认，也没有哪个国家提出异议。后来，经济发展了，科技发展了，人们有能力开发这些岛礁了，就出现了周边国家哄抢岛礁和资源的问题。从 20 世纪 70 年代以来，越南、菲律宾、马来西亚等国对南沙群岛提出了主权要求，并侵占了 30 余座岛礁。其间曾发生过两次海战。一次是 1974 年，当时越南尚未统一，南越集团在美国纵容下，悍然侵占我西沙群岛永兴岛，据说当时周总理请示毛主席打不打。毛主席坚定地说打，打好了给你们庆功。当时我们的装备比较差，就凭着一腔热血，凭着敢于斗争的精神，用的是 500 吨左右的扫雷舰、猎潜艇，打败了南越 1000 吨的护卫舰、驱逐舰。打仗时，我们海军官兵在军舰上甩起了手榴弹。这一仗打得很漂亮，才有了今天的局面。当时如果不是我们毛主席高瞻远瞩，定下决心，敢于出手，恐怕西沙永兴岛就落到越南人手里了。第二次是1988年3月，越南海军两艘武装舰船侵入赤瓜礁附近海域，并输送武装人员登礁，不顾礁上中国考察人员的劝阻，开枪打伤我考察人员，我海军舰船和陆上考察人员被迫自卫还击，取得了胜利，维护了中国南沙群岛的领土主权。

对于海上的争议问题，1972年中日建交时就遇到钓鱼岛问题。为了促成中日建交，当时周总理和日本首相田中角荣达成协议，先建交，后解决钓鱼岛问题。后来我们改革开放，为了集中精力搞经济建设，小平同志提出了“主权归我，搁置争议，共同开发”的主张。这个主张应该说是积极的善意的，对维护地区和平，加强与有岛屿争议国家的传统友谊和交往是起到了积极作用的。也便于我们创造一个良好的周边环境，集中力量把国民经济搞上去。但是，由于它是个协议性质的承诺，没有法律效率。中国老老实实遵守了，但东边的日本、南边的越南、菲律宾等不但不遵守，而且钻了空子，抢占岛屿，抢夺资源。越南占领了我岛礁29个，侵占我海域达117万平方公里；菲律宾侵占我岛礁9个，海域62万平方公里；马来西亚侵占我12个岛礁，海域23万平方公里。连文莱都侵占我海域5万平方公里。现在，在我南海海域有千余口海上油井，没有一口是我们的，每天采油15万吨，仅2010年，越南就开采石油2000万吨，文莱开采石油700万吨，菲律宾5万多吨，马来西亚2600万吨。越南同美、英、俄大石油公司签署合同，把南海划分为185个区块，与50多个外国公司联合开发。这些情况都已见诸报端，大家看了很气愤，说共同开发是人家开发，我们没开发；说搁置争议，是他占了的不提争议，你占了的他提主权诉求提争议，至于主权归我，有几年似乎不提了。

这回美国重返亚太，这些国家好像有了靠山了，又挺起腰来和我们搞摩擦，包括黄岩岛事件等，大家都看了电视，这方面情况不再重复。

我看我们的三个策略运用得比较好。第一是不惹事、不怕事。你闹事正好给我机会后发制人，钓鱼岛是这样，南海也是这样。南海一闹，我们成立了三沙市，命名了岛屿，宣布了巡航区域，开始着手开发石油。办法措施常常是被对手逼出来。黄岩岛过去菲律宾还经常出入，现在不行了，我们完全控制了。第二是严防声索国抱团联合。我们的方针就是和谁有争议、有矛盾就和谁谈判。坚决避免国际化，避免和我们有争议的国家抱团联合。实际上，他们的诉求也不一样，他们之间也有矛盾。但无论如何，我们坚持个案处理、分别对待、各个击破，这个方针既正确又有效。最近，我们又主动邀请东盟外长在北京开会，表示南海的一些岛礁之争不能影响中国和东盟友好大局。第三是善于利用他们和美国的矛盾。虽然在对付中国上他们有依靠美国的一面，但我认为，他们也绝不会把自己卖给美国。像越南，过去美国人支持南越，把越南分成南北对立的两个政权，是越南人民赶走了美国侵略军才实现了统一，他们还愿意再把美国引到越南去吗？过去菲律宾也是把美军赶出去，才实现了真正独立，难道他们还愿意再让美国人重返菲律宾吗？即使上层答应，老百姓也不允许。这里面的矛盾很多，我们要善于利用。

二、我国安全的应对之策

总体上，美国这么做是为了遏制中国。一是调整和加强美在中国周边的军事力量，强化日美、日韩等同盟国关系。二是挑拨中国与周边国家的关系，破坏地区区域化合作发展。

这就向我们提出了一个问题，出现这种局面的原因是什么，应该怎么应对。分析来分析去，问题的根源还是美国。美国实行的亚太平衡战略，打破了亚太地区尤其是东亚和东南亚地区的安全秩序，搅浑了地区相对平静的局面，使一些国家借机挑起事端、破坏现状，浑水摸鱼、谋取私利，在我周边制造麻烦，企图对我快速崛起形成战略牵制。找出问题的根源，有了正确的认识，这是政策的依据。基于这个分析，我们要做六件事。

第一，对形势要作出正确的判断

不管媒体如何炒作，也不管社会上怎么反映，我们必须冷静、客观地判断当前形势。是不是可以这样概括：我国周边的安全形势总体是稳定的，是在可控范围之内，虽有挑战和干扰，但不构成对我安全、发展和战略机遇期的全局性冲击和影响。和平、发展、合作仍是世界主流，亚太地区虽然不太平稳，还不至于出现像中东、非洲那样的动荡局面。我们的发展机遇期仍然存在，挑战因素虽有增加，但仍可控。因为我们的发展速度快，具备了一定的经济实力和社会影响力，一些国家感到很不适应，老实讲，我们自己许多方面准备也不足，对于发展过程中可能遇到的矛盾和问题，对于各方面的干扰和挑战，开始认识也不足，准备也不足，经验更不足，也有不适应的一面。我国正处在一个与域外大国及周边国家的战略摩擦期，经济竞争仍然激烈，军事竞争地位上升。陆海双向面临复杂局面，海洋方向矛盾更突出，集主权、安全和发展于一体，是我国周边安全的主要威胁方向。发生军事摩擦或冲突的可能性不能排除。陆地方向潜在安全隐患长期存在，但尚不构成对我重大现实威胁。我必须冷静观察、客观分析、积极应对。

第二，要鲜明地表明我们的立场态度

有三个态度要反复声明：第一，中国坚定不移地走和平发展道路。这是我们的政治观念和发展理念，我们坚定地走中国特色社会主义道路，就是和平发展之路、合作发展之路、共赢发展之路、共同富裕发展之路。中国现在虽然是第二大经济体，总量大，但人均少，中国仍是发展中国家，中国无意掠夺别人的财富，中华民族的光荣传统是以和为贵，强不凌弱，富不侮贫，大不欺小；中国永远不称霸，现在不称霸，发展起来也不称霸，所以，无意挑战别人的霸权地位。走和平发展之路，是我们全民族的共同选择，是唯一选择和正确选择。这个观点要大讲特讲，以解除友人的误解，揭露个别人的攻击和挑拨。

第二，“中国走和平发展道路，但决不能放弃我们的正当权益，决不能牺牲国家核心利益。任何外国不要指望我们会拿自己的核心利益做交易，不要指望我们会吞下损害我国主权、安全、发展利益的苦果。”这段话是习近平主席的原话，代表了全党全军和全国人民的共同心声，给人以信心、力量。为了和平，为了发展，为了争取良好的国际环境，在许多问题上，包括一些重大利益，我们可以让步，可以妥协，可以忍耐，但这个让步、妥协、忍耐是有限度的，是有原则的，谁也不要幻想我们会吞下损害我国主权安全、发展利益的苦果，任何侵犯我们的主权，破坏和中断我们发展的企图，我们绝对不能接受，不能容忍。不要低估我们捍卫核心利益的意志和决心。同时，也让对手了解我们的真实态度和坚定立场，以免误判形势，误下决心。

第三，我们要和平不要战争，要对话不要动武。这并不是我们惧怕战争，更不是我们不能打仗。慎战并不是不战，更不是怕战。我们的战略方针是积极防御，人不犯我、我不犯人，人若犯我、我必犯人。这是我们的一贯方针和策略。动武是最后手段，不轻易动武，但并不是我们不能动武。我们这支军队已经走过了 86 年的光辉战斗历程。听党指挥、能打胜仗、作风优良是我们的传统，也是我们建军的目标。我们是世界上直接同美国军队交过手并把它打到谈判桌上的军队。不怕压、不怕迫、不怕鬼、不怕魔、不信邪，是我们的一贯作风。1950 年，刚刚建国，百废待兴，我们敢出兵抗美援朝；1962 年，刚刚度过三年自然灾害，我们胜利地进行了中印自卫反击战；1979 年，刚刚纠正“文化大革命”的创殇，我们毅然决然地进行了中越自卫还击作战。现在我们的财力、物力、人力、武器装备、军人素质都有了相当大的提高，我们还怕打仗吗？老实讲，部队早就等得嗷嗷叫了，不要认为我们软弱可欺。这三个观点要反复讲、公开讲，使人家知道我们的鲜明态度和坚强意志。

第三，构建新型的大国关系

有的学者认为，对中美关系来说，问题的核心在于中国发展崛起的过程中是否能避免国际关系文献中所说的“修昔底德陷阱”。这个命题，是由古希腊史学家修昔底德在阐述古希腊雅典和斯巴达两国间的战争时提出来的。说的是公元前 5 世纪，雅典成为古希腊文明的中心，各方面创造了新的巨大成就。雅典的崛起引起了已经发展起来的斯巴达的恐惧，这种恐惧促使斯巴达做出各种努力来限制雅典的崛起。于是两国就展开了威胁反威胁的竞争，竞争导致冲突，最后两国爆发了长达 30 年的战争，最终没有赢家，双方都被毁灭。修昔底德总结说：“使得战争不可避免的原因是雅典日益壮大的力量，和这种力量在斯巴达造成的恐惧。”修昔底德陷阱翻译成现代语言就是：一个新崛起的大国必然要挑战现存大国，而现存大国必然要回应这种威胁，这样战争就不可避免。在西方，这几乎被视为国际关系的铁律。能不能避开这个铁律、绕开这个陷阱？能，但是需要高超的智慧和相当的耐力。这就需要建立新型的大国关系。既不同于当年德国和英国一样导致了两次世界大战，也不同于美苏争霸的冷战导致苏东剧变，而是要以一种新的思维方式和行为方式，实现和平竞争，达到共赢。有人说，不是东风压倒西风就是西风压倒东风，没什么调和的余地，不是你吃掉我就是我吃掉你。我想，最终结果现在还看不到底，但阶段性的相互让步，既斗争又合作还是可以做到的。正如习近平主席讲的：太平洋空间很大，是可以容纳中国和美国共同发展的。我们对美国不要抱任何幻想，这一点要非常清醒，美国是极端个人主义的国家，反复无常，你看利比亚的卡扎菲，听了美国的话，把核设施炸毁了，核研发停止了，和美国和好了，结果怎么样？还不是葬送在美国人手里？再看埃及的穆巴拉克，为美国出过多少力，最后下场如何？再看戈尔巴乔夫、叶利钦，都说明美国人是以它自己的利益为核心的。但又必须承认，现在美国是世界上唯一的霸主，尽管它在走下坡路，但“瘦死的骆驼比马大”，论科技实力、经济实力、军事实力，谁也不是它的对手，它两根大棒，一根是美元，一根是美军，交替使用，谁也奈何不了它。就是在亚洲，它的话语权谁也不能比，中国不能比，日本不能比，俄罗斯不能比，其他那些国家更不能比。所以，在许多问题上最好不要轻易和美国正面相撞，要采取迂回战术，比如，美国提出南海的航行安全问题，我们就公开把主权和航权分开讲，南海主权在我，但航行是自由的，它就没话说了。再如，它纵容日本钓鱼岛闹事，我们就说，你否定雅尔塔决议、波茨坦公告不行，那就是重谈二战史，这样美国有了顾忌。实际上进入新世纪以来，美国对华政策经历过两次调整。第一次是 2001 年小布什刚上台，把中国位置前移，放到俄罗斯前面。“9·11”事件爆发，搁置了。真正调整是 2004 年，随着中国加入世贸组织，快速发展，美国忙着反恐，后来发现中国发展太快了，就搞了一次针对中国的讨论，分成三派：机遇、威胁和挑战。我们开启中美战略对话，最后美国提出了鼓励中国成为国际体系的利益攸关方，要把中国纳入它的体系。第二次调整是 2011 年到现在，就是美国战略中心东移，东移的实质是维持它的利益，保持它的主导地位。当然这里面防范和遏制我们的发展是重要内容。我们心里明白，在应对上要灵活。我们反复讲，我们发展并不威胁任何人，无意挤走美国，也不欺负任何国家。中国不称霸，没有资格称霸。现在不称霸，将来发展起来也不称霸，任何担心都是多余的。我们要避免守成大国和新兴大国必然发生冲突的古老定律，想办法构建新型的大国关系。当然，这个题目很好，文章做好并不容易，但想来想去还是邓小平讲的好，韬光养晦，不露锋芒为好。

目前美国对华战略可以从四个方面去解读：第一，美国担心中国发展太快，首先把它挤出亚洲，而后争夺它在世界的其他地盘，最后和它争夺霸权地位，因此它就千方百计地防范中国、抹黑中国、遏制中国，一种莫名的猜忌和焦虑愈益渐加深。第二，随着中国的发展，中美两国经济上相互依存度增加，地区热点问题及全球治理过程中的相互借重，使得两国共同利益急剧增加。第三，它已明确地看到，无论是基于历史的教训，还是现实的风险成本，中美双方均承受不了与对方直接对抗的代价。美国对中国，放手让你发展不放心，全面和中国对抗又做不到，怎么办？仍然是接触和遏制两面下注、左右摇摆，内部也不一致，政策也不明确，自相矛盾，自我纠结。第四，中国提出构建新型大国关系的主张后，美国人开始思考、开始调整，重新认识、构建中美关系的框架和政策。

应该说，这是个好兆头。正如我们的外长王毅讲的，今年 6 月中美两国元首在加州安纳伯格庄园成功举行了一次历史性会晤，最重要的成果是双方同意构建新型大国关系。这一具有战略性、建设性和开放性的重要共识，为中美关系未来指明了方向、开辟了道路，同时也将对亚太地区乃至国际格局演变产生积极和深远的影响。双方达成这一共识后，接下来自然面临两个问题：第一，中美新型大国关系的内涵是什么？第二，我们应该如何构建这一关系？对于第一个问题，习近平主席用三句话作了非常精辟的概括：第一句话是“不冲突不对抗”，第二句话是“相互尊重”，第三句话是“合作共赢”。那么，如何构建中美新型大国关系、实现习主席三句话的目标呢？王毅提出了五点建议：一是不断增进战略互信；二是大力促进务实合作；三是积极加强人文交往；四是不断加强国际地区热点及全球性问题的合作；五是重点加强中美在亚太事务上的合作，使亚太成为构建中美新型大国关系的实验田。我想，把构建中美新型大国关系这篇文章做好，就为守成大国和崛起国家合作共赢提供了经验，是对人类历史的重大贡献，不仅有利于中美两国人民，而且会造福全人类。这应该成为我们观察分析形势、制定安全战略的最重要的议题。

第四，集中精力把发展的事情办好

军人制定军事战略的逻辑起点和历史起点，不是原则而是事实，是界定好国家核心利益这个基本事实。美国把国家利益分为生死攸关的利益、重大利益、重要利益和次要（外围）的利益四个层次。这一划分就是动武的底线。如果是生死攸关的利益，什么手段都要用，包括核武器。那么，对重大利益，必要时可以使用军事力量，但没有必要冒动用核武器这个风险。对于重要利益，根据实际情况权衡利弊后可以有限地使用军事力量。对于次要利益谈不上动武，利用其他手段解决就行。我们对国家利益分了三个等级：核心利益、重要利益、一般利益。我反复想，我们国家当前的核心利益到底是什么？是钓鱼岛争端、南海争端，还是中印边界争端？想来想去都不是。即使能划到核心利益范围内，至少目前还不是最高的核心利益。钓鱼岛争端也好，南海争端也好，如果集中所有媒体和舆论，聚焦起来，好像是天大的事。但如果放到整个国家发展的大局上来衡量，放在国家的大战略上来谋划，是芝麻绿豆大的事。发生军事冲突、擦枪走火的事会有，但决不会引起中日大战、中美大战。武装冲突对了、错了也不过是个营团规模的战斗，没什么了不起的。那么，我们的核心利益是什么呢？至少，目前还是“发展是硬道理”，平稳较快地发展才是我们的核心利益。正如习主席讲的：“我国发展仍处于可以大有作为的重要战略机遇期，但重要战略机遇期的内涵和条件发生了新的变化，其中一个突出的方面是国际和周边安全环境更趋复杂，维护国家安全面临一些值得高度关注和认真对待的新情况新问题。”这个判断是非常正确的，是我们观察分析形势、筹划落实各项工作的总依据。咬住发展不放，积极维护安全，发展越好，实力越强，问题越好解决。现在既不是举国迎敌的时候，也不是展开军备竞赛的时候，更不是“马放南山”的时候，是看好家门加快发展的大好时机。你不是干扰我吗，我想办法让你干扰不成。“两岸猿声啼不住，轻舟已过万重山。”猴子叫让它叫去，我们开足马力快行船。不管你怎么刺激我，我心里有数。孙子兵法讲，“主不可以怒而兴师，将不可以愠而致战。”邓小平讲：“不要受干扰，就是集中力量搞建设。”这个不受干扰，除了党内“左”的右的干扰以外，许多意外事件也不要过分在意它。南海争端也好，钓鱼岛争端也好，在习主席战略思想的指导下，军委总部、外交海监去研究解决就行。党中央、国务院、各级政府、全国人民，就是埋头苦干，发展自己。转方式、调结构，抓科技、抓教育，公平公正，联系群众，惩治腐败，关注民生，一心一意谋发展，聚精会神搞建设，这是大智慧大谋略、真正的大手笔。发展起来了，国力增强了，许多问题迎刃而解。你没有力量，发展不起来，摆在你鼻子底下也是有心无力。敌对势力有一个阴谋，就是一方面挑动周边闹事，一方面挑动民族情绪，煽动群众对政府不满，说政府软了、不爱国了，不敢动手是因为腐败了、不敢作为了，等等。对此，我们一定要保持清醒头脑。正如邓小平讲的，中国的问题主要是我们自己的问题。只要我们坚持中国特色社会主义道路不动摇，坚持党的基本路线不动摇，上下同心，团结一致，谁也奈何不了我们。如果我们自己腐败了、变质了，脱离人民群众了，人民不跟我们党走了，那就离亡党亡国不远了。你脱离群众，群众就会抛弃你。苏联解体的教训千条万条，脱离实际、脱离群众是最致命的一条。戈尔巴乔夫宣布解散共产党，竟无一个人站出来反对，说明他们的党已经不得人心。习近平同志一上来就抓作风建设，现在又在全党开展党的群众路线的教育实践活动，真正是抓到了点子上、点到了要害处。这是我们党的性质决定的，是看家本领，是基本功。我们自己内部不出问题，谁也不能把我们怎么样。因此，我们就是要集中精力把自己的事情办好，把我们自己搞富裕、搞强大，既能拒腐防变，又能抵御侵略颠覆。和对手斗什么？斗智、斗勇、斗力。我们的经济实力、科技实力、军事实力、综合国力、民族凝聚力都需要加强、提高。实力地位，实力政策，没有实力就没有话语权，别说战胜对手，自己队伍都难巩固，“手中没把米，叫鸡都不来”。集中精力把我们自己搞强大，把实力壮大起来，是最核心的利益、最大的政治，是最本质的人民利益、最实际的爱国主义。

第五，不轻易动武但要有动武的能力

不轻易动武并不是软弱可欺，更不是没有动武的能力。要扎扎实实地发展武器装备，加强军事训练，提高人员素质，建设一支能打仗、打胜仗的军队。尽管我们国防和军队建设还存在很多问题，几十年没有打大仗，但我们这支军队的本质是好的，还是一支共产党领导的全心全意为人民服务的人民军队。我可以毫不夸张地讲，我们军队现在的战斗力是很强的。神十上天，蛟龙下海，航母入列，就是标志。我们已经同俄罗斯、吉尔吉斯斯坦、哈萨克斯坦、印度，包括美国，都搞过联合军事演习，联合军演中展示了我军风采。亚丁湾护航，我们显示出了大国的威力。我们的军事实力老百姓并不清楚，但对手很清楚。就新装备这一条，就是质的飞跃，是换代的概念。我们现在的飞机、舰艇、大炮、坦克已经换代了。去年 9 月 25 日“辽宁”号入列，是中国军队发展史上的一个重要标志，标志着中国军队现代化进入一个新阶段，也标志着中国海军作战力量揭开了立体化、信息化的新篇章。中国航母组成远洋作战体系，它的体系分为三个方面：一是航母为骨干的水面舰艇必须掩护核潜艇前出和返回，能够保持本国的第二次核反击力量；二是在西太平洋地区和南海地区能对潜在的和侵略我国领海领土的对方形成足够的威慑；三是在确保关系我国重大利益关键要道里，拥有改变目标海域力量平衡的能力，保证航道畅通。

这里我简单把“辽宁”舰的技术参数介绍一下。“辽宁”舰全长306米，宽73米，从龙骨到桅杆的高度70米，主甲板以下有10层，以上有9层，主甲板以下约有3857个舱室，如果我们参观“辽宁”舰，每个舰室看一分钟，需要25天才能参观完，它的走廊有20公里，正常排水量为6万余吨，它的电缆有几千公里。编制等级为正师级，员额1470人，航母战斗群为军级。

“辽宁”舰动力系统和舰载机起飞方式：常规动力，四台燃气轮机，每台功率5万马力，共20万马力，可驱动30节以上，续航能力8000多海里。载机有弹射式起飞、滑跃式起飞和垂直式起飞三种方式，可搭载固定翼飞机和直升机共50余架，有歼、攻、预、电、直升机。

“辽宁”舰是在一艘从国外购买的航母平台的基础上改建的，但今天的“辽宁”舰已经同“瓦良格”号发生了脱胎换骨的变化，除了外壳稍有原外形外，其他一切设备，包括舰载机，都是中国人自己研发制造的，拥有完整的自主产权。舰员：军官98%以上本科以上学历，硕士研究生50多人，士兵高中、大学学历。航母体积大，功能全，部署周期长，有“海上城市”之称，生活其中像一个小社会，舰上有餐厅、超市、邮局、医院、洗衣房、健身房，垃圾处理站，洗澡间就有50多个，生活相对便利。辽宁舰内部如同迷宫，到处是通道和舱室。特别值得一提的是，我们建立强大的人民军队只能靠自己。即使有钱，人家也不卖给我们先进设备和关键技术，逼着我们自力更生。我们军队建设最能体现毛泽东思想的灵魂：实事求是，群众路线，独立自主，自力更生。

我这里只讲“辽宁”舰，算是代表性的。我们不和对手搞军备竞赛，我们是跨越式发展，非对称作战。总量比不过对手，但“杀手锏”威力无比，足以震慑对手、战胜对手。我们的剑不如人，但剑法要高人一筹。我们讲不轻易动武是我们的战略思想，并不等于我们没有动武的能力。我们既有杀手锏的武器装备，也有自己的一套战法。你打你的，我打我的，扬长避短，确保打赢。我们建军的目标就是能打仗、打胜仗，这个可以请同志们放心。

第六，做好各种预案以防不测

现在地方上许多同志议论，军队敢不敢打，能不能打，打得赢打不赢。我可以明确地告诉大家，打仗这种事情不是你愿不愿打的问题，到时候中央一声令下，召之即来，来之能战，战之能胜。所有的仗都不是事先准备好了才打的，抗日战争、解放战争、抗美援朝，我们都不愿意打，但战争来了，你是躲不开的。军人生来为战胜。军人有军人的眼光，军人看形势是有特殊眼光的，就是盯住那些不安全的因素，盯着对手做准备。凡事预则立，不预则废。应对突发事件，最重要的经验之一，就是要有预测、预案、预警。哪怕这个预案不太准确，那比没有预案也好得多。有了预案就有了准备，突发事件来了就不会手忙脚乱。而且，预案要把各种矛盾和问题尽量想周到一些，对演进过程和结果要做出实际的评估，做到任凭风浪起、稳坐钓鱼船。我们可以充分相信，台海也好，钓鱼岛也好，南海也好，我们各级都会有各级的预案，而且有多种预案，否则要这支军队干什么？我们军人的职责使命告诉我们，必须牢固树立一种首战用我、用我必胜的观念，今天有仗有今天的打法，明天有仗有明天的打法。有仗就打，而且要打胜，暂时无仗打，就准备打仗，有备无患。打不打，什么时候打是中央的决策，打赢打不赢是军队的能力。我们这支军队敢于亮剑的精神并没有丢掉，还有新的发展。我们对各种预案都要反复演练，认真评估，随着形势的发展变化，不断修订和完善。我们有能力、有手段、有对策，我们是满怀信心的。

我用两句话结束今天的报告：和平发展的旗帜要举得高高的，预防不测的战备工作要做得实实的。做最坏的打算，向最好处争取，有备无患，我们就永远立于不败之地。

团结奋进的盛会 继往开来的丰碑

——学习党的十八大精神的几点体会*

非常高兴就学习党的十八大精神与大家作个交流。我先把大会的情况和报告起草过程简要介绍一下。（略）

下面，我从五个大方面，谈一下学习十八大报告精神的体会。

一、关于党的十八大的主题

党的代表大会的主题，是党的政治主张和一定时期历史任务的集中体现，是大会精神的高度凝练，是贯穿报告的“纲”和“魂”。胡锦涛同志在报告开篇明确指出，十八大的主题是：高举中国特色社会主义伟大旗帜，以邓小平理论、“三个代表”重要思想、科学发展观为指导，解放思想，改革开放，凝聚力量，攻坚克难，坚定不移沿着中国特色社会主义道路前进，为全面建成小康社会而奋斗。这个主题，82 个字，字字千钧，简明、鲜明地向党内外、国内外宣示了我们党将举什么旗、走什么路、以什么样的精神状态、朝着什么样的目标继续前进。这是四个关系党和国家工作全局的核心问题。这个鲜明主题，既是我们党十六大以来一以贯之、反复强调的，也是基于对当前世情国情党情的分析判断提出来的。把这个主题作为当前和今后一个时期党和国家各项工作的总要求提到全党面前，对我们党团结带领全国各族人民，在新的历史征程上继往开来、与时

*2012 年 11 月 21 日，根据中央统一的传达提纲，加上自己的理解，在山东省委党校讲课辅导，本文根据讲课提纲和录音整理。

俱进，意义重大。全面准确深刻地把握这个主题，对学习贯彻党的十八大精神至关重要。

一是大会主题鲜明回答了必须始终高举的伟大旗帜

旗帜是方向、是宣言、是形象、是力量。用什么样的旗帜引领社会进步，靠什么样的指导思想凝聚社会共识，决定着事业的兴衰成败。当前，党和国家事业发展处在重要历史关头。面对国内外形势的深刻变化，面对改革发展的艰巨任务，面对意识形态领域尖锐复杂的斗争，我们党举什么旗的问题，关乎中国的前途命运，成为世人关注的焦点。

十八大提出，要高举中国特色社会主义伟大旗帜，以邓小平理论、“三个代表”重要思想、科学发展观为指导，向世界郑重地表明了我们党的鲜明政治态度，充分表达了坚持和发展中国特色社会主义的坚定决心。需要特别指出的是，把科学发展观作为党的指导思想写在党的旗帜上，丰富了中国特色社会主义伟大旗帜的内涵，实现了党的指导理论的又一次与时俱进。中国特色社会主义，是当今时代发展中国、造福人民、振兴中华的旗帜，是全党全军全国各族人民团结奋斗的旗帜。只有高高举起这面伟大旗帜，我们党才能牢牢把握国家发展进步的正确方向，才能团结带领全国人民完成伟大事业、推进伟大工程、实现伟大复兴。

二是大会主题鲜明回答了必须实现的奋斗目标

全面建成小康社会，是十八大确定的党和国家到2020年的奋斗目标。这个目标，是在十六大、十七大确立的目标基础上丰富完善的。大会主题明确提出“全面建成小康社会”，是我们党为民务实执政理念的进一步彰显。“建成”与“建设”一字之差，但内涵、标准和要求有了质的飞跃，表明了我们党建设小康社会务求必成的底气和决心，反映了顺应人民期待、过上更加美好生活的庄严承诺和历史担当。这个目标的确立，鼓舞人心，催人奋进，必将极大地调动广大人民群众的积极性主动性创造性，极大地凝聚社会各方面的智慧和力量，极大地牵引和推动经济社会迈上新的台阶。从现在到2020年还有8年时间，今后5年十分关键，我们一定要围绕实现这一目标顽强奋斗、艰苦奋斗、不懈奋斗，为如期全面建成小康社会打下具有决定性意义的基础。

三是大会主题鲜明回答了必须坚持的正确道路

经过90多年的艰辛探索和实践，我们成功地走出了一条中国特色社会主义道路，从根本上改变了中国人民和中华民族的前途命运。这条道路是历史的选择、时代的选择、人民的选择。实践充分证明，这条道路是民族复兴之路、国家富强之路、人民幸福之路。十八大报告指出，要坚定不移沿着中国特色社会主义道路前进，既表达了我们党对这条道路的坚定信念，又表明了走这条道路的坚定态度。强调“坚定不移”，掷地有声、意蕴深远。无论形势如何变化、环境多么复杂，我们都要保持清醒头脑，坚持正确方向，既不走封闭僵化的老路，也不走改旗易帜的邪路，不为任何风险所惧，不被任何干扰所惑，不动摇、不懈怠、不折腾，坚定不移地把中国特色社会主义推向前进。

四是大会主题鲜明回答了推进事业发展必须具备的精神状态

旗帜、道路、目标确定后，关键要有一个好的精神状态。十八大提出“解放思想、改革开放、凝聚力量、攻坚克难”，这16个字，既明确了推进事业发展必须遵循的原则和要求，也指出了应当保持的精神状态，对于动员和激励全党同志为夺取中国特色社会主义新胜利、实现全面建成小康社会目标而奋斗具有极其重要的指导意义。解放思想是推动党和人民事业发展的强大思想武器，改革开放是推动党和人民事业发展的强大动力，这始终是我们党一贯坚持的强大法宝和特有优势。在新的时代条件下，十八大明确提出凝聚力量、攻坚克难的新要求，具有很强的现实针对性。综合分析当前国内外形势，我国经济社会发展面临着前所未有的机遇，也面临着前所未有的挑战；既有进一步推进发展的雄厚基础，也面临极具挑战性的矛盾和困难。实际上，挑战也是机遇，能够应对挑战、战胜挑战，才算抓住了机遇，挑战都应对不了，抓住机遇就是一句空话。要牢牢把握机遇、沉着应对挑战，必须在解放思想、改革开放上开辟新境界，在凝聚力量、攻坚克难上取得新突破，永不僵化、永不停滞，团结一切可以团结的力量，调动一切可以调动的积极因素，信心百倍地战胜前进道路上的一切困难和风险。

二、关于科学发展观的历史地位和指导意义

胡锦涛同志在报告的第一部分，总结了十六大以来的十年奋斗历程和辉煌成就，确立了科学发展观的历史地位。这一总结，体现了党对中国特色社会主义的新认识新探索，对于我们的未来实践具有重大指导意义。理解把握这一部分内容，重点要在四个方面下功夫。

（一）深刻理解十年来取得的历史性成就

十年来取得的经济社会发展成就，报告用两句话概括，主要表现为迈上“三个大台阶”：“我国的经济总量从世界第六位跃升到第二位，社会生产力、经济实力、科技实力迈上一个大台阶，人民生活水平、居民收入水平、社会保障水平迈上一个大台阶，综合国力、国际竞争力、国际影响力迈上一个大台阶”。这三大台阶，使国家面貌发生了历史性变化，报告概括为“两个时期”，即“经济持续发展、民主不断健全、文化日益繁荣、社会保持稳定的时期”，“着力保障和改善民生、人民得到实惠更多的时期”。总的说，十六大以来的十年，是我们在中国特色社会主义道路上阔步前进的十年，是全面建设小康社会又好又快推进的十年。

这些辉煌成就，是在我国进入发展关键期、改革攻坚期和矛盾凸显期这一特殊时期取得的，是党紧紧抓住和用好重要战略机遇期、

带领人民经受住各种困难和风险考验、战胜一系列重大挑战得来的，更值得我们为之鼓舞和自豪。首先，战胜了不可抗拒的自然灾害。2003 年的非典疫情，2008 年的汶川特大地震、特大雪灾等，我们的赈灾重建工作令世界赞叹。对比这一时期美国的卡特里娜飓风、海地的地震、法国的夏季酷热灾害，一家美国媒体感叹中国人在自然灾难面前的表现，说“这是一个伟大的不可战胜的民族”。其次，战胜了不以我们意志为转移的国际经济灾难。十年前，中国刚完成与美国欧洲的谈判加入世贸组织，就在这一年，美国律师兼作家章家敦出版《中国即将崩溃》断言，中国正在崩溃，中国现行的政治和经济制度“最多只能维持五年”。可是十年后，持续的国际金融危机使欧洲不少老牌国家的经济濒临崩溃，日本、美国、英国、法国等世界强国的经济严重衰退，中国经济却连续十年保持了 10% 以上的年均增长速度，远远高于世界经济年均 3.9% 的增速。国内生产总值从 12 万亿元增加到 47.3 万亿元，2005 年超过英国和法国，2008 年超过德国，2010 年超过日本，居世界第二位，仅次于美国。外汇储备连续 6 年世界第一。十年间，北京奥运、上海世博会、“神九”、“蛟龙”、“中国航母”、“中国高铁”让世界看到了一个文明古国的现代风采。我国正在走向国际舞台的中央，“中国道路”、“中国经验”、“中国速度”成为世界的中心话题，世界传媒巨头默多克说出了一个新闻传播的事实：“一份报纸希望在全球畅销，最快捷的办法就是把中国放在头版。”

正是透过中国这些年的发展，西方的有识之士对社会主义作出了新的评价。1989 年，美国学者弗兰西斯福山发表《历史的终结》，对社会主义作出死亡判决，可在十年后的 2009 年，美国未来学家约翰·奈斯比特夫妇出版《中国大趋势》，认为中国创造了崭新的社会、经济和政治体制，中国的新型经济模式已经把中国提升到了世界经济的领导地位，中国的政治模式的成功也许可以证明，“资本主义只不过是人类历史道路的一个阶段”。

（二）深刻理解科学发展观是党必须长期坚持的指导思想

可以说，十年来取得的最重要的成就，也是取得成就的最重要的原因，就是“形成和贯彻了科学发展观”。十八大正式把科学发展观与邓小平理论、“三个代表”重要思想一起，确立为我们党必须长期坚持的指导思想，具有深厚的实践基础、理论基础和群众基础。第一，党的十六大以来取得的巨大成就和进步，最重要的就是坚持以马克思列宁主义、毛泽东思想、邓小平理论、“三个代表”重要思想为指导，形成和贯彻了科学发展观，历史已经证明科学发展观的正确性，因此，把科学发展观确定为党的指导思想具有扎实的实践基础。第二，科学发展观提出以来，经历了一个实践、认识、再实践、再认识的过程，理论内涵不断丰富，形成了比较系统完善的科学体系，成为指导经济社会发展和国防与军队建设的科学世界观和方法论，把科学发展观确定为党的指导思想具有可靠的理论基础。第三，科学发展观在实践中的指导作用日益显现，得到广大干部群众的广泛认可，反映了党心民心，把科学发展观确定为党的指导思想具有广泛的群众基础。正如有代表在讨论时所说的：科学发展观更新了“中国理念”，以人为本、统筹兼顾、生态文明成为全党全社会的思想共识和自觉行动；科学发展观提升了“中国速度”，推动了“中国创造”，带来了“中国和谐”，展示了“中国力量”。第四，明确科学发展观作为党的指导思想的历史地位，对党和国家未来发展具有十分重要的意义。“深入贯彻科学发展观，对于坚持和发展中国特色社会主义具有重大现实意义和深远历史意义”，把科学发展观作为党长期坚持的指导思想，是把科学发展观贯彻到我国现代化建设全过程、体现到党的建设各方面的政治保证。可以想见，十八大的这一重大政治决策，将为全党和全国人民打下更为扎实的政治根基、思想根基、理论根基，为中国特色社会主义事业注入强大思想动力。

历史必将证明它的历史贡献及其里程碑意义。

（三）深刻理解深入贯彻落实科学发展观的实践要求

胡锦涛同志在报告中用“四个必须更加自觉”提出对深入贯彻落实科学发展观的实践要求，即必须更加自觉地把推动经济社会发展作为深入贯彻落实科学发展观的第一要义；必须更加自觉地把以人为本作为深入贯彻落实科学发展观的核心立场；必须更加自觉地把全面协调可持续发展作为深入贯彻落实科学发展观的基本要求；必须更加自觉把统筹兼顾作为深入贯彻落实科学发展观的根本方法。这四个方面的要求，一是进一步明确了贯彻落实科学发展观的内容、领域、任务和目标。这是全党深入贯彻落实科学发展观的战略部署，也是实现我国经济社会科学发展的基本指针。二是进一步指明了贯彻落实科学发展观的长期性艰巨性。从客观方面看，当前我国经济社会发展不平衡、不协调、不可持续的问题突出，社会的体制机制障碍较多，深化改革和转变经济发展方式任务依然艰巨；从主观方面看，各级领导干部的能力素质、理想信念、工作作风与科学发展观的要求还有差距。三是进一步提升了贯彻落实科学发展观的标准要求。科学发展观作为当代中国马克思主义关于发展的世界观方法论，需要各级领导干部不断研修、自觉运用、提高能力；科学发展观以人为本、全面协调可持续发展的价值取向和目标要求，需要我们长期坚持、全面贯彻、不断提升。同时，当代世界是一个发展与危机并存的世界，机遇稍纵即逝，挑战愈加严峻，任何国家都在经受考验。所有这些，都要求全党特别是党的各级领导干部贯彻落实科学发展观应当主动性更强、标准更高、能力更强。

（四）深刻理解科学发展观最鲜明的精神实质

要真正做到深入自觉全面地贯彻落实科学发展观，最根本的要求就是深刻理解科学发展观的精神实质。理解和把握科学发展观的精神实质，其重大意义在于：第一，科学发展观是当代中国马克思主义的世界观方法论，不是现成方案，因此，需要我们坚持不懈地探索和把握中国特色社会主义规律，不断创新发展理念，破解发展难题，而且这是一个永无停滞、不能懈怠、不断创新的过程，必须勇于实践、勇于变革、勇于创新。第二，科学发展观必须伴随实践的发展而发展。理论创新是中国共产党领导中国特色社会主义伟大事业的必然要求，是党不断夺取中国特色社会主义新胜利的思想保证，只有思想不僵化、理论不教条，才能永葆生机活力、永葆发展动力。这是彻底的马克思主义的科学态度。

三、关于夺取中国特色社会主义新胜利

十八大报告的第二部分，系统回顾了开创和发展中国特色社会主义的伟大历程，深刻揭示了中国特色社会主义的科学内涵，明确提出了夺取中国特色社会主义新胜利的基本要求，标志着我们党对中国特色社会主义规律的认识达到了新高度，推进马克思主义中国化时代化大众化开辟了新境界。

（一）深刻理解开创和发展中国特色社会主义的伟大历程

报告以历史唯物主义的科学态度，把中国特色社会主义放在近代特别是九十多年来党和人民的奋斗历程中来考察，放在马克思主义中国化的历史进程中来考察，进一步阐明了坚持和发展中国特色社会主义的历史必然性和科学真理性。

报告指出，以毛泽东同志为核心的党的第一代中央领导集体，为当代中国一切发展进步奠定了根本政治前提和制度基础，为新的历史时期开创中国特色社会主义提供了宝贵经验、理论准备和物质基础；以邓小平同志为核心的党的第二代中央领导集体，科学回答了建设中国特色社会主义一系列基本问题，成功开创了中国特色社会主义；以江泽民同志为核心的党的第三代中央领导集体，在严峻考验面前捍卫了中国特色社会主义，成功把中国特色社会主义推向二十一世纪；以胡锦涛同志为总书记的党中央，在全面建设小康社

会进程中推进实践创新、理论创新、制度创新，成功在新的历史起点上坚持和发展了中国特色社会主义。这充分表明，开创和发展中国特色社会主义的历程，是一脉相承、接续奋斗的历程。在中国这样一个经济文化十分落后的国家探索民族复兴道路，是极为艰巨的任务。我们党领导人民无论是进行革命、建设还是改革，无论是进行新民主主义革命、社会主义革命还是改革开放新的伟大革命，奋斗目标始终如一，价值取向始终如一。开创和发展中国特色社会主义的历程，是勇于创新、勇于变革的伟大历程。九十多年来，我们党坚持把马克思主义基本原理同中国实际和时代特征结合起来，坚持独立自主走自己的路，不断赋予中国特色社会主义新的内涵，开辟了马克思主义发展的新境界，开创了中国特色社会主义事业新局面。开创和发展中国特色社会主义的历程，是成功实践、成就辉煌的伟大历程。经过九十多年的奋斗，从根本上改变了中国人民和中华民族的前途命运，“中国经验”、“中国创造”越来越得到世界的关注和认可，中国特色社会主义越来越显示出巨大优越性和强大生命力。

（二）深刻理解中国特色社会主义道路、理论体系、制度的丰富内涵及其相互关系

十八大第一次在全国党代会报告中对中国特色社会主义道路、理论体系、制度作了系统阐述。党的十八大报告指出，中国特色社会主义道路、理论体系、制度是党和人民九十多年奋斗、创造、积累的根本成就，必须倍加珍惜、始终坚持、不断发展。报告对中国特色社会主义道路、理论体系、制度的科学内涵作了丰富发展：中国特色社会主义道路，是实现社会主义现代化的必由之路，是创造人民美好生活的必由之路；中国特色社会主义理论体系，是指导党和人民沿着中国特色社会主义道路实现中华民族伟大复兴的正确理论；中国特色社会主义制度，是当代中国发展进步的根本制度保障，集中体现了中国特色社会主义的特点和优势。

报告提出了许多新的思想观点：在道路方面，增写了“社会主义生态文明，促进人的全面发展，逐步实现全体人民共同富裕”，这三句话体现了马克思主义的思想光辉，反映了广大人民的共同愿望，表明了“中国道路”的不断拓展；在理论体系方面，强调“中国特色社会主义理论体系，就是包括邓小平理论、‘三个代表’重要思想、科学发展观在内的科学理论体系，是对马克思列宁主义、毛泽东思想的坚持和发展”。这不仅深刻揭示了中国特色社会主义理论体系的科学内涵及其理论渊源，而且阐明了科学发展观在中国特色社会主义理论体系中的地位；在制度方面，强调中国特色社会主义制度是由根本政治制度、基本政治制度、法律体系、基本经济制度以及建立在这些制度基础上的各项具体制度构成的。这一制度体系符合我国国情，顺应时代潮流，是人类制度文明与中国制度创新的有机结合。夺取中国特色社会主义新胜利，最根本的是高举中国特色社会主义伟大旗帜，坚持和拓展中国特色社会主义道路，坚持和丰富中国特色社会主义理论体系，坚持和完善中国特色社会主义制度。

报告对中国特色社会主义道路、理论体系、制度的相互关系作了深刻揭示。报告明确指出：“中国特色社会主义道路是实现途径，中国特色社会主义理论体系是行动纲领，中国特色社会主义制度是根本保障，三者统一于中国特色社会主义伟大实践。”这明确了中国特色社会主义的实践形态、理论形态、制度形态，构成“一面旗帜”、“三大支柱”的基本框架，是党领导人民在建设社会主义长期实践中形成的最鲜明特色。对中国特色社会主义，我们要有道路自信、理论自信、制度自信，同时，要结合新的实际，不断丰富发展中国特色社会主义实践特色、理论特色、民族特色、时代特色。

（三）深刻理解建设中国特色社会主义的总依据、总布局、总任务

总依据，是社会主义初级阶段。报告指出：“我国仍处于并将长

期处于社会主义初级阶段的基本国情没有变，人民日益增长的物质文化需要同落后的社会生产之间的矛盾这一社会主要矛盾没有变，我国是世界上最大发展中国家的国际地位没有变。”这“三个没有变”，进一步阐明了中国特色社会主义的立论依据和实践基础，启示我们在任何情况下都要牢牢把握社会主义初级阶段这个最大国情，推进任何方面的改革发展都要牢牢立足社会主义初级阶段这个最大实际，始终保持清醒头脑。

总布局，是五位一体。我们党对中国特色社会主义事业总体布局的认识，经历了一个不断深化的过程。1986 年，我们党首次提出总体布局的概念，明确了“一个中心、三个坚定不移”的要求。十六大首次提出“政治文明”的科学命题，使经济建设、政治建设、文化建设“三位一体”的总体布局更加明晰。十七大强调构建社会主义和谐社会的重大战略思想，总体布局拓展为“四位一体”。十八大把“生态文明建设”放在突出地位，总体布局进一步发展为“五位一体”，标志着我国社会主义现代化建设进入新阶段。“五位一体”的总布局，贯穿了科学发展观这个主题、转变经济发展方式这个主线，体现了我们党立党为公、执政为民的宗旨，体现了以人为本、重视民生的理念，体现了在更高层次、更高水平推进发展的内在要求，标志着我们党治国理政进入了新境界。

总任务，是实现社会主义现代化和中华民族伟大复兴。实现现代化，是中华民族的不懈追求；实现民族振兴，是炎黄子孙的百年梦想；实现社会主义现代化和中华民族伟大复兴，是中国共产党人的庄严使命。在新的历史征程上，形势变幻莫测，环境复杂多变，只有牢牢把握这个总任务，才能总揽全局、勇往直前，不为任何风险所惧，不为任何干扰所惑，扎扎实实夺取中国特色社会主义新胜利。

（四）深刻理解夺取中国特色社会主义新胜利的基本要求

如何在新的历史条件下夺取中国特色社会主义新胜利，是当代中国共产党人面临的重大课题。报告用“八个必须坚持”作出了明确回答：必须坚持人民主体地位，必须坚持解放和发展社会生产力，必须坚持推进改革开放，必须坚持维护社会公平正义，必须坚持走共同富裕道路，必须坚持促进社会和谐，必须坚持和平发展，必须坚持党的领导。“八个必须坚持”，是整个报告的一大亮点，也是学习领会的一个重点。

“八个必须坚持”，既是中国特色社会主义基本内涵的丰富拓展，又是全党全国各族人民的共同信念。这八条，科学阐释了中国特色社会主义的主体力量、根本任务、强大动力、内在要求、根本原则、本质属性、必然选择、领导核心，符合科学社会主义的基本原则和理念，把社会主义的“中国特色”具体化、条理化，增进了亿万人民的政治认同、理论认同和情感认同。坚持和发展中国特色社会主义，就是要做到这“八个必须坚持”；做到了这“八个必须坚持”，就是真正坚持了中国特色社会主义。只有用“八个必须坚持”凝聚各个方面的智慧和力量，使之成为全党全国各族人民的共同信念，才能排除“左”的和右的错误干扰，坚定不移沿着中国特色社会主义道路前进。

“八个必须坚持”，既是夺取中国特色社会主义新胜利的实践遵循，又是判断改革发展是非成败的根本标准。1992 年，邓小平同志在南方谈话中就指出：“社会主义的本质，是解放生产力，发展生产力，消灭剥削，消除两极分化，最终达到共同富裕。”他还反复强调，判断各项工作的是非成败要坚持“三个有利于”的标准。报告提出的“八个必须坚持”，在总结改革开放新鲜经验基础上，从生产力与生产关系、经济基础与上层建筑的辩证关系中，抓住体现本质、影响全局的八个重大问题，进行了全新的概括。这是对社会主义本质和“三个有利于”标准的深化，深刻反映了社会主义的内在要求，深刻反映了改革发展的现实要求，深刻反映了广大人民的共同要求。

“八个必须坚持”，既是中国特色社会主义实践的科学总结，又是实现两个百年目标的强大动力。新中国成立以来特别是改革开放三十多年来，党带领人民创造了举世公认的“中国奇迹”，但目前我国发展中不平衡、不协调、不可持续问题依然突出，城乡区域发展差距和居民收入差距依然较大，反腐败斗争形势依然严峻。我们既不能陶醉于已经取得的成就而妄自尊大，也不必因存在一些突出矛盾和问题而妄自菲薄。只要我们牢牢把握“八个必须坚持”的基本要求，胸怀理想、坚定信念，不动摇、不懈怠、不折腾，顽强奋斗、艰苦奋斗、不懈奋斗，就一定能在中国共产党成立一百周年时全面建成小康社会，就一定能在新中国成立一百周年时建成富强民主文明和谐的社会主义现代化国家。

四、关于全面建成小康社会和全面深化改革开放的目标与战略部署

党的十八大报告第三至第八部分，明确提出了全面建成小康社会和全面深化改革开放的目标，全面部署了经济建设、政治建设、文化建设、社会建设、生态文明建设，科学描绘了全面建成小康社会，加快推进社会主义现代化，夺取中国特色社会主义新胜利的宏伟蓝图。这一板块，内容非常丰富，既有目标任务，又有原则要求，还有政策举措，令人鼓舞，催人奋进。

（一）提出全面建成小康社会目标，反映了我国改革发展的新要求和人民群众的新期待

我们党在领导社会主义革命和建设的进程中，每到发展的关键阶段，都审时度势地确立新的奋斗目标，凝聚人民共同奋斗，不断把事业推向前进。报告明确提出，为全面建成小康社会而奋斗，在十六大、十七大确立目标的基础上，提出了五个方面的新要求：经济持续健康发展，实现国内生产总值和城乡居民收入比2010年翻一番；人民民主不断扩大；文化软实力全面增强；人民生活水平全面

提高；资源节约型、环境友好型社会建设取得重大进展。

这五个方面的目标要求，一是在准确判断重要战略机遇期内涵和条件变化基础上确立的。综观国际国内大势，尽管遇到各种风险挑战，我国发展仍处于可以大有作为的重要战略机遇期。及时确立这一目标要求，就是要全面把握机遇，沉着应对挑战，始终赢得主动、赢得优势、赢得未来。二是按照深入贯彻落实科学发展要求确立的。这一目标要求，反映了我们党坚持以人为本、执政为民的理念，体现了共建共享、富民惠民的政策导向，反映了全面提升经济、政治、文化、社会、生态文明建设水平的战略统筹，是一个更加全面、更加完善、更加科学的奋斗目标。三是根据我国经济社会发展实际确立的。经过几十年的努力，全面建设小康社会已经迈出了坚实步伐，取得了重大成就，奠定了坚实基础。当前，国际金融危机、欧债危机影响持续深化，国内改革发展稳定任务艰巨繁重，确立全面建成小康社会是建立在科学理性基础上的。从经济和民生发展看，过去10年，我国经济年均增速超过10%，城镇居民人均可支配收入扣除物价因素年均实际增长9.2%，城乡基本养老保险制度全面建立，全民医保基本实现。报告提出的新目标新要求，符合实际，科学合理，只要埋头苦干、奋力拼搏，一定能够如期实现。可以想见，再经过八年的奋斗，小康社会全面建成，我国将成为工业化基本实现、综合国力和国际竞争力显著增强、人民享有更加充分民主权利、生活更加殷实富足、文化更加丰富多彩、环境更加优美舒适、朝着富强民主文明和谐迈出坚实步伐、为人类做出更大贡献的国家。

确立全面建成小康社会奋斗目标，反映了我们党对中国特色社会主义根本目的的认识进一步深化，反映了国家日益走向繁荣富强的生动事实，也反映了咬定青山不放松、为人民创造美好生活的信念和信心，必将激发全国人民更加积极主动地发挥创造精神、贡献智慧力量。

（二）强调全面深化改革开放体现了全面建成小康社会的必然要求

报告在提出目标要求的同时，也明确提出了全面深化改革开放的目标要求。“两个全面”的目标有机统一、相辅相成。全面建成小康社会对全面深化改革开放提出了任务要求，全面深化改革开放为全面建成小康社会提供了动力和路径。

全面建成小康社会必须以更大的政治勇气推进改革开放。改革开放是一场深刻的伟大革命，是决定中国命运的关键抉择，其复杂性和艰巨性世所罕见。当前改革进入攻坚破难的“深水区”，结构性深层次矛盾不断显现，处理好速度与质量、效率与公平等诸多“两难”问题日益凸显，深化改革开放、转变发展方式任务艰巨，来自思想观念、政策制度、体制机制等各方面的制约很多，毫不动摇地推进改革开放成为全党的共同意志和人民群众的热切期盼。报告指出：“全面建成小康社会，必须以更大的政治勇气和智慧，不失时机深化重要领域改革，坚决破除一切妨碍科学发展的思想观念和体制弊端。”这一论述，充分表达了我们党坚定不移推进改革开放的鲜明态度和坚定决心。

全面深化改革开放必须把握重点。报告明确了深化改革开放的重点：加快完善社会主义市场经济体制，加快推进社会主义民主政治制度化、规范化、程序化，加快完善文化管理体制和文化生产经营机制，加快形成科学有效的社会管理体制，加快建立生态文明制度。这“五个加快”，实际上就是加快推进经济、政治、文化、社会、生态文明五个重要领域的体制改革，抓住了影响如期全面建成小康社会的主要矛盾和体制障碍，揭示了推进中国特色社会主义的动力所在。只要按照这“五个加快”推进改革，就一定能够实现报告提出的改革目标，构建起系统完备、科学规范、运行有效的制度体系，使各方面制度更加成熟、更加定型。

全面深化改革开放必须进一步解放思想。解放思想历来是我们党开辟事业发展的强大法宝。30多年的实践表明，没有解放思想就没有改革开放。报告不仅提出解放思想的要求，而且通篇贯穿了解放思想、改革创新的精神。历史经验表明，改革越是深入，矛盾和阻力越大，越容易瞻前顾后、畏缩不前；执政时间越长，发展成就越大，越容易安于现状、故步自封。所以，要以更大的政治勇气和智慧推进改革开放，必须进一步解放思想、攻坚克难，把改革创新精神贯穿治国理政各个环节，围绕报告确定的改革目标和工作步骤，在重点领域、关键环节取得新的突破，把改革开放事业继续推向前进。

（三）着眼实现“两个全面”作出了“五大建设”的战略部署

报告对经济建设、政治建设、文化建设、社会建设、生态文明建设进行了具体部署，提出了许多新的思路和举措，充分体现了实现全面建成小康社会和全面深化改革开放目标的新要求，体现了中国特色社会主义“五位一体”总布局的要求，制定了夺取新胜利、开创新局面的路线图。

在经济建设上，强调以经济建设为中心是兴国之要，发展仍是解决我国所有的问题的关键；在当代中国，坚持发展是硬道理的本质要求就是坚持科学发展。报告紧紧围绕以科学发展为主题，以加快转变经济发展方式为主线，从全面深化经济体制改革、实施创新驱动发展战略、推进经济结构战略性调整、推动城乡发展一体化、全面提高开放性经济水平五个方面进行了工作部署。其中尤其需要关注和把握的，一是加快形成新的经济发展方式。报告着眼把推动发展的立足点转到提高质量和效益上来，提出了“四个着力”、“五个更多依靠”，明确了深化经济体制改革和加快转变经济发展方式的总体思路、重要着力点和目标要求。二是坚持走中国特色新型“四化”道路。提出推动信息化和工业化深度融合，工业化和城镇化良性互动，城镇化和农业现代化相互协调，促进工业化、信息化、城镇化、农业现代化同步发展，体现了我国现代化发展的阶段性特征，是对我国现代化道路作出的新探索、新调整。三是实施创新驱动发展战略。报告强调科技创新必须摆在国家发展全局的核心位置，提出坚持走中国特色自主创新道路，把全社会智慧和力量凝聚到创新发展上来，是加快转变经济发展方式，保持我国经济发展活力，抢占发展战略制高点的战略之举。

在政治建设上，强调人民民主是我们党始终高举的光辉旗帜，是社会主义的生命。报告从支持和保证人民通过人民代表大会行使国家权力、健全社会主义协商民主制度、完善基层民主制度、全面推进依法治国、深化行政体制改革、建立健全权力运行制约和监督体系、巩固和发展最广泛的爱国统一战线七个方面进行工作部署。其中，尤其需要关注和把握的，一是政治体制改革是我国全面改革的重要组成部分。报告强调继续积极稳妥推进政治体制改革，必须坚持党的领导、人民当家作主、依法治国有机统一，以保证人民当家作主为根本，以增强党和国家活力、调动人民积极性为目标，更加注重改进党的领导方式和执政方式，更加注重健全民主制度、丰富民主形式，更加注重发挥法治在国家治理和社会管理中的重要作用，既充分发挥我国社会主义政治制度的优越性，又积极借鉴人类政治文明有益成果，绝不照搬西方政治制度模式。这充分表明了我们党进一步推进政治体制改革的坚定决心，坚持走中国特色社会主义政治发展道路的政治自信。二是健全社会主义协商民主制度。社会主义协商民主是党和人民在社会主义民主形式方面的伟大创造，是对马克思主义民主理论的丰富和发展。健全社会主义协商民主制度，有助于拓宽有序政治参与渠道，有助于促进党和政府科学民主决策，有助于推动改进党的执政方式和领导方式。报告围绕坚持和完善中国共产党领导的多党合作和政治协商制度，充分发挥人民政协作为协商民主重要渠道的作用，对进一步完善协商制度、丰富协商形式、提升协商质量作出新部署，必将推动协商民主广泛、多层、制度化发展。

在文化建设上，报告着眼建设社会主义文化强国，坚持走中国特色社会主义文化发展道路，从加强社会主义核心价值体系建设、全面提高公民道德素质、丰富人民精神文化生活、增强文化整体实力和竞争力四个方面进行了工作部署。这是我们党准确把握时代和形势发展变化、积极回应各族人民精神文化需求作出的重大战略决策，反映了我们党高度的文化自觉、文化自信、文化自强。这部分的一大亮点是，提出了培育社会主义核心价值观的重大命题。报告强调倡导富强、民主、文明、和谐，倡导自由、平等、公平、法治，倡导爱国、敬业、诚信、友善。这“三个倡导”，融合贯通了国家、社会和个人三个层面的思想精神理念要求，汲取了中华民族传统美德和人类共同价值追求的精华，反映了社会主义核心价值体系的核心内容，是培育社会主义核心价值观的基本遵循。

在社会建设上，报告从建设社会主义和谐社会的高度，从努力办好人民满意的教育、推动实现更高质量的就业、千方百计增加居民收入、统筹推进城乡社会保障体系建设、提高人民健康水平、加强和创新社会管理六个方面进行工作部署。报告强调，加强社会建设，必须以保障和改善民生为重点，加快推进社会体制改革，构建中国特色社会主义管理体系。在教育方面，鲜明提出把立德树人作为教育根本任务，完善终身教育体系，建设学习型社会，让每个孩子都能成为有用之才；在就业方面，报告增写了做好退役军人就业工作内容，体现了党和国家对军队、军人的高度关心。特别是在收入分配方面，提出实现居民收入增长和经济发展同步、劳动报酬增长和劳动生产率提高同步，反映了发展成果由人民共享、努力实现共同富裕的执政理念。

在生态文明建设上，强调建设生态文明是关系人民福祉、关系民族未来的长远大计，提出了“建设美丽中国，实现中华民族永续发展”这一激动人心的号召，接着从优化国土空间开发格局、全面促进资源节约、加大自然生态系统和环境保护力度、加强生态文明制度建设四个方面进行部署，把生态文明建设放在更加突出的地位，融入经济建设、政治建设、文化建设、社会建设各方面和全过程，表明了我们党对生态文明建设认识的进一步深化，是科学发展、和谐发展理念的再一次升华。落实好这些部署要求，就能建设一个美丽中国，给自然留下更多修复空间，给农业留下更多良田，给子孙后代留下天蓝、地绿、水净的美好家园，实现中华民族永续发展。报告提出，把坚持节约资源和保护环境上升为基本国策，强调着力推进绿色发展、循环发展、低碳发展，这将推动一场生产方式和生活方式的根本性变革，推动整个社会进一步走上生产发展、生活富裕、生态良好的文明发展道路。报告还提出坚决维护国家海洋权益，建设海洋强国，这体现了我们党“蓝色国土”意识的进一步增强，对经略海洋、开发海洋、保护海洋具有深远的战略意义。

五、关于全面提高党的建设科学化水平

加强党的自身建设，是全面建成小康社会、加快推进社会主义现代化建设、夺取中国特色社会主义新胜利的关键。党的建设把握规律性、实现科学化，是关系党和党的事业兴旺发达的重大问题。十八大报告围绕建设学习型、服务型、创新型马克思主义政党的目标，提出牢牢把握“一条主线”、全面加强“五大建设”、着力增强“四自能力”，系统部署全面提高党的建设科学化水平的八项任务，进一步丰富了党的建设的理论。

（一）准确把握全面提高党的建设科学化水平的重要性紧迫性

我们党从一个领导人民为夺取全国政权而奋斗的党，成为一个领导人民掌握全国政权并长期执政的党；从一个受到外部封锁和实

行计划经济条件下领导国家建设的党，成为一个在对外开放和发展社会主义市场经济条件下领导国家建设的党，所处历史方位、社会环境和担负的任务使命发生了重大变化。新的历史条件下，我们党提出全面提高党的建设科学化水平，体现了党对自身执政地位和执政意识的高度自觉，和对马克思主义执政党建设规律的深刻认识和正确把握。

形势的发展要求全面提高党的建设科学化水平。新形势下，党面临的考验是长期的、复杂的、严峻的。从国际看，当今世界正处在大发展大变革大调整时期，世界多极化、经济全球化深入发展，国际力量对比出现新态势，全球思想文化交流交融交锋呈现新特点，不稳定不确定因素有所增多，给我国发展带来新的机遇和挑战。从国内看，改革开放30多年来，我国的经济社会发展成就巨大，但总体发展水平不高，发展中不平衡、不协调、不可持续的问题突出，影响社会和谐稳定的各种矛盾还不少。目前我国正处于改革的攻坚期、发展的关键期、矛盾的凸显期，发展呈现一系列新的阶段性特征。面对复杂多变的国际形势和艰巨繁重的改革发展任务，迫切需要我们党以改革创新精神进一步加强自身建设，提高领导水平和执政水平，进一步增强创造力、凝聚力、战斗力，推动经济社会又好又快发展。

事业的开拓要求全面提高党的建设科学化水平。中国共产党的领导是推进革命、建设、改革的根本保证，党的建设是党领导的伟大事业不断取得胜利的重要法宝。一直以来，我们党紧紧围绕党领导的伟大事业推进党的建设，同时又通过加强和改进党的建设来推进伟大事业。在党的领导下，经过30多年的改革开放，我们国家经济社会发展取得举世瞩目的伟大成就，目前仍处于进一步发展的历史机遇期。站在新的历史起点向前迈进，全面建成惠及十几亿人口的更高水平的小康社会、进而基本实现现代化、实现全体人民共同富裕，我们党肩负的任务更加艰巨，我们将面临更多新领域新情况新问题。只有进一步把握执政党的建设规律，真正把党建设好，才能更好地发挥党的领导核心作用、战斗堡垒作用和先锋模范作用，夺取中国特色社会主义事业新胜利。

人民的期待要求全面提高党的建设科学化水平。人民是党的力量之源和胜利之本。只有植根人民、造福人民，党才能始终立于不败之地。随着经济社会发展，人民群众对过上更好生活不断产生新的更高期待，对党的领导有了新的更多要求。但党的自身建设还不完全适应和满足人民群众的这些要求与期待。目前，党的干部队伍构成发生很大变化，干部队伍思想、素质、能力出现许多新情况，党内存在不少不适应新形势新任务新要求、不符合党的性质和宗旨的问题，精神懈怠的危险、能力不足的危险、脱离群众的危险、消极腐败的危险更加尖锐地摆在全党面前，迫切要求全面提高党的建设科学化水平，提高党要管党、从严治党水平，提高治党治国水平，巩固党的执政地位，履行党的执政使命。

（二）准确把握全面提高党的建设科学化水平的总要求

报告从确保党始终成为中国特色社会主义事业的坚强领导核心这一目的出发，进一步回答了“建设什么样的党、怎样建设党”这一重大问题，明确了新形势下加强和改进党的建设的正确方向和基本要求，深化了对马克思主义执政党建设规律的认识。

牢牢把握“一条主线”，即加强党的执政能力建设、先进性和纯洁性建设这条主线。执政能力建设是党执政后的一项根本建设，保持、发展先进性和纯洁性始终是马克思主义政党根本的思想政治任务。主线思想反映了执政能力建设、先进性和纯洁性建设在全面提高党的建设科学化水平中的引领和主导作用，揭示了提高党的执政能力、保持和发展党的先进性纯洁性关系马克思主义执政党的生死存亡这一历史真理。从十六大“加强执政能力建设”，到十七大

“把党的执政能力建设和先进性建设作为主线”，再到十八大“加强党的执政能力建设、先进性和纯洁性建设这条主线”，展示了我们党在党的建设主线问题上认识发展。没有纯洁性就难以保持先进性，没有先进性和纯洁性，提高执政能力建设就会落空。新的历史条件下，牢牢把握加强党的执政能力建设、先进性和纯洁性建设这条主线，是我们党经受考验、化解危险的必然选择。

全面加强“五大建设”，即党的思想建设、组织建设、作风建设、反腐倡廉建设、制度建设。十八大报告在重申十七大关于党的建设“五位一体”总体布局的基础上，将“反腐倡廉建设”调整置于“制度建设”之前。在这个总体布局中，党的思想建设是党的根本建设，为党的其他建设提供思想基础；党的组织建设为党的其他建设提供组织保证；党的作风建设、反腐倡廉建设关系党的形象和肌体健康，反映党的其他建设的成效；党的制度建设为党内生活提供运行机制，为党的其他建设提供制度保证。实施这个总体布局，要求我们在部署党的建设工作时要着眼全局，统筹兼顾党的各方面建设，从总体上提高党的建设科学化水平。

增强“四自能力”，即自我净化、自我完善、自我革新、自我提高的能力。这四种能力与我们所讲的党执掌政权、领导社会、推进中国特色社会主义伟大事业的执政能力不同，它明确针对党的自身建设，是我们党对自身建设规律性的认识，体现了党对自身建设的高度自觉。同时，它与“一条主线”、“五大建设”、“三型目标”又关系密切，“四自能力”既是必然要求，也是实现途径。

建设“三型目标”，即学习型、服务型、创新型的马克思主义政党。报告首次提出“建设学习型、服务型、创新型马克思主义政党”这一战略任务，充分表明我们对执政党建设规律的把握更自觉、更全面、更深刻。“三型目标”既符合马克思主义政党与时俱进的理论品质、服务人民的根本宗旨和革命性的特征，也是党完成任务使命的需要；既是我们党的建设经验的总结，也是全面提高党的建设科学化水平的目标指向。

（三）准确把握全面提高党的建设科学化水平的主要任务

报告从八个方面，对全面提高党的建设科学化水平进行工作部署：

1. 在坚定理想信念方面，强调对马克思主义的信仰、对社会主义和共产主义的信念是共产党人的政治灵魂。提出要以思想理论建设为根本，教育党员干部树立中国特色社会主义共同理想；以党性教育为核心，帮助党员干部坚定政治立场，明辨大是大非；以道德建设为基础，引导党员干部模范践行社会主义荣辱观，彰显共产党人的人格力量。这些年，党出现了这样那样的问题，关键是信仰缺失的结果。信仰使人高贵，使人与天地并列，使人能创造撼天地的伟业。我们共产党人当年之所以能取天下，就在于有信仰。这一点连对手都认同。晚年张学良回忆，他曾同部下讨论为什么打不过共产党。他问将领，谁能在缺衣少食、围追堵截中把这样的队伍带出来，而且依旧保持着高昂的士气和强悍的战斗力？要是我们，人早跑光了？原因就是“共产党、红军信仰他的主义，甚至每一个兵都信仰他们的主义”。卫立煌在回忆录中有这样的话：八路的打法好是好，咱们学不了。咱们的部队一撒出去，就收不拢来！而八路散了还会回来。因为他们有“主心骨”。1949 年 6 月 8 日，蒋介石在日记中这样总结失败的原因：“我们的军人无信仰”，是“无廉耻、无责任、无知识、无生命、无气节的军人”。

信仰说起来容易做起来难。要付出代价，甚至是生命的代价。所以，信仰天然地与牺牲联系在一起。从 1921 年到 1949 年，中国共产党领导的革命，有名可查的烈士达 370 万人。在世界政党史上，有哪一个政党像中国共产党这样，为了践行和坚守自己的信仰，付出如此巨大而惨烈的牺牲？有人说，我们现在所处的时代是最好的时代，也是最坏的时代。适应这个物质主义的时代并不难，只要放下高贵的心灵，抛弃共产党人的信仰，与潮流共沉浮就行了。相比较之下，坚守的难度远远大于适应。这也是导致今天中国官场有些人文恬武嬉、贪污腐败、脱离人民的重要原因。所以，十八大特别提出，信仰和信念是政治灵魂。

2. 在始终保持党同人民群众的血肉联系方面，强调以人为本、执政为民是检验党的一切执政活动的最高标准。提出在全党深入开展以为民务实清廉为主要内容的党的群众路线教育实践活动，完善党员干部直接联系群众制度，坚持问政于民、问需于民、问计于民，支持工会、共青团、妇联等人民团体在反映群众呼声、维护群众合法权益上发挥桥梁纽带作用。

3. 在积极发展党内民主方面，强调党内民主是党的生命。提出健全党内民主制度体系，以党内民主带动人民民主；健全党员民主权利保障制度，落实党员知情权、参与权、选举权、监督权；提高工人、农民代表比例，实行党代会代表提案制；完善党内选举制度、常委会议事规则和决策程序，以及地方党委讨论决定重大问题和任用重要干部票决制；扩大党内基层民主，增强党内生活原则性和透明度。

4. 在深化干部人事制度改革方面，强调坚持和发展中国特色社会主义、建设好我们的党，关键是把执政骨干队伍建设好。提出要坚持党管干部原则，坚持五湖四海、任人唯贤，坚持德才兼备、以德为先，坚持注重实绩、群众公认，深化干部人事制度改革，完善竞争性选拔干部方式，完善干部考核评价机制。要加大培养选拔优秀年轻干部力度，重视培养选拔女干部和少数民族干部，鼓励年轻干部到基层和艰苦地区锻炼成长。全面做好离退休干部工作。老干部是我们党的重要执政资源和宝贵财富，要着力营造政治上尊重、思想上关心、生活上照顾、精神上关怀老同志的良好社会氛围，着力加强离退休干部思想政治建设和党支部建设，落实好老同志各项待遇，有效发挥老同志的积极作用。

5. 在坚持党管人才原则方面，强调广开进贤之路，广纳天下英才，是保证党和人民事业发展的根本之举。要加快确立人才优先发展战略布局，加快人才发展体制机制改革和政策创新，形成激发人才创造活力、具有国际竞争力的人才制度优势，推动我国由人才大国迈向人才强国。

6. 在创新基层党建工作方面，强调党的基层组织是团结带领群众贯彻党的理论和路线方针政策、落实党的任务的战斗堡垒。要落实党建工作责任制，扩大党组织和党的工作覆盖面，加强和改进党员队伍教育管理，提高发展党员质量，健全党员能进能出机制，优化党员队伍结构。

7. 在坚定不移反对腐败方面，强调反对腐败、建设廉洁政治，是党一贯坚持的鲜明政治立场，是人民关注的重大政治问题。这个问题解决不好，就会对党造成致命伤害，甚至亡党亡国。反腐倡廉必须常抓不懈，拒腐防变必须警钟长鸣。要坚持中国特色反腐倡廉道路，坚持标本兼治、综合治理、惩防并举、注重预防方针，全面推进惩治和预防腐败体系建设，做到干部清正、政府清廉、政治清明。加强反腐倡廉教育和廉政文化建设，深化重点领域和关键环节改革，健全反腐败法律制度，严格执行党风廉政建设责任制。要始终保持惩治腐败高压态势，坚决查处大案要案，着力解决发生在群众身边的腐败问题。不管涉及什么人，不论权力大小、职位高低，只要触犯党纪国法，都要严惩不贷。

8. 在严明党的纪律方面，强调党的集中统一是党的力量所在，是实现经济社会发展、民族团结进步、国家长治久安的根本保证。各级党组织和广大党员、干部特别是主要领导干部一定要带头加强主观世界改造、带头加强党性修养，不断提高思想政治素质和领导水平。必须坚定不移坚持党的宗旨，始终把人民放在心中最高位置；必须坚定不移贯彻中央路线方针政策，坚决维护中央权威，在思想上政治上行动上同党中央保持高度一致，保证中央政令畅通，决不允许搞“上有政策、下有对策”，决不允许有令不行、有禁不止，决不允许各自为政、各行其是；必须坚定不移贯彻民主集中制，坚决反对和防止个人或少数人专断，决不允许任何人凌驾于组织之上；必须坚定不移坚持廉洁自律，自觉遵守廉政准则，决不允许搞特权。加强监督检查，严肃党的纪律特别是政治纪律，形成全党上下步调一致、奋发进取的强大力量。

说到十八大报告对党的建设的部署，就不能不说党章修正案。十八大审议并通过了《中国共产党章程（修正案）》。今年1月，在中共中央就党的十八大议题征求意见的过程中，许多地方和部门建议，根据党的理论创新和实践发展，根据形势的发展变化和推进党的工作、加强党的建设的需要，党的十八大对党章作出修改。在综合各方面意见的基础上，中央政治局会议研究决定对党章进行适当修改，强调这次修改党章工作遵循以下基本原则：坚持以马克思列宁主义、毛泽东思想、邓小平理论、“三个代表”重要思想为指导，深入贯彻落实科学发展观，把党的十八大报告确立的重大理论观点和重大战略思想写入党章；坚持发扬党内民主，集中全党智慧；保持党章总体稳定，只修改那些必须改的、在党内已经形成共识的内容，努力使修改后的党章充分体现马克思主义中国化最新成果，充分体现党的十七大以来党中央提出的一系列重大战略思想，充分体现党的工作和党的建设的新鲜经验，以适应新形势新任务对党的工作和党的建设提出的新要求。此次党章修正案经过党内一定范围认真讨论和十七届七中全会讨论修改，比较充分地反映了全党意见，体现了党的工作和党的建设的新要求。

这次对党章比较大的修改集中在五个方面：一是把科学发展观

同马克思列宁主义、毛泽东思想、邓小平理论、“三个代表”重要思想一道确立为党的行动指南；二是把中国特色社会主义制度同中国特色社会主义道路、中国特色社会主义理论体系一道写入党章；三是将生态文明建设写入党章并作出阐述；四是党章丰富了社会主义经济建设、政治建设、文化建设、社会建设的内容；五是把“改革开放是强国之路”写进了党章；六是把十七大以来党的建设的新成果、新认识、新要求充实到党章关于党的建设总体要求中，使党的建设的主线、总体布局、总体目标更加完善。

除了“五位一体”和党的建设六个方面，报告还把国防和军队建设作为中国特色社会主义伟大事业的重要部分突出阐述，篇幅之大、分量之重超过历次，充分体现了党中央对国防和军队建设的高度重视和关怀，体现了国防和军队建设在我国现代化建设中的重要地位。时间的关系不多说了。

报告对港澳工作和对台工作作出重要论述，强调要把坚持一国原则和尊重两制差异、维护中央权力和保障特别行政区高度自治权、发挥祖国内地坚强后盾作用和提高港澳自身竞争力有机结合起来，集中精力发展经济、切实有效改善民生、循序渐进推进民主、包容共济促进和谐，让港澳同胞同全国各族人民一道共享做中国人的尊严和荣耀。报告明确了今后一个时期对台工作的根本指导和总体要求，强调全面贯彻两岸关系和平发展重要思想，探讨国家尚未统一特殊情况下的两岸政治关系、商谈建立两岸军事安全互信机制，协商两岸和平协议，共同开创两岸关系和平发展新前景，维护好、建设好中华民族共同家园。

讲到国际形势和对外工作时，报告强调高举和平、发展、合作、共赢的旗帜，弘扬平等互信、包容互鉴、合作共赢的精神，始终不渝走和平发展道路，始终不渝奉行互利共赢的开放战略。

报告结尾还特别对广大青年提出“三个永远热爱”的殷切希望，

即“永远热爱我们伟大的祖国，永远热爱我们伟大的人民，永远热爱我们伟大的中华民族”，这充分体现了我们党对青年工作的高度重视，指明了青年前进奋斗的方向，必将更好地激发广大青年坚定理想信念，增长知识本领，锤炼意志品质，矢志奋斗拼搏，在人生的广阔舞台上充分发挥聪明才智、展现人生价值、焕发绚丽光彩。在党代表大会报告中专门对青年提出要求，这表明我们党希望事业代代相传、兴旺发达。

缘起·图景·路径

——对“中国梦”的学习与思考*

党的十八大后，习近平同志着眼坚持和发展中国特色社会主义，提出并深刻阐述了实现中华民族伟大复兴的中国梦的重要战略思想。党的十八届三中全会，研究部署了全面深化改革的若干重大问题，是我们党在新的历史起点上团结带领人民，继续沿着改革开放之路，为实现中华民族伟大复兴中国梦而努力奋斗的宣言书和动员令。今天，我就如何理解中国梦，从中国梦的提出、内涵以及如何实现中国梦，与大家交流三个问题。

一、提出中国梦的重大意义

习近平总书记为什么在十八大之后提出“中国梦”，并把它作为新一代中央领导集体的第一个重大的政治表态，而且升到国家政治战略的高度？其背后既饱含着对近代以来中国历史的深刻洞悉，又有对中国社会发展客观要求的深刻把握，同时也是对人民群众社会期待的真切回应。

（一）中国梦是对中华民族近代以来渴望与追寻的深刻概括

实现中华民族伟大复兴的“中国梦”，是中华儿女普遍的坚定的思想意识和目标追求。“中国梦”历经近代以来中华民族沦为半殖民地半封建社会而遭受的空前屈辱和磨难的洗礼，经历了无数志士仁

---

* 根据2013年在北京大学某学院的讲课录音整理。

人肝脑涂地和舍命抗争的无数次劝谕的启迪，经历了千万次中国向何处去的上下求索和反复追问的锤炼，最终找到了由中国共产党带领人民寻求民族解放、实现中华民族伟大复兴的正确道路。

实现复兴，并不是所有民族都会提出的课题。中国希望实现民族复兴，是因为我们拥有十分辉煌的历史。这是中华民族的集体记忆，记录着中华民族从辉煌兴盛到饱受屈辱，再到赢得独立解放的独特历程。在漫长的历史进程中，中华民族曾经长时间走在世界的前端，对人类文明的发展做出了不可磨灭的重大贡献。

梁启超曾经把中国历史分为三个阶段：一是“中国之中国”，从炎黄五帝至秦始皇，是中华民族文化的形成期，以先秦诸子文化为代表。二是“亚洲之中国”，从秦汉到清代晚期，是中华民族文化的成熟期，以儒家文化为代表，这种文化精神甚至影响了东亚的周边国家，如朝鲜、越南等，日本受影响最大。三是“世界之中国”，从清代晚期始，西方列强坚船利炮轰开中国封闭的大门，中国不得不认识世界，开始走向世界，中国文化也必然与西方文化交流、融合。英国学者安格斯·麦迪森在《世界经济千年史》中估算，中国从1000年开始，国内生产总值一直占世界的五分之一以上。就是在所谓贫弱的宋朝（960—1279年），也是富甲天下，GDP总量占当时世界的二分之一。在第一次鸦片战争（1840—1842年）以前的数百年间，世界的重心在亚洲，亚洲的重心在东亚，东亚的重心在中国。全世界50万以上人口的大城市当时有10个，中国占了6个。可以说，当时的中国是推动世界发展的发动机，是世界经济发展的引擎。

然而，随着资本主义生产方式的兴起，近代工业革命脚步的加快，中国没有及时跟上世界文明的步伐，故步自封的封建统治者沉醉在往日辉煌的“天朝上国”梦中，等待“万邦来仪”。邓小平讲到这段历史时说：“如果从明朝中叶算起，到鸦片战争，有三百多年的闭关自守，如果从康熙算起，也有近二百年。长期闭关自守，把中国搞得贫穷落后，愚昧无知。”中国封建统治者最终等来的，是船坚炮利的西方列强，是亡国灭顶之灾。1840年爆发的第一次鸦片战争，不但打开了中国的国门，也打碎了“天朝之梦”。这个曾在世界上独占鳌头的“天朝上国”，迅即成为被帝国主义列强瓜分的半殖民地半封建国家。仅仅五六十年，东西方列强通过侵略战争，强迫清政府签订了无数个不平等条约，对中国进行疯狂的掠夺。中华民族遭受的屈辱与苦难举世罕见，中国的旧日辉煌不再。西方列强和帝国主义对中国的入侵，带来屈辱的同时，也激发起了中华民族的民族意识与民族精神。习近平主席说，每一个中国人想起那段历史都会感到心痛。所以，中国人有一股民族复兴的心结和劲头，这是一种精神动力。

在近代，民族复兴具有特殊的含义：一是实现民族独立，二是实现国家富强。可以说，世界上没有哪一个民族，像中华民族这样，既创造了五千年的悠久文化，也承受着百余年山河破碎、丧权辱国的巨大痛楚。也没有哪一个民族，有着如此强烈的复兴意志。在一批先进分子的启发下，中国人开始从“天朝上国”的迷梦中惊醒。1894年，孙中山响亮地喊出了“振兴中华”的口号，鲜明地向世界展示了中华儿女的伟大梦想。为了民族复兴，无数仁人志士上下求索，屡战屡败，屡败屡战，但从来没有停止过奋斗。毛泽东曾经指出：“自从一八四〇年鸦片战争失败那时起，先进的中国人，经过千辛万苦，向西方国家寻找真理。洪秀全、康有为、严复和孙中山，代表了在中国共产党出世以前向西方寻找真理的一派人物。”不同阶级、不同社会阶层、不同政治力量，面对中国的危难，进行过各种实践，希望能够找到解决中国问题的方案。结果是什么呢？是一次次惨痛的教训，是封建统治者一次次的无情镇压，是无一例外的失败。辛亥革命以一场资产阶级民主革命推翻了封建帝制，中国似乎看见了一丝丝进步的曙光。但是，由于中国民族资产阶级自身的软弱、妥协，他们过分依赖帝国主义和封建主义，轻视人民大众的力量，最终换来的依旧是国家四分五裂、战乱频仍，人民依然生活在水深火热中。中国图存尚难，何谈发展？

血的教训表明，旧式农民起义，封建统治阶级自强，资产阶级改良派和资产阶级革命派的努力，都无法改变中国的命运。近代以来，中华民族面临争取民族独立、人民解放，实现国家富强、人民富裕的两大历史任务。哪种理论能够正确地回答这两个历史课题，就会成为中国人民的信仰；哪条道路能够引导中国人民完成这两大任务，就能成为中国人民的历史选择；哪种政治力量能够带领人民实现这两大任务，就能成为掌握中国历史发展前进方向的领导力量。

（二）中国梦体现了中国共产党高度的历史担当和使命追求

从五四运动开始，中国工人阶级作为先进的社会力量崭露头角，同时一批先进的知识分子高举民主和科学的旗帜，为新思想新理论在中国的传播开辟了道路。1921 年，中国共产党应运而生。领导反帝反封建的革命斗争、争取民族独立和人民解放、实现中华民族伟大复兴的庄严使命，历史地落到了中国共产党的身上，中国革命从此进入崭新的发展阶段。

毛泽东曾说过，康有为写了《大同书》，但他没有也不可能找到一条到达大同的路。唯有马克思列宁主义、社会主义，照亮了中国人前进的道路。只有中国共产党历尽千辛万苦找到的这条道路，才是实现“中国梦”的人间正道。正是靠着先进的思想、先进的主张、先进的组织、先进的觉悟，中国共产党带领人民经过 28 年艰苦卓绝的斗争，推翻了“三座大山”，建立了中华人民共和国。新中国的诞生，标志着中华民族复兴的第一项历史任务，即民族独立和人民解放的胜利完成，是实现中国梦的极为关键的一步。

新中国成立后的 29 年，党为改变国家贫穷落后面貌，实现国家繁荣富强和人民共同富裕的历史使命进行艰辛探索，尽管经历了严重曲折，但取得的巨大成就为当代中国的一切发展进步奠定了根本政治前提和制度基础。改革开放以来的30多年，国家进入社会主义现代化建设新时期，开辟了实现繁荣富强和人民共同富裕的中国特色社会主义道路，中国大地发生惊世巨变，为民族复兴“中国梦”的继续奋斗奠定了坚实基础。

持续30多年的改革开放及社会发展，极大地改变了中国的经济面貌，也改变了中国在世界经济中的地位，2010年，国内生产总值（GDP）超过日本，成为世界第二大经济体。2011年，成为世界第一制造业大国。全球400多种制成品中，中国有200多种产量居世界第一。世界500强企业中，中国年增5个，总数达60个，世界前10强中，中国占据3席。

实现中国梦是一个长期奋斗、接续奋斗的历史过程。我们党一直执着地向着这个目标努力。毛泽东曾把实现中华民族复兴的过程概括为“两个百年”：关于第一个百年，他在《新民主主义论》中就讲到了，用一百年左右的时间实现国家的独立和民族的解放；第二个百年，是他在1961年接见英国元帅蒙哥马利时讲的。他说，“在我国，要建设起强大的社会主义经济，我估计要花一百多年。”他还讲过：“要赶上和超过世界上最先进的资本主义国家，没有一百多年的时间，我看是不行的。”后来邓小平同志按照这个思想，提出了“三步走”的发展战略，党的十五大将“二步走”的第二步细化为“小三步”，党的十八大以此为基础，提出了“双百目标”：在中国共产党成立一百年时全面建成小康社会，在新中国成立一百年时建成富强民主文明和谐的社会主义现代化国家。

那么，实现中华民族伟大复兴与“两个一百年”的目标是什么关系？按我们过去的理解，二者是完全一致的，甚至是等同的。也就是说，经过全面建成小康社会，在新中国成立一百年时建成富强民主文明和谐的社会主义现代化国家，就实现了中华民族的伟大复兴。最近刘云山同志在《党建》杂志发表的《推动形成实现中国梦的强大精神力量》一文中提出：“这实际上是一个新的‘三步走’战略。也就是，到中国共产党成立100年时全面建成小康社会是第一步，到新中国成立100年时建成富强民主文明和谐的社会主义现代化国家是第二步，在此基础上实现中华民族伟大复兴是第三步。”实际上，习近平同志2012年7月24日在省部级主要领导干部专题研讨班结业式上的总结讲话中，已经提出了“三个目标”，他讲到：“继续引领中国共产党和中国人民朝着全面建成小康社会的目标、朝着建设富强民主文明和谐的社会主义现代化国家的目标、朝着实现中华民族伟大复兴的目标，坚定不移、扎扎实实、富有成效地不断向前迈进”。提出这个新的“三步走”战略，具有重大意义。我们共产党人历来强调把远大理想与阶段性目标相结合，全面建成小康社会的目标即将实现，建成富强民主文明和谐的社会主义现代化国家的任务，也很快提到日程上来，不失时机地提出新的更长远的追求很有必要。实现中华民族伟大复兴中国梦的提出，显示出我们党志存高远的战略眼光，是新一届中央领导集体对全体人民的庄严承诺，是党和国家面向未来的政治宣言，充分体现了我们党的历史担当和使命追求。

（三）中国梦是社会转型期凝聚共识、汇聚力量的精神旗帜

随着改革开放的深入和社会主义市场经济的发展，我国社会经济成分、组织形式、就业方式、利益关系、分配方式日趋多样化，使不同社会群体在经济地位、社会角色、职能分工等方面的差异日益明显，人们思想活动越来越表现出独立性、选择性、多变性和差异性，人们的价值取向日趋多样化。社会的“不同”和“多元”固然是现代社会发展进步的标志，但中国社会百年追梦的历程告诉我们，一盘散沙成就不了伟业，各行其是实现不了愿景。

中国梦蕴含着共同理想，有利于最大限度凝聚思想共识。当前，

中国正处于一个思想多元、传媒爆炸的时代。马立诚在《当代中国八种社会思潮》里面归纳了我国当前的八种社会思潮：中国特色社会主义，老“左”派思潮，新“左”派思潮，民主社会主义思潮，自由主义思潮，民族主义思潮，民粹主义思潮，新儒家思潮。可以说，对于社会政治经济文化发展中的诸多问题，社会和思想理论界存在着诸多的不同看法。在这种背景下，中国需要一个具有包容性、能够求同存异的共同梦想，来统一思想、形成共识、凝聚力量。“中国梦”的提出，可谓恰逢其时。“中国梦”最大限度地兼顾和包容了各族人民的根本利益，让各个阶层、各个领域、各个方面的群众，都能从民族复兴的光明前景中看到自身利益所在，都能从国家富强、民族振兴中实现自身的幸福，从而有利于把全国人民更好地凝结成“利益共同体”和“命运共同体”，焕发出实现共同理想、共同目标、共同事业所需的强大力量。

中国梦有利于最大限度地凝聚改革共识。35 年的改革开放使中国创造了人类历史上少有的发展奇迹，但奇迹般的发展速度也使各种发展中的问题以浓缩的方式一下子迸发出来，有人以贫富差距为由，认为我们正在搞“资本社会主义”，正在滑向“国家资本主义”或“新官僚资本主义”，主张重回高度集中的计划经济体制。还有人以西方的“普世价值”为标准，抨击现行经济制度、政治制度，主张全面自由主义化。无论是“左”右之辩还是主义之争，实质都是争议中国未来的发展道路。历史告诉我们，道路的选择属于“顶顶层设计”，必须把握正确方向。十八大以后习主席提出“中国梦”，就是要坚定“不走封闭僵化的老路，不走改旗易帜的邪路，坚定走中国特色社会主义道路，始终确保改革正确方向”的信念。十八届三中全会的核心命题，也是破解改革难题、凝聚全面深化改革的共识，坚定继续改革的信心信念。提出为实现中华民族伟大复兴的中国梦而奋斗，有利于锐意进取，攻坚克难，谱写改革开放伟大事业历史新篇章。

中国梦还有利于凝聚台湾同胞及所有海外华人的共识和力量，推进祖国和平统一进程。过去我们在表述理想目标时，比较多地强调建设富强民主文明和谐的社会主义现代化国家，这对祖国大陆来讲是必要的，但对港澳台同胞和海外侨胞却不合适，因为祖国大陆同港澳台是“一国两制”，必须长期坚持，不能动摇，不能指望香港澳门特别是台湾同祖国大陆一道建设社会主义现代化国家。但是，提出实现中华民族伟大复兴的中国梦，却能得到台湾同胞的高度认同。因为绝大多数台湾同胞认同自己属于中华民族。完全有理由说，中国梦的提出将有力地推进祖国和平统一的进程。

中国梦极大地提振了中国精神。这30多年是中国经济飞速发展的30年，在屡创辉煌的同时，也使得我们的视野变得狭窄、心态变得功利。中国经济总量排在世界第二，只能说明物质层面的快速发展，但在精神层面我们还不能称为巨人。实际上，中国正在承受着经济快速发展带来的信仰缺失、精神不振的恶果。要实现我们的发展目标，不仅要在物质上强大起来，而且要在精神上强大起来。“中国梦”的提出，无疑是提振“中国精神”的良方。法国思想家罗曼·罗兰曾说：“一种理想就是一种动力。”崇高的精神是人类的一种理想精神，反映了人类崇高的追求，凝聚着绝大多数人的意愿和根本利益，对社会发展起着精神支撑和精神推动的作用。提出中国梦，将更好地培育全民族的精神支柱，激发昂扬向上的精神风貌，增强全体社会成员的精神力量。“中国梦”既是中华民族的梦，也是每个中国人的梦，既体现了中国特色社会主义的共同理想，也融汇了亿万群众的个人理想，具有“指南针”、“胶合剂”、“凝聚剂”的强大功能。

（四）中国梦是塑造中国形象、传播中国正能量的客观需要

一个国家走向强盛，既取决于强大的硬实力，也取决于强大的

软实力。这些年，随着我国的发展壮大，原有的国际政治经济格局发生了重大变化。一些国家对我国的发展有种种疑虑，担心中国的快速发展会重复近代以来大国崛起走过的扩张老路，威胁和损害别国的利益。而有些国家出于对中国的围堵和遏制，罔顾中国走和平发展道路的事实，罔顾中国对国际社会所做贡献越来越大的事实，在国际间挑拨离间、造谣生事。“中国威胁论”、“中国崩溃论”、“中国责任论”等成为某些别有用心的外媒抨击中国发展的险恶论调，损害了中国和平发展的国际形象，在一定程度上恶化了中国的国际发展环境。

有人说，毛泽东时代解决了“挨打”问题，邓小平时代解决了“挨饿”问题，咱们这一代要解决“挨骂”问题。挨骂问题其实就是话语权问题。近代以来，西方资本主义生产方式成为“先进”与“发达”的化身。西方的成功为人类文明发展做出了贡献，同时也形成对文明发展认识的“制约”。这种制约在西方表现为根深蒂固的文明优越感，并通过殖民手段和强大的思想文化传播，影响后发国家。它们的目标是建构一个由西方人控制的财富体系，全世界的资源、劳力、产品、市场、价格，全由它们支配，所有非西方国家及其人民，在这个框架中老老实实地做资源提供者、市场提供者和任劳任怨的劳动者，并且永远臣服于他们。如果哪个国家臣服得不够，它们就要给你洗脑，逼着你朝它们引导的方向走，乖乖地步入它们设计的国际经济框架和政治框架，以成全它们的霸权和利益。

可以说，在西方，中国改革开放这30多年的进程是一段被广泛曲解和误解的故事。我认为，这里有两方面的原因：一是听众的成见和偏见太深，对敌对势力来说，我们怎么做、怎么说都是没用的，只能用强大的实力让他们折服；另一方面，也有我们自己把故事讲得太死板、太自我、太官样化的原因。为应对国外“中国威胁论”的指控，我们曾解释，中国是“和平崛起”。殊不知，“崛起”一词的通用英文翻译是“Rise”，本身就带有强迫、强势、突破现有秩序的隐义。中国的好心被误读、曲解，而且越描越黑。所以，我们后来又用“和平发展”。“韬光养晦”本来是我们内部掌握的，却在国际上大肆宣传，翻译成英文的意思是“掩藏真实想法，图谋别的事情”。

中国的快速发展和国际局势的深刻变化，使我们党有必要明确回答实现中华民族的伟大复兴与世界各国各民族发展的关系。“梦想(Dream)”是超越国界和文化、不需要刻意解释的世界语言”，所以，中国梦（ChineseDream）没有那么强的刺激性，是一个很软、很人性化的东西，容易被世界各国人们接受和认同。正因为此，中国梦在国外引起了积极反响，国际社会进一步关注我国发展的光明前景和巨大机遇，亚洲、非洲、拉美许多国家领导人祝愿中国梦想成真。例如，韩国总统朴槿惠认为，“中国的江水向东流入大海，韩国的江水向西流入大海，中韩两国的江水在大海里汇合，中国和韩国的梦想都是社会和谐、国民幸福，这就如同两国江水在同一片大海中汇合一样，‘中国梦’和‘韩国梦’合二为一就形成了东北亚的梦想”。美国前国务卿基辛格认为，“美国梦”源于美国人对于改善个人生存条件的不断追求，他们认为明天永远是更好的。而中国人在近150到200年间遭受了巨大的苦难，因此，放眼向前看，提出“中国梦”是非常重要的事件。虽然发源不一样，但两个梦的终极状态是一致的，追求的都很相似：一个更加和平、繁荣和合作的世界。

二、中国梦的深刻内涵

对中国梦的基本内涵和实现中国梦的重要遵循，习近平总书记作了一系列重要论述。他强调：中国梦的基本内涵是实现国家富强、民族振兴、人民幸福；重要遵循是走中国道路、弘扬中国精神、凝聚中国力量；本质属性是人民的梦；根本要求是顽强奋斗、艰苦奋斗、不懈奋斗；重要保证是坚持党的领导。其中，国家富强、民族振兴、人民幸福，既是中国梦所追求实现的目标，也是这一思想的核心内容。

我认为，要掌握中国梦的内涵，关键是把握好三个层面的内容。

（一）中华民族的伟大复兴，不是简单地“回复”到中华民族古代曾经有过的辉煌，而是要呈现出崭新的时代内容

中国历史上的盛世很多，如西周的成康之治、西汉的文景之治、唐代的贞观之治、明代的永乐盛世、清代的康乾盛世等。复兴，不是复旧、复古，回到过去。中国的古代社会虽然与同时代的其他国家相比处于领先地位，但历朝历代无一例外都是封建专制社会。我们谈中华民族伟大复兴，从来不把历史上的某个时期作为目标。以离我们最近的“康乾盛世”为例，虽然相对清朝其他时期是强盛之时，但已经潜伏着后来迅速衰败的种子。据我国清史专家考证，清乾隆十五年（1750 年），中国 GDP 占世界份额 32%，居世界首位；清道光十年（1830 年），中国 GDP 占世界的 29%，仍是世界首位。但是，十年后就爆发了鸦片战争，中国经济迅速下滑，到光绪二十六年（1900 年），中国 GDP 只占世界 6%。在 150 年间，中国经济何以出现这么大的变化？固然有帝国主义侵略和压迫的外部因素，也有经济增长科技含量不高、经济结构不合理、经济和政治体制僵化等内部因素。所谓康乾盛世，只是“落日的辉煌”。实现中华民族伟大复兴的中国梦所指，绝不是回到这样的时期，而是要使中华民族重新具有繁荣昌盛的地位，为人类做出新的更大的贡献。

“中国梦”不是重塑汉代雄风、大唐伟业，也不是再造康乾盛世，而是完成中华民族从传统向现代的转型。转型的本质是现代因素的不断累积和增长。从中国现代化的实践看，主要包括确立与时代发展相适应的科学的思想观念，建立和完善高效的社会运行管理机制，形成以实现人的全面发展和推动社会全面进步为目标的核心

价值体系，等等。摆脱贫穷落后是现代转型的起点，实现人民群众的共同富裕和国家的繁荣富强是现代转型的首要目标。随着执政党对中国特色社会主义建设规律认识的不断深化，现代化建设的格局不断拓展，现代化建设的内容越来越丰富：从最初的追求富强发展到追求民主、文明、和谐以及自由、平等、公正、法治等重要内容；从追求物质文明发展到追求政治文明、精神文明、社会文明及生态文明；从理念变革发展到制度机制变革以及行为习惯变革；从某些方面的发展拓展到全面、协调、可持续的发展。这些都说明，中国的现代转型与西方的现代化道路和现代化体征是根本不同的。“中国梦”不是复兴封建帝国的旧梦，也不是食洋不化的他国梦，而是基于中华民族从传统向现代转型的现代梦。

在我看来，中华民族的复兴，至少应包括以下几个特征：

第一，综合国力进一步跃升。综合国力达到的高度，决定着国民梦想实现的程度。如今，我国经济总量已跃居世界第二位，但人口多、底子薄、发展很不平衡的状况并未根本改变。党的十八大描绘了到2020年的宏伟目标。这一指标体系是“中国梦”第一个发展阶段的基本图景。第二个发展阶段，在21世纪中叶基本实现现代化，达到中等发达国家水平，建成富强、民主、文明、和谐的社会主义现代化国家。达到中等发达国家水平，是否就圆了民族复兴的“中国梦”呢？我以为还没有。因为那时只是基本实现现代化，还没有完全实现现代化；只是达到中等发达国家水平，还没有达到发达国家水平。所以，第三个发展阶段，在本世纪中叶以后继续奋斗，全面实现现代化，接近、赶上和超过世界发达国家，才算真正实现了中华民族的伟大复兴。

第二，人民幸福感进一步提升。党领导全国各族人民共圆“中国梦”的根本目的，是实现好、维护好、发展好最广大人民的根本利益，进而提升全社会的幸福指数。提升幸福指数既要考虑物质因素，又要考虑非物质因素，从根本上讲，就是进一步提升社会和谐的水平。党的十八大着眼提升人民的幸福指数，将“坚持维护社会公平正义”、“坚持走共同富裕道路”、“坚持促进社会和谐”纳入夺取中国特色社会主义新胜利的基本要求，将“保障和改善民生”作为社会建设的重点。这些和谐因素的充实，对“中国梦”的阶段性特征作了清晰的描绘，为“中国梦”增添了更加美丽的幸福光环。

第三，祖国统一完全实现。没有祖国的统一，就不会有完全意义上的民族复兴。当然，实现中华民族伟大复兴，不是要恢复过去的疆域版图。1989 年 5 月，邓小平与戈尔巴乔夫谈到近代中国自鸦片战争后遭受十几个列强侵略奴役的情况，历数从中国得利最大的日本和沙俄侵略中国的历史。然后说，讲清历史问题对解决遗留问题有好处。但是“历史账讲了，这些问题一风吹”，“结束过去，开辟未来”。这是正确对待历史的科学态度。实现中华民族伟大复兴，绝不是要恢复过去的疆域版图。但是，也决不容许别的国家无理挑衅。对于我国的神圣领土和领海，我们将坚决捍卫。本来是我们的领土，因为种种原因还没收回的，必须收回，国家不统一，就不是真正的复兴。

（二）中国梦是国家民族的梦，也是每个中国人的梦，归根到底是人民的梦

“中国梦”一经提出，媒体便纷纷将其与“美国梦”进行比较。日本《外交学者》杂志网站 2013 年 2 月 5 日载文称：“美国梦”强调的是个人致富和成功，而“中国梦”是一种集体承诺，它要求中国民众为了民族大义而做出个人牺牲。“中国梦”和“美国梦”都是两个国家自己的梦想，但它们在表现形式上有很大不同。中国人民大学新闻学院院长赵启正说，“美国梦”由个人而国家，“中国梦”由国家而个人。一个原因是两国历史不同。近代中国，国家被欺凌，人民在痛苦中，没有国家的成功就没有个人的成功，这是显

然的事实。而美国基本没有被欺凌的历史。第二个原因是思维方式不同。各国有不同的梦想，这是基于不同历史背景和文化的选择，但好的梦想，追求的都是国家富强、人民富裕。

梦想建立在实实在在物质基础上，建立在历史文化的基础上，“中国梦”最直观的表现是国家梦、民族梦。“美国梦”的核心是实现个人的价值，即通过个人奋斗实现美国倡导的自由、民主核心价值观。个人主义是“美国梦”的思想基础和灵魂；集体主义是“中国梦”的思想基础和灵魂。“中国梦”的核心是实现集体或整体的价值，个人的梦想是共同理想的具体表现和组成部分。从文化背景看，中国历经苦难与辉煌，在数千年的历史长河中总体保持了大一统的格局，由此强化了“家国天下”的情怀和观念。“修身、齐家、治国、平天下”，“为天地立心，为生民立命，为往圣继绝学，为万世开太平”，中华文化始终追求超越自身的狭隘利益，以实现群体的共同利益，体现出强烈的为国为民情结。在这样的文化传统下，关注国家和民族的命运，将实现国家和民族的强盛作为个体的奋斗目标，对很多中国人而言，是很自然的事情。百余年的沧桑巨变，更使中国人深深地意识到，个体命运与国家民族的前途命运唇齿相依。近代以来，中国人民之所以任人宰割、饱受屈辱，一个重要原因就在于国家积贫积弱、一盘散沙。从新中国“站起来”，到改革开放“富起来”，再到新世纪“强起来”，国家民族的强盛让中国人民的幸福有了坚实的依托。在实现民族复兴的征程中，唯有将个人之梦寄托于国家梦、民族梦，梦想才能成真。

那么，“中国梦”要解决什么问题？在中国，不仅要实现中华民族的伟大复兴、国家的富强，更重要的是实现人民的幸福。“中国梦”是为了人民的梦想，同时由人民自己去实现。个人梦想归根结底离不开所依附的时代大环境，从宏大的民族梦、家国梦，到具体的个人憧憬，各种大情怀、小情感相互交织，“人往高处走”的规律亘古未变。“中国梦”是每个中国人的梦。国家好、民族好个人才会好。中国的优秀运动员让国旗一次次升起、国歌一次次奏响，从“一个人的奥林匹克”，到全民支持、参与北京奥运，在中国奥运选手身上，国家命运与个人命运的关系得到了深刻的诠释。尤其是30多年来，中国人已经进入实现自己梦想的伟大时代。一个个梦想成真的实例鼓舞着千千万万年轻人通过梦想规划人生；通过奋斗圆梦实现价值。今天的中国，有数以亿计的农村青年在城市里打拼，为的是实现自己的“城市梦”；有数以百万计的中国人远渡重洋到国外投资兴业，为的是圆自己的“跨国梦”、“世界梦”；大批创业致富的企业家在演讲中说“赶上了好时候”；许多功成名就的风云人物说“感谢这个时代”；汶川大地震的受灾群众可能做梦也想不到，仅仅用了三年时间，灾区废墟上就建起了足以跨越20年的美丽家园；千百万海外华侨华人因祖国的强大而满怀信心，当祖国同胞遭受自然灾害时，他们慷慨解囊、倾力相助。当然，生活中还有许多不尽如人意之处。然而，中国的发展进步带给每个中国人的，毕竟是新的希望、新的梦想。这次刚刚召开的十八届三中全会，我们可以明确地看到，全面深化改革，始终是以促进社会公平正义、增进人民福祉为根本出发点和落脚点，《中共中央关于全面深化改革若干重大问题的决定》中涉及的问题和制定的政策，都是老百姓平时最为关注的和直接关系到人民生活福祉的。从最终意义上讲，国家的强盛、民族的兴旺，都要以人民的权力得到保障、利益得到实现、幸福得到满足为条件和目的。实现中华民族的伟大复兴，就是“要让中国人民有更好的教育、更稳定的工作、更满意的收入、更可靠的社会保障、更高水平的医疗卫生服务、更舒适的居住条件、更优美的环境，让我们的孩子们成长得更好、工作得更好、生活得更好。进一步说，就是要让中国人民过上更加富裕、更有尊严的生活，实现每个人自由而全面的发展”。正如习近平总书记所强调的：“人民对美好生活的向往，就是我们的奋斗目标。”满足人民群众日益增长的物质和文化需要，全心全意为人民谋幸福，是中国共产党一切工作的出发点和立足点。

（三）中国梦不仅造福中国人民，而且造福各国人民，与各国人民的美好梦想相通

“中国梦”不只是简单的中国发展，而是以中华民族兼济天下的博大情怀和与世界其他民族包容共生的民族文化心理为基础，表达的是中华民族要对人类有所贡献的雄心壮志。

纵观世界历史，迄今为止的西方大国的崛起，无一不是通过殖民扩张和掠夺为基本实现形式，战争通常是大国崛起的基本手段。基于这样的历史，一些西方国家对于中国的崛起多存狐疑，时而大唱“中国威胁论”，时而又唱“中国崩溃论”，有的国家甚至仍抱着冷战思维，企图围堵甚至遏制中国。而中国的历史已经表明并将继续表明，这些以西方历史观审视中国崛起而得出的结论和采取的行动，都是错误的。

1405 年至 1433 年间，明朝皇帝先后派郑和率船队数万人七下西洋，足迹遍布 30 多个国家。如果按照西方列强的思维方式，中国当时就应该借机开疆辟土，增加势力范围，但是中国没有。郑和不断把明朝最好的东西如瓷器、丝绸等运往所到各国，热情迎送各国使者，所到之处没有在各国留下一兵一卒。判断中国的崛起，不能基于西方的历史观，只能基于中国自身的历史发展，这样得出的结论，才符合中国社会发展的基本逻辑。

“中国梦”的实现，不同于以往的大国崛起，而是基于中华民族爱好和平、珍惜和平、维护和平的优良传统、美好愿望和坚定意志，是以和平发展、科学发展为基本路径和基本方式。中国的发展不是建立在掠夺和侵犯他国利益的基础上，而是与其他国家和民族携手发展、和谐发展、共同发展、共享繁荣。中国人民大学新闻学院院

长赵启正认为：“一个伟大的国家、民族必须要为世界做贡献，推动人类文明的进步。‘中国梦’不是自私自利的梦，不是只顾自己不顾别人的梦，更不是损人利己的梦。‘中国梦’追求的是中国发展与世界发展同行、中国富裕与世界富裕同行。‘中国梦’的实现有利于世界的发展。”

2013 年 6 月到访中国的基辛格博士在接受《中国经济周刊》专访时指出，有西方学者担心中国崛起会重现“德国崛起、一战爆发”的情况。他的回答是否定的：“历史上守成大国与新兴大国之间历来激烈碰撞，屡屡爆发冲突和战争，这似乎已成历史定律，这一用来描述中美关系的论断在过去一段时间里颇为流行。值得庆幸的是，无论是美国还是中国领导人都表示不愿接受这样的历史宿命。”基辛格表示，2013 年 6 月，中国国家主席习近平在和美国总统奥巴马的庄园会晤中关于建立新型国家关系的表述非常重要，且经过深思熟虑。“历史上大国关系多数是通过冲突解决的，但当今世界，伴随着可相互摧毁的武器存在和全球经济的脆弱性，这种情景完全可能导致一场全面的危机。”“多年来，我一直坚持美中应去创建一种新型国家关系，尽管这很艰难，但我们的领导人有这个责任去促成，习近平主席和奥巴马总统对于建立这种关系的态度都是真诚的。”

对人类有所贡献，是“中国梦”的要义和基本内涵。穷则独善其身，达则兼济天下，是中华民族基本的文化心理，也是中华民族的优良传统和品德。这种传统基于中华民族与其他民族和谐共生、相互包容、互为一体的整体性思维和世界观。正是基于这样的思维和世界观，中华民族从来不敢忘记对世界发展的责任，并时刻以这样的责任要求、鞭策自己。也正是基于这样的思维和世界观，在过去 2000 年的绝大部分岁月里，中华民族一直对世界其他民族做着自己巨大的独有的贡献。对此，哲学家培根、罗素，历史学家汤因比，科学家李约瑟等西方有识之士，都给予高度评价。只是在最近不到

200年的时间里，中华民族对世界的贡献被西方野蛮的侵略和掠夺打断，中华民族陷入积贫积弱的境地，落在了西方国家的后边。

即使如此，中华民族也没有忘却对世界的责任。1956年，毛泽东说："辛亥革命，到今年，不过四十五年，中国的面目完全变了。再过四十五年，就是两千零一年，也就是进到二十一世纪的时候，中国的面目更要大变。中国将变为一个强大的社会主义工业国。中国应当这样。因为中国是一个具有九百六十万平方公里土地和六万万人口的国家，中国应当对于人类有较大的贡献。而这种贡献，在过去一个长时期内，则是太少了。这使我们感到惭愧。"对人类做出贡献的思想意识，一直激励着中国共产党人带领人民群众不懈奋斗。邓小平把这种思想设计为"三步走"的现代化发展战略。1985年，他说："现在人们说中国发生了明显的变化。我对一些外宾说，这只是小变化。翻两番，达到小康水平，可以说是中变化。到下世纪中叶，能够接近世界发达国家的水平，那才是大变化。到那时，社会主义中国的分量和作用就不同了，我们就可以对人类有较大的贡献。"1987年，邓小平又强调，至21世纪中叶达到中等发达国家的水平，"为人类做更多的事情"，"我们就是有这么一个雄心壮志"。邓小平把中华民族为人类做贡献的价值理想与中国现代化建设的发展战略紧密联系在一起，融入建设中国特色社会主义的共同理想。正是这种理想追求，激励着中国逐步成为一个负责任的大国强国。

习近平总书记提出的"中国梦"，是在中华民族已经独立、国家经济总量达到世界第二、中国已经走到世界舞台中心的背景下展开的，延续了毛泽东、邓小平强调的中华民族要为人类做较大的贡献的思想。"中国梦"，就是要强调中国在发展自身的同时要"对人类有所贡献"。有这样的胸怀和抱负，才能进一步形成中华民族自尊自信、理性科学、务实进取、开放宽容的健康的国民心态，才能进一步形成令世界其他民族仰慕的成熟的大国心态，使每一个中华儿女享受到做中国人的荣耀和尊严。香港《南华早报》2013年5月15日评论称：“过去的30年中，中国逐渐成为多数政府间组织和数百个非营利组织的成员。中国已参与国际社会交际。它是300多个多边协议的签署国，并因丰富的外交知识和老练程度获得了声誉。现在中国是最拥护联合国的国家之一。它是最少使用安理会一票否决权的国家。中国有时依然会按老方法处理问题，但总体而言，中国在逐渐成为一个积极的国家。”

三、中国梦的实践要求

实现中华民族伟大复兴中国梦，是震古烁今的伟业，也是空前浩繁、空前艰巨的事业，对中国特色社会主义经济建设、政治建设、文化建设、社会建设、生态文明建设以及国防和军队建设等都提出了新的实践要求。我们有很多工作要做，最主要的是把握住哪几点呢？这让我想起了《论语》里“子贡问政”的故事，孔子的学生子贡向孔子请教治理国家的方法，孔子回答说：“足兵、足粮、民可信之。”就是说，军队要强大，能够保卫国家；粮要足，人民要有饭吃；政府要有威信，老百姓信任你。我认为，实现中国梦，首先也要把这三方面做好。

（一）推进经济转型升级和社会全面改革，奠定实现中国梦的物质基础

任何社会的发展与进步，都要受经济发展水平制约。经济发展是实现中国梦的重要物质基础，也是实现中国梦的重要途径。改革开放以来，正因为我们党始终坚持基本路线不动摇，我国的社会生产力水平才不断提高，综合国力才不断增强，人民生活水平才实现了由温饱向小康的历史性跨越。也正因为我们取得了这些巨大成就，具备了较为坚实的物质基础，我们才更有信心、有能力实现中国梦。

但是，也必须看到，我们虽然取得了举世瞩目的发展成就，但仍是世界上最大的发展中国家，仍处于并将长期处于社会主义初级

阶段。中国的发展任重道远。解决发展问题、改善民生仍是我们的第一要务。当前，我国经济发展的内外部环境正在发生深刻变化。从国际看，全球经济格局深度调整，产业竞争异常激烈。国际金融危机爆发后，发达国家纷纷提出“再工业化”战略，试图在新的技术平台上提升制造业和发展新兴产业，继续以核心技术和专业服务牢牢掌控全球价值链的高端环节，对我国提升产业层次、发展先进制造业形成巨大压力；新兴市场国家也在加快产业升级，一些发展中国家利用其低成本优势，加紧与我国在传统国际市场展开竞争，我们面临发达国家抢占战略制高点和发展中国家抢占传统市场的双重压力。从国内看，经济结构性矛盾突出，传统发展模式面临诸多调整。高投入、高消耗、高排放的粗放发展方式还没有根本改变，劳动力、土地、燃料动力等生产要素价格持续上升，能源资源和生态环境约束日趋加大，对转变经济发展方式形成了倒逼机制。知名学者郑永年认为：GDP 主义是“中国梦”的最大敌人，“从发展的角度看，GDP 主义不仅不能帮助把中国的经济增长潜力充分发挥出来，反而会导致在短时间内耗尽这些潜力，使得中国更快地陷入中等收入陷阱。换句话说，GDP 主义表面上在追求‘中国梦’，实际上在扼杀‘中国梦’”。新加坡《联合早报》2013 年 4 月 29 日刊文称：“对于实现‘中国梦’来说，在基础层次要做的工作莫过于：建立优秀的教育体制和科学技术发展体制；打造优秀、坚实的文化根基；建立强有力的法律制度；建立社会运作制度的公正公平性、诚实无欺性、守法拒贪性和在职人员的高度敬业性；建立能够产生廉洁高效的政府，能够防止独裁者、平庸者当道的政治制度……”

全面深化经济体制改革是加快形成新的经济发展方式的关键。任何发展方式都是一种动力机制的塑造和利益分配体制的安排。好的体制机制，就会有好的发展方式；反过来，体制机制不顺，发展方式也很难合理。在市场经济条件下，体制状况影响利益分配格局，利益分配格局引导人们的行为，人们的行为决定发展方式的取舍。如果没有体制机制上的重大突破，就不可能有发展方式的根本性转变。因此，要形成新的经济发展方式，必须全面深化经济体制改革。根据国际国内环境变化和形成新的经济发展方式要求，党的十八届三中全会提出要紧紧围绕使市场在资源配置中起决定性作用深化经济体制改革，坚持和完善基本经济制度，加快完善现代市场体系、宏观调控体系、开放型经济体系，加快转变经济发展方式，加快建设创新型国家，推动经济更有效率、更加公平、更可持续发展。

同时，我们必须清醒地认识到，改革是一项全面工程，既关涉经济领域的改革，也关涉政治、文化、社会、生态、国防和军队等各个领域的改革；改革也是一项系统工程，既是对生产关系的调整，也是对上层建筑的完善。生产力固然是社会发展的决定因素，但是，如果没有生产关系的不断调整和上层建筑的不断完善，社会生产力也不能得到持续发展。党的十八届三中全会此次发出了全面改革的动员令：在政治领域，要加强社会主义民主政治建设，推进法治中国建设，强化权力运行制约和监督体系，发展更加广泛、更加充分、更加健全的人民民主；在文化领域，要加快完善文化管理体制和文化生产经营体制，建立现代公共文化服务体系、现代市场文化体系，推动社会主义文化大发展大繁荣；在社会领域，要推进社会事业改革创新，创新社会管理体制，确保社会既充满活力又和谐有序；在生态领域，要加强建设生态文明制度，推动形成人与自然和谐发展的现代化建设新格局；国防和军队建设，要围绕建设一支听党指挥、能打胜仗、作风优良的强军的目标，深化军队编制体制调整改革，推进军队政策制度调整改革。只有全面深入地展开社会全方位改革，才能推进经济持续健康发展，为中国梦的实现夯实现实基础。

（二）坚持富国和强军相统一，为实现中国梦提供安全保证

历史表明，一个国家要屹立于世界民族之林，既需要雄厚的经

济实力，也需要强大的军事实力。宋朝是中国古代历史上经济与文化教育最繁荣的时代。我们都知道，四大发明有三项是在宋朝发明的，唐宋八大家有六家在宋朝，据研究，北宋时中国经济总量约占世界经济总量的三成多，这是中国 GDP 占世界比重最高的时期。按理说，这样的朝代应该持续时间更久一些，但宋朝为了避免唐代末期藩镇割据的现象，采取重文轻武的施政方针，整个大宋王朝习文之风日盛、尚武之风日衰。强大的经济实力没有转化为强大的国防实力，军事无能，军威不振，又处处防范将帅、处处分兵防守，使兵虽多而战力弱，国虽富而兵不强。结果，北宋对外作战屡屡失败，仅一百多年就丧失了半壁江山。同样的还有清王朝。鸦片战争前，中国经济总量占世界的四分之一。但是，由于清政府闭关锁国，军事机器陈旧落后，面对西方列强和日本的侵略，军队和国防形同虚设、屡战屡败。在列强横行的国际社会，军事力量的坍塌给国家造成的后果是灾难性的，割地、赔款、求和成为晚清政府的外交常态，中华民族遭遇了前所未有的屈辱。实践证明，雄厚的经济实力是国家强大的基础，但是，如果没有国防实力和军事能力相匹配，这样的国家和民族只是一只待宰的“肥羊”。近代中国的灾难，首先是从西方列强在军事上比中国强大并欺负中国开始的。

我们从世界文明的演进史中同样可以看到，那些在世界上曾经独领风骚的大国，都离不开强大的武力后盾。时至今日，世界各主要强国所以在国际竞争中能够具有战略主动，除了其领先的经济科技实力，还在于拥有强大的军队。我们建设强大的军队，不是为了争霸称霸，而是为民族复兴提供和平的发展环境。我们要清醒地认识到，中华民族的伟大复兴绝不是轻轻松松、顺顺当当就能实现的，我们越发展壮大，遇到的阻力和压力就越大，面临的外部风险就越多。国防和军队建设是国家安全的坚强后盾。没有一个巩固的国防，没有一支强大的军队，和平发展就没有保障，中华民族的伟大复兴也不可能实现。经过多年的发展，我国综合国力显著增强，为建设巩固国防和强大军队奠定了雄厚物质基础，我们要抓住有利条件，加快推进国防和军队现代化，努力推动国防实力与经济实力同步发展。通过推进国家经济社会发展，为国防和军队现代化建设提供更加充裕的物质和技术条件；通过加强国防和军队现代化建设，为国家发展提供更加坚强的安全保障和战略支撑。

我国改革已进入攻坚期和深水区。同样，国防和军队改革也进入了攻坚期和深水区，我们面对的，既有思想观念的障碍，也有利益固化的藩篱；既有难啃的硬骨头，也有牵一发动全身的敏感问题。与此同时，我军现代化水平与国家安全需求相比差距还很大，与世界先进军事水平相比差距还很大；我军打现代化战争能力还很不够，各级干部指挥现代化战争能力还很不够。面向未来，要解决这些矛盾问题、应对各种风险挑战、推动部队科学发展，必须进一步深化改革。否则，就不可能建设与我国国际地位相称、与国家安全和发展利益相适应的巩固国防和强大军队。此次三中全会，紧紧围绕建设一支听党指挥、能打胜仗、作风优良的强军目标，着力解决制约国防和军队建设发展的突出矛盾和问题，为军队的进一步改革开出了良方。广受舆论关注的成立“国家安全委员会”，是适应内政外交和世界潮流的战略举措，有利于整合社会各领域国家安全资源，更强有力地维护国家安全核心利益。此外，全会就深化军队体制编制调整改革、推进军队政策制度调整改革、推动军民融合深度发也作了具体部署。坚持各项改革，必须紧紧围绕强军目标进行、着眼强军目标展开，凝聚共识、形成合力，统筹推进、协同配合；坚持用强军目标衡量和检验改革，凡有助于实现强军目标的就大力推进，凡不利于实现强军目标的就坚决舍弃，使改革经得起历史和实践检验。

（三）增强社会信任，凝聚实现中国梦的磅礴力量

我们要把亿万人民团结在党的周围，形成实现中国梦的强大合

力，把党的正确主张变成亿万人民的自觉行动，都离不开人民对党和政府的信心和信任。

增强人民对党和政府的信任，必须把经济建设搞好。要提高人民的幸福指数，更离不开加强党自身的建设。我们党是一个拥有400多万个基层党组织、8500多万名党员的大党，新形势下，党的干部队伍构成发生了很大变化，党员干部的理想、素质、能力出现了许多新情况，存在不少问题。部分党员领导干部理想信念动摇、以权谋私；有的精神空虚，不问苍生问鬼神，热衷于算命看相、求神拜佛、迷信“气功大师”；有的信念动摇，把配偶子女移民国外、钱存在国外，给自己“留后路”，随时准备“跳船”；有的心为物役，信奉金钱至上、名利至上、享乐至上，心中没有敬畏，行为没有底线，导致政治变质、经济贪婪、道德堕落、生活腐化。党面临的执政考验、改革开放考验、市场经济考验、外部环境考验是长期的、复杂的、严峻的，精神懈怠危险、能力不足危险、脱离群众危险、消极腐败危险非常尖锐地摆在了全党面前。党的十八大以来，习近平总书记高度重视党的建设，提出了一系列新思想新观点新要求。他强调，党要管党，才能管好党；从严治党，才能治好党。如果管党不力、治党不严，人民群众反映强烈的党内突出问题得不到解决，那么，我们迟早会失去执政资格，不可避免地会被历史淘汰。必须把从严治党贯彻和体现到从严管理干部、从严管理党员队伍、扎实做好抓基层打基础工作、严肃党内生活等各个方面。习近平总书记还站在关系党和国家生死存亡的高度，深刻阐述反腐倡廉建设的重要性，指出腐败是社会毒瘤，如果任凭腐败问题愈演愈烈，最终必然亡党亡国。他强调，我们党面临的“赶考”远未结束。反腐倡廉必须常抓不懈，拒腐防变必须警钟长鸣，要坚定决心、有腐必反、有贪必肃，以实际成效取信于民。对于从严治党、反腐倡廉，十八届三中全会也提出了专门举措，例如，提出加强反腐败体制机制创新和制度保障，推动党的纪律检查工作双重领导体制具体化、程序化、制度化；健全改进作风常态化制度，围绕反对形式主义、官僚主义、享乐主义和奢靡之风，加快体制机制改革和建设，等等。

增强人民对党和政府的信任，还有一个非常重要的方面，就是我们广大党员特别是各级领导干部要说到做到、言行一致。现在发生在少数领导干部身上的知行不一、言行不一的问题，已成为极为突出的问题。一些干部只说不做，说一套做一套，甚至背道而驰，徇私舞弊，贪赃枉法，胡作非为。广大人民群众对此深恶痛绝。这一问题如不解决，必然降低党的威信，导致干部脱离群众、群众疏远干部，使党的理论和路线方针政策在群众中失去吸引力、感召力、亲和力。言之贵在于行，行之贵在于果。“一步实际运动比一打纲领更重要”。“吹牛撒谎是道义上的灭亡，也势必引向政治上的灭亡”。“如果有了正确的理论，只是把它空谈一阵，束之高阁，并不实行，那末，这种理论再好也是没有意义的。”马克思主义的经典作家们，早就向我们阐明了这个道理。苏共垮台，有很多原因，但从某种意义上说，根源在于言行不一。勃列日涅夫的侄女柳芭移居美国后，这样回忆这位前苏共总书记。一次，他私下对其弟弟说：“什么共产主义，都是哄哄老百姓的空话。”一个执政党沦落到用空话、假话去“哄”老百姓的地步，它离失败、崩溃还会远吗？我们党能够取得执政地位并长期执掌政权，很重要的原因在于我们党以“言必信、行必果”的作风赢得了人民的信任。“共产党好，共产党好，共产党是人民的好领导，说得到做得到，全心全意为了人民立功劳……”这首红色经典歌曲影响巨大，但如今人民群众不大唱了，原因在于一些领导干部与“说得到做得到”差距太大。古人云：“口能言之，身能行之，国宝也。口不能言，身能行之，国器也。口能言之，身不能行，国用也。口言善，身行恶，国妖也。治国者敬其宝，爱其器，任其用，除其妖。”我们每个领导干部都应坚持“口能言之，身能行之”，反对“口能言之，身不能行”，绝不做“口言善，身行恶”的“国妖”。

1933年和1934年，《东方杂志》等刊物曾经进行了《梦想中国》、《梦想的个人生活》专题征文。以中国知识界为主的数百人共同做了一场“中国梦”，包括“强国之梦”、“破碎的梦”等。穿过时光隧道，回收昨天的梦想，今天的我们仍不免为当时中国人的乐观精神所感动。的确，中华民族是一个有“梦”的民族，尽管兵祸不断、天灾频发、政治黑暗、民不聊生、内忧外患、山河破碎，但还要做梦，做“富国强兵”的梦。这梦，来自千年古老优秀文化的传承，激励着时人抗战、解放、建国，追求复兴，一直走到今天。正是在这个意义上，习近平强调：“人类的美好理想，都不可能唾手可得，都离不开筚路蓝缕、手胼足胝的艰苦奋斗。我们的国家，我们的民族，从积贫积弱一步一步走到今天的发展繁荣，靠的就是一代又一代人的顽强拼搏，靠的就是中华民族自强不息的奋斗精神。”我们现在比任何时期都更加接近中华民族伟大复兴的目标，比任何时期都有信心、有能力实现这个目标。回首过去，全党同志必须牢记，落后就会挨打，发展才能自强；审视现在，全党同志必须牢记，道路决定命运，找到一条正确道路是多么不容易，我们必须坚定不移地走下去；展望未来，全党同志也必须牢记，把蓝图变成现实，我们还将走很长的路，我们必须为之付出长期艰苦的努力。

抓住机遇　迎接挑战*

中国有句古训叫“审时度势”。这是一个哲学观点，也是一条基本经验。时，就是时代、时期、时间、时机，是时空观中的时间概念。势，就是形势、态势、发展趋势，是时空观中的空间概念。审时，就是审视、判断自己处在什么时代、什么时期、什么时间段，从而把握时机、抓住机遇。度势，就是揣度做人做事处在一个什么态势、什么形势、什么环境背景下，决定应该朝着什么趋势、什么方向前进。审时度势，就是首先把自己所处在历史方位搞清楚，经过纵横比较，把站立点和发展方向搞准确，进而做到像孙子所讲的“任势用谋”，择势而行，顺势而作。

审时度势是每一位企业领袖、单位领导、仁人志士必备的重要素质。所谓世界眼光、战略思维、领导方略，皆源于此。

大家知道，我国的经济社会发展正处在一个从农业经济转向工业经济并逐步迈向知识经济的时代，正处在一个工业化、城镇化、农业现代化三化同步推进的时期。从大的方面讲，虽然经过了30多年的改革开放，我们国家的经济社会面貌发生了巨大变化，但我们所处的时代并没有变，我们的任务、目标、基本路线也没有变，仍然处在一个和平与发展为主体的时代，世界政治多极化、经济全球化、文化多样化，合作中有竞争，竞争中有合作，这个基本态势没

---

*根据2011年4月1日在浙江大学、2012年6月15日在首期企业家领袖战略培训班上的讲课录音整理。

有变化。我们仍然处在社会主义初级阶段，仍然要毫不动摇地贯彻一个中心、两个基本点，就是以经济建设为中心，坚持四项基本原则，坚持改革开放。仍然要坚持共产党领导的社会主义市场经济。但是，我们的具体政策和方略要根据变化了的形势不断作出调整，以适应形势的发展、情况的变化、发展的需求。胡锦涛总书记反复强调，我们在判断总的形势的同时，要认真分析和弄清当前阶段性的形势和特点，在新的起点上谋发展、搞建设。用唯物的历史的眼光来看，我国的经济和社会发展同30多年前相比，的确已经站在了一个新的历史起点。这个新的起点，可以找出若干条标志，但最显著的有两个：一个是，我们几十年的快速发展，使我们的综合国力显著增强，国际地位明显提高，人民生活水平大大提高，国家的整体面貌发生了巨大变化。我们的经济总量2011年达到了74970亿美元，居世界第二位。约相当于美国的38.5%；比第三位的日本多出19290亿美元。世界各国包括我们的对手都对我们刮目相看。这是一个显著的特点。我们的站立点比30年前高多了，经济基础牢固了，手里的本钱多了、有力了。同时，我们还要看到另一个显著特征，就是我们遇到了前所未有的新矛盾新问题，经济发展不平衡，收入分配不合理，贫富差距拉大，消极腐败衍生，群体事件增多，安全稳定压力较大，维稳已经提到了和发展同等重要的位置。“发展是硬道理，稳定是硬任务”写进了中央文件。为此，我们不得不放慢发展速度，进行发展方式的调整转变。无论是面对国际竞争，还是面对内部的各类矛盾，都需要我们用新的思维来观察、分析、化解、解决。穷有穷的问题，富有富的矛盾。从经济和社会发展的角度讲，重点是解决“三不”问题，就是“不平衡、不协调、不可持续”的问题。不平衡，主要指内需、外需不平衡；不协调，主要是投资消费和出口比例不协调；不可持续，主要是指经济增长中资源与环境的代价太高。

针对这些阶段性的问题，中央及时提出了以科学发展为主题，以加快调整发展方式为主线的战略思想，全面编制和颁发了十二五规划纲要，把经济发展的速度放缓，定在8%，两会期间又降到7.5%，速度放慢、质量提升，逐步纳入科学发展的轨道。在运行过程中，又及时地提出了“稳中求进”的总基调，反复强调四稳三进。四稳：一是保持宏观经济政策基本稳定，即政策稳；二是保持经济平衡运行，使增长稳；三是采取综合措施，使物价稳；四是促进社会和谐稳定，使社会稳。三进：一是在转变经济发展方式上取得新进展；二是在改革开放上取得新突破；三是在改善民生上取得新成效。最近温总理在湖北考察时又强调“把稳增长放在更加重要的位置”，5月23日国务院常务会议围绕“稳增长”做出了一系列具体安排。这被认为是对当前错综复杂的国内外形势作出的重要部署，传递出新的政策信号。请大家注意，这里用的是“稳增长”，既不是“保增长”，也不是“促增长”，更不是“快增长”。我理解，用稳字不用保字，也不用促字，更不用快字，就是要稳定经济增长的态势，使之不至于陷入急剧下滑，造成被动。说明对稳中求进要积极地理解、积极地贯彻。说明如果没有一个平稳可靠的增长速度，让经济滑下去，经济和社会发展的许多问题将难以解决，各种矛盾可能激化。只有稳增长，才能为调结构、防通胀创造条件和留有余地。稳增长是手段，是短期目标，通过稳增长来调结构、提质量、控通胀、保民生，进而实现可持续发展，才是根本目的。

今年还有一个特殊情况就是党政换届。如果说审时度势、把握大势的话，用一句话概括，当前的大势就是贯彻两会精神，把握稳中求进，以优异成绩迎接十八大、贯彻十八大。

那么，这个大势对我们企业家来说，到底带来了什么机遇和挑战？我们如何抓住机遇迎接挑战，把我们的基业搞好、事业做强呢？我这里从宏观角度谈谈自己的学习体会，同大家进行交流。

第一个问题，机遇在哪里

小平同志说，机会并不多，稍纵即逝。敏锐、及时、准确地捕捉十二五期间国家经济社会发展给企业可能带来的机遇，是企业家优先考虑的大事。

为了便于理解，我把十二五时期我国经济社会发展的特征和走向概括为“四个发展”，即协调发展、创新发展、共享发展和绿色发展。这四大发展对于企业家来说，蕴含着巨大机遇。

（一）我国经济社会发展将更加突出协调式发展，可以为企业家开拓更加广阔的市场前景

怎么理解协调式发展的目标要求？我觉得，主要是五大协调：在产业协调发展上，实现转型升级，提高产业核心竞争力；在城乡协调发展上，同步来推进工业化、城镇化和农业现代化；在地区协调发展上，在中西部地区培育新的区域增长极，增强区域发展的协调性；在拉动经济三驾马车的协调上，出口求稳，内需谋扩，当下靠投资，长远靠消费，逐步实现投资、消费、出口科学合理地拉动经济。同时，要协调好经济、政治、文化、社会建设五为一体的总体战略。特别要使我们的文化建设和社会管理与我们的经济建设相适应、相匹配。这些对于企业家来说，都是很好的消息。为什么这样说呢？

一是给企业家带来的市场空间更大了。大家都知道，中国是世界上最大的也是最有潜力的市场。大，都好理解，人多需求必然多嘛。潜力在哪里？从产业结构看，潜力就是现代服务业。为此，要善于把生产和服务结合起来思考和经营。比如，亿阳集团把资源开发、产品升级和服务社会结合起来谋划，对自己是发展，对社会是贡献，效果就很好。从城乡结构看，潜力就在农村，在8亿多农民群众，这是拉动内需、拉动发展的内生动力。我们农委到河南调研，发现许多企业家到农村发展，把农业当产业经营，对农民以职业对

待，农企联合，既改变了农村面貌，又为企业找到了发展的新天地。从地区结构看，潜力就在中西部，尤其是西部。安徽有一位企业家叫吴敬峰，在新疆开发种植甘草、棉花和辣椒，在一个荒漠戈壁上建成了一个现代化企业。北京有一位企业家看到一个大剧场破破烂烂，演出没人看，剧场没收入，职工满腹牢骚。这位企业家就承包过来，把剧场改造成了集娱乐、休闲、喝茶、小吃于一体的场所，成了大家聚集的地方，天天人流不断，收益相当可观。这样的事例很多。十二五时期，国家将加大对农业、对文化、对科技、对教育的投资力度，政策优惠，我国广大纵深的市场潜力将进一步挖掘和开拓出来，这将为企业发展提供更广阔的市场空间。

二是给企业带来的投资热点更多了。首先是现代农业方向，“纲要”明确要促进农业产业化经营，扶持壮大农产品加工业和流通业，促进农业生产经营专业化、标准化、规模化、集约化。这既为“资本下乡”指明了出路，也创造了条件。北京评剧院一位演员叫苑筱芳，带着1000万元到安徽大别山区，承包一万多亩农民的土地，经过三年努力，粮食增产，农民增收，个人经济效益包括当地的环境都得到了明显改善。黑龙江垦区的党委书记隋凤富，在原来垦荒种粮食的基础上建设了国家安全食品生产基地，实现了从保证粮食安全到保证食品安全的转变，经济和社会效益明显提升。其次是战略性新兴产业。中央明确了十二五期间战略性新兴产业发展的重点包括节能环保、新一代信息技术、生物、高端装备制造、新能源、新材料、新能源汽车等七大产业。目前这七大产业的增加值总共占中国GDP的2%左右，希望到2015年提高到8%，政府将投资1.5万亿美元扶持这些产业，相当于去年GDP的5%左右。七大战略性新兴产业在“三免三减半”政策期满后，有望享受所得税率在15%的基础上减半征收的优惠。所谓“三免三减半”，是指符合条件的企业，取得经营收入的第一年至第三年，可免交企业所得税，第四年至第六年减半收取。这些新兴战略性产业无疑将是明智的企业家优先考虑的投资热点。再次是现代服务业。十二五是我国现代服务业大发展大提速的战略机遇期，在服务业的各个子领域中，信息服务、研发服务、物流服务和技术支持服务最看好，企业家投资这些行业，风险小、收益大、优惠多。

（二）我国经济社会发展将更加突出创新式发展，可以为企业家提供更好的创新动力和环境

创新是民族进步之魂，也是企业发展之要。资料表明，发达国家技术进步对经济增长的贡献度达到70%以上，而我国目前还不到40%。对外技术依存度，发达国家在30%以下，美国、日本为5%左右。而我国对外技术依存度达50%以上。这说明，我国自主创新能力不强，关键领域里的核心技术主要依赖进口，我们还没有摘掉“世界工厂”的帽子。最近看到一篇报道，北京大学生命科学院院长饶毅先生讲：中国后30年可持续发展需要的原创技术，没有科学研究作支撑，无法顺利解决。近一百年间，从上海的外滩、北京大学的燕园，到奥运会“鸟巢”，这些“中国建筑”都是花钱请外国设计师来设计，由中国的农民工修建的。高铁是中国高科技建设的成果，但其核心技术并不为我所有；有些信息企业的发展是在中国政府特殊的保护政策下获得的，迄今为止，我国绝大部分的药品都是西方发明的。

十二五规划纲要指出，未来五年我们将坚持自主创新、重点跨越、支撑发展、引领未来的方针，加快建设国家创新体系，壮大创新人才队伍，增强自主创新能力，促进科技成果向现实生产力转化，推动经济发展更多依靠科技创新驱动，力争到2020年进入创新型国家的行列。

美国著名经济学家熊彼特开创的创新理论认为，企业家是企业创新的主体，是创新文化的直接缔造者，其动力来自两个方面：一

是对利益的追逐；二是企业家精神。这也是推动经济发展的最主要的动力。在去年《福布斯》公布的全球最有价值的十大品牌中，美国的品牌占据前9名，总价值达3794亿美元。原因就在于这些企业在技术创新、产品创新与制度创新方面独占鳌头。而我国企业与企业家还没有完全成为创新的主体。饶毅说，中国的创新要直面三件事：体制，科研人员行为规范，学术风气。如果不创新，再大的企业也难以为继，如柯达胶卷。还有，电子产品的升级换代很快，必须持续地创新技术、创新产品、创新体制。张维迎说，创新是一个“创造性的破坏”。比如，移动通信对固定通信就是一个创造性破坏。十多年前，中国电信公司在行业中基本处于独家垄断地位，虽然旁边有联通存在，但不成气候。后来，中国电信一分为二，变成中国电信和中国移动两家。当时分家的时候，多数人希望留在中国电信，不想去中国移动，最后用抓阄的办法决定去向，运气不好的抽着了，就去中国移动了。但三年之后情况大变。中国移动市场迅速扩大，利润越来越高，而中国电信的发展相对慢一些，留下的人收入和中国移动差距很大，很后悔。这说明大多数人的目光是短浅的，思想是保守的。为什么企业创新比较难？一个重要原因就是企业做得很优秀之后，你让它再创新，就是毁灭自己。比如索尼公司曾经是行业领袖，20世纪90年代前，索尼公司有最成功的产品是随身听。当时他们不愿意否定自己，再加上发明随身听的人在索尼的地位相当高，谁也不愿意得罪他。结果，其他公司推出了MP3，索尼落后了。市场经济的规律就是优胜劣汰。消费者就是这样，谁的东西好、谁的便宜就买谁的。所以，创新必须敢于否定自己。这方面我们的企业也有创新的典范。华为公司20多年前注册资金仅有2万多元，2011年销售收入达到2039亿人民币，净利润116亿，连续6年蝉联中国企业专利申请数量第一。还有亿阳集团，他们在管理创新中创造了“以人为本、以财为主、以法为纲”的理念和模式，凝聚了人心，振奋了精神，推动了企业发展。我们都可以根据自己的具体情况提出创新的思路，学习甚至超过华为、亿阳。

（三）我国经济社会将更加突出共享式发展，可以为企业家开拓更大的消费市场与更和谐的社会环境

大家可能已经注意到，十二五规划纲要，今年的两会，最近出台的一系列政策，有一个鲜明的特点，就是以改善民生为导向，努力使发展成果惠及全体人民。实际上就是共建、共享，经济发展靠大家推动，发展成果为大家共享。

在经济社会发展中，我们还面临三个突出的问题：一是贫富差距不断扩大；二是两个“偏低”（即居民收入占国民收入的比重偏低，劳动报酬在初次分配中的比重偏低）；三是社会保障制度不完善。为了解决这些问题，“纲要”提出了一系列措施，其中有三个亮点。一是提出了以“消贫、提低、扩中、抑高”等为主要内容的收入分配改革方向，目标是不断扩大中等收入者队伍。二是提出通过“两个提高”实现“两个同步”，即提高居民收入在国民收入分配中的比例，提高劳动报酬在初次分配中的比重，努力实现居民收入增加和经济发展同步、劳动报酬增长和劳动生产率提高同步。可见，扭转居民收入在国民收入分配中的比重不断下降的趋势，这是一大进步。三是把党的十七大明确的民生建设目标逐步政策化、制度化。

作为企业家，大家可能都有一个问题：国家决心改善民生，实现发展成果共享式发展，对企业家和企业有什么机遇呢？我认为至少有两点：

其一，有利于企业进一步开拓国内消费品市场。目前，由于居民收入增长滞后于国民收入增长，劳动报酬在初次分配中比重偏低，导致国内居民消费水平低，加上社会保障不健全，出现了“有钱人不需要买东西，想买东西的人没有钱”的现象，人们不敢放心消费，要把钱留着用于教育、医疗、住房、养老。由此带来的社会问题是，

消费不足，内需不振，社会产品总供给大于总需求，企业产品卖不出去，国内许多企业发展受限，进而影响我国经济社会发展总量。这次明确，未来五年要全面解决上述问题，可以让大家有钱消费、放心消费，企业也因为有更大消费品市场而具有更广阔的发展空间。比如，家电下乡就拉动了家电产业的发展。

其二，有利于为企业家经营企业营造更加和谐的社会环境。稳定是发展的前提，企业家尤其是战略投资者在做长期长效投资时，最希望的就是有一个稳定的政策和和谐的社会环境。随着共享式发展的落实，民生问题将得到逐步解决，各阶层之间、社会群体之间的矛盾逐步得到化解，社会发展的环境将进一步优化，有利于社会和谐和政治稳定，这就为企业家投资干事业提供了放心的条件和环境。从国际看，世界上成长性最好、更容易赚钱的地方还是中国。最近国家有关部委为了改善民生，促进民企发展，出台了不少政策措施，为企业家施展才华创造条件。比如，国税总局日前发出通知，明确六大类 33 项优惠政策，涉及增值税、消费税、营业税、企业所得税、房产税、进口税多个税种。铁路、交通、水利工程招投标打破了一个系统一手操办的局面，下放到地方，为民企进入提供更平等的机会。铁路大中型项目中已有 21 个进入北京市工程交易中心招标，交易金额 26.5 亿元。交通运输部 2011 年全国 494 个在建高速公路项目中已有 149 个进入地方招标市场，金额约 7940 亿元。水利部规划投资 3000 万以上的水利工程，从明年 1 月 1 日起全部进入公共资源交易市场招投标。这也为企业家投资发展提供了很好的机会。

（四）我国经济社会发展将更加突出绿色式发展，这可为企业家提供新的商机

十二五规划纲要明确提出了“绿色发展”的概念。把绿色发展写进“纲要”，这在我国规划史上是第一次。未来实现绿色发展具体有三个基本目标：一是优先解决国内的资源环境问题；二是依靠科

技进步，提高产业的资源效率和绿色竞争能力，实现绿色复苏，解决增长脱贫和就业发展问题；三是通过转变发展方式，特别是绿色转型，逐步从化石能源转向低碳、无碳的新能源，发展节能环保产业，促进经济体系“绿色化”，以应对长期的气候变化和可持续发展的挑战。为此，我国经济社会发展将从三个层面实现绿色转型：一是着力解决绿色领域本身的实际问题，包括资源节约、污染治理、生态保护等；二是大力发展绿色产业和绿色经济，特别是新能源、节能和新能源汽车，利用智能技术的节能环保改造等；三是积极推进整个经济系统的绿色化进程，促进经济增长与资源利用逐步脱钩。与此同时，我国还将出台“绿色发展”方面一系列法律法规，规定各级政府、企业及个人在绿色增长、清洁生产、节能减排、生态保护、应对气候变化等绿色发展相关领域的法律责任、义务和各项奖惩机制，形成促进绿色经济转型的长效机制。

十二五时期国家突出强调绿色发展，对企业家来说，提供了新的商业机会。我觉得，企业家至少可以在四个方面寻找高回报率的商机：

一是投资绿色相关技术研发。比如，人工培育生成生物燃料，可从大气中吸收二氧化碳的细菌，用二氧化碳包括碳纳米研制成大规模电池等，这些技术一旦获得突破，市场前景十分广阔，围绕这些关键技术吸引各种投资的机会渠道很多。

二是投资绿色相关产业发展。比如，我国在十二五期间将大力发展节能环保型城市交通，加快推广清洁燃油、天然气、混合型动力和非电力公共汽车，鼓励运营汽车、公务车、私家车使用清洁能源。再如，我国目前已经是世界上第一大清洁能源投资国，这里面都有很多投资机会，国家也有不少优惠政策。

三是投资绿色消费品开发。随着我国温室气体减排目标的提出和绿色低碳经济的推进，消费者的低碳消费意识进一步提高，低碳产品市场逐渐形成规模，低碳消费成为我国当前经济社会发展的必然需求。企业如果能适应这种趋势，开发具有“绿色概念”的消费品，一定能够吸引更多消费者，获取更大利润。

目前，国内也有企业在捕捉“绿色发展”商机方面走在了前列。例如，北京有家盈创再生资源公司，是目前我国唯一一家能将废弃的 PET 瓶生产成再生瓶级聚酯切片的厂家，并拥有世界单线生产能最大的作业生产线，目前已经成为可口可乐、百事可乐、法国达能、强生公司、阿莫可等世界 500 强企业的再生聚酯原料供应商，公司获得了跨越式大发展。

四是参与循环经济改造。那天我见到发改委副主任，也是我们的老环保部部长谢振华同志，他讲，最近要对全国的开发区进行循环经济改造，第一批改造 50%，这是个很好的商机。发展循环经济，一般要经过初始启动阶段、形成阶段和终极目标阶段。初始阶段主要是企业内部自己的技术和管理创新实现循环。形成阶段，就会在企业间以生态链形式把不同的产业联系起来，形成共享资源式副产品产业的共生结合，使得一家企业的废热、废水、废物成为另一家企业的原料或动力。以此类推，循环往复，形成生态工业园区。开发区的改造就是这个思路。到终极目标阶段，社会层次的循环模式会带动管理模式创新、技术水平升级、企业形象改变，在社会发展中发生综合影响。

第二个问题，遇到的挑战是什么

机遇是与挑战并存的。我理解，十二五时期国家经济社会发展的新变化给企业家带来的新挑战，主要有三点。

挑战之一：中国迅速崛起面临的内忧外患，使得企业发展的内外环境不确定性增大

“十二五”时期，我国所要完成发展任务的艰巨性、复杂性、繁重性前所未有，我们在发展进程中遇到的矛盾和问题世所罕见。中

国迅速崛起面临的内忧外患，使得企业发展的内外环境不确定性增大。

从内部看，当前，我国总体上社会和谐、政治稳定。但人与人之间的矛盾，阶层之间的矛盾，人与社会、人与自然的矛盾，经济运行中的结构性矛盾比较突出，短期内难以消除，协调难度增大。社会矛盾的“触点”增多、“燃点”降低，往往一点就着，稍有不慎，小问题就引发大事端。从外部看，随着我国国家利益与企业利益向全球拓展，我们发展过程中面临着来自国外的战略上围堵、安全上威胁、发展上牵制将是长期的。加上国际局势的动荡，矛盾冲突不断，战乱灾害频仍，对我国企业海外投资与经营带来不少负面影响。比如，在这次利比亚战乱，我国有 50 个大型项目全部停工，许多设备、资产遭盗抢破坏，共损失了 188 亿美元。因此，在“十二五”时期，中国企业如何面对日趋复杂的内外营商环境，是企业家面临的第一大挑战。

挑战之二：利益分配格局的重新调整，可能终结企业家的高利润时代

改革开放三十多年来，我们经济增长主要靠投资出口拉动，这三十多年，可以说是企业家高利润的时代。但是，“十二五”时期我国经济社会发展的基调更加转向“保障和改善民生”。由此将带来利益分配格局最深刻的调整：劳动者收入将不断提高，资本收入由此将相对下降。“纲要”明确规定：未来五年最低工资标准年均增长 13% 以上，绝大多数地区最低工资标准达到当地城镇从业人员平均工资的 40% 以上。实际上，在座的企业家已经感觉到了，这种分配格局偏向普通劳动者的趋势在“十一五”末期就开始了。“十二五”期间，这种趋势将进一步增强。

与此同时，“纲要”中关于深化收入分配改革部分还提出，要“充分发挥税收在收入分配调节中的作用”。预计“十二五”期间，

国家可能提高“资本利得税”，可能提高对房地产等暴利行业的税收调节，可能提高国有企业分红比例，等等。此外，“十二五”期间，国家还将大力推进资源税改革，理顺煤、电、油、气、水、矿产等资源类产品价格，使价格真正反映资源稀缺程度，以利于走资源节约型、环境友好型发展之路。这也会大大压低垄断性资源获取暴利的可能性。这种趋势将逐渐扩散到其他资源类产品，这些都涉及深刻的利益格局调整。

因此，“十二五”时期，资本高利润甚至暴利时代可能一去不复返了。对此，企业家应有心理准备。

挑战之三：政府、企业与市场格局的变化，对企业家生产经营提出了新的更高要求

根据“纲要”的相关精神，政府未来将把主要精力集中于社会管理与公共服务，其中，通过加强各项制度与法规建设来“节制资本”成为大方向；企业内劳资关系也将发生新变化。“纲要”明确提出，要努力形成企业和职工利益共享机制，建立规范有序、公正合理、互利共赢、和谐稳定的劳动关系；市场上的消费者消费行为无疑在未来也将更趋于理性与成熟；为鼓励创新，我国及世界对知识产权保护将更加严格。这些都对企业以往的生产经营模式提出了挑战。

一是合法透明经营方面的挑战。由于长期的计划经济体制下政企不分的历史渊源，再加上中国经济市场化后法治建设相对滞后，中国企业经营活动中的灰色地带较多，急功近利的擦边球多，甚至有些企业家认为“水至清则无鱼”。但“十二五”期间国家将不断规范市场秩序，政府职能重点也将转向保障和改善民生。“浑水摸鱼”的时代行将结束，企业家依靠与某些官员相互进行利益输送获得非法利润的机会与渠道将越来越少。

二是劳资层面的挑战。过去由于劳动力市场总体格局是供过于

求，再加之集体谈判机制的缺乏和社会法治化水平偏低，使多数中国企业习惯于依赖人口红利，工资偏低，劳动时间偏长，工作环境较差，社会福利不配套。“十二五”期间，一方面劳动年龄人口的增量以每年13.6%的速度减少，这一变化直接导致劳动力不再无限供给，“民工荒”的扩大将迫使企业提高劳动者的待遇；另一方面，国家在保护劳动者方面将出台更严格的法规，依靠低廉劳动力成本获得利润越来越难。国家统计局最近发布的2011年平均工资增幅都在两位数以上，外出农民工月均收入突破2000元（2049元），城镇在岗职工年平均工资、非私营单位42452元，私营单位24556元。据说今年还在增长，对企业来说，将导致用人成本大大增加。

三是环境保护方面的挑战。“十二五”期间，环境问题成为全社会关心的热点问题，环境保护成为基本国策，企业环境门槛将空前提高。各级政府将把环境保护、生态治理作为官员政绩考核的重要指标。以往企业那种不顾生态与环境的承载力，以牺牲生态环境为代价求发展的掠夺式开发、粗放式经营态势将得到改变。

四是消费者方面的挑战。生产满足消费者需要的产品，是企业赢利的基本途径，因此，市场经济也可视为消费导向的经济模式。过去由于市场监管不力，一些企业基于在竞争中降低成本的考虑，生产的产品往往不达标，依靠假冒伪劣欺骗消费者获得暴利的现象非常普遍。“十二五”时期，政府将加强对市场监管，消费者也更趋于理性、成熟。企业产品想进入市场并想赢得消费者，再也不像过去那么容易了。

五是知识产权方面的挑战。过去，由于知识产权意识不强，国家知识产权立法不完备、执法不严格，一些企业无偿或低成本使用别家或别国专利技术、复制别家或别国享有专利的营销模式，从中获得了很大利益。“十二五”期间，一方面，国家为了鼓励创新，同时也为了与国际惯例接轨，对知识产权的保护将更加严格。这对没有自己专利技术或创新模式的企业的未来发展，也是一个极大的挑战。

以上这些新挑战，是我国加快转变经济发展方式必然要出现的新情况，有些是积极因素，有些是消极因素。而这些新的挑战，对企业、对企业家在“十二五”时期的生产经营无疑提出了新的更高要求。

第三个问题，企业家如何抓住机遇迎接挑战

下面对“十二五”期间企业家如何抓住机遇、迎接挑战谈几点意见。

一是做一个“讲政治”的企业家

经济学家常说，政府的归政府，市场的归市场。企业家在做市场，与政府尤其与政治关系不大。这种观点只适合于发达的成熟的市场经济体制国家。中国是世界上最大的发展中国家，要实现超越式发展，就需要政府扶持市场发育、主导市场秩序、调控市场方向。尤其是中国，各级政府掌控着大量资源，所以，在中国，做生意离不开政治，办公司离不开政府。这或许是最大的中国国情。

我看过一个材料。曾担任重庆政协副主席的力帆集团董事长尹明善说过：有企业家说绝对不考虑政治，跟政治划清界限，但最后都后悔了，都积极参与政治。他的体会是：“在中国这样的国家，政治是无处不在的强大气场。不管要把什么事情做好，都离不开政治。你不去参与政治，政治也会干预你。企业家要考虑的是，如何把政治和自己的事业结合好。”所以，尹明善相信“政商一体化”。明白这个道理，对民营企业家比对国企管理者更重要。国有企业的管理者，实际上可以看作政府系统内的人，搞经营也是替政府打理资产。民营企业家不一样，生意是自己打拼下来的，如何在政府强大的气场下生存、发展、壮大，更要考虑中国的特殊国情。

要实现“十二五”时期我国经济社会发展目标，强势政府仍然

是需要的。企业家更需要“讲政治”。这里所说的“讲政治”有三层意思。

首先，企业家“讲政治”就是要顺乎国家经济社会发展大局。“讲政治”的企业家应该做到：政府倡导的事多干，比如推进科学发展、转变经济发展方式；政府烦心的事少干，比如粗放式扩张、重复建设等；政府反对的事不干，比如高排放、高污染；政府划定的红线坚决不碰，比如灰色甚至黑色经营。

其次，企业家“讲政治”就是要把企业发展与国家经济社会发展联系在一起。过去我们一些企业家热衷于与政府官员建立与发展个人关系，寻求官员个人对企业的支持，这实际上是把企业发展与官员个人的浮沉升降联系在一起，风险很大。往往一个官员倒台，会拖垮背后的企业。“十二五”期间政府职能要转变，“讲政治”的企业家要学会把企业发展与国家经济社会发展联系在一起，而不是与某个官员联系在一起。国家发展了，企业会随之发展。这样对企业而言是更大的安全。而且，这样做了，如果企业发展遇到大的困境时，政府也不会坐视不理。政府支持一个成功的企业，可以展示政府的执政能力，为官员积累政绩和资本，实现政府和企业的双赢。

最后，企业家“讲政治”就是要多做有利于政治稳定与社会和谐的事。目前中国仍然是世界上不可多得的在稳定中进步的国家。“讲政治”的企业家要珍惜这种政治与社会相对稳定的局面，尤其是在“十二五”期间，我国面临的矛盾和问题日趋复杂，不要做可能激化社会矛盾的事，比如强制拆迁，突发性环境事件；不要说不利于政治与社会稳定的话，比如，有可能激起民众反感的极端言论，从恶意的角度批评政府与政治。我个人接触过许多国际上的企业家。我的印象是他们都很“讲政治”，几乎不和外国人谈论本国政治，从不公开批评政治领导人，不轻易表露政治立场。我想，我们的企业家也应该有更好的政治素养和敏感度，包括政治立场。

二是做一个勇于担当社会责任的企业家

这些年，关于“企业社会责任”的讨论非常多。我特地查了一下，这一概念起源于欧洲。目前国际上普遍认同“企业社会责任”，其理念是：企业在创造利润、对股东利益负责的同时，还要承担对员工、对社会和环境的社会责任，包括遵守商业道德、生产安全、职业健康、保护劳动者的合法权益、节约资源。1999 年，国际非政府组织推出了“社会责任标准”（SA8000），如果企业的生产经营不符合其标准，就可能被逐出国际市场，丧失交易资格。近年来，我国沿海地区已有好几千家企业接受过跨国公司的社会责任调查。广东、江苏两省已经发生多起企业因拒绝接受 SA8000 认证而被中止合作的事件。

应该承认，“企业社会责任”意识在我国企业家中还没有树立起来。一些企业不讲社会责任，急功近利，过度开发，污染环境，逃避税收，财务欺诈，拖欠工资，忽视安全，坑害顾客，奢侈消费，比阔斗富，极大地损害了企业家的声誉。“十二五”期间，企业将随着国家经济社会发展不断成长，规模也日益扩大，企业利益和企业相关者利益重叠部分也越来越大。加之政府与社会对“企业社会责任”、提高企业“公民”责任的呼声日益高涨，企业家必须积极回应时代对企业的责任期待，主动承诺在企业经营实践中尽力履行社会责任。企业家承担起“社会责任”，在我看来，除了对股东负责之外，主要处理好四个方面的关系：一是处理好企业与员工之间的关系。除了要严格遵守国家劳动保护方面立法之外，要建立与员工利益共享机制，使员工在企业找到归宿感。二是处理好企业与消费者之间的关系。除了为消费者提供质优价廉产品之外，一个有社会责任感的企业还要“照顾到”消费者更高层面的心理要求。三是处理好企业与社会之间的关系。要明白企业与社会是共荣的关系，市场经济下的企业与社会甚至有着更密切的关系，而不是变得相对疏远。

所以，在实现利润最大化的过程中，要取得企业品牌、美誉度、社会形象等的最大化。提高企业声誉是最好的广告，企业在承担社会责任的同时，也可以实现经济效益，实现企业与社会的和谐发展。为此，企业家要热衷于慈善事业，多帮助弱势群体，多做好事，多行善事。四是处理好企业与自然环境之间的关系。企业除了遵守各种环境保护立法，还应该主动参与环境治理工作，支持环境保护组织发挥作用。

三是做一个“会学习”的企业家

毛主席说过：“一支没有文化的军队是愚蠢的军队。而愚蠢的军队是不能打胜仗的。”企业也一样，不会学习的企业一定是短命的企业。在竞争中获胜的一流企业，从来不是拼产品，拼的是文化。而企业文化是企业学习的积累。联想集团总裁柳传志曾说：“企业 5 年到 10 年，一般都会有大的振动，这是一个规律，原因是企业开发了这样和那样的产品，但是随着时代的发展，产品淘汰了，而企业家本身没有做好战略准备，企业的经营方式没有改变。这些问题怎么处理，其实就是要不停地学习，不停地总结，然后要折腾，要改革，要创新，要动，这种能力本身，我将其称为学习能力。”对企业家来说，“第一是学习，第二才是竞争”。亿阳集团的董事长邓伟先生就是个讲政治、敢担当、善学习的企业家。举个例子，去年为了听金一南的报告，他不惜包专机到沈阳去接金一南，讲完课又包机送到一汽，看来成本是高了些，但是产生了商鞅百金移木立信的效果。当前，国际国内的竞争日趋激烈，只有善于学习的企业家，才可以把握其中稍纵即逝的商机，从而走在时代的前列。否则，就会被时代淘汰。我曾经听到有企业家抱怨：我还没有搞清楚“物联网”是怎么回事，有的企业就已投下大笔资本进入这一领域；我刚搞清楚“光伏产业”是怎么回事，它那里竟然说“产能已经过剩”。这都是不学习的结果。张维迎说，中国过去 30 年大致是靠三批企业家发展起来的：第一代搞制造业、商业，大部分是农民企业家；第二代是房地产、金融，很多是官员下海变成企业家；第三代搞高科技、互联网，“海归”为主，学历高还能讲外语。从时间顺序上讲，这是一个接力赛。大家知道，在市场经济条件下，一国的经济实力归根到底取决于企业，拥有自己的核心技术、品牌和全球生产和销售网络的企业群，是一国强大经济实力的唯一源泉，是一个不受制于人的“有为政府”的微观基础，是市场基础作用的重要体现。但迄今为止，我国还缺少这样的企业群，而且在轻工、化工、医药、机械、电子等21个国民经济最重要的行业中，跨国公司的子公司已占据国内三分之一以上的市场份额，部分行业接近半壁江山，在企业中拥有绝对的控制权。显而易见，无论是国企还是民企，我们所面对的最大既得利益者和最大的垄断者，是外资企业。我们的主要任务是如何改变这种局面，而不是在那里争什么国进民退、民进国退。我个人认为，国企民企都是中国企业，都是共产党领导的中国人民的企业，应该同舟共进、共存共荣。大家可能看到了这次换届中不少企业家进入政府从政，也有不少官员到企业任职，政企互换，这大概也是市场经济的一种趋势。所以，要不断研究新情况，提出新思路就得要学习。“学无止境”绝不是一句口号，而是经验之谈、成功之道。

朋友们，“十二五”国家经济社会发展对企业家带来了巨大的商机，同时也带来了挑战。但总的来说，机遇大于挑战。我们要把握大势，抢抓机遇、科学应对，努力实现企业的大发展、大繁荣，为我国经济社会发展做出新的更大贡献！

关于稳中求进的几点思考*

大家都知道，稳中求进是党中央确定的今年工作的总基调，也是对各项工作的总要求。如何完整准确地理解这个总基调，如何在工作实践中贯彻这个总基调，是大家十分关心的一个战略性问题。今天就我自己的学习体会同大家作个交流。

一、提出稳中求进总基调的背景和依据

大家知道，为应对亚洲金融危机，在 1998 年的中央经济工作会议上曾提出过“稳中求进”的基本方针，当时是专门针对经济工作讲的。10 多年后，在 2011 年 12 月的中央经济工作会议上，中央重提“稳中求进”，并把它作为 2012 年我国经济工作的总基调。随着国际国内形势的变化，特别是针对十八大前特殊的政治要求，中央逐渐把稳中求进确定为今年各项工作的总基调。可以说，稳中求进是党中央对我国经济社会发展的历史、现状和发展趋势作出准确判断后提出的一个重大战略方针，是形势发展的必然要求，是大势所趋、民心所向。

（一）我国经济发展所处历史阶段以及目前面临的国内外环境要求经济工作“稳中求进”

大家知道，我们的经济建设经过三十多年的改革开放，经过全国上下共同努力，取得了举世瞩目的巨大成就。中国在世界上的分量和地位今非昔比。特别是最近这十年，是中国历史上经济发展最

* 根据 2012 年 5 月 3 日在山东省委党校的讲课录音整理。

快的时期，人均 GDP 年均增长 10%。按购买率平价计算的人均 GDP，从 2011 年相当于美国的 7%，提高到 17%。中国实现了历史性跨越。经济总量，2008 年增长到 30 万亿人民币，位居世界第三，占世界经济总量 7.3%。2011 年超过日本位居第二，所占比例又有增加。中国名副其实地成为世界经济发展主要的发动机。从经济总量算，将来中国超过美国位居世界第一是不可避免的。与此同时，中国已有 50 多项重要产品居世界第一位。包括煤炭、钢铁、粮食、水泥、电力、汽车、手机、电脑、家电、造船、黄金、茶叶、肉、蛋等。中国取得的成就及其意义任何人也不能否认。中国实现了百年以来真正的经济起飞，而且越飞越高。

在《共产党宣言》中，马克思恩格斯曾用诗一般的语言说："资产阶级在它的不到一百年的阶级统治中所创造的生产力，比过去一切世代创造的全部生产力还要多，还要大。自然力的征服，机器的采用，化学在工业和农业中的应用，轮船的行驶，铁路的通行，电报的使用，整个整个大陆的开垦，河川的通航，仿佛用法术从地下呼唤出来的大量人口——过去哪一个世纪料想到在社会劳动里蕴藏有这样的生产力呢?"改革开放以来，靠着党的政策和人民的积极性创造性，中国发生了几千年未有之大变局。马克思描述的资本主义的文明兴起，与中国这种大变局无法相比。那时欧洲才多少人?仅仅 1.73 亿，约相当于我们的七分之一。现在全世界的资本主义国家加在一起，人口也不及中国多。中国的发展日新月异，没有改革开放就没有今天的中国。回过头来看，我们坚持"一个中心、两个基本点"，围绕这个路线提出一系列方针政策和重大举措，方向是正确的，效果是显著的。因此，我们一定要坚持中国特色社会主义不动摇、不懈怠、不折腾。

那么，为什么在中国经济快速发展十多年后我们强调"稳中求进"呢?

第一，也是最主要的原因，“稳中求进”是为中国经济发展方式的转变和中国经济可持续发展留下足够回旋余地。

中国经济在过去三十多年间高速发展的同时，积累了大量矛盾，总体看就是不平衡、不协调、不可持续。“不平衡”主要是内需外需不平衡，“不协调”主要是投资、消费和出口比例不协调，“不可持续”主要是指经济增长中资源与环境代价太高。

实际上，这种不平衡、不协调与不可持续，表现在许多具体方面。比如，内需外需不协调，一个直接后果是外汇储备过多。1997年中国外汇储备是1000亿美元，2003年7000亿，2005年1万亿，2007年2万亿，现在是3.3万亿。结果，带来了新的不平衡。造成这个结局也有一个过程。20世纪70年代，中国向西方打开了国门，西方就向我们宣传了一套理论——“比较优势论”。要中国在国际分工中发挥廉价劳动力、廉价资源、廉价环境的优势，生产物美价廉的代工产品。而美国处在国际分工的高端，提供市场，提供钞票，美其名曰“中美相互依赖”。美国可以无限量地印刷、无成本地发行货币。但是，中国的廉价劳动力、资源和环境是有限的。中国用实实在在的“中国制造”与不断缩水的美元交换，用我们辛勤的劳动满足美国人的无限需求。改革开放前，中国几乎没有外汇储备，这是一种“不平衡”。改革开放之初，实行引进外资技术和出口外汇政策是必要的。就像一个穷家，先前分文没有，需要节衣缩食攒钱过日子、借钱做生意一样。但是当你有了起色后，就不能再以攒钱为目的，也不需找人借钱了。我们后来的外汇（顺差）越来越高，造成一种新的“不平衡”，需要调整。然而，多年来并没调整好，反而扩大了“不平衡”。1996年我们的外汇储备1059亿美元时，就有学者（如中国社会科学院的余永定）提出要改变这种局面。他说，这相当于穷人高利息从富人那里借钱，再用低利息把钱借回给富人。这是资源的极大浪费，这种引资格局应当纠正。很可惜，他的正确意见不仅没有被采纳，而且挨了批评。此后，中国的出口增长一直高于 GDP 增长，中国的经济增长和就业越来越依赖出口。我们的贸易顺差和引进的外资又没有别的出路，对内央行把美元用人民币买回来，多发行了钞票，这也是造成通货膨胀的原因之一。

中国经济以实体经济为主，是名副其实的“世界工厂”。用人民币计价的资本应该是最保值最有价值的，但是，人民币购买率却不断缩水，和 30 年前相比，缩水 90% 以上，现在 1 万元只相当于那时的 1000 元。原因就是，票子发得太多。

一国的基础货币分为两部分：央行自主性的基础货币投放和外汇储备增加引起的基础性货币投放。后者叫“外汇占款”。中国外汇占款激增，严重改变了我国货币供应结构。在 1994 年以前，中国外汇占款仅占很小一部分，约 26.4%，随后大幅飙升。从 2002 年末到 2011 年一季度，外汇占款由 2.21 万亿元增加到 23.7 万亿元，增长 10.7 倍。外汇占款增量占中央银行基础货币的增量比例越来越高。2005 年突破 100%，达 110%。随后几年持续上升，2009 年达到 134%，现在进一步扩大。这种被动超发货币，使中国货币政策自主性被严重削弱，这就直接导致国内通胀压力加大。再说，国家持有的国际储备并不是越多越好，适度规模即可。而且我国的外汇储备黄金占比仅 1.5%，而发达国家黄金在储备中的比重大多高于 30%，中国应增加黄金的比重。进入本世纪以来，黄金价格迅速上涨，从一盎司 200 多美元涨到 1600 多美元。可惜的是，我国在外汇储备迅速增加的同时，却没有增持黄金。2009 年以来，我国黄金储备 1054 吨，排名世界第五位。美国、德国、意大利和法国排名前四位，其中，美国黄金储备量达到 8133.5 吨。中国的经济要取得成功，经济政策必须进行重大调整。中国不能再靠外贸支持国内就业。而且我们的外汇储备（即手中的美元）还在缩水，美元贬值不可避免。美国通过贬值和违约，可以轻松摆脱外债。贬值，大家都知道。违约，就是宣布不还或者改变方法赖账。美国人借外债就没有打算还过，他们公开讲，谁要是抛售美国国债，视同对美宣战。所以，大家都对我们的美国国债有些担心。大家可能记得，2009年3月13日，温家宝总理在回答美国记者提问时，指出："我们把巨额资金借给美国，当然关心我们的资产安全。说句老实话，我确实有些担心。因而，我想通过你再次重申要求美国保持信用，信守承诺，保证中国资产安全。"美国隔着太平洋回答说：当然中国资产是安全的，因为无论出了什么事，美国印钞票给你就是了，要你名义上保值增值。中国如果相信美国的这些话，就会继续增持美元，而美元必然贬值；如果不相信美国，外汇储备多元化，中国资本马上就会遭受损失。这种进退两难的局面，就是人们说的"美元陷阱"。欠债的是大爷，债主被绑架了。有一段时间，有人鼓吹"救美国就是救中国"、"救欧洲就是救中国"，既有道理，也没道理。中国实际上主动地被人家绑架和劫持了。我当时在想，你自己先救自己吧！有什么能力，有什么资格去救美国、救欧洲？当然，看来时下美国不会违约，会大量还给你票子和打白条，但是，用通货膨胀摆脱债务则是必然的。美国国债的30%卖给了外国人，中国是美国国债最大的外国买主。2009年底我们持有其中的24%。中国现在外汇储备3万亿美元以上，其中大部分是美国政府和政府机构的债券，每年贬值是天文数字。从2002年到2009年底，美元已经贬值41%，到现在估计贬值60%以上。美国完全占有主动，中国除了向美国"深明大义"，要求其"负责任"外，手中没有什么牌可打。我们的外汇资产最终会遭受重大损失，损失多少，很难估量。而且，更令人痛心的是，即使自己知道已陷入陷阱，也无法自拔。直到现在，我们仍在继续增持美元外汇储备，在陷阱里越陷越深。中国是不是一定要这样做？这是不是不可避免的代价？不完全是。外向型经济政策和经济结构，在改革开放开始的阶段是正确的。但是，随着中国经济的增长，原有的战略和政策对经济可持续增长的负面影响越来越显现，就需要进行调整。但是我们对于经济结构的调整一再拖延，终于使我们陷入了陷阱。实际上 1983 年就有人指出："我们缺外汇时不能完全利用外资，现在外汇储备多的时候又强调利用外资。"一般说来，多数国家在开始建设时期都有资金内流现象，如果贸易顺差，就是资金外流，我们有外汇却不知道怎么用。结果，让外国人利用我们的资金，拿着我们的钱去改善生活，提高幸福指数，这是很不明智的。直到现在，外向型经济的转轨还是很困难的。

经济平衡与发展是常识，就像人的营养需要平衡一样。这是根本原则，并不复杂，就像我们饥饿时需要补充营养，需要多吃肉一样，但多吃肉只是现在需要，而不是永远需要的生活方式。我们的营养已经够了，还要大量吃肉，那不吃出毛病来吗？"天下家国本同一理"。治国又复杂又不复杂，多听听老百姓的反映，多关注民意民心，是万古不变的真理。

正是针对我国经济结构中确实存在"不平衡、不协调、不可持续"的问题，胡主席提出"科学发展观"这一重大战略思想，强调中国经济进一步的大发展，已经不是速度问题，而是质量问题。所以，我们的发展是从"又快又好"转变为"又好又快"，把"好"字放在"快"的前面。立足于好，着力于快，把"好"与"快"统一起来，把"快"的出发点和落脚点放在"好"上，使我们的发展导入了科学发展的轨道，发展的质量不断提升。在"科学发展观"的指导下，中国经济进入加快转变经济发展方式的新阶段。"加快经济发展方式的转变"已经成为"十二五"经济发展的主线。所以，我们这次主动降低增长速度，坚持科学发展、稳中求进是正确的抉择。这就好比 20 世纪 70 年代流行的"自行车原理"。自行车在拐弯时如果不主动放慢速度，摔跟头几率高，甚至有致命危险。但也不能停下来，停下来，车子也站不住。因此还要"进"。中央在当下提出“稳中求进”，也是为加快转变经济发展方式留下空间。

唯物辩证法告诉我们：决策变化要应时应势。形势变、任务变，政策要跟着变，这叫审时度势。否则，以不变应万变，就叫“刻舟求剑”，是要吃苦头的。所以，在坚持基本原理、基本路线和基本纲领、根本制度不动摇的基础上，我们的经济政策要根据形势进行相应的调整，这是自然和社会发展的规律。日本从“失去的十年”中得出最大的教训是：泡沫终究会破裂，狂热终究会归于平静。实践证明：一国经济发展的速度并不是越快越好。就像马拉松长跑比赛一样，当快则快，当缓则缓。长跑过程中，前期如果按照百米速度跑，后期就跑不动了，最终还是被甩在后面。高速公路并不是越笔直越好。路太直了，驾驶员麻痹大意，容易打瞌睡出事故。所以，设计高速公路的人有意设计弯度、坡度。这对我国的经济社会发展仍有较大启发。实践也告诉我们：中国这样一个大国，经济增长能够长期维持两位数吗？答案是不仅不能够，而且必须设法使其慢下来。否则，正如电影《生死时速》中那辆飞驶的大巴车前面不远就是悬崖一样，或者像长期过度运动必使人身体衰竭一样，长期人为刺激高速增长的中国经济，有可能因为内部张力与弹性被强力拉断而滑向深渊。实际上，从可持续发展的角度看，中国经济增长速度最好维持在7%到8%之间，所以，中央提出“稳中求进”，主动把今年中国经济增长目标降至7.5%，是非常必要的，有利于缓解物价、能源资源、环境等方面的压力，有利于中国经济可持续发展。

中央提出经济工作“稳中求进”的第二个关键性原因，是为了适应世界经济环境总体发展态势。

当前，国内外经济形势错综复杂，全球经济复苏不确定性上升。受欧美债务危机影响，发端于2008年9月的国际金融危机已经进入“第二波”，世界经济正经历二战结束以来最严峻的形势。美国刚从债务危机中抽身，并创造了一季度2%的增长率，但失业率居高不下，复苏前景远未巩固；欧元区作为世界最大的经济体，目前处于风雨飘摇之中。尽管欧元区已达成了预防债务危机继续扩散的一揽子方案，但仅是纸面上的“路线图”。特别是中途横生出的希腊准备将方案付诸全民投票，德国反对欧洲央行直接救市，以及英国威胁退出欧盟等枝节，更是显示出文化差异较大、发展模式各异、无统一财政基础，且各怀心思的欧元区协调立场的困难程度。目前，在各方努力下，欧元区经济有企稳趋势，但一季度增长预期仍是负增长（0.3%）。经济动荡的阴影已影响到新兴市场体。以巴西为例，尽管对于应对危机巴西似有足够准备，大刀阔斧地推行了货币宽松政策，可发展迅猛的巴西经济在去年第三季度竟然首次出现了近乎零的增长，目前情况并不乐观。我国经济也深受危机影响。出口曾是中国经济增长的重要引擎。此次国际金融危机爆发前的2007年，出口一度带动中国GDP增长2.5个百分点。但从今年一季度看，出口对GDP贡献率可以低到忽略不计。原因就是深陷危机的国家尤其是发达经济体对我进口下降。统计数据显示，从去年第三季度起，我国出口产品在美国、欧盟、日本市场的占比分别下降了1.3、1和0.6个百分点。其中纺织、服装、鞋类、箱包、家具、玩具和塑料制品等，七大类劳动密集型产品出口下降尤为明显。因此，在这个节骨眼上，中央提出“稳中求进”，既主动适应外围经济环境不佳态势，放缓中国经济增长预期，同时还力图以“进”求稳，避免经济出现“硬着陆”。这既有利于中国实现自身经济更加健康发展，也是给世界经济服下了一颗“定心丸”。

（二）我国政治发展所处特殊环境和条件要求“稳中求进”

从政治建设上讲，我们党建党90多年，执政60多年，经过风风雨雨坎坎坷坷，依靠自己的内功和人民群众的力量，执政能力、抗风险能力、防腐拒变能力不断提高。我们坚持中国特色社会主义旗帜、道路和理论体系，完全有资格、有能力、有信心领导全国人民担负起建设现代化、实现民族伟大复兴的历史责任。但是，我们也遇到了新的挑战，有许多新的矛盾和阶段性问题需要我们去把握和解决。

首先，从外部环境看，无论从全球范围看，还是从主要大国的视角看，2012 年都是个不折不扣的政治大年。不同国家政治制度框架的设计加上巧合，让 2012 年成为一个世界性的选举年。全球有 58 个国家要在今年进行政府或议会大选，占到联合国成员国 1/4 强的规模。联合国五个常任理事国里，中、美、法、俄四国将进入选举季。现在，普京已当选俄罗斯总统，下一步主要是梅德韦杰夫任总理的内阁和国家杜马的调整问题。中、美、法都还没有完成换届，都在筹备中。如同政治活火山的中东北非板块，伊朗、也门、埃及、利比亚、叙利亚、科威特等国将进行选举；中国周边板块，朝鲜半岛上的韩国现任总统李明博年底将到期去职，日本将于秋季出现政治对决，蒙古也将换届；债务高风险的欧洲板块，希腊百日政府将执政届满，西班牙大选一触即发。形势较为平静的马来西亚、墨西哥、委内瑞拉、肯尼亚、马里、莱索托等其他大小国家，也将在今年的不同时期进行全民总动员。各国政要都把稳定局势、争取民心放在重要位置，都很谨慎小心，避免出现大的乱子干扰换届。

不仅如此，世界还处于严重的“政治动荡期”。受金融与经济危机影响，各主要国家失业率大增，中产阶层收入大幅下降，由此导致民众不满情绪增加，街头运动一度成燎原之势在各国蔓延。先是中亚北非因社会政治动荡导致包括突尼斯、埃及、利比亚等多国政府垮台，政治强人黯然倒下，后又有美欧经济社会困难引发了以希腊大罢工、伦敦骚乱、冰岛公投以及“占领华尔街运动”等民众抗议浪潮。一年之内有 20 多个主要国家已经出现政局不稳甚至大规模社会动乱，因此，西方有媒体将 2011 年称为继暴发过“热月风暴”的 1968 年之后又一个“全球愤怒年”。目前，这种政治不稳定势头仍有蔓延趋势。

从内部情况看，今年我们面临领导换届、班子调整的关键时期。历史经验证明，大事之年往往是多事之年。每逢党和国家面临大事，各种小道信息就会满天飞。有的是个人猜测，有的是道听途说，也有国内外敌对势力借机兴风作浪，有意制造和传播的谣言。目的是挑拨离间，破坏安定的社会局面，损害党和人民的血肉联系，干扰党的十八大召开。

正因为如此，政治上也需要我们把握稳中求进的总基调，思考更周到、更长远，工作更细致、更扎实。我们坚持人民当家作主，坚持共产党领导的人民代表大会制度、政治协商制度，已经被实践证明是符合中国国情的，是人民群众广泛拥护的。吴邦国委员长已向世人鲜明地昭告，我们共产党坚持“五个不搞”：不搞多党轮流执政，不搞指导思想多元化，不搞“三权鼎立”和两院制，不搞联邦制，不搞私有化。这些都是我们要坚持的重大原则，丝毫不能动摇。只要坚持这些根本制度和根本原则不动摇，我们就能稳如泰山，国内也不会出现大的动荡。这就要求我们各级领导干部在平时尤其是在重要的敏感时期、在重大的历史关头，要有高度的政治敏锐性和政治鉴别力，时刻警惕和防范西方敌对势力对我们西化分化的图谋，确保思想上政治上的稳定。当前，西方正试图通过传播其文化和意识形态来控制中国、分化中国，进而达到使中国改变颜色的目的。去年10月18日在党的十七届六中全会第二次全体会议上，胡锦涛总书记特别强调了这一点，我们一定要有清醒的认识。

现在，国内政治体制改革的呼声很高，这不是坏事而是好事。实际上，我们的政治体制改革从来没有停止过，仅从领导体制讲，从小平开始，我们就废除了干部任职终身制，实行差额选举制度、干部考察广泛征求意见，任职前公示制度，还废除了几千项审批制度，建立了审计制度、三费公开制度等。今天不是讲政治体制改革，我就不一一列举了。我讲的是一个道理，就是经济体制改革也好，政治体制改革也好，改革是坚定不移的，但步子要稳重，要积极稳妥、稳中求进。这方面，国际国内的教训都有。国际上的如苏东剧变，国内的如“六四”风波。越是形势复杂，越要头脑清醒，立场坚定；越是杂音喧哗，越需要明辨是非，旗帜鲜明。特别是在信息传播便捷化的今天，“人人都是麦克风”，尤其要提高警惕、谨防上当，切不可被小道消息牵着鼻子走。中国在世界上影响越来越大，发展处在新的关键时期，珍惜和维护好我们的国家形象是全国人民的共同利益和共同责任。稳中求进不仅是经济需要，而且是政治需求。

（三）我国和谐社会建设要求“稳中求进”

从社会建设来讲，构建文明和谐社会的理念更加深入人心，对一手抓发展、一手抓稳定的认识不断提高。人民群众安居乐业，生活大有改善。但是，由于发展不平衡、工作不到位、收入差距大，人们的利益冲突更为明显，再加上消极腐败引起人们普遍不满，政权安全和社会稳定面临严峻挑战。

当前，我国处于发展的重要机遇期，也处于外部势力强力干扰破坏、内部社会矛盾多发高发的敏感期。维护社会稳定已经上升到和发展同等重要的战略地位。“发展是硬道理，稳定是硬任务”写进了中央文件，列入了各级党委议事日程。从国际教训看，一些国家和地区的发展历程表明，国民收入从中等收入向高收入提升时期，往往是经济容易失调、社会容易失序、人们心理失衡的时期，处理不当就会陷入中等收入陷阱。目前我国人均收入超过了4000美元，处于中等收入向高收入的提升时期，跳出这个陷阱，保持可持续性发展，任务相当艰巨。由于征地拆迁、分配不公、拖欠工资、上学、看病、就业、打官司及推进城市化过程中，方法不当引发的矛盾和问题，一抓一大把，例子不胜枚举。这说明，社会矛盾的现实客观上要求我们的发展不能埋头经济、追求速度，必须科学安排、统筹兼顾、稳中求进。

社会安全稳定与政治稳定是联系在一起的，也易受外部环境影响。总体看，当今世界处于大发展、大变革、大调整中，尽管存在种种矛盾和问题，但和平、发展与合作仍是时代潮流。世界多极化进程加快，经济全球化深入发展，国际形势保持和平、缓和、稳定的基本态势，为我们的发展提供了可贵的国际环境。同时，必须看到，现在也是各国的战略调整期。美国等西方国家对我们政治上的遏制、发展上的牵制、思想上的渗透、文化上的西化，只会加强，不会削弱。这次美国战略东移，重新经略亚太，很大程度上就是对着中国来的，就是要防范中国坐大。周边一些国家对我国的疑虑增加，一方面，想从我国快速发展中获取经济利益，另一方面，又在安全上借重美国，企图联美制华，给我国安全带来了新的复杂因素。许多国家都是经济上依华、安全上靠美，两边便宜都想沾。我国安全环境遇到的新情况、新特点、新挑战，我这里没有时间展开讲了，但是有一个明显的特征，大家一定要看清楚，那就是，国际国内许多矛盾是交织在一起的，是互相作用。总有那么一些人想把国外的动乱引到中国来，如“颜色革命”、街头政治、互联网串通、造谣生事、连环爆炸、恐怖袭击等；总有那么一些人，想把国内的一些小事提到国际上去大肆炒作，煽风点火，唯恐天下不乱。藏区的“3·10”事件、“3·14”事件，以及今年春节期间发生的几起暴力闹事事件，新疆的“7·5”事件和后来的几起爆炸案、开枪袭警案，等等，都有外部势力插手，是内外勾结共同策划的。我们的大门已经打开，不可能封闭起来。必须要统筹国内国外两个大局，用好国内国外两种资源。这就需要我们用世界眼光去看稳中求进的意义。所以，稳中求进的提出，对于我们在复杂局面下推进和谐社会建设也有重大意义。

（四）我国社会主义文化建设要求“稳中求进”

中国的现代化建设是“四位一体”的，文化建设当前也需要“稳中求进”。我们党十七届六中全会专门作出了《关于深化文化体制改革，推动社会主义文化大发展大繁荣若干问题的决定》，提出了建设社会主义文化强国的目标，文化建设迎来了新的春天。但是，要真正实现中华民族文化的自觉、自信、自立、自强，还任重道远。我们中华民族有五千多年的文明，有灿烂的历史和文化。如果谈历史文化，当今世界任何一个国家都没有资格和我们比。只是由于历史的原因，我们的文化没有与时俱进，渐渐落伍了。当前，推动文化大发展大繁荣，有很多突出的矛盾和问题。我们经济强了，手里有钱了，但公共文化服务与经济发展还不相适应，文化硬件设施和基础设施严重滞后。这和我们的大国地位相比，相对于我们五千年的文明，我们做得还远远不够。我举一个例子。美国人口是 3 亿，我们将近 14 亿；美国的博物馆有 17000 多家，我们只有 2500 家；美国的报纸有 10000 多家，我们仅有 2000 多家；美国有 37000 多家出版社，我们只有 580 多家。表面上看是数量的差距，数字的背后还有质量差距。这说明我们文化的提升、文明的普及、艺术的发展还有大量的基础性工作要做。我们的文化产品对内不能满足公众的文化消费需求，对外的竞争力还不强。1998 年我国电影界出现过一件发人深思的事。美国一部大片《泰坦尼克号》在中国卖了 8 个亿，相当于我们 2000 年一年电影票房的总收入。这差距背后的启示是：电影在中国不是没有市场，而是我们拿不出优秀作品。美国的文化吸引物都是创新的产物、科技的产物，如好莱坞、百老汇、NBA 篮球赛、可口可乐、苹果公司的 IPAD，这些产品可以风靡世界；我国文化的吸引物主要是传统文化，如孔子、老子、长城、故宫、汉语、武术等，我们的创意产品和科技产品少之又少。这就是差距！我们传统主流媒体的权威性和影响力严重下滑，新闻性受到普遍质疑；

同时，受到外来媒体的严峻挑战。比如，SARS事件、“周老虎”事件、孙志刚事件等，影响文化诚信建设。另外，我们的文化评价机制和管理体制不完善，特别是文化评价机制亟待改善提高。国家是投资主体，领导是评委，评奖是目的。在这样的文化评价体制下，文化产品放入仓库是必然的，这就必然造成低水平的重复建设和严重浪费。就文化的外部关系来讲，文化体制改革，要统筹文化建设同经济、政治、社会建设以及生态文明建设的关系等，都需要精心运筹、多方协调。文化自身的特质和文化发展的规律告诉我们：推动文化建设的大发展大繁荣，和搞经济建设不一样，是个慢活，需要慢功，要有积累，有个厚积薄发的过程。不能靠大干快上，急躁冒进，更不能架秧子、瞎起哄、凑热闹，只能沉下心来，精心谋划，稳中求进。

二、关于稳中求进的内容和实质

稳中求进的总基调，是一个积极的稳妥的看似慢、实则快的重大战略指导方针。稳是前提，是基础。不稳定，不安全，到处乱哄哄的，什么事也干不成；不稳定，不安全，盲目开进，看似高速，实则欲速不达，甚至葬送前程。但也不能停下来，要“进”，“进”是趋势、是目的。发展是硬道理，前进是大趋势。不发展不前进就要落后、僵化、窒息。但要稳中求进，进得稳妥，进得合理，进得合乎规律，进得牢牢靠靠。

（一）稳：保持宏观经济政策基本稳定；保持经济平稳较快发展；保持物价总水平基本稳定；保持社会大局稳定

1. 进一步加强宏观调控，保持宏观经济政策的连续性和稳定性，使政策稳。政策稳则人心稳。这里指的“稳政策”，首先是指大的政策。无论形势怎么变化，坚持科学发展不动摇，一心一意谋发展，聚精会神搞建设。解决中国的一切问题都要靠发展，靠发展带来的实力地位和实力政策。没有实力，干什么都不灵。“手中没把米，叫鸡都不来”。小平说得很坚定，只要不发生大的战争，就要抓经济建设，把现代化搞上去。就是发生了战争，暂时停下来打仗，仗打完了还是要搞建设。基本路线是大政策，抓发展抓稳定是基本方略，基本政策不动摇、不懈怠、不折腾。其次，还有一些政府宏观调控政策，要进一步提高针对性、灵活性、前瞻性，加强和改善宏观调控。坚持统筹兼顾，切实把握好各项目标、任务之间的平衡，正确处理速度、结构、物价三者的关系，特别是要把解决经济社会发展中的突出矛盾和问题、有效防范经济运行中的潜在风险放在宏观调控的重要位置，准确把握调控的力度、节奏和重点，防止大起大落。具体地说，在积极的财政政策方面，要完善结构性减税政策，减轻企业和居民负担；同时，要着力优化支出结构，更加注重向民生领域倾斜。在稳健的货币政策方面，综合考虑经济增长与物价走势，保持融资规模有一定的合理增长；要加强对国家重点在建续建项目和保障性安居工程建设的支持，加强对符合产业政策、有市场需求的企业特别是小型微型企业的支持；同时，要使信贷资金更好地服务实体经济，继续严格控制对高耗能、高污染行业和产能过剩行业的贷款，还要促进民间借贷规范化发展。

2. 坚持扩大内需，稳定外需，保持经济平衡运行，使增长稳。“十二五”纲要把GDP年均增长率调低到7%，今年两会又把经济增长预期定为7.5%，多少年来首次低于8%，其他方面也都有具体要求，各项改革都已展开。7.5%，在世界范围比，和中国已经很大的基数比，都是一个不低的目标，需要付出艰辛努力。当前，经济形势很严峻，GDP已连续9个季度下降，经济衰退的阴影开始显现，出口、投资、消费三个方面困难都不少，但也说明，深层次改革的空间还很大。比如，利率等要素市场的市场化，关键基础性行业准入、劳动力跨省流动、地方政府的债权政策自主性等。这些领域进行调整、平衡、创新、改革，就会激活经济。但是，当前为了稳定经济增长，当务之急是扩大内需、稳定外需。

扩大内需包括两个方面：一方面是提高消费需求。要人们有条件消费，有信心消费，也就是手里有钱才能消费。那就要千方百计扩大就业，有活干才有工资，有工资才能消费。要把工资结构调整好，合理增加城乡居民收入，稳步提高工资标准，继续推进事业单位绩效工资改革，使人们的腰包鼓起来。手里有钱了，就可以大力发展旅游、健康、养老、家政等服务消费。既改善了生活，又拉动了内需。最近，中央为了拉动内部消费需求，明确提出，进一步研究制定促进消费持续增长的长期政策。主要有：一是着力增加低收入者收入，稳步提高最低工资标准和企业退休人员基本养老金水平，完善机关事业单位工资制度。“十二五”规划提出，最低收入者的工资年均至少要提高13%。二是主打农村消费。要加强农村和中小城市商贸流通、文化旅游、体育健身、宽带网络等基础设施建设。三是鼓励新型消费，包括健全鼓励节能、节水、环保产品的消费政策，优先支持首套自住普通商品住房贷款需求。落实好带薪休假制度，鼓励文化、旅游、健身、家政、医疗保健和养老消费，积极发展网络购物等新兴消费业态。

扩大内需的另一方面是扩大投资需求。为此，中央提出，要进一步优化投资结构。优先保障国家批准的在建续建项目，有序推进“十二五”规划确定的重大项目开工建设，加大对保障性安居工程、教育、卫生、文化、水利，新疆、西藏以及青海等四省藏区发展等方面的投入力度，重点支持“三农”、节能减排、环境保护和生态建设、自主创新和结构调整、社会事业和社会管理等领域的基础设施建设。加强对重大项目特别是政府和国有投资项目的监管、督查，提高投资质量和效益。完善鼓励引导民间投资的配套措施和实施细则，支持民间投资进入铁路、市政、金融、能源、电信、教育、医疗等领域。

外需也是拉动中国经济增长重要动力。尽管我们不能指望经济增长依靠外需，也不能指望世界经济环境一下子变好，但我们还是要想方设法稳住外需，所以，中央提出要实施更加积极主动的开放战略，进一步提高开放型经济水平。包括：（1）保持对外贸易稳定发展。进一步落实出口退税、出口信贷、出口信用保险等政策措施，稳定出口增长。还要大力发展服务贸易和服务外包。深化国际交流合作，推进自由贸易区谈判，妥善处理贸易摩擦。（2）提高利用外资质量和水平。不断扩大对外经济技术合作，引导外资重点投向高端制造、高技术产业、现代服务业、新能源、节能环保等领域，投向中西部地区和东北地区。（3）加快实施“走出去”战略。推进双边重要投资合作项目。完善境外投资管理制度，创新境外经贸合作区发展模式，建立健全境外投资风险评估和突发事件应急处理机制。

3. 继续采取综合措施，防止物价走势反弹，使物价稳。据报道，尽管今年2月份的居民消费价格指数（CPI）同比上涨3.2%，较一月份（4.5%）大幅回落，创下了2010年6月份以来的最低水平。但是，随着汽油价格在三月份“破八近九”，部分食品价格反弹，影响着人们对年内能否守住CPI涨幅4%底线的信心。因此，稳定物价的任务十分繁重。主要应做好以下工作：一是增加生产，保障市场供应。把稳定农副产品价格作为稳物价的重点，落实好“米袋子”省长负责制和“菜篮子”市长负责制。加强重要商品特别是生活必需品的产运销衔接，完善政府储备与商业储备体系，做好主要农产品收储和投放工作，搞好进出口调节。二是降低流通成本。社会流通成本太高，是助推物价上涨重要原因之一。全世界70%多的收费公路在中国，流通成本占50%～70%。城乡菜价背离的一个重要原因就是流通成本所致。生鲜蔬菜价格，从田间地头到消费者手中，价格平均高出2～3倍，其中70%以上是流通成本。所以，必须制定实施降低流通费用综合性工作方案。继续执行鲜活农产品运输绿色通道政策，落实好对公益性农产品批发市场、农贸市场等的扶持措施，推动大中城市建设平价商店，支持粮油仓储设施建设，积极发展农产品冷链物流和粮食现代物流。加快推进西部地区取消政府还贷二级公路收费，规范农贸市场、大型零售商业企业的收费行为。扩大物流企业营业税差额纳税试点范围，落实好大宗商品仓储设施用地城镇土地使用税政策，调整完善部分农产品批发、零售增值税政策。加快发展农超对接、农校对接、农批对接等直供直销模式。三是增强调控能力。完善粮食、生猪、食用油、化肥、电煤等重要商品价格调控预案。加快建立基本蔬菜品种政策性保险制度，健全冬春蔬菜储备制度。合理把握政府管理价格调整的时机、节奏和力度。建立健全价格调节基金制度，落实并完善社会救助和保障标准与物价上涨挂钩的联动机制，保障低收入群众基本生活。制定政府定价成本监审、经营者价格行为规范、经营服务性收费等法律法规。四是加强市场监管。有一种现象值得注意，以往的物价波动主要是供求矛盾引起的，需求多、供应少，刺激了物价。这几年有个怪现象，就是生产过剩了，物价还是上涨，这就是管理问题了。所以，市场监管很重要。一定要深入开展涉农涉企、涉及广大群众生活的价格和收费检查，规范电信服务行为，强化资费监管，组织电煤合同执行情况检查，清理涉煤基金和收费，开展商业银行收费专项检查，整顿交通运输领域乱罚款乱收费，继续加大反价格垄断执法力度，严厉查处各类价格违法行为。

4. 积极有效化解各种矛盾和风险隐患，促进社会和谐稳定，使社会稳。社会稳是发展的基本前提，也是发展的重要目的之一。人都愿意生活在太平盛世和稳定的环境里，都不愿意生活在乱世和动荡中。社会大局稳定是开好十八大的重要保证，是做好各项工作的前提条件。这就要求我们要增强政治意识、政权意识、忧患意识和责任意识，关注可能影响社会稳定的内外各种因素，把不安全因素化解在萌芽状态，确保安居乐业、健康发展。小平同志有句名言，发展起来以后的问题并不比没有发展起来的时候少。所以，我们现在工作的着眼点主要是解决发展起来以后的问题。比如，现在的大量社会矛盾是因为社会发展不平衡、不协调、不可持续引发的，这就要在调结构、转方式上下功夫，解决好“三不”问题。我们搞城镇化，占着老百姓的地，怎么补偿，怎么保证他就业、有生活来源，这就是调结构的问题。有的专家说，我国社会成员分布现在是三个“三分之一”，就是有城市户口的在城里从事第二、第三产业的占三分之一；主要生活在城乡结合部的农民工及家属、外来务工的人员占三分之一；住在农村纯粹务农的占三分之一。这也是发展过程中的问题。这说明，不仅存在城乡二元结构，城市本身也是二元结构，这些人群怎么保证不出问题。我们已经是执政党了，凡是中国大地上的人、中国大地上的事，包括在海外涉及中国的人和事你都得管。所以，提高执政能力、社会管理能力尤为重要。中国有句俗话，“当家三日狗都嫌”，一个人在家里当了三年的家，家里的狗都嫌你、讨厌你。我们党执政60多年了，肯定有些人不满意。所以，要很好地研究执政以后怎么为人民服务，怎么解决民生问题，怎么化解人民内部矛盾，怎么把人民群众团结在党的周围，怎么增强凝聚力，实现中华民族的伟大复兴。社会稳定了，人心安定了，发展才有基础、才有力量。

（二）进：在转变经济发展方式上取得新进展；在改革上取得新突破；在改善民生上取得新成效

1. 在转变经济发展方式上取得新进展。就是按照“十二五”规划纲要的要求，以科学发展为主题，以加快转变经济发展方式为主线，坚定不移地调结构，脚踏实地地转方式，力争在六个方面取得新进展。第一，扩大内需特别是消费需求。重在提高收入，改善预期，改善投资结构，稳定拓展外需，使投资、外贸、内需三驾马车协调发展健康运行。第二，大力推进产业结构升级，坚持在加强农业基础，提升制造业水平，扩大服务规模上下功夫，推动"三产"在更高水平上协调发展。切实解决一产不稳、二产不强、三产不足的问题。第三，加快科技进步和自主创新。坚持一手抓基础研究和战略，搞技术研究，一手抓企业创新主体的培育。争取出一批创新成果，建一支创新人才队伍，制定一套创新的体制机制，营造"出人才、出成果、出经验"的良好环境。第四，毫不放松地抓好节能减排和生态保护。第五，统筹区域城乡协调发展。我们国家的经济社会发展已经发展到城乡统筹阶段了，在这个方面如有新的突破，将是调结构、转方式最有前途、最有后劲、最得人心的历史性成果。第六，增强调结构转方式的动力。重点是发挥市场在资源配置中的基础作用，发挥政府在经济运行中的引导和调控作用，同时加大各项与调结构转方式有关的改革，抓紧完善体现科学发展观的干部考核体系，增进调结构转方式的动力和保障。

2. 在改革上取得新突破。我们的改革，比较容易的改革，大部分已经完成了，想改革还未改革的领域才是最难啃的"骨头"。以前，我们的改革是在浅水区里"摸着石头过河"，现在的改革已经是进入深水区的深层次的改革，往前推动一小步都很难，尤其是推进重点领域和关键环节的改革，要取得新的突破相当困难。要在改革上取得新突破，需要勇气、担当、魄力和动力。正如《人民论坛》讲的：当下，不缺改革的舆论与智慧，独缺改革的胆识与担当；不缺激情的改革呼唤，独缺继续缜密的可行路线；不缺潮水般的埋怨与沮丧，独缺深入理性的冷峻思考；不缺点线上的创新突破，独缺实现全局的顶层设计。需要大家沉下心来，实心任事，破除私心，成全公义，找出倾向性问题，提出建设性建议。

未来我国改革要取得突破，主要有七个方面改革重点：一是进一步转变政府职能，完善宏观调控体系，理顺政府与市场的关系，更好地发挥市场配置资源的基础性作用。二是坚持和完善公有制为主体、多种所有制经济共同发展的基本经济制度。既要按坚持和巩固公有制主体地位的要求，深入推进国有经济战略性调整和国有企业公司制股份制改革，也要落实并完善促进非公有制经济发展的各项政策措施，增强非公有制经济和中小企业参与市场竞争、增加就业、发展经济的活力和竞争力。三是稳步推进资源性产品价格和环保收费改革。比如说，水价、电价等。四是深化收入分配制度改革。提高居民收入在国民收入分配中的比重，提高劳动报酬在初次分配中的比重，健全初次分配和再分配调节体系。加大对高收入者的税收调节力度，扩大中等收入者的比重，提高低收入者的收入。尽快扭转收入分配差距扩大趋势。五是继续深化医药卫生体制改革。继续提高城镇居民基本医保和新农合政府补助标准。探索建立重特大疾病保障机制，积极发展商业健康保险。推进以县级医院为重点的公立医院改革，深化基层医疗卫生机构综合改革。六是加快财税、金融体制改革。提高一般性转移支付规模和比例，加强县级政府的财力保障。推进营业税改征增值税试点。引导大中型银行延伸服务网点，规范发展小额贷款公司和村镇银行。七是深入推进农村领域改革。主要是稳定和完善农村土地承包关系，稳步扩大农村土地承包经营权登记试点，按照依法自愿有偿原则引导土地规范有序流转，加强土地承包经营权流转管理和服务。

3. 在改善民生上取得新成效。改善民生，让老百姓在发展的过程中同步共享改革发展成果，是我们发展的根本目的。民生有若干方面，主要是八个字：衣、食、住、行、医、教、保、业。也就是要就得了业、上得起学、看得起病、住得起房、花得起钱，这些是最基本的。有一个小段子。小崔说事，一位领导接受采访时说：“我们免费为一农村老大妈做了白内障手术。当摘下纱布时，她看见了，她的确要感谢党和政府，靠她自己，她一辈子也做不起这个手术。”

小崔问："她辛劳一辈子，连个白内障也做不起，那她埋怨谁呢?"看了这个段子，我心里又高兴又难过。高兴的是，我们的领导干部为这个老大妈做了手术，使她重见光明，这是好事。难过的是，我们不知道还有多少老大妈连这个手术都做不起。看，民生问题是多么具体实在！除了物质上的生活必需外，还需要精神上的文化上的需求。人们需要公平正义，需要心理平衡，需要有尊严。这些也是绝不可忽视的民生。实现民生共建共享，既是政治，也是经济，更是民心。得民心者得天下。民心一旦凝聚起来，就会产生无穷的力量，要稳定能稳定，要发展能发展。所以，在解决民生的问题上要有新突破，这是稳中求进的应有之义。"坚持稳中求进，坚持科学发展，中国一定能实现更长时期、更高水平、更好质量的发展"。"三更"，就是稳中求进的本质含义和精神实质。

围绕民生建设，中央将把重点放在以下几方面：(1) 落实就业优先战略。在鼓励战略性产业发展的同时，要大力发展就业容量大的劳动密集型产业、中小企业和服务业；还要加强对高校毕业生、农民工、城镇就业困难人员等重点人群的就业创业服务和职业技能培训，培养和发展技能型人才，落实自主创业扶持政策。(2) 完善社会保障体系。主要是提升社会保险统筹层次和待遇水平。其中，政府对城镇居民医保和新农合补助标准今年就要提高到每人每年240元。2012年，必须实现新型农村和城镇居民社会养老保险制度全覆盖。(3) 扎实推进保障性安居工程建设。建立健全保障性安居工程投融资、建设、营运、分配和管理机制，确保质量安全和公平公正分配。(4) 巩固和扩大房地产市场调控成果。继续严格执行并逐步完善抑制投机投资性需求的政策措施，促进房价合理回归。

三、以积极的精神状态和良好的作风把握稳中求进的总基调

落实稳中求进的总基调，需要有一个积极的精神状态。提出稳

中求进的总基调，是我们党有信心的重要标志，是实事求是、积极应对各方挑战的重要体现，是立足现实、脚踏实地迈向未来的战略举措。稳中求进，考验我们的智慧、能力、决心和勇气。我们要积极学习领会、贯彻落实，积极实现这个总基调总要求。

我想了许久，我国现在面临的所有矛盾和问题，如果追根求源找“病灶病根”的话，最后都可以追溯到作风上。把握稳中求进的总基调，作为领导干部来讲，总要有个突破口，总要有个切入点。我们是不是可以先从大兴“两风”着手，从风气入手，既不需要增加编制，也不需要投入经费，自己也没有什么损失，反而会升华思想、提高能力，赢得民心、增加威信，何乐而不为呢？

（一）要大兴调查研究之风

人的正确思想是从哪里来的？不是从天上掉下来的，也不是头脑里固有的，只能从社会实践中来。人民群众是社会实践的主体，正确的认识和决策只能从实践中来。从实践看，所有的矛盾和问题都是在实践中发生的，在群众中出现的。那么，解决问题、化解矛盾也必须到实践中去找思路，到群众中去找办法。这样，既联系了群众，解决了实际问题，又稳定了社会。调查研究是我们党的优良传统，也是我们党开展各项工作的基本方法，也是我们想问题、办事情的重要基础。毛主席说，没有调查就没有发言权。同样，在新的形势下，没有调查就没有决策权。毛主席之所以成为正确决策的大师，首先因为他是位调查研究的大师。用他自己的话讲，凡是我感到没有办法的时候，就去调查研究，情况摸清了，办法也出来了。比如，《湖南农民运动考察报告》是他考察总结湖南五县农民运动的结果，提出了中国革命的中心问题。《论十大关系》是他用四个半月时间听取9个省市及中央34个部委汇报的结果，对我国经济社会发展提出了科学指针，直到现在仍然对我国的发展发挥着重要指导作用。当然，现在情况同战争年代不同，同计划经济时代也不同，但调查研究的原理没有过时。稳中求进，怎么稳，怎么进，当前的稳中求进是个什么情况，存在什么矛盾和问题，有什么好的经验和做法，下一步发展需要做什么工作，注意什么问题，都需要扎扎实实地调查研究。调查研究要着力解决好作风和方法两大问题。

首先，要有扎实深入的作风。作风实不实，调查研究结果“两重天”。形式主义和官僚主义是调查研究的大敌。领导干部没有眼睛向下的决心，没有放下臭架子的勇气，没有甘当小学生的精神，调查研究只能流于形式。4 月 9 日人民日报专门发表题为《转变作风开创新局面》的评论员文章，特别强调，能不能牢牢把握稳中求进的总基调，关键在作风。领导干部要以对党和人民高度负责的担当精神迎难而上，走出办公室，走出研讨会，走出本本，多到矛盾突出的基层去，多到困难较多的一线去，多到难点焦点问题聚集的地方去。通过转变作风激发智慧、凝聚力量、提升能力。如果遇到困难绕道走、遇到矛盾就缩手，务虚名而不下实功，爱作秀而不做实事，图形式而不抓落实，就难以符合时代要求，顺应百姓期待，也不可能实现各项工作的“稳中求进”。调查研究要提倡蹲点式，反对跑面式；提倡解剖麻雀，反对走马观花。因为这几年风气有问题，就是到群众中去也不一定能听到真话。需要放下架子、扑下身子，和群众交朋友，经过长时间的相互观察，取得群众信任，就可以听到真话，了解到真实情况。千万不要坐车转一圈，握个手，录个像，把在家里起草好的稿子念一念。这样的调查研究老百姓不但不欢迎，而且十分反感。无论是统一思想，还是凝聚共识、激发力量，都要求各级干部发扬贯彻密切联系群众、执政为民的优良作风，切实把深入群众调查研究作为开创稳中求进新局面的重要切入点和大法宝。

其次，要有科学的思路办法。没有正确的调查，同样没有发言权和决策权。调查研究是一门学问和艺术。这就要求各级党组织和党员干部练就过硬的基本功，使党内增加一大批调查研究的“行家里手”。调查研究的基本功越扎实，决策越科学合理，落实稳中求进越坚定有力。首先，领导干部要“亲自出马”搞调查研究。领导干部特别是决策者，要深入实际、深入一线、深入群众，掌握第一手材料。坚决反对道听途说、假手于人、流于形式的调查研究。其次，要住下来搞调查研究。大略的调查研究可以发现问题，但还不能从根本上解决问题。要解决问题，还是要住下来，做周密细致的调查研究。要到老百姓的炕头睡一睡，到老百姓的灶头吃一吃，到田间地头走一走。拼着精力，把一个地方的情况搞透彻，找出一般规律，这样，研究其他地方的情况就有了基础。调查研究后，要以做科学实验的精神，对情况潜心研究，缜密分析、判断、推理。针对调查中发现的难点、热点问题反复比较研究，提出解决可行的办法措施。最后，调查研究要以解决实际问题为目的。调查是手段，决策是基础，解决是目的。以解决实际问题的调查研究再多，也受群众欢迎，不以解决实际问题的调查研究，再少也讨人厌、招人烦。过去的调研组很受群众欢迎，一听说调研组下来，群众都很振奋，奔走相告，为什么？就是能够解决人民群众的实际问题。当前，大部分党政机关干部在“走转改”活动中了解了不少真实情况，写出来的报道很实在很有生气。还有一些领导干部到一线住了三五天，感受大不一样，增进了与群众的感情，了解到了实际情况，作决策心里有了数，解决了不少实际问题，群众反映很好。

（二）要大兴勤俭节约之风

我们是世界上最大的发展中国家，历史遗留的民生欠账多，破解发展难题的投入多，改革中需要解决的问题多，还有一亿多人口没有脱贫，是世界上最没有资格摆阔露富的。但是，随着经济的快速发展，浪费奢靡之风滋长起来了。据推算，每年的“三公消费”有几千个亿。几千个亿用在中国教育上，按每个大学生每年花费2万元计算，能供全部大学生免费上学。用在搞科研上，也会产生很大的社会效应。当前，要深刻认识到，奢侈浪费之风丝毫不亚于贪污腐败的危害。在全党大兴勤俭节约之风，要着力在三个方面下功夫。

首先，领导干部要带头做表率。领导干部的思想、行为和作风具有鲜明的导向性。领导干部不带头，再好的规章制度、法律法规、政策措施都不会起作用。过去，战争年代，我们的规章制度、法律法规，比现在少得多，为什么那时候我们能打造世界上最清廉的政府？根本原因是领导带头。延安时期，毛主席带头种地种菜，周副主席带头纺线，大生产运动轰轰烈烈，为打破敌人的封锁线、战胜恶劣的环境和敌人的进攻奠定了物质基础。三年自然灾害时期，毛主席带头“不吃肉、不吃蛋、吃粮不超定量”，与全国人民共渡难关。中央领导人不搞特殊化，不住豪华房子，不坐豪华汽车，下面的干部大都保持了勤俭节约的作风。所以，提倡勤俭节约的作风，靠号召、靠呼吁、靠提倡，远不如靠领导带头来得实在、来得管用。

其次，要大力营造勤俭节约的舆论氛围。治理奢侈浪费，思想舆论要先行。新中国成立后，毛主席曾把反对奢侈浪费当作战略决策来治党治国。1951 年，在党、政、军机关内部开展了声势浩大的“三反运动”（反贪污、反浪费、反官僚主义运动），使这个运动真正成为包括官员在内的全体人民的运动。在这次运动中，我们党处决了刘青山、张子善，迎来了几十年的清廉之风，挽救了大批领导干部。通过反贪治奢，我国成为世界上最清廉、最节约的政府，备受国际关注。当前，人们对反贪治贪比较重视，法规制度也较健全，处治办法也比较多。但对铺张浪费却没人在意，更没有下功夫治理。有人调侃说：共产党的钱，千万不要往家里拿，拿了就犯法，但可以大胆地花，吃了喝了送了没人追究。这是助长不正之风消极腐败的一个重要因素。以往，我们常提“节约光荣、浪费可耻”。用发展的眼光看，这高度提得不够。我在今年“两会”上大声疾呼：治奢和治贪同等重要。现在，这个理念在社会上已经引起了广泛关注，但这还不够，要在全党范围内广泛深入进行思想教育，大力营造出“浪费就是犯罪”的政治空气，为提倡勤俭节约之风奠定坚实的思想基础。要把奢侈浪费和贪污腐败同等看待，纳入法律框架，为奢侈浪费者立案定罪提供法律依据，走打击奢侈浪费和惩治贪污腐败相结合的路子。

最后，要加快实施阳光财政步伐。杜绝奢侈浪费，大兴勤俭节约之风，加快实施阳光财政步伐是关键。现在，财务管理上漏洞不少，经费一部分纳入预算，一部分留作机动。机动机动，随机而动，怎么花领导说了算，这就为奢侈浪费开了口子。要取消各级政府的小金库和特支费，把各级政府的预算外资金全部纳入预算。做到凡预算都要审计，凡审计都要监督，做到公开透明。让人民清楚地知道政府花了多少钱，花到哪里去了，办了什么事，有什么效果。这几年国家部委的“三公消费”公开登报，对治奢治贪起了一定作用，但仍没有解决根本问题。公布的数字准不准、细不细，人们还有不少问号。因此，还要继续深化改革，加快阳光财政步伐，解决好预算决算不全面、不公开、不透明的问题。此外，各级党政机关尤其是纪检监察部门，要敢于向奢侈浪费的主体及时“亮剑”，做到“有诉必理、有案必查、快速反应”。认真查处各类投诉举报案件，做到件件有结果、事事有回音。实现监督与惩罚的无缝连接，从根本上遏制杜绝奢侈浪费，我们的风气就会慢慢好起来。

同志们，为了统一全党的思想，3 月底 4 月初《人民日报》连续发了三篇评论员文章，号召大家牢牢把握稳中求进的总基调，满怀信心迎接党的十八大。我想，只要我们的各级干部，特别是领导干部振奋精神，有一个良好的精神状态，有一个优良的作风，贯彻稳中求进的总基调，就能开创新的大好局面。

最后，我用人民日报评论员的一段话结束我今天的发言：

“潮起海天阔，扬帆正当时。”回望新世纪以来社会主义中国奋斗崛起的伟大历程，党中央带领亿万中国人民上下同心，众志成城，团结奋进，推进了国家实力前所未有的增强，促进了社会民生前所未有的改善，成就了社会主义中国前所未有的辉煌。展望未来，机遇和挑战犹存，信心与勇气同在。只要我们继续凝心聚力，乘势而上，就一定能为中国发展迈向新高度打下坚实基础，创造新的伟大成就。让我们更加紧密地团结在以胡锦涛同志为总书记的党中央周围，统一思想扎实工作，以优异的成绩迎接党的十八大胜利召开。

围绕主题主线
全面推进富国强军的统一*

“十二五”时期是实现国防和军队现代化建设“三步走”发展战略第二步目标的重要时期，也是切实做好军事斗争准备、推进国防和军队改革的关键时期。胡锦涛主席在十一届全国人大四次会议解放军代表团全体会议上的重要讲话中，明确提出了以推动国防和军队建设科学发展为主题、以加快转变战斗力生成模式为主线的重大战略思想。国防和军队发展主题主线的确定，与经济社会发展主题主线的确定，时间衔接、思想一致、内容契合、功能互动，是同一主旋律在不同领域的体现。

以推动国防和军队建设科学发展为主题，就是要把科学发展观作为重要指导方针，把各项建设和各项工作纳入科学发展的轨道，不断开创国防和军队建设科学发展的新局面。

以加快转变战斗力生成模式为主线，就是要自觉运用科技进步推动战斗力生成模式转变的规律，把战斗力生成模式切实转到以信息为主导、以新型作战力量建设为增长点、提高基于信息系统的体系作战能力上来，转到依靠科技进步、官兵素质提高、管理创新上来，转到走军民融合式发展路子上来，在新的起点上推动国防和军队现代化建设又好又快发展。

---

* 根据2011年4月28日在山东省委党校的讲课和同年在全国人大农委的讲课录音整理。

以推动国防和军队建设科学发展为主题，是时代的要求，是统领国防和军队建设全局的总纲；以加快转变战斗力生成模式为主线，是解决国防和军队建设主要矛盾的内在要求，是推动国防和军队建设科学发展的必由之路。下面，结合我的学习理解，就如何把握国防和军队发展的主题主线、推进富国强军的统一讲三个问题。

一、关于加快推进战斗力生成模式转变问题

生产力发展到一定程度，客观上要求调整产业结构，转变发展方式。国防和军队建设也是这样，科学技术发展到一定程度，必然引起战争形态、作战样式的根本变化。现代化战争已经由原来的依靠人数多、火力猛、机械力强取胜，发展到依靠科技、信息、智能取胜的阶段；由原来的攻城略地、消灭对手的有生力量，发展到摧毁战略目标、瘫痪指挥体系、瓦解对手意志的阶段；由原来面对面短兵相接、刺刀见红，发展到非线式、非接触、非对称作战的阶段。

现代战争的特点，可以用“快”和“准”两个字来概括。有这样一组数据：美军从发现目标到实施精确打击的时间，1991 年海湾战争时是100 分钟，1999 年科索沃战争时为40 分钟，2001 年阿富汗战争时为 20 分钟，而 2003 年伊拉克战争只有 10 分钟，基本是“发现即摧毁”。就对手而言，一发现就有被消灭的可能。战争形态的变化，决定了战斗力构成要素必须相应改变。原来的战斗力生成模式已经不适应现代战争，必须作出调整和转变。这同经济建设调结构转方式一样，早转比晚转好，快转比慢转好，主动转比被动转好。

迄今为止，人类历史上发生过两次具有划时代意义的战斗力生成模式转变。第一次是冷兵器战斗力生成模式向热兵器战斗力生成模式的转变，第二次是热兵器战斗力生成模式向机械化战斗力生成模式的转变。现在是第三次，是由机械化条件下战斗力生成模式向信息化条件下战斗力生成模式的转变。

第一次转变，由于清王朝统治者闭关锁国、盲目自大，死守祖

训，错过了历史机遇。当外国侵略者攻破国门时，清军上演了一场大刀长矛对洋枪洋炮、愚昧迷信对现代科学的历史悲剧。第二次转变，是在第二次世界大战期间，那时，国家内战不断，统治者上层腐败，日本入侵，国土沦丧，根本不可能进行军队战斗力生成模式的转变。

这一次转变，意义更加重大，机遇不可丧失。我们必须有很强的忧患意识、强烈的使命感、高度的政治自觉和发奋图强、勇于创新的精神，充分认识这场转变，积极适应、加快推动这场转变。

所谓战斗力生成模式，是军队作战能力产生和提高的根本方法与途径，是通过改变战斗力基本要素的性质及其相互关系，获取军队战斗力的标准样式，它是科学技术发展及其在军事领域广泛运用的产物，与一定的战争形态和作战方式相对应，具有时代性、规范性和相对稳定性的特征。

关于战斗力的组成，有两种说法：一种是“三要素说”：人、武器装备和二者的结合方式，即体制编制；还有一种是“五要素说”：人、武器装备、体制编制、军事思想、指挥能力。这两种说法是一致的。不管哪种说法，战斗力变化都是随着科学技术的发展而变化的。现代科技特别是信息技术运用于军事领域，首先是武器装备发生变化，从而引起战斗力诸要素的内涵发生变化。按照系统论的观点，要素的变化会影响结构的变化，结构的变化引起功能的变化。既然战斗力的要素内涵发生了质变，战斗力生成模式必须相应地转变。

这一次转变的本质，就是适应科学技术革命性变化，通过改变战斗力诸要素内涵，创新组织结构和运行机理，从根本上改变战斗力生成和提高的方法途径。也就是，由数量规模向质量效能转变，由人力密集向科技密集转变，由火力、机动力主导向信息力主导转变，由相对分离的系统向高度融合的体系转变。

转变的内容主要是创新军事理论、优化组织结构、发展武器装备、培养新型人才四个方面。

创新军事理论，就是要构建与建设信息化军队、打赢信息化战争，提高基于信息系统的体系作战能力相适应的军事理论体系。包括战略指导、联合制胜、战法训法、战略学、战役学、指挥学、管理学等，都要根据信息化战争的特点规律重新构建。比如，贯彻军事战略方针，过去是积极防御、诱敌深入。后来考虑到诱敌深入对我们的建设破坏太大，把“诱敌深入”四个字去掉了，边防一线能顶住就顶住，实在顶不住，即使顶一阵子，也可以为国家由和平体制转入战时体制赢得时间。现在信息化了，打起仗来不分前方和后方，所以，战略方针的内涵进行了调整，包括遏制战争、控制战局、打赢战争三个方面。再如，过去作战主要是强调制空权、制海权，现在必须强调制信息权、制天权，否则，就丢掉了战争主动权。

优化组织结构。一个是军兵种结构，可能陆军一般部队要大大压缩，海空军、二炮和高新技术部队要大大加强。另一个是官兵结构，要减少军官数量，增加技术士官数量。减少副职领导干部，部分干部岗位改由士官担任或实行聘用制。例如，2003 年裁军 20 万，军官占 17 万，这次调整这个比例可能还要加大。还有一个是指挥体制。重点精简军以上机关和直属单位，减少纵向指挥层次，使指挥体系向扁平、高效、精确发展。比如，下一步军、旅、营将成为集团军的主要编制方式。战斗编组向小型化、集成化、联合化发展。总之，通过优化结构，形成科学的组织形式、制度安排和运作方式。

发展武器装备，主要是在原来机械化的基础上，注入信息化的要素，使其对武器装备战斗力生成起到“倍增器”的作用。同时，还要重点发展高新武器装备，比如激光武器、新概念武器、智能武器等。激光武器就具有其他武器不具备的优势。第一，由于激光束以光速运动，速度超过普通子弹的 16 万倍，能很快击中目标。从

186 英里以外向一架时速 621 英里的喷气式飞机发射导弹，6 分钟才能抵达目标，而使用激光武器，只需千分之一秒即可命中目标。第二，激光的命中精度高，减少了附带毁伤的危险。美国在阿富汗部署的“宙斯”激光武器系统，在 6 个月内摧毁了 200 多枚弹药。第三，发射成本很低，多能激光器每次发射只需 8000 美元，而一枚“爱国者 3”导弹价值 380 万美元。第四，固态激光器实际上不受弹药数量的限制，只要有足够的燃料发电，能一直射击。光是免费的，只是消耗一点电能。

培养新型人才，就是打造高素质新型军事人才群体，包括联合作战指挥人才、信息化建设管理人才、信息技术专业人才、新装备操作和维护人才。由于多年没有战事，军事人才培养和储备任务艰巨。从干部简历看，学位不低，很多是硕士、博士。现在干部中本科以上学历的已占 80%，硕士以上学历的占 13%，许多年轻干部学历虽高，但处理实际问题的能力和动手能力较差，文凭和水平、学历和能力的矛盾突出。现在看，学历问题好解决，提高能力水平需要一个过程。这个问题已经引起各级领导重视，“十二五”期间将重点解决。

转变战斗力生成模式，要以科学发展观为统领，统筹好各方面的关系，从多个方面同步展开。

坚持以使命任务为牵引。新世纪新阶段，胡主席明确提出，军队要为党巩固执政地位提供重要的力量保证，为维护国家发展的战略机遇期提供坚强的安全保障，为维护国家利益提供有力的战略支撑，为维护世界和平与促进共同发展发挥重要作用。胡主席还提出，军队要提高应对多种安全威胁、完成多样化军事任务的能力，这就为我们加快战斗力生成模式转变提供了有力抓手。我军要应对多种安全威胁，首要是应对国家被侵略、被颠覆、被分裂的威胁；我军要承担多样化军事任务，首要的是打赢信息化条件下局部战争。这就对军队战斗力生成模式转变提出新的标准。随着国家利益不断拓展，来自海洋、太空、网络、电磁空间的安全威胁更加突出，对军队战斗力生成模式转变提出了新的要求。这些使命任务，既是转变战斗力生成模式的牵引，又是转变的标准，还是转变的动力。

坚持以提高军队信息化水平作为发展方向。从根本上讲，未来战争要充分发挥信息能力在战斗力生成中的主导作用。在海湾战争中，美军利用天基信息系统，动用了60多颗侦察卫星、定位卫星和通信卫星，使战场变得“单向透明”。美军“耳聪目明”；伊军“眼瞎耳聋”。美军凭借强大的信息系统优势，破坏了伊军的指挥控制系统，结果，交战双方成为“拳王”对“侏儒”的较量。当时伊拉克虽有100万大军、5000多辆坦克、5000多辆装甲车、3000多门大炮和数量众多的防空武器，但由于失去了制信息权，那么多兵力兵器都难以发挥作用。美军是一支信息化程度较高的军队，能够通过数据链把空天地海、本土统帅部、前方司令部和战场上每一个士兵连为一体。我们经常在电视上看到，美军的士兵背着一个大背包，这个大背包里面除了常规装备，还有掌上电脑、GPS定位仪、无线电通信设备、夜视仪等信息化装备，单兵就可以与指挥部信息互动。今后一个时期，我军的信息化建设将进入一个加速发展的阶段，我们要密切关注和把握发展趋势，下大力气解决好信息化建设上的矛盾和问题，把信息资源开发利用摆在更加突出的位置，下功夫解决好军队和地方都存在的一个普遍问题：有硬件无软件、有软件缺数据、有数据难共享，大力推进信息资源的深度开发和高效利用。

坚持把提高基于信息系统的体系作战能力作为出发点和落脚点。以体能占主导地位的冷兵器时期，战争表现为近距离格斗；以物质能占主导地位的热兵器时期，战争表现为平面火力对抗；以物质能向机械能和化学能转变的机械化时期，战争表现为大兵团的立体对抗；以信息为主导的信息化时代，战争表现为体系与体系的对抗。

提高基于信息系统的体系作战能力，体现了信息化条件下战斗力建设的客观规律，为加快转变战斗力生成模式明确了目标。军队建设的各个方面，包括军事、政治、后勤、装备，都有各自的信息系统，都要向信息能力聚焦。基于信息系统的体系作战，作战目的就是破坏对手作战体系的整体结构，瘫痪其主要功能，进而使对手丧失抵抗意志和能力，从而不战而屈人之兵。其重要特点，是体系对抗、系统对抗。所以，建设是系统建设，管理是系统管理，各方面的能力、效率乃至方式方法，都要从信息系统建设突破。只有系统建设起来了，才能为战斗力生成模式转变提供坚实的基础和有利的条件。进一步讲，具备了破解对手信息系统的能力，打赢信息化条件下局部战争才有把握。

坚持把发展新型作战力量作为战略重点。现在世界许多国家都把战略预警、军事航天、防空反导、信息攻防、战略投送以及特种作战等作为新型作战力量。这些力量建设起来了，整体作战能力就会产生质的飞跃。比如说，美军 2006 年提出“一小时打遍世界”的目标，计划在 2030 年，陆军能在 96 小时内将一个旅、120 小时内将 1 个师部署到全球的任何地区；空军在 48 小时内将 1 支、15 天内将 5 支航空航天部队实现全球部署。像伊拉克战争、科索沃战争、阿富汗战争，还有空袭利比亚的行动中，美军的飞机有的从航母上起飞，有的从海外基地起飞，甚至有的从本土起飞。从本土起飞，就有空中加油问题，这些都说明，它的远程作战能力和战略投送能力很强大。再如，现在世界上许多国家都成立了网络司令部和黑客部队，并已逐步形成了战斗力。2009 年 6 月 23 日，美国国防部长盖茨宣布成立了网络战司令部，并于同年 10 月 1 日基本形成了战斗力。这个网络战司令部所涉猎的领域，不仅包括过去常讲的空域、海域、天域等物理领域，还包括频域、时间域、知识域等虚拟领域。按照计划，整个美军的网络战部队将于 2030 年左右全面组建完毕。它将担负起网络攻防任务，确保美军在未来战争中拥有全面的信息优势。俄军正在加紧研制网络战武器，并在“远距离病毒武器”、“微波武器”等方面取得了重大进展。这表明，传统战场正在由实体战场逐步走向实体与网络并存，从“实体消灭”到“实体瘫痪”转化。它提醒我们，一个国家如果不看好“信息安全”这个大门，那么，“每一个芯片都是一架轰炸机”的时代也许不远了。我们转变战斗力生成模式，就要跟上时代要求，适应形势发展，借鉴强手做法，把新型作战力量的建设摆在重要的战略地位，作为战斗力新的增长点，扎实稳步地推进。

战斗力生成模式转变也有一个不断推进的过程，需要通过训练和演习不断检验和提高。这几年，部队的训练确实有很大的改进和提高，实现了四大突破：一是网络演练和实兵演习结合，二是跨战区机动演练，三是诸军兵种联合演练，四是中外联合军演。部队战斗力的提高，很重要的就是战时通过实战在战争中学习战争，平时就是依靠院校教育和训练演习。战斗力生成模式的各个要素，在没有战争的情况下，都要纳入院校教育和训练演习，这就促使院校教育和训练演习必须改革创新，为加快战斗力生成模式转变提供实践平台。

由此可见，转变战斗力生成模式是一次大的变革，必须解放思想、更新观念、科学谋划、加快推进。军队改革与地方有很大的不同，地方的改革可以从基层做起，自下而上推进。军队的改革高度集中统一，从上而下地推进，先机关后基层。我们相信，这次战斗力生成模式转变的目标一旦实现了，军队建设的面貌就一定会发生深刻的变化。

二、关于推进军民融合式发展问题

推进国防和军队建设科学发展，加快转变战斗力生成模式，必须把推进军民融合式发展作为重要路径。国家“十二五”规划纲要把“推进军民融合式发展”作为单独的一个章节，这就从顶层设计上把经济社会发展与国防和军队建设衔接了起来，统一了起来，是具有重大意义的战略举措。

推进军民融合发展、实现富国强军，是60多年来我们党一直在探索的重大历史课题。新中国成立之初，以毛泽东同志为核心的第一代领导集体，就提出了国防工业“军民两用”的思想。1956年4月，毛泽东同志在《论十大关系》中提出，要“正确处理经济建设和国防建设的关系”，要“军民兼顾”。改革开放以来，以邓小平同志为核心的第二代领导集体，强调国防和军队建设要服从国家经济建设大局，同时，要在经济建设发展的基础上不断提高国防和军队现代化建设水平。以江泽民同志为核心的第三代领导集体，围绕如何处理好安全与发展的关系，提出了军民结合、寓军于民和两头兼顾、协调发展的思想，强调“提高军民兼容程度”和“增强平战转换能力”。党的十六大以来，以胡锦涛同志为总书记的党中央明确提出了军民融合式发展的战略思想，要求在更广范围、更高层次、更深程度上将国防和军队建设融入国家经济社会发展体系，使各种资源得到最佳配置和充分利用，为经济建设和国防建设提供一个相互兼容的经济技术基础和平台，走出一条投入较少、效益较高的发展道路。60多年的基本实践，为军民融合的深入发展打下了坚实的基础；世界各国的有益做法，为军民融合的深入发展提供了借鉴和参考；特别是我国经济社会快速发展、综合国力显著增强，为军民融合的深入发展开辟了良好的发展前景。

所以说，按照科学发展观的要求，统筹好经济建设与国防和军队建设的关系，走军民融合式发展的道路是历史的必然，是现实的需要，是富国强军的必由之路。

“十二五”规划明确指出，要逐步建设适应市场经济规律、满足信息化条件下局部战争需要、具有中国特色的军民融合式发展体系。

这个体系重点包括四个方面。

（一）武器装备科研生产体系

建立军民结合、寓军于民的武器装备科研生产体系，其要点有这么几项。

第一，军队和地方联合起来，建设先进的国防科技工业，推动武器装备自主化发展；建立平面技术双向渗透，双向扩散的新型工业体系。美国企业的军品民品融合程度很高，单一的军工企业很少。大量军品与民品生产在同一企业内进行，适合民用的军事技术很容易被企业转化到民品生产当中，使民品生产技术不断得到更新。比如，波音 707 客机就是将 KC－135 空中加油机和 B－52 远程轰炸机技术向民用飞机转移的结果。其中，90% 的技术来自军用飞机的技术转移。以互联网、计算机为标志的信息技术，最初都是为了军事目的而开发的，由于市场需求强劲，转入民用技术后引起井喷式发展，推动了社会转型。民间尝到了“军转民”的甜头，军方尝到“民转军”的甜头。目前，在计算机、通信网络、航空航天先进技术等高科技领域，军用和民用已经失去了明显界限，20 世纪 60 年代，美军研发费占国家研发总经费的一半，70 年代下降到三分之一，现在不到 15%。军地通用效益大大提高。比如，F－16 战斗机训练模拟器，原价 3500 万美元一台，利用了好莱坞电影拍摄技术、多媒体技术和图形制作技术，单价降到 300 万美元。

第二，在制度机制、产业结构、装备采购上，打破垄断、消除壁垒、降低门槛，引入市场竞争，为军民融合发展提供制度保障，创造外部条件。军工企业也可以生产民用产品，地方企业可以生产武器装备。

第三，把计划经济和市场经济很好地结合起来。除了部分以核心技术为重点的特殊武器装备之外，许多涉密程度低的常规武器可以让军工企业和民用企业，包括国营和民营企业同台竞争，择优挑选，形成大小兼备、供应多元的新型国防市场格局。这样既保证了武器装备的质量，又提高了军费的使用效益，还促进了军地企业的发展。目前，美国国防部已列出一个400家企业的名单，就是靠这些企业来完成研发20年以后的军事技术和装备，然后把这些技术和装备卖给军队。这种做法，值得我们借鉴。

（二）军队人才培养体系

主要是军队人才要依托社会来培养，改变军队教育自成体系的现状，把地方高校和科研院所作为军事人才重要的培养基地和来源。这项工作这几年已经做了一些。比如，现在军官的来源主要有三种：一是军队生长干部，指军队院校毕业的学员；二是依托高校培养国防生和个别特招入伍人员，未来军队依托地方普通高等教育培养生长干部的比例将达到60%左右，其中国防生数量占2/3以上，签约为军队培养生长干部的重点高校将达到120所，目前是116所；三是从优秀士兵中择优提干，大致上掌握在千分之五。今后，军队院校培养这一块要大大压缩，特别是基础教育这一块，主要依靠地方院校培养。目前，我们干部的构成，一部分是军官，一部分是文职干部，还有一部分是文职人员。文职干部除了不戴军衔外，待遇同军官一样，必要时可以和军官互换。文职人员没有军籍、不穿军装，工资待遇和地方职工一样。今后，文职干部和文职人员主要从地方招收。同样，军队培养的人才，有一些也可以根据需要到地方工作。

（三）军队保障体系

军队的保障体系要由军队自我保障向社会化保障转变，这是军队现代化建设的一个重要规律，也是战斗力生成模式转变的一个重要内容。世界主要军事强国都是这么做的。我军的社会化保障从1999年试点，2000年在部队全面推开。十多年来，军队的社会化保障的水平和能力初见成效。在此基础上，“十二五”期间，要真正建立起军队保障社会化体系，主要任务是“十化一改”，即生活保障社会化、通用物资储备社会化、基础设施建设社会化、公务用车社会化、非公务电话通信保障社会化、人才培养社会化、军队文化事业社会化、军人子女教育社会化、军事科研社会化、装备生产和维修保障社会化，全面深化事业单位和职工管理制度改革。过去由军队保障的内容要交到地方去，像驻城市部队和机关院校的服务项目，如餐饮、招待所、公勤服务、营院管理等，交由社会承担或招聘社会人员负责。这样做的好处是，既减轻了军队人员负担，使军队集中力量履行好自己的使命任务，又有利于地方安排人员，统筹和运用好各类资源。有些基础设施和战场建设，要考虑平战结合、军地两用。如交通、电力、通信，应充分考虑战备需要，平时用于经济建设，战时服从军事需求。有些设备器材、交通工具像汽车、电脑，本来就是军地通用的，挂上军牌就是军事装备，挂上地方牌就是交通工具。这些，就是要由地方来生产和维修，军队不再搞维修系统。总之，军队要做军队的事，许多事情依靠社会化、市场化来解决。经济建设要考虑国防和军队建设的需求，平时想着战时，为平战转换打基础、做准备。

（四）国防动员体系

历史证明：一个国家要应对突发事变，不受外辱，必须要有强大的武装力量。有了这个力量，还要有运用力量的能力，这就离不开科学完善、精干高效的国防动员体系。

一是要增强全民族的国防观念。当前，国家面对的两大任务，一个是发展，一个是安全。发展是硬道理，不发展，一切无从谈起。安全是硬任务，没有安全的环境，发展就没有保障。从目前看，发展的理念在人们的头脑中扎根比较深，但国防的观念相对淡薄。因此，要从国家安危、民族兴亡的高度，抓好国防教育和安全稳定教育。各级领导干部要学会两套本领，既能够抓好经济建设，也能够抓好国防建设，不仅要成为推动经济建设的行家里手，还要成为国防和军队建设的坚定支持者和积极拥护者，有的还是领导者。

二是要建立起国防动员体制。通过立法和各种机制，把各种战备要素编组好、储备好、演练好，形成强大的、能够战胜各类危机的潜力。确保一旦有事，能够迅速动员和调动全社会力量来应对各类挑战，要人有人、要物有物、要办法有办法，形成人民战争的汪洋大海。

三、关于坚持党对军队的绝对领导

坚持党对军队的绝对领导，是我军的根本政治制度和建军治军的根本原则，也是我军立于不败之地的根本政治优势。在我军历史上，成建制部队从来没有一支被策反、被拉走；野心家的阴谋从来没有得逞；在重大政治关头，我军从来都是与党保持高度一致。用西方评论家的话讲：人民解放军的部队，乱不了、跑不了、反不了、变不了、误不了。我们这支军队为什么会达到这个境界？我想，最根本的是我们始终坚持了党对军队的绝对领导。

胡主席深刻指出："党对军队的绝对领导，是我军建军的根本原则和永远不变的军魂，是我国的基本军事制度和中国特色社会主义政治制度的重要组织部分，是党和国家的重要政治优势。"新的形势下，以推动国防和军队建设科学发展为主题，以加快军队战斗力生成模式为主线，这是军队建设发展的又一场重大改革。要保证这场改革的正确方向和健康顺利进行，必须坚持党对军队的绝对领导。党对军队的绝对领导主要包括根本原则和根本制度两个方面。

（一）关于党对军队绝对领导的根本原则

我们大家都知道，从哲学上讲，一般不用"绝对"这个词，但讲到党对军队的领导时，始终都加上"绝对"二字。所谓"绝对"，主要是指领导主体的唯一性、领导体制的垂直性、领导内容的全面性。之所以这样做，是因为军队的领导权问题，始终决定着我们这支军队的性质、职能和命运，决定着党和人民事业的兴衰成败。可以说，党的绝对领导是实现和保持我军政治属性的关键。从近代以来中国军队的发展史来看，同样一支以农民为主体的军队，在洪秀全的掌控下，是反抗清廷的“太平军”；在孙中山的领导下，是打击军阀的“国民革命军”；到了蒋介石的手上，就成了镇压人民、屠杀共产党的“反革命武装”。只有在中国共产党的绝对领导下，这支以农民为主体的军队，才成为无产阶级的新型人民军队。具体说就是，通过党的政治领导保持军队的政治属性，用党的思想领导统一官兵的思想认识，依靠党的组织领导团结全体官兵。当年任连队党代表的罗荣桓元帅在回忆我军“三湾改编”时这样说：“如果不是毛泽东同志英明地解决了这个根本性问题，那么，这支部队便不会有政治灵魂，不会有明确的行动纲领，旧式军队的习气、农民的自由散漫作风，都不可能得到改造，其结果即使不被强大的敌人消灭，也只能变成流寇。”罗荣桓元帅说的“根本性问题”，就是指党对军队的绝对领导问题。

从根本上讲，我军的凝聚力和战斗力都根源于党对军队的绝对领导，都是通过党的组织系统及其思想上政治上的全面领导而得以巩固和增强的。革命战争年代，条件艰苦、环境恶劣，我军通过党的基层组织——党支部的思想政治工作和党员的先锋模范作用，使广大官兵克服消极思想，激发战斗精神。在特殊环境、特殊情况下更是如此。例如，许多掉队的伤病员，自发组织了“伤员党支部”；被捕入狱的共产党员，秘密成立了“狱中党支部”；战斗中伤亡很大的连队，组建了“火线党支部”。如果说战士的心是一块打不烂的铁，那么，党的组织就像一块巨大的磁石，把广大官兵紧紧地凝聚在一起，焕发出无坚不摧的战斗力。

历史证明，正是由于我们始终坚持了党对军队的绝对领导，才为党巩固执政地位和维护中国特色社会主义政治制度提供了坚强保证。从 20 世纪 80 年代以来，在世界上发生的不论是东欧剧变、苏联解体，还是后来的颜色革命，乃至现在发生的“茉莉花”革命，在西方国家的操纵和干预下，一个个国家政权像多米诺骨牌一样倒了下去。一个重要原因，就是这些国家的执政党丧失了对军队的绝对领导权。为什么我们国家的政权始终坚如磐石呢？小平同志一语道破：“我们国家所以稳定，军队没有脱离党的领导的轨道，这很重要。”这也印证了中国的一句古话：“兵权之所在，则随之以兴；兵权之所去，则随之以亡。”执政必须执军。只有坚持党对军队的绝对领导，我们党才能稳稳当当地为人民掌好权、执好政。

（二）关于党对军队绝对领导的根本制度

党对军队绝对领导既是政治原则，也是制度体系。党对军队绝对领导的根本制度，主要包括党委制、政治委员制、政治机关制。

所谓党委制度，是指中国共产党在中国人民解放军团以上和相当于团以上部队的单位设立委员会，在营和相当于营的单位设立基层委员会，在连和相当于连的单位设立党支部。党的各级委员会（支部）是各该单位统一领导和团结的核心。党委（支部）统一的集体领导下的首长分工负责制，是党领导军队的根本制度。这一制度包括党委的统一领导、党委的集体领导和首长分工负责三个方面。

1. 党委的统一领导。即对所属部队的一切组织、一切部门、一切人员和一切工作实行统一领导。部队一切重大问题必须由党委讨论决定，紧急情况下可由首长临机处置，但事后必须及时向党委报告，并接受检查。部队的首长和司、政、后、装等机关及其他一切组织和人员，都必须置于党委的统一领导之下，不得各自为政，更不能凌驾于党委之上。

2. 党委的集体领导。即部队的所有重大问题都必须由党委民主讨论，集体作出决定，个人不得专断。需要党委讨论决定的重大问题主要包括：党的路线方针政策和上级的命令、指示的贯彻执行；科学理论的学习；党团组织建设和纪律检查工作中的重大问题；作战训练、教育管理、后勤和装备保障中的重要问题；领导班子的调整配备，军官的考核、选拔、培养、任免、调配，人才队伍建设；重大经费开支、重大工程建设、大宗物资采购等。

3. 首长分工负责。即党委作出决定后，由军政首长分工负责贯彻执行。属于军事工作方面的，由军事主官负责组织实施；属于政治工作方面的，由政治主官负责组织实施。军政主官必须服从党委的领导，执行党委的决议，积极履行职责，密切合作，互相支持。党委不得包揽行政事务，应支持行政首长独立负责地工作。军政副职协助正职进行工作，并对正职负责。政治主官与同级军事主官同为所在部队的首长，在同级党委的领导下，对所属部队的各项工作共同负责。这就形成了我军所特有的“双首长制”，即每个部队都有两个首长：军事首长和政治首长。

所谓政治委员制度，是指在团级以上单位设立政治委员，营设立政治教导员，连设立政治指导员。政治委员、政治教导员、政治指导员与同级军事主官同为所在部（分）队的首长，在同级党委（支部）的领导下，对所属部（分）队的各项工作共同负责。他们是所在部（分）队的政治主官，负责领导所属部（分）队的政治工作。他们分别在其直接上级首长、上级机关和同级党委（支部）的领导下进行工作，在政治工作上，服从上级政治委员和政治机关；在军事工作上，服从上级军事指挥员、政治委员和军事机关。政治主官与同级军事主官之间是平等合作的关系，工作中相互支持，密切配合；在原则问题上如果军政主官不能取得一致意见时，应当提交党的委员会（支部）讨论决定，或者请示上级解决；紧急情况下，属于军事工作方面的问题由军事主官决定，属于政治工作方面的问题由政治主官决定，但都必须对党委（支部）和上级负责，事后及时报告，接受检查。

所谓政治机关制度，是指在全军设立总政治部，在师、旅以上部队设立政治部，在团设立政治处。团以下单位只有政治工作人员，没有政治机关。各级政治部（处），是所属部队政治工作的领导机关，负责具体组织实施各项政治工作。政治部（处）一般设立组织、干部、宣传、保卫、纪检、群众、联络等业务部门，有的军以上政治机关还设军事检察院和军事法院。政治机关与司令机关、后勤机关、装备机关是分工合作、相互配合的关系，都是同级党委统一领导下的业务工作机关，分工不同，目标一致。

坚持党对军队的绝对领导，要靠加强部队经常性的思想政治建设。今年主要抓好四件事：一是按照胡主席重要指示，在团以上党委机关深入开展“加强党性修养、锤炼思想作风”教育整顿活动，主要解决理想信念和部队思想作风方面的问题。二是深入开展争先创优活动。这个活动搞好了，基层党组织的战斗堡垒作用和党员的先锋模范作用发挥好了，党对军队绝对领导的基础就更加牢靠了。三是围绕强化官兵精神支柱，大力培育“忠诚于党、热爱人民、报效国家、献身使命、崇尚荣誉”的当代革命军人核心价值观。这项工作抓好了，广大官兵“听党指挥、服务人民、英勇善战”的自觉性和坚定性就越高。四是以党的创新理论武装为根本，加强学习型党组织建设。这是新形势下夯实党对军队绝对领导根基的必然要求和重大举措。

以上是我的学习思考和情况介绍。我们相信，坚持党对军队的绝对领导，深入贯彻落实科学发展观，加快战斗力生成模式转变、促进军民融合式发展、国防和军队现代化建设必将更好地与国家经济建设和社会发展相适应，与我们的大国地位相匹配。只要我们朝着既定目标不懈奋斗，就一定能把我们的军队建设成为一支让人民放心的军队、让民族自豪的军队、让敌人害怕的军队！

加强和改进党的建设
为加快经济发展方式转变提供有力保证*

加快经济发展方式转变，是党中央着眼国际国内发展大势，全面把握我国经济发展规律提出的一项重大而紧迫的战略任务。我对经济工作知之不多、研究不深，这里主要从政治的角度谈谈学习感受。

我们军人经常讲，从政治上看军事。我们今天就从政治上看经济。经济发展方式转变，从政治上看也是个大课题，今天从党的建设的角度谈。贯彻落实科学发展观，加快经济发展方式转变，对保持党的先进性、增强党的执政能力、加强对经济工作的领导提出了新要求。因此，必须加强和改进党的建设，为加快经济发展方式转变提供有力保证。下面，我就此谈三点看法，供大家讨论和批评。

一、深化理论武装，增强党员干部贯彻落实加快经济发展方式转变重大战略部署的自觉性坚定性

一个党、一个国家，要站在时代的前列，一刻也不能没有理论创新和理论武装。大力推进理论创新，并用新的理论成果武装党员干部，是我们党的优良传统和制胜法宝。特别是在革命与建设发展到重大转折时期，面临新的形势和任务的情况下，更要重视通过理论武装提高认识、凝聚意志，为取得革命的新胜利和建设的新进展

* 根据 2010 年 6 月 12 日在山东省委党校组织的高层论坛上的讲课录音整理。

奠定思想和理论基础。

加快经济发展方式转变是我国经济社会领域一场深刻变革，关系改革开放和社会主义现代化建设全局，关系到中华民族的伟大复兴。必须从时代和战略的高度，以强烈的政治责任感和历史使命感，充分发挥理论武装的政治优势，提高对加快经济发展方式转变重大意义的认识，从思想政治上和精神动力上为贯彻落实好党中央的战略部署提供有力保证。

（一）深刻理解加快经济发展方式转变是我们党适应生产力发展大势作出的重大决策部署

生产力是推动人类社会发展的终极力量。经济发展方式作为生产力与生产方式统一的具体体现，只有适应生产力发展的要求，不断进行调整与变革，才能推动经济社会不断发展。从现代化发展历史的时间坐标看，近300年的世界现代化史，大国兴衰更替过程中蕴含着一条堪称规律的结论：一个国家要保持充满活力、持续向上的发展态势，关键是让经济发展方式与时俱进，与生产力发展相适合，找到符合时代潮流、契合自身发展阶段的现代化路径。当年的英国，就是依靠最先把握由蒸汽机推动的机械工业革命先机，成为跨越两个世纪世界发展的领头羊。后来的美国，也是因为重视科技发明，才使这个原本照搬欧洲技术的学生，成为具有自主创新能力的国家，跃居世界第一，并以不断创新增强综合国力、巩固大国地位。20世纪七八十年代，拉美经济高速起飞，但是，由于经济和社会政策没有随经济发展阶段和利益格局变化及时调整，导致财富分配严重失衡、社会矛盾突出，引发国内社会政治动荡，导致现代化过程受挫。人均收入长期阻隔在6000美元的“玻璃穹幕”中，掉进了“拉美陷阱”。同一时期，日本和韩国工业化高速推进，但忽视了工业经济向知识经济转型，企业发展以政府为主导，致使一个个“超大企业”缺乏创新活力，技术停留在模仿层面，陷入“日韩困境”。这也使我们清醒地看到，工业化、现代化发展到一定阶段后，必须通过制度变革和政策调整，形成新的有竞争力的要素组合，实现经济发展方式的转型。

当前，现代生产力发展正由工业化阶段向信息化时代迈进。也正因如此，国际金融危机波澜未平，一场争夺未来发展制高点的“竞赛”就已悄然涌动：美国将研发方面的投入提高到 GDP 的 3%，创下历史最高水平；英国着眼发展低碳经济、数字经济，“构建英国未来”；欧盟宣布投资 1050 亿欧元发展绿色经济；俄罗斯提出开发纳米和核能技术……人们清楚地知道，这样的结构调整、技术创新和产业升级，是世界经济进入新一轮增长周期的前奏，它们将在很大程度上影响“后危机时代”的国家力量对比，重构全球的经济政治版图。

从历史大视野看，新中国成立 60 年，特别是改革开放 30 多年来，我们党清醒地认识到，没有一劳永逸的现代化，也没有一成不变的发展方式。在发展方式问题上，不变则罔，不进则退。在这一思想的指导下，我们党带领全国人民不断适应生产力发展的要求调整和改革我国经济发展方式，尽管这其中走了一些弯路，但仍然使中国实现了从农业社会向工业化中期阶段的历史跨越。欧美发达国家用了将近 300 年，才使 10 亿左右人口进入工业社会；中国仅用了 60 年，就将 13 亿人带入了工业社会，这是人类发展史上的传奇。今天，中国已经进入现代化的“下半场”，世界经济发展正进入信息化时代，构成中国经济快速发展模式的要素条件、内外环境、增长动力与机制发生了重要变化。如果原有发展方式不变，未来 40 年我们将走上弯路、错路。此时我们党提出加快经济发展方式转变，不仅符合世界经济发展方式变革的一般规律，更关系到我们在未来发展中能否拥有新的引擎，在未来竞争中能否获得新的优势，在现代化路途上能否实现新的跨越。我们要通过理论武装，使党员干部从适应生产力发展大势所趋的高度，深刻理解党中央关于加快经济发展方式转变这一重大战略决策的历史意义和现实意义，切实打牢自觉贯彻这一重大决策部署的思想基础。

（二）深刻理解加快经济发展方式转变是我们党着眼中国未来发展确定的重大战略任务

新中国成立以来，尤其是改革开放30多年来，我国社会主义现代化建设取得了辉煌成就，连续30年年均GDP增长9.8%，是同期世界年均增长速度的3倍多。中国经济总量上升为世界第三，进出口总额跃居世界第三，外汇储备跃居世界第一。中国对世界经济的贡献率在2009年首次超过美国。然而，我国传统经济发展方式的不可持续性也逐渐显现并在国际金融危机中得以暴露。这主要体现在经济增长过程中的三大矛盾。

首先是人与自然的矛盾。中国人均水资源量仅为世界平均水平的1/4，人均耕地不到世界平均水平的1/2，人均能源资源占有量不到世界平均水平的一半，石油仅为世界平均水平的十分之一。60年前，中国经济发展所消耗资源的比例占世界的份额几乎可以忽略不计；60年后，中国每年消费世界上15%的能源、32%的钢、30%的锌、25%的铝、23%的铜、18%的镍和54%的水泥。中国的人均温室气体排放量虽低于世界平均水平，但排放总量在2008年超过美国，列年度世界第一。从国内看，经过60年的高速发展，中国国内环境与资源承载能力已近极限。以石油为例，中国剩余可采储量23.8亿吨，以目前的产能计算，14年后出现石油枯竭局面。近十年，中国国内冰川不断消融，淡水资源严重污染，酸雨面积覆盖全国，炎热、干旱、洪涝、风暴等气象灾害频发，森林、草场火灾增多，沙尘暴和荒漠化加剧，这表明中国国内环境与资源已无法继续支撑后续崛起之路。事实上，近十几年来，资源、能源短缺已迫使中国不得不增加进口。2007年，中国有色金属矿业的外贸依存度为

18%；1993年中国成为石油纯进口国，2007年进口原油1.6亿吨，对进口石油的依赖度超过了50%；根据国际能源机构的预测，如果中国经济在未来25年中保持平均6%的增长率，地球可采集石油将在2056年前后耗尽！

其次是人与社会的矛盾。改革开放以来，我国城乡之间、地区之间差距越拉越大；居民收入占全国GDP的比例以及劳动者的工资收入在初次分配中的比重不断下降，腐败与暴富现象十分突出。国际上的相关研究成果表明，至2005年，中国基尼系数从低到高排序，在120个国家和地区中排到第85位，与后面35个社会分化非常严重的国家很接近。社会公平状况恶化，导致中国国内不同利益群体间的矛盾日益复杂，并由此威胁到中国的未来发展。首先是加剧经济结构不合理。贫富分化使“要买东西的人没有钱，而有钱的人不需要买东西”，这是中国启动内部消费的致命伤。消费不足，使得中国经济增长更多依赖投资和出口，像我们这样的大国，经济发展长期过分依赖投资和出口显然是不可持续的。更严重的是，社会分化使社会不和谐因素加剧。刑事犯罪案件与群体性事件年均增长速度均超出同期全国GDP年均增长速度。

还有中国与外国的矛盾。随着中国出口产品在国际市场上的份额不断增加，不仅处于同一梯度的发展中国家把“中国货”视为竞争对手，而且发达国家也认为其既得利益正在被“中国货”逐渐蚕食。在此背景下，近些年，专门针对中国的各种贸易保护主义政策在世界各国抬头，中国已经成为世界上贸易纠纷最多的国家。从国内看，中国过去60年特别是30多年在国际上扩展“市场范围”，凭借的是低廉劳动力参与国际分工的所谓“比较优势战略”。从产业经济的角度看，这一战略将长期使这个国家产业处于价值链的最低端，并形成对国际市场的严重依赖，始终要忍受国际资本残酷的掠夺与盘剥；同时，中国经济发展过程中主要结构性缺陷（内需不足、资源与环境代价过高、核心技术缺乏、国富民贫、收入不公）等问题都因此战略而日益累积并逐渐凸显。不久前发生的国际金融危机更是表明，中国经济的好坏在极大程度上依赖西方主要发达国家经济的表现，尤其是依赖西方发达国家对中国的产品出口需求。

邓小平同志晚年曾指出：发展起来后的问题不比不发展时少。中国走到了这样的关口，必须解决“发展起来以后的问题”。所以，党中央及时提出加快转变经济发展方式。我们一定要通过理论武装，使广大党员干部更深刻地理解胡锦涛总书记提出的“五个必然要求”，进一步增强加快推进经济发展方式转变的紧迫感。

（三）深刻理解加快经济发展方式转变是我们党领导全国人民推进现代化事业科学发展的重大战略举措

实现什么样的发展、怎样发展，是当代中国面临的一个重大问题。科学发展是我们的目标，如何实现这一目标？毛主席说过：我们不但要提出任务，而且要解决完成任务的方法。我们的任务是过河，但是没有桥或船就不能过。不解决桥或船的问题，过河就是一句空话。转变经济发展方式就是实现科学发展的“桥或船”。我理解，加快经济发展方式转变，一是要走资源节约型与环境友好型绿色发展之路，解决人与自然的紧张关系；二是要走成果共享型和谐发展之路，解决人与社会之间的紧张关系。绿色发展与和谐发展，能使中国的发展更好地实现内生化，这也是中国在世界范围内走和平发展之路的根本保证。所以，加快经济发展方式转变，从根本上回答和解决了中国未来如何发展的问题。可以说，这一问题的解决，能使我国发展质量越来越高、发展空间越来越大、发展道路越走越宽。

从这个意义上看，加快经济发展方式转变将谱写我们党领导全国人民推进现代化建设的新篇章。60 年前新中国的成立，完成了由半殖民地半封建社会到新民主主义社会的历史性转变，彻底扫清了中国走向现代化的制度障碍，为当代中国一切发展进步奠定了根本政治前提和制度基础。社会制度转型，是决定中国现代化命运的第一次重大抉择。30 年前，我们以“摸着石头过河”的勇气、“杀出一条血路”的决心，拉开了改革开放的恢弘巨幕，开始了从计划经济体制到市场经济体制的转变，使我们这个古老民族在落后世界现代化进程一个多世纪后，赶上了现代化的最新浪潮。经济体制转轨，是决定中国现代化命运的第二次重大抉择。今天，从新世纪新阶段我国经济社会发展面临的新形势、新任务、新特点出发，在科学发展观的指导下，我们又提出了加快转变经济发展方式的时代命题，并以国家整体发展方式的转型，推动中国经济社会科学发展的历史性变革。发展方式转变，是决定中国现代化命运的又一次重大抉择。社会制度转型，经济体制转轨，发展方式转变，三次变革处于不同历史时期，源于不同历史环境，反映了我们党引领中国发展进步能力的不断提高，对社会主义现代化建设规律认识的不断深化。如果说第一次“政治制度”的抉择，打下了中国现代化的制度基础，创造了新中国 60 年国强民富的辉煌成就；第二次“经济体制”的抉择，激活了中国现代化的动力源泉，带来了改革开放 30 年的飞速发展；那么，这次“发展方式”抉择，将确定中国现代化的正确路径，奠定未来中国全面协调可持续的发展格局。我们要通过理论武装，使广大党员干部从中国现代化建设历史和未来的高度来认识和把握加快经济发展方式转变的重大战略意义，从而更好地为贯彻落实党中央的战略部署提供精神动力。

二、加强干部队伍建设，为加快经济发展方式转变提供有力的骨干保证

大政方针确定以后，干部就是决定因素。加快经济发展方式转变，推动经济社会又好又快发展，干部的素质和能力至关重要。从当前情况看，我们在加快转变经济发展方式过程中，最紧缺的资源

不是钱、财、物，缺的是具有科学发展思路、办法的人才。因此，各级党委要坚持“党管干部”原则，把推进干部队伍建设与实现科学发展相结合，为加快经济发展方式转变提供骨干保证。

（一）坚持正确的用人导向，围绕适应加快经济发展方式转变的需要培养选拔干部

事业兴衰重在用人，用人之要重在导向。培养选择好干部，不仅仅关系到干部队伍本身，还关系到整个经济社会发展大局，因为干部在经济社会发展中是“领头羊”。“用一贤人，则贤人毕至；用一小人，则小人齐趋。”一个地区、一个部门、一个单位，要在加快经济发展方式过程中开创新局面、实现新发展，必须围绕适应加快经济发展方式转变的需要来培养选择干部。

一是要注意培养选拔那些坚持科学发展有韧劲的干部，让“埋头干者”不被埋没。加快经济发展方式转变是个艰巨而复杂的系统工程。与传统的追求经济增长速度相比，加快经济发展方式转变不仅体现在城市广场多大、马路多宽，GDP 多快、财政收入多丰，更体现在经济结构是否合理、人民生活是否改善、环境生态是否宜人。这就需要我们的干部在打基础、利长远上切实下功夫，在科学发展方面有韧劲。尤其在转变之初与过程中，更需要兢兢业业、踏踏实实，心无旁骛、目标专一，不事张扬、低调做人。而现实中，那些埋头干活的干部似乎显得不大合群，不愿意宣传和包装自己，显得不够机灵、不会来事。而那些追名逐利、哗众取宠、投机取巧者往往有机可乘，容易引起领导的注意和赏识。正因为如此，更需要我们在选人用人方面注意“实干”、“实效”和“长效”，既注重考核干部的显绩，也注重考核干部的潜绩，让注重打基础、利长远的干部“显”出来；多给内秀、实干的“埋头干者”展现才能的机会，让“埋头干者”不被埋没。倾心一线工作、埋头苦干的干部自我保护能力比较差，因为大量的精力用在了干工作上，可能无心去拉关

系找门子，有时工作中还免不了出现这样那样的纰漏，招惹闲言碎语。他们自我防范意识不强，领导要特别关心、保护，不为闲言碎语所干扰，努力营造忠诚厚道、优进拙退的用人环境，营造风清气正、政令畅通的干事环境，营造核心突出、民主扩大的组织环境。

二是要注意培养选拔那些谋划科学发展有思路的干部，让新型高素质人才脱颖而出。“谋略决定成效，思路决定出路。”加快经济发展方式转变，是对传统发展方式从理念到实践、从规划到政策的重大创新，是一项开创性、挑战性很强的事业，需要积极探索新思路、新举措、新办法。这就需要有一批勇于创新的开拓型干部。目前，高层次创新型人才匮乏、拔尖人才和领军人才严重不足等问题，成为推动科学发展的瓶颈和短板。比如，在结构调整中，我们需要围绕科技研发形成包括知识产权市场、人才市场、信息市场、风险投资市场、技术培训市场的技术进步服务体系，需要有会计、审计、法律、咨询、监理、征信、认证、价格评估、招标投标等市场中介服务组织，还需要有包括教育、医疗、家政、体育、健身、心理咨询等在内的社区服务业发展。目前的干部队伍这方面的知识与能力远远不足，严重限制了他们的思路，也影响经济发展方式转变的出路。为加快经济发展方式转变，推动经济尽快走上创新驱动、内生增长的轨道，必须抓紧培养造就、选拔一批复合型、高层次、通晓国际规则的人才，特别是把其中一些青年英才充实进各级关键性的岗位，发挥他们在加快经济发展方式转变中的作用，使他们成为引领科学发展的中坚力量。

三是要注意培养选拔那些推动科学发展有激情的干部，让干事者更有干劲。加快经济发展方式转变需要各级干部有一种对事业充满激情的高昂的精神状态。困难、矛盾和问题是客观存在的，不论在哪里工作，干什么工作，困难、矛盾和问题都是绕不开、躲不掉的，关键是精神状态。是承认它、分析它，想办法化解它、克服它，还是束手无策、怨天尤人、手忙脚乱、唉声叹气，最能显示人的精神状态。精神状态好的人是不怕困难的，他们把困难作为考验毅力、检验能力、提高素质的机遇，克服一个困难、解决一个问题，能力水平就提高一步。精神状态好、责任心强，不会的可以学会，不懂的可以学懂，外行可以变为内行。反过来，精神状态不好，责任心不强，给他好条件也干不好。精神状态好的干部干工作不讲价钱、不讲条件，没有条件自己创造条件，硬是打出一番天地。我们在选人用人中，要注意培养选拔对科学发展有激情的干部，让干事者更有干劲，坚决纠正“拿钱不干活、当官不作为”的现象。

四是要注意培养选拔那些对实现科学发展有贡献的干部，让有为者有位。要在贯彻科学发展观、加快经济发展方式转变的实践中检验干部的水平高低、能力大小，并将其作为干部培养选拔的硬条件，让有作为者真正有地位。为做到这一点，必须建立符合科学发展的公平公正公开的评价标准。中国有句老话，“是骡子是马拉出来遛遛”，话糙理不糙。要真正把对实现科学发展有贡献的干部选出来、用起来，必须变“伯乐相马”为“赛场选马”，赛场大了，观众多了，才更看得清；过程透明了，结果更服众。要让那些在加快经济发展方式转变中有所作为的人、踏实肯干的人拥有一席之地；让那些“在其位不谋其政”的人难以滥竽充数，即便他们今天占着“位”，也要让他们知道，如果再无所“为”必然失其“位”。只有这样，才能形成良性循环的氛围和导向，让认真做事、有能力者感觉有奔头，让被选上者感到有压力，进一步增强干部推进经济发展方式转变的动力。

（二）要有正确的政绩考核机制，使干部考核评价机制真正成为推动科学发展、加快发展方式转变的“风向标”

古往今来，大凡施政者，都有对政绩的追求。正是为了追求政绩，很多施政者才竭尽其政治智慧，努力去创造国泰民安、富庶繁荣的局面。所以，追求政绩本身不是坏事，是好事。问题在于追求什么样的政绩。而这一点，又与干部政绩考核评价机制有很大关系。比如，在漫长的封建时代，皇权在考察地方官员方面最重“政声”，即百姓对官员的道德评价，这使许多官员为了求得“政声”不得不小心谨慎、廉洁自律，而对于地方经济与财政并不在意。可以说，政绩考核机制是官员为政的“风向标”。要使各级干部自觉贯彻推进发展方式转变的重大战略部署，必须有相应的政绩考核机制。这种政绩考核机制，主要包括考核指标和考核主体两方面，即“用什么标准考核，谁来考核”。

先谈谈考核指标问题。这里我想着重谈谈所谓“GDP 崇拜”。作为在国际范围内衡量经济增长速度的最重要的指标，GDP 的编制具有一定的科学性。但这一指标也有很大的缺陷。我不是经济学家，但从社会各方面反映看，我个人认为至少有三大缺陷：一是 GDP 不反映经济增长过程中的环境与资源代价。GDP 指标编制中没有扣除经济增长中对自然资源的消耗量，更没有扣除对环境造成的损失，反而把类似对资源开发与环境治理的投资算进了 GDP 增量。老百姓中流传着一段笑话：你把窗户砸碎了创造了一次 GDP，然后你再把窗户安上又创造了一次 GDP。二是 GDP 不反映民生状态。GDP 衡量的仅仅是经济增长，没有反映人们的福利状况和水平，也没有人们关心的失业、事故以及生老病死等情况。所以，“GDP 在增长，幸福感在下降、没就业的在增长”等现象的出现就毫不奇怪。三是 GDP 还不能反映社会分配和社会公正。社会上有这样的顺口溜：“张家有财一千万，九个邻居穷光蛋，平均起来算一算，个个都是张百万。”这反映了老百姓对用人均 GDP 掩盖贫富差距十分不满。

多年来，某些地方存在把经济发展等同于经济增长、把经济增长等同于 GDP 增长的观念，在考核干部政绩时，最重要的是看 GDP 情况，GDP 基数大的地区，以 GDP 绝对量为“牛”；GDP 基数小的地区，以 GDP 增长率为“牛”。哪里 GDP 数量大、增长快，哪里官员就容易得到升迁，以致有了“GDP 政府”之说。这种考核方式片面地理解了地方政府的职能，使干部的行为发生严重扭曲，成为经济发展方式转变缓慢的重要障碍。道理很清楚：为了 GDP 增长更快，各级官员不仅不顾资源与环境的承受能力，反而通过对资源与环境的掠夺式开发换取 GDP；为了 GDP 增长更快，就热衷于进行大规模投资，并且投资方向一般是见效快、周期短的粗放型项目；为了 GDP 增长更快，有的就把民生改善作为“有余钱、有余力”的“两余”工作，甚至不惜以牺牲老百姓的福利为代价实现 GDP 目标。所以，要加快经济发展方式转变，必须改变“唯 GDP”是论的政绩考核标准。下一步，可从绿色地区生产总值（EDP）、人均生产总值及增长、人均财政收入及增长、城乡居民收入及增长和经济社会发展综合性指标（社会保障覆盖率、环境质量指数、依法行政质量，幸福指数、人民满意度指标）等方面调整完善考核指标体系。考核指标体系既要体现先进生产力发展的要求，又要体现经济、人口、资源、环境协调发展；既要体现经济、政治、文化和社会整体推进，又要体现人的全面发展。

再谈谈考核主体问题。考核政绩，既有考核指标是否科学的问题，更有考核方法和主体问题，归根到底是考核主体问题。我感到，将政绩的评价权交给人民群众，既可以解决政绩评价主体问题，又能解决政绩的评价指标和评价方法问题。现在一些领导干部的政绩观之所以发生偏差，主要是因为他们的“政绩”是做给上面看的，而不是为了人民群众的根本利益。由于我们长期实行的是自上而下的干部评价机制，所以，尽管干部的“政绩”评价也在一定程度上包含群众的评价，但掌握决定权的始终是上级。这才是问题的本质。在这样的评价机制下，干部的所作所为自然是谋求直接上级的认可和赞同。这就在客观上导致一些干部在上级面前唯唯诺诺，工作好大喜功，注重形象工程，追求见报频率，以此大造所谓“政绩”。然而，这样的“政绩”越突出，就越偏离我们党的施政宗旨，越违背老百姓的意愿，越有碍于科学发展。因此，在转变经济发展方式过程中，只有真正把政绩的评价权交给人民群众，才能使得各级干部转换视角，自觉围绕人民群众的根本利益展开工作，真正实现经济增长与资源环境要求相适应，经济增长成果为最广大人民群众所共享。

（三）加强基层干部队伍建设，使之在加快推进经济发展方式转变过程中发挥重要作用

转变经济发展方式转变，仍然要靠基层党员干部在推动发展、服务群众、凝聚人心、促进和谐方面发挥骨干作用。

首先，要使基层党员干部找准围绕转变发展方式、服务科学发展大局的着眼点和着力点。比如，在加快经济发展方式转变过程中，农村基层党员干部要把发展现代农业、培养新型农民、带领群众致富、维护农村稳定作为义不容辞的政治责任；国有企业党员干部要围绕增强国有经济活力、控制力、影响力这个总的目标，紧密配合党组织抓好高素质经营管理者队伍、人才队伍、职工队伍的建设，并在参与重大问题决策、保证监督国有企业落实党和国家的方针政策等重要环节发挥应有作用；非公有制经济中的基层党员干部要把维护职工合法权益、推动非公有制经济提升质量规模效益等功能作为重要职责。

特别需要指出的是，在加强基层党员干部队伍建设中，还要引导激励基层党员干部主动化解转变经济发展方式过程中可能出现的矛盾。加快经济发展方式转变，推动经济社会又好又快发展，从根本和长远看，是促进社会和谐的关键之举。然而，在这一进程中，也可能导致新的矛盾出现。比如，我国目前就业压力巨大。加快经济发展方式转变，大规模淘汰落后的劳动密集型产业，有可能造成

大量人员下岗，使就业压力更大。同时，加快经济发展方式转变，涉及利益格局的重新调整。这些矛盾与问题固然可以通过党中央审慎而灵活的宏观调控手段最大限度地缓解，但更需要发挥好基层党员干部直接联系群众的优势，及时上传民情、下达政意，并预先采取有效措施预防矛盾激化，为转变经济发展方式提供和谐稳定的社会环境。

三、提高各级领导干部战略思维能力，加强和改进经济发展方式转变中的工作指导

所谓战略思维，就是从战略高度来观察、分析和处理问题。我们党提出加快经济发展方式转变，本身就是立足当代进行战略思维的明智选择；贯彻落实这一战略部署，领导干部要进一步提高战略思维能力，把握好工作指导的主动权。

（一）增强忧患意识和机遇意识，自觉承担起带领群众加快经济发展方式转变的历史使命

战略思维最初产生于战争领域。因此，居安思危、有备无患的忧患意识与抓住机遇、掌握主动的机遇意识，是战略思维的两大立足点。加快经济发展方式转变是我们党在改革发展的关键时期，以强烈的忧患意识与机遇意识对社会主义现代化进程进行整体筹划的产物。按理说，经过 30 多年的改革开放，我国国民经济快速发展，综合国力显著增强，人民生活总体上达到小康水平，即使在国际金融危机背景下，我国也能实现高速增长，并借势上位，提高了在世界经济格局中的分量，我们应该满足。但是中央清楚地看到了我国传统经济发展方式的不可持续性，看到了经济社会矛盾正不断累积，看到了后危机时期国际竞争的复杂性与激烈程度。所以，一方面反复强调全党要始终保持忧患意识，始终保持清醒头脑；另一方面又以强烈的机遇意识提出了加快经济发展方式转变这一重大战略思想，抓住了推动中国经济未来可持续发展的战略枢纽。

各级领导干部要更自觉地承担起带领群众加快经济发展方式转变的历史使命，必须进一步增强忧患意识和机遇意识。东北某市提出的以只争朝夕的精神抢抓“振兴东北老工业基地、建设全省东部煤电化基地、打造粮食核心区”三大机遇，就体现了较强的战略意识和机遇意识，他们提出的“资源转换、产业转优，体制转轨、城市转型”的四转战略和打造“五区一城”的战略谋划，体现了领导层的聪明才智和工作能力。

（二）增强全局意识与长远意识，更自觉地搞好加快经济发展方式转变的战略谋划

全局意识与长远意识是战略思维两大特色。加快经济发展方式转变是我国经济领域的一场深刻变革，是进一步发展中国特色社会主义必须坚持和贯彻的重大战略思想，完美地体现了战略思维这两大特色。古人云：不谋全局者，不足谋一域；不谋万世者，不足谋一时。讲的就是战略思维的全局性与长远性特征。转变经济发展方式是为了实现全面协调可持续，坚持走生产发展、生活富裕、生态良好的文明发展道路，建设资源节约型、环境友好型社会，实现经济社会永续发展。其基本要求体现着科学发展观倡导的统筹兼顾原则，也就是统筹城乡发展、区域发展、经济社会发展、人与自然和谐发展、国内发展和对外开放，统筹中央和地方关系，统筹个人利益和集体利益、局部利益和整体利益、当前利益和长远利益，充分调动各方面积极性。无论是基本要求还是基本手段，都立足于社会主义现代化建设的全局，立足于经济社会发展的长远考虑，彰显着我们党远见卓识、高瞻远瞩的战略智慧和精神。

首先，谋划发展要胸怀全局。无论是一个省还是一个市，都要在“全国一盘棋”、“全省一盘棋”的大格局下谋划发展。全局意识要求我们摆脱“只见树木，不见森林”的狭隘，拓展战略思维的空间维度。各地各部门在谋划发展、确定规划时，一方面从自身实际

出发，坚持具体问题具体分析，拿出行之有效的方案和措施；另一方面更要从全国、全省的大局出发，在大局下行动。就“全国一盘棋”而言，中央提出加快经济发展方式转变时，明确提出要加快调整区域经济结构和国土开发空间结构。根据这一精神，国家已经根据不同区域的资源环境和承载能力、现有开发密度和发展潜力，统筹谋划未来人口分布、经济布局、国土利用和城镇化格局，把不同的区域进行划分，确立了全省不同区域在整个国家中的不同功能。这需要各级领导干部认真学习领会中央的指示精神，了解全局的情况，找准自己的方位，从实际出发，谋划自己的发展，千万不要干那些交叉重复、出力不讨好的事。

其次，谋划发展要着眼未来。长远意识要求各级领导干部克服“短视症”，延伸战略思维的时间维度。尤其要处理好速度与效益的关系。加快经济发展方式转变，在很大程度上就是提高经济发展的质量和效益。因此，一定要在保持适当的经济增长速度的同时，更加注重经济发展质量的提升和结构的优化，切实促进经济增长由主要依靠投资、出口拉动向依靠消费、投资、出口协调拉动转变，由主要依靠第二产业带动向依靠第一、第二、第三产业协同带动转变，由主要依靠增加物质资源消耗向主要依靠科技进步、劳动者素质提高、管理创新转变。着眼未来谋发展，还要求我们树立长期持久作战思想。加快经济发展方式转变，包括加快推进经济结构调整，加快推进产业结构调整，加快推进自主创新，加快推进农业发展方式转变，加快推进生态文明建设，加快推进经济社会协调发展，加快发展文化产业，加快推进对外经济发展方式转变，涉及观念改变、利益调整、能力提高、体制改革创新，其艰巨性、复杂性、繁重性可想而知。这就决定了加快经济发展方式转变不可能一蹴而就，不能指望毕其功于一役。时下，各地发展愿望迫切，发展压力也很大。先进者抢立潮头，居中者力争上游，落后者奋勇争先。这种时不我待的“急”，体现了宝贵的发展意识和进取精神，令人欣喜。但人一着急就容易头脑发热，做错事。因此，心急头要冷，再紧迫也要保持清醒的头脑。各级领导在拍板、做规划时，要多问问群众，看对不对；多做做调研，看行不行，尽量做到决策不失误。如何把握好这个度，是对领导干部决策能力的考验。

(三) 增强“人本意识”，在加快转变经济发展方式中进一步改善民生

战略思维的价值取向，是指在运用战略思维进行战略筹划时，从什么样的立场出发、为什么目的服务。这个问题如果不解决好，战略谋划者思维水平再高，最后也会因为得不到支持而无法实现。在总结漫长的人类历史的基础上，当代战略思维注重禀持人本理念，集中体现在战略管理中的“人本思想”。胡锦涛同志明确指出，加快经济发展方式转变，适应了实现全面建设小康社会奋斗目标新要求，满足了人民群众过上更好生活的新期待，坚持并升华了当代战略思维的人本价值。

“我们所做的一切，都是为了使人民生活得更有尊严，更加幸福。”加快经济发展方式同样是实现这一目的的手段，与此同时，不断建设和改善民生也是加快经济发展方式转变的重大举措。只有民生得到真正改善，社会保障做得好，老百姓手里钱多了，敢花钱，才能更好依靠内部消费推动经济增长，减少对投资和出口的依赖；只有让民生得到改善，老百姓才能拥护各级政府加快经济发展方式转变的各项决策。如果加快经济发展方式转变让老百姓承受的物价水平更高，失业下岗更多，享受的福利更低，不仅违背加快经济发展方式的初衷，也会因老百姓的反对而转变不下去。

近些年，各级政府把保障和改善民生作为经济工作的出发点，着力保障和改善民生，使老百姓从经济发展中得到了实惠，群众的幸福感、安全感、踏实感和满意度在提升。以东北某市为例，截至

2012年底，已有1.2万户棚户区居民住进新楼房。2012年计划投资40.8亿元改造泥草房1.44万户，还有楼房的“平改坡”、穿衣戴帽等工程，既改善了群众的居住条件，又美化了城市。这是该市有史以来投资规模最大的惠民工程，也是一号民心工程，深得民心。全市的社会保险覆盖范围不断扩大，基本做到了应保尽保，待遇水平逐步提高，老百姓得到的实惠越来越多，越来越多的历史性民生欠账正在得到补偿。市委市政府提出“逐步还清老账、绝不欠新账”的口号，体现了领导的思想境界、工作能力和对人民群众的深厚感情，值得赞扬。在发展经济的同时，民生投入力度不松、强度不减、热度不降，这是难能可贵的。各级领导要进一步增强“人本意识”，以为人民群众谋利造福为己任，通过收入分配改革把“蛋糕”分好，让人民群众切实共享改革发展的成果。同时，进一步完善社会保障体系，以此更好地推动经济发展方式的转变，并在推动经济发展方式转变过程中实现好、维护好、发展好人民的根本利益。

谈谈高中级干部作风建设问题*

高中级领导干部作风建设问题，是全党全军全国人民非常关注的一个重要问题。胡主席每次重要讲话，几乎都要讲到作风建设问题。十六大以来，胡主席在中纪委一共讲了七次话，其中三次专门讲作风问题。5 月 2 日军委下发了《关于进一步加强军队高中级干部作风建设的意见》的 6 号文件。文件公开发表后在国内外引起了强烈反响。广大党员和干部群众一致反映，问题抓得非常准，非常得人心。为什么一个文件会引来国内外舆论这么强烈的关注？这说明，加强高中级干部作风建设已经到了刻不容缓、非抓不可的程度。

一、加强高中级干部作风建设是一个重大的时代课题

加强领导干部的作风建设，我们党和军队讲了多年、做了多年，应该说这方面有成绩、有经验。现在，为什么把这个问题提到这么重要的程度来讲呢？任何问题的产生发展都与时代特点、时代背景、时代要求相联系。马克思说过："问题是时代的格言，是表达时代自己内心状态的最实际的呼声。"我们党刚成立时，首先要找到正确的指导思想，而后是建立根据地、建立自己的武装，这是当时的时代课题。有了指导思想、有了枪杆子、根据地，革命力量壮大了，但革命队伍中也出现了本本主义、经验主义、山头主义、宗派作风和军阀作风。所以，才有了关于纠正党内错误思想的古田会议决议，有了延安整风，形成了我们党理论联系实际、密切联系群众、批评

---

* 根据 2009 年 6 月 19 日在济南军区的讲课录音整理。

与自我批评的作风。全国胜利前，毛主席高瞻远瞩地提出了“两个务必”，为建立和巩固新生的社会主义政权提供了重要保证。十一届三中全会后，党把工作重点转移到经济建设上，提出“一个中心、两个基本点”的基本路线，制定了改革开放的一系列方针政策，经济建设取得了举世瞩目的伟大成就。现在看来，如何发展经济，已经走出了一条成功的路子。但是，随着时代的发展、形势的变化和改革的深入，影响我们党的先进性、党的执政能力和党的形象的一个重要问题，越来越集中地体现在作风上。学习实践科学发展观，经济体制改革的深化，政治体制改革的突破，都与党的作风建设密切相关。解决领导干部的作风问题，已经成为一个鲜明的时代课题，非常突出地摆在了我们的面前。

（一）作风建设对任何政党都至关重要，对一个长期执政的马克思主义政党尤为重要

陈云同志曾有一句警世名言：执政党的党风问题是关系党的生死存亡的大问题。古今中外，可以找出很多事例来证明这句话的真理性和重要性。李自成起义时作风严明，势如破竹，但进入北京后迅速腐败，做皇帝四十几天就垮台了。太平天国起义时深得民心，建立政权后内讧不断、四分五裂，也是毁于腐败。苏联解体的原因有多种，但腐败是重要原因。前几年，台湾陈水扁的腐败案、韩国卢武铉的自杀、英国的“骗补门”事件等，都说明，对一个政党、一个政权来说，执政基础最容易因腐败而削弱，执政能力最容易因腐败而降低，执政地位最容易因腐败而动摇乃至丧失。

我们党已经从一个领导人民革命的政党转变为一个长期执政的政党。政党长期执政，就面临许多无法回避的考验：首先是执政能力的考验，就是能不能制定正确的路线方针政策，领导人民实现党纲党章制定的奋斗目标。其次是运用权力的考验，就是能不能真正做到权为民所用、利为民所谋、情为民所系，防止以权谋私、滥用

权力。其次是精神状态的考验，就是能不能始终保持战争年代那么一股劲、那么一种奋斗精神，永不懈怠、永不自满、永不停步。我们党能不能始终坚持我们的旗帜、道路、理论体系不动摇，能不能始终赢得人民群众的信任和支持，能不能始终巩固长期执政地位、实现党的最终目标，关键取决于党的作风建设。

（二）作风建设在社会任何发展阶段都至关重要，在社会转轨时期尤为重要

思想建设、组织建设、作风建设，这三大建设是我们党的基本建设。后来，根据形势的发展，又增加了制度建设、反腐倡廉建设。实际上，制度建设是从组织建设中延伸出来的，反腐倡廉建设是从作风建设中延伸出来的。这几个建设互为作用，是永恒的主题。从政党建立起，作风建设就是题中应有之义，它既是其他建设的综合表现，又是其他建设的重要保证。尤其到了社会改革期、体制转轨期、任务变化期，作风建设尤为重要。当前，我国经济体制深刻变革，社会结构深刻变动，利益格局深刻调整，思想观念深刻变化，对党的作风建设提出了严峻考验。当年，邓小平在设计改革开放时提出三条标准：经济建设的速度要高于资本主义国家；精神文明建设和社会风气要好于资本主义国家；要能够培养一大批合格的接班人，使我们的事业一代一代地传下去。如果作风建设搞得好，这三个目标就能实现。反之，就可能搞偏方向，败坏社会风气，毁掉大批干部。去年查处的国美董事长黄光裕案，牵扯出一批高中级领导干部。这些干部都是有些本事的，也是有政绩的，但经不起权力的考验，最终毁在腐败上。改革之初，很多能人、很多精英还是做出一番事业，有的成为首富，有的成为名人，比如牟其中、褚时健、禹作敏等，也是毁在了腐败上。可见风气建设多么重要！正像邓小平所说的，如果我们不抓党风，最终形成一个腐败横行的社会，我们的改革开放就失败了。

（三）作风建设对于确保党的任何大政方针都至关重要，对于落实科学发展观尤为重要

党的各项方针政策的制定和落实，都要靠好的作风来保证。科学发展，就是要统筹各方关系，破解发展难题，化解社会风险，解决人民群众最关心的问题，这尤其需要科学的态度、细致的工作、扎实的作风。学习实践科学发展观，学习上抓得比较紧，对基本内涵、精神实质的把握也不错，科学发展观的指导地位也从理论上确立起来了，但实践上问题太大，一些明显违背科学发展的事，就是不改。现在，有些人嘴上讲的是科学发展，实际搞的是潜规则。有人形容，现在引导我们社会风气的，力量最大的是潜规则，办事最管用的也是潜规则，不懂潜规则寸步难行。前不久，我到一个城市调研，看到报纸头版头条登着市委书记的话，大标题是《走下去、走出去、跑上去》。走下去，就是问题在下面、在基层，要解决就要走下去，这是正确的；走出去，就是把外商请进来，把外资引进来，这也是有道理的；跑上去，就是计划、项目、资金都在上面，只有跑上去才能争取到，你不跑，就被别人跑去了。这种事情早已不是什么怪事，问题是这些潜规则已经成为有些单位的发展思路了，这就很值得研究。人事问题上也有这样的说法："不跑不送，降格使用；光跑不送，原地不动；又跑又送，提拔重用。"这些话当然有片面性，但也不是空穴来风，这反映了我们在风气建设上存在一些值得警惕的问题。这些问题不解决，科学发展观讲得再全面、认识再深刻，效果也大打折扣。

（四）作风建设对军队建设至关重要，对新形势下履行好我军历史使命尤为重要

作风是战斗力，而且是很重要的战斗力。革命意志、战斗精神、组织纪律都是作风的重要体现，也是作风建设的重要内容。看一支部队的强弱，除了武器装备、体制编制、人员素质，很重要的是看

这支部队的作风。大家知道，济南军区的127师被誉为“铁军”。它“铁”在哪里？我认为主要“铁”在作风上，有一种英勇顽强、敢打必胜的优良作风。老军人都有这样的体会，不论部队成分怎样变化，真正能够起基因作用、能够传下来的还是作风。胡主席为我军提出的“三个提供、一个发挥”历史使命，既是对我军使命任务新的概括、新的要求，也给我军作风建设提出了更高的标准。履行历史使命，我军面临的形势更加严峻，担负的任务更加繁重，来不得半点虚的。现在我军建设的整个状况与履行使命的要求相比，还有许多不相适应的地方。既有武器装备、人员素质、指挥能力上的差距，也有作风上的差距，从某种意义上讲，作风上的问题更带有普遍性，危害也更大。比如，有的把演习变成了演戏，有的把事故变成了故事，有的把摆平当成了水平，有的把捂案件搞成了无案件，等等。打仗是硬碰硬的事，自己玩虚的糊弄自己、糊弄领导，但对手玩实的，你糊弄不了对手。作风不实，没有真功夫，是完不成任务的，是很难履行使命的。胡主席说：“军队是要打仗的，最讲实事求是，弄虚作假是要付出血的代价，要吃大亏。军队绝不允许说假话、报假情！军队绝不允许虚假之风蔓延！领导干部和领导机关也决不能姑息迁就！”胡主席的指示，深刻精辟，振聋发聩。我们从中可以领悟到，能否根除作风上的顽疾，已经成为能否履行好我军历史使命、完成多样化军事任务的要害问题。

二、当前高中级干部作风建设需要着力解决的突出问题

加强作风建设重在解决问题、取得实效。关于作风建设上存在什么问题，解决什么问题，包括怎么解决，胡主席多次重要讲话和军委6号文件讲得很清楚。胡主席在十七届中央纪委三次全会上指出了六个方面的问题，刚刚下发的军委6号文件讲了当前军队高中级干部八个方面的突出问题，要求我们从七个方面着力解决。这就是：牢记全心全意为人民服务的宗旨，着力解决个人主义严重的问

题；发扬理论联系实际的学风，着力解决学习肤浅和学用脱节的问题；树立正确的事业观工作观政绩观，着力解决工作指导思想不端正和履职尽责不到位的问题；坚持依法指导和开展工作，着力解决工作指导方式不科学的问题；增强党内生活的原则性战斗性，着力解决奉行好人主义的问题；严格遵守和维护党的纪律，着力解决有令不行、有禁不止的问题；大力弘扬艰苦奋斗精神，着力解决奢侈浪费和贪图享乐的问题。我们要认真学习，深刻领会，坚决照办。今天，我从几个侧面谈谈自己的认识和体会。

（一）解决好思想作风问题，在坚持求真务实上下功夫见成效

求真务实是我们党的思想路线的核心，也是对领导干部思想作风的本质要求。大家都知道求真务实重要，都在讲求真务实，但真正做到求真务实不容易。有人问彭真，你这一生什么事情最难？彭真讲，实事求是最难。难在哪里？我理解，一个是认识能力问题。理论和实践、知和行总有距离。认识总是在不断接近真理，但不会穷尽真理，而且实践在不断发展，事物在不断变化，认识必须跟着发展。另一个是时空限制问题。人的认识总是受时代条件、历史环境的制约。有时历史潮流就是如此，即使你认识到了也不敢说，有的说了也没用。像哥白尼提出的日心说，马寅初提出的人口论，邓子恢提出的包产到户，都是正确的，但当时行不通，原因就是受大气候、大潮流的影响，主流认识不接受。第三个是价值取向问题，对我们大多数人来讲，影响求真务实的主要是私心杂念。从改革开放以来的情况看，改革开放初期不能实事求是，主要是教条主义、本本主义、唯书唯上、思想僵化。发展到今天，影响我们求真务实的，虽然还有思想僵化和唯书唯上方面的问题，但已经不是主要的了。我感到，更普遍更重要的是不唯书、不唯上、不唯实，只唯利。是唯书吗，根本不看书，尤其是不看马列的书。是唯上吗，搞的是上有政策、下有对策。是思想不解放吗，对自己有利的事，思想解

放得很，胆子大得很，没有不敢干的事，没有不敢破的规矩；对自己没利的事，讲得头头是道，就是不做。

从当前情况看，解决思想作风问题，坚持求真务实，要着重做到三点。

首先是解决出发点和落脚点的问题。这实际上是一个立场问题，立场问题解决了，指导思想才能正确，才不会被名利所惑。我们熟悉的抗震小英雄林浩，目前一家人还居无定所，住在帐篷里。有一家巧克力厂的老板找到林浩，提出给他50万元拍广告。但林浩和他的父亲林大坤婉言拒绝了。林大坤后来讲，给那么多钱，要说不动心是假的，毕竟家里很需要钱。但我想，林浩抗震英雄的荣誉是祖国和人民给的，不能用这种荣誉来赚钱。我看，这个小英雄和他的父亲觉悟很高。我们说，山自重，不失其威峻；海自重，不失其雄浑；人自重，才是真正有筋骨的人。我们有些同志不是没有求真务实的能力，而是出发点不端正，价值追求出了偏差，想事情、做工作首先考虑的是个人得失。这样就会把心思用在揣摸领导意图上，把功夫下到图名挂号上。有的搞形式主义、形象工程，劲头很大，点子很多。讲成绩夸大其词，讲问题遮遮掩掩；文件还没有学习，体会就写好了；工作还没有做，经验就报上去了。连摆名签、排座次、搞接待都成了一门学问，还出了一批专门人才。就像胡主席批评的，对上级指示表态很快、调门很高，形式主义越搞越“规范”。对形式主义，有些同志已经到了熟视无睹、习以为常甚至争先效仿的程度。表现是作风问题，实际上是世界观价值观问题。因此，立场问题、价值追求问题是求真务实首先要解决的问题。

其次是解决认识能力问题。应当说，有些同志指导思想还是正确的，出发点也是好的，但还是做了一些违背实事求是的事。有的县市领导为了解决经济发展问题，建了一些造纸厂、化工厂、水泥厂，也赚了不少钱，但造成了环境污染，带来了很多后遗症，导致群众大批上访、告状，甚至酿成群体事件。这就要求我们坚持求真务实时，要用科学发展观作指导，全面分析、长远谋划、多方统筹，透过现象看本质，提高把握事物规律、驾驭科学发展的能力。

再次是解决随波逐流的问题。有的同志也想实事求是，但是，看到别人搞形式主义，投机取巧，巴结领导，占了便宜，得到提拔重用，心理不平衡，担心自己不搞会吃亏，于是，一方面自己反对搞歪门邪道，一方面效仿别人，搞旁门左道。现在有一种互相吹捧的风气，不仅下级吹上级，而且上级吹下级，见面就说德才很好，早该用了，我们积极推荐。吹得上级晕晕乎乎，吹得下级心花怒放，最后什么问题也没解决，该咋办还是咋办。所以，领导干部、领导机关要高度警觉，不仅自己不能搞歪门邪道，而且对阿谀奉承的人要心中有数。

（二）解决好学风问题，在学以致用上下功夫见成效

早在延安时期毛主席就讲："学风问题是领导机关、全体干部、全体党员的思想方法问题，是我们对待马克思列宁主义的态度问题，是全党同志的工作态度问题。既然是这样，学风问题就是一个非常重要的问题，就是第一个重要的问题。"毛泽东、邓小平、江泽民、胡锦涛同志都是刻苦学习、学以致用的典范，而且都是劝学大师，经常开一些书目号召大家学习。当前干部队伍的学风总体上是好的，但也存在一些不容忽视的问题。最近，习近平同志在中央党校作的《领导干部要爱读书读好书善读书》讲话中，指出了四个问题：一是追求享乐、玩物丧志，不好读书；二是热衷应酬、忙于事务，不勤读书；三是浅尝辄止、不求甚解，不善读书；四是学而不思、知行不一，学用脱节。这些现象，在我们军队当中也不同程度地存在。有的玩心太重，坐不下来，一学习就犯困，一玩乐就精神；有的装门面、摆样子，书架上摆得满满的，但没有认真读过一本，个别人甚至既不读书也不写书，还出了不少书；有的理论学习浮皮潦草，

搞了许多形式的东西，体会文章写了不少，但讲不到点子上，没有几句是自己的；还有的学习不是为了应用，理论与实践脱节，成为群众形容的“三度”干部：“认识问题没高度，思考问题没深度，解决问题没力度”。

良好的学风对弘扬党的优良作风具有基础性、决定性作用。好的学风就是理论联系实际，学以致用。这些道理大家都很清楚，但真正做到不容易。如何做到学以致用?

第一，解决好愿意学的问题。这是学以致用的前提。愿意学，就要爱学、真学、勤学。这方面，古人讲的道理很多，事例也很多。我认为，我们高中级干部，最不能少的兴趣是对学习的兴趣，最不能少的功夫是刻苦学习的功夫。要真正把读书学习作为人生的需要、进步的阶梯、工作的基础。

第二，解决好学什么的问题。一是要学习经典，学好基本原理。这是带根本性的，基本原理在什么时候也不过时。像实事求是、群众路线、唯物论、辩证法、实践是检验真理的唯一标准等，这些基本原理忘不得、丢不得，背离不得。二是要学好创新理论。党的创新理论是基本原理在新的历史条件下的创造性运用，具有很强的时代性、现实性、指导性。我们现实的路线方针政策，都是在党的创新理论指导下制定的。学好创新理论，才能跟上形势，少走弯路、少犯错误。三是要学好前沿理论。现在新学科、新知识很多，这些理论虽然具有不确定性的特点，但具有前瞻性。学习它，对于我们研究现实问题、把握发展趋势很有帮助。

第三，解决好为谁学的问题。就是要端正学习态度，明确学习目的。古人讲：“非学无以广才，非学无以明识，非学无以立德。”对高中级干部来说，学习既是为党的事业而学，为干好工作而学，同时也是为自己的成长进步而学。我在济南军区工作时，老首长李耀文同志曾经给我讲，名利、地位、荣誉这些事不要争、不要抢，但学习要争、要抢，学习可以增长知识、丰富头脑，即使晚提两年也要去学习。要是不学习，给你一个位子你也干不好、干不长。这个话，直到现在想想都很有道理。

第四，解决好用的问题。就是找准学和用的结合点。结合点就是我们正在做的事情，就是我们需要解决的矛盾和问题。把这几个问题找准了，学习的针对性就强、效果就好。什么叫用？我看，在部队建设上，回答和解决好又好又快发展的问题，提高核心军事能力及完成多样化军事任务的能力，就是用；在工作上，针对遇到的矛盾和问题拿出管用的办法和招数，就是用；在改造世界观上，能够明辨是非荣辱、提高思想境界，处理好公与私、眼前与长远、局部与全局等关系就是用。用的问题解决好了，就会越学越愿学，越学越有收获，才会把学以致用落到实处。

（三）解决好工作作风问题，在增强贯彻力落实力上下功夫见成效

贯彻力落实力是领导干部的基本素质，是工作作风的重要体现。胡主席反复强调："现在军队建设大政方针已定，关键是抓好落实。落实的关键是干部。"现在对工作作风上下反映都比较强烈，各种会议、各级领导要求也比较多，但效果不很明显。我认为讲工作作风，讲贯彻力落实力，光提一般的要求不行，一般性的号召不行，光做几条规定也不行，必须从基本功入手，着力解决好三个问题。

一是工作思路的问题。思路清晰，就能减少盲目性，增强自觉性，掌握主动权。思路不清楚，心中没数，一笔糊涂账，就不知道劲往何处使。现在有些问题，广大官兵看得很清楚，多数领导也很明白，机关还在那里调研来调研去，论证来论证去，始终不能解决，什么原因？首先就是理不出一个清晰的思路，拿不出有效的办法；还有一些问题，抓了一次又一次，问题依然如故，原因就在于拿出的思路和办法不正确。如何理清思路，就是要把本单位所处的历史

方位搞清楚，把自己在整个大系统当中所处的位置搞清楚，把自己建设和发展的环境条件搞清楚。在此基础上，制定出明确的目标任务；围绕这个目标任务，形成具体的措施办法。这样，整个思路就出来了。在这里，我主要讲讲站立点的问题。三国时期，著名的“隆中对”，就是解决刘备集团的站立点问题。诸葛亮客观分析当时的局势，看到曹操是“挟天子令诸侯以匡天下”，占有天时优势；孙权虎踞江东，占有地利优势；刘备非常弱小，只能走“人和”的路子，实行东联孙吴、北拒曹操的方针政策。刘备集团能够崛起，三足鼎立之势能够形成，与“隆中对”正确解决了刘备集团的站立点问题是有直接关系的。新民主主义革命时期，毛主席一开始就把井冈山作为红军的革命根据地，后来又把延安和大西北作为抗日战争的根据地，就是在科学分析主客观条件的基础上，正确解决了党和军队发展站立点问题。进入新时期，邓小平同志一个很大的贡献，就是把我国所处的历史方位搞清楚了，明确指出我国现在正处于并将长期处于社会主义初级阶段。我们军队目前还处在一个机械化没有完成、信息化开始建设，机械化和信息化复合发展的阶段。胡主席再三强调，军队贯彻落实科学发展观，一定要把军队建设的阶段性特征搞清楚。这实际上就是要求把我们建设和发展的强项与弱项、优势与劣势、有利因素与不利因素搞清楚，把我们前进的基点搞清楚，从而明确我们需要干什么、能够干什么、不能干什么，做到心中有数。现在有的同志提出了一些措施办法，听起来看起来很新鲜，但很难落实，有的不符合国情军情和本单位的实际情况，一查，原来是从杂志和外国的理论文章中抄来的，是拾人牙慧。就每个具体单位来讲，还有一个立足国情军情给自己准确定位的问题。这就要求我们吃透上级精神，弄清环境条件，摸准家底，找准定位。定位准确了，工作思路才能有可靠的基础。

二是真抓实干的问题。有了思路就要抓落实。什么是落实，落实就是干，不干半点马列主义都没有。现在面对的问题，首先是要干起来。在改革开放初期，小平同志就讲，要有那股劲、那股气，看准了就干，差不多的就干起来，先开步走，对了的就坚持，错了的就改过来，不够的就补充，没有的就创新。

三是敢于担当的问题。敢于担当，是领导者的基本素质，也是凝聚人心、抓好落实的基本条件。抓落实就是要敢于担当。大家都有这样的体会，都愿意跟着敢于担当的领导干。领导敢于担当，部属就有主心骨，就有信心，就有干劲，就很少有后顾之忧。我们党的事业，之所以搞得成功，就在于有大批敢于担当的干部。敢于担当，就是要在纷繁复杂的矛盾中，敢于拿主意，敢于拍板。第二次世界大战期间的诺曼底登陆，艾森豪威尔下决心的时候，作了最坏的打算。他拍板之后草拟了一篇新闻稿，里面写道：我们的登陆已经失败，我已将部队撤回。我在此时此地发动进攻的决定是根据能够得到的可靠情报做出的。军队非常勇敢和尽责，要说有什么责任的话，全由我一人承当。因为最后胜利了，稿子没有用上。但从中可以看出，艾森豪威尔下这个决心是作了最坏的准备。敢于担当，就是面对各种不同意见，特别是反对意见占上风的时候，敢于坚持真理。在总结“文化大革命”教训时，出现了一股否定毛主席历史地位和毛泽东思想的思潮，曾被毛主席错误处理过的黄克诚勇敢地站出来，批判这种思潮，肯定和捍卫毛主席和毛泽东思想的历史地位，他借用了一首唐诗（“王杨卢骆当时体，轻薄为文哂未休，尔曹身与名俱灭，不废江河万古流”）来说明这股思潮只能落个身败名裂的下场，而毛泽东思想如同江河一样万古流长。当时黄克诚的讲话党内外人士都抢着看。

再如，粉碎“四人帮”以后，邓小平重新起用了一大批老干部，这批老干部对纠正“文化大革命”的错误，稳定和发展我们党的事业起到了关键作用。当形势稳定下来后，干部新老交替的问题突出出来了，小平同志提出让一大批老干部离开领导岗位，选拔年轻干部担当重任，很多老干部想不通。小平同志就作出了成立中央顾问委员会的决策，让老干部离开一线到中顾委，把位置让给年轻干部。他说，这是个得罪人的事，我还得罪得起。这种敢于担当的大无畏精神值得我们学习！

敢于担当，还表现在敢于主动承担责任、保护部属。1975 年，张爱萍同志出来工作，负责国防工业，他当时就大会小会讲，“文化大革命”是九年无宁日，大家要团结起来，抓整顿、抓生产、抓质量。1976 年，“批邓反右”，“四人帮”揪住这事不放，整了很多国防工业系统的干部，张爱萍同志挺身而出，公开宣称，话是我讲的，事是我带头干的，要抓就抓我，下边没有责任。保护了很多干部，被传为佳话。

（四）解决好领导作风问题，在正确履职用权上下功夫见成效

领导作风问题的核心是如何看待权力和运用权力。领导干部的作风就是从政之风、用权之风。领导责任重大，受人尊重、惹人瞩目、被人追逐，最主要的是因为手中有权。权力是一柄双刃剑，用好了可以造福于民、建功立业；滥用权力，就会害党害民、身败名裂。怎样看待权力、用好权力，我感到，要解决好三个问题。

一是解决好树立正确权力观的问题。权力是人民授予的，是为人民服务的。领导干部对权力既要有一种责任感，更要有一种敬畏感，权力越大、责任越重，诱惑越多，陷阱越多。有一个县委书记说，因为有了权，县委书记成了高风险岗位，每天都有诱惑，不是你去找金钱，而是金钱来找你；不是你去找美色，而是美色主动找你；不是你去要名誉，而是名誉来找你。我本来以为这个县委书记头脑还是很清醒的，可惜他也没有顶住诱惑，还是栽了跟头。可见，能不能解决好权力观问题，是一个带根本性的问题。现在一些同志有不少错误的观念，有的认为，人民是空的，领导是实的，我的权

力是领导给的，只对领导负责，不对人民负责；有的认为自己是人民选的，我代表人民用权，爱怎么用就怎么用；还有的认为，我为人民谋了福利，自己应该得点私利，不捞白不捞；有的甚至认为，有权不用，过期作废，一朝权在手，便把私利谋。有了这些错误观念，必然在掌权用权上随心所欲，出事是必然的。所以，正确地掌权用权，第一位是解决好权力观的问题。

二是解决好规范用权的问题。任何权力都有一定范围，有一个限制，有一个程序，有一个规矩。任何时候都必须用程序来规范权力、约束权力。程序是“安全阀”，多走一道程序，就多一分保险系数；程序是“过滤器”，多走一道程序，就会多过滤掉一些不健康因素；程序是“亮分牌”，多走一道程序，就会多一分公信度。在用权问题上，不要怕程序多，不要怕麻烦。我们既要敢于更要善于通过各种程序来运用好权力，这样可以少犯错误，即使出现偏差也好纠正。现在有两种情况值得注意：一种是不按程序办事，一种是程序虽然走过了，但没有起到应有的作用，使大家对程序产生了不信任，程序管不住潜规则。任何程序都不会完美无缺，办任何事情都可能遇到潜规则，我们不能因此而不按程序办事。只有大家都认真起来，不断完善程序、维护程序，抵制潜规则，才能掌好权用好权。

三是解决好自觉接受监督的问题。不受监督的权力必然产生腐败。大家都知道，三九集团曾经成为中国医药企业改革的领头羊，集团董事长赵新先为此立下了汗马功劳，曾被评为中国改革十大风云人物。可是2006年却因滥用职权罪被判刑。国资委一位领导说：“这是法人治理结构不健全，自己决策、自己执行、无人监督，谁也不能制约他所带来的后果。”我们领导干部不要反感监督，而是要欢迎监督，有人监督是好事，监督就像保健医生，其实是在保护你。从这个意义上讲，监督是一种政治上的“监护”。我当纪委书记时，看到那些被“双规”、被处理的人的检讨材料，多数都有这样的话：

当时，若是有人提醒一下就好了。等出了事，才知道监督的重要性，已经晚了。

（五）解决好生活作风问题，在培育和保持高尚情操上下功夫见成效

生活作风是一个人在日常生活中形成的生活态度和行为模式，是人的思想品质、道德观念、文化素养和行为方式的综合体现。现在随着形势的发展，生活条件越来越好，生活作风上面临的诱惑和考验也越来越多。大量事实表明，领导干部蜕变腐败，往往是从吃喝玩乐这些生活作风上打开缺口的。我们加强领导干部作风建设，一定不要忽视了生活作风，不要小看了生活小节。当前，有几个问题值得关注。

一是戒奢崇俭问题。戒奢崇俭是中华民族的传统美德，是我们党的传家宝，任何时候都不能丢。过去我们常讲“克勤于邦，克俭于家”，“节俭则昌，淫佚则亡”，“静以修身，俭以养德”，“历览前贤国与家，成由勤俭败由奢”，这些古训讲的都是持家之宝、兴业之基、治国之道。这些传家宝，现在相当一部分同志都丢掉了，奢侈之风越搞越盛，讲排场、比阔气愈演愈烈。特别令人担忧的是，有的把是非标准搞颠倒了。把敢花公家的钱吃喝送礼当作“大气”，把追求奢华、追求高档看作有品位，把能吃会玩看成有能耐、有本事，把守法按规矩办事的人看成抠门小气。现在奢华之风比较严重，有的一顿饭吃掉几万十几万，有的豪华车不断换，像这样的思想观念，这样的奢侈之风，怎么能去关心基层的疾苦？怎么能够赢得民心、守住阵地？

二是慎重交友问题。慎重交友，就是要亲诤友、远佞友。诤友是良师、益友。是一面镜子。诤友能直言不讳，敢于当面批评。话虽有时听得不太舒服，但它好比一把扫帚，可以替你扫除思想上的污垢，使你时时保持清醒头脑，不致被灰尘掩盖。但我们有些领导

干部在交友时重利不重理，重色不重情，重官不重民。现在，领导干部傍大款、傍明星、傍高官的确实不少，交友不慎犯了错误的比比皆是。有一个大款和朋友吃饭时打赌，我能把市长马上叫来，什么时候叫他什么时候来，他就是我的一条狗。朋友不信，他一打电话，市长果然来了，因为他们有很深的金钱交易。有人对交友说过一段富有哲理的话："以势交者，势倾则绝；以利交者，利穷则散；以色交者，色衰则尽。"领导干部由于岗位重要、责任重大、地位特殊，与四面八方的人交往自然要多一些。在这样的情况下，更需要交良友、益友、诤友。对那些怀着个人目的拉拉扯扯、搞感情投资的人，那些特别敢送礼、特别敢花钱、特别能套近乎、特别能忽悠的人，那些生活趣味庸俗、社会交往混杂的人，那些了解不多、背景不清的人，一定要保持高度警觉，拉开距离。

三是生活情趣问题。生活情趣人人都有，我们要培养健康有益的生活情趣，避免消极颓废、低级庸俗的生活情趣。生活情趣很重要地反映在个人的嗜好上，比如爱看书、爱打球、爱收藏等等。但是，领导干部的嗜好，很容易成为软肋。你嗜吃喝，就有人投之以美酒佳肴；你嗜色舞，就有人投之以粉黛霓裳；你嗜吹捧，就有人投之以巧言令色；你嗜豪赌，就有人奉上万千钱财。多年以前，赖昌星就讲过，不怕领导讲原则，就怕领导没爱好。他就是利用一些领导干部的嗜好，把他们拉下了水。领导干部有嗜好很正常，但要有度，并且要格外小心。纵观一些出了问题的领导干部，往往是由不良嗜好开始走上违纪犯罪的道路，最终坑害了国家，葬送了自己。

三、加强高中级干部作风建设的几点思考

在备课过程中，我一直在思考，"风"究竟是什么？辞海有规范的解释。我有自己的体会。风，无色无味、无影无形，但无处不在、无孔不入。它的方向性很强，导向性很强，渗透力很强，影响力很强。自然的风可以春风化雨、催生万物，也可以肆虐横行、造成灾

难。社会上好的风气，能够引领正确的方向，可以凝聚人心、鼓舞士气，可以净化环境、教化民众；坏的风气可以败坏道德、涣散人心。所以，风气在社会发展、人类进步，乃至做人做事当中有着独特的无法替代的作用。对风气建设要高度重视，贵在精心培育，贵在长期养成。关于如何加强高中级干部作风建设问题，我再谈几点思考。

（一）切实坚定搞好作风建设的信心

实实在在地说，现在有相当一部分同志，对解决作风问题的信心不足，这是一个不可回避的客观事实。所以，加强作风建设，首先要解决信心问题。解决信心问题，就有一个怎样正确看待形势的问题。改革开放以来，我们党的作风建设确实出现了一些新情况。这些年来，我们党不断地加以解决，取得了不少成绩。尤其是党中央对这个问题很重视，相继出台了一系列制度规定，教育、预防、惩处的力度不断加大，监督制约机制不断完善。据国家统计局统计，人民群众对反腐败工作成效满意度从2003年的51.9%上升到2008年的65.5%，这是基本面。但同时还要看到，作风问题和腐败现象在某些地区、某些部门、某些领域确有愈演愈烈之势，形势依然严峻，需要继续加大解决的力度。

再一个，我们还要看到，腐败问题是一种历史现象，也是一种国际现象，不是现在才有的，也不是我们这个国家独有的，更不是我们共产党独有的，整个世界都在努力解决这一问题。我们社会正处在转型的关键时期，各方面的矛盾进一步凸显，党的作风建设矛盾也在进一步凸显，这就使解决这一问题的难度加大。我们能够看到作风问题的本质，把握作风建设的规律，这也是我们坚定信心的重要基础。我们既要下大力解决现存的问题，又要树立长期作战的思想。作风建设是伴随我们党的事业一直存在的，只要我们党存在一天，作风建设就要进行一天。更为重要的是，我们党具有解决作风问题的强大政治优势。我们的社会主义制度是好的，我们党的路线方针政策是正确的，党中央的领导是坚强有力的，这是最根本的。旧社会尽管有清官，像包公、海瑞等，他们可以处理一些具体案件，但由于制度不好，无法从根本上解决问题。现在，虽然我们有腐败问题，但制度是好的，“文化大革命”那么严重的错误，我们都能够纠正，腐败问题、作风问题也一定能够解决。

真正的信心不是虚的，重要的是体现在行动上，体现在朝着既定的目标不懈奋斗上，体现在强烈的事业心责任感上，体现在一以贯之的执着追求上。抓好干部作风问题不仅是中央的责任、军委总部的责任、军区党委的责任，也是我们每一位领导干部的责任。我们把自己的职责履行好，把本单位的风气搞好，这种好风气就会对周围产生积极影响。干部作风好不好，最终都要体现在实际工作中，体现在解决部队建设的矛盾和问题中。可以说，正确解决一个矛盾，风气就正一分，事业就进一步，信心就增一分，党的形象就好一分。解决问题的辩证法就是这样：信心越足，自身作风越好，就越有利于解决问题；而解决问题越多，就越有利于增强信心，在更大范围形成良好风气。

（二）以改革创新精神推进作风建设

在新的历史条件下，解决作风问题必须要有新理念、新思路和新办法。现在我们面对的时代条件、社会环境以及人们的思想观念发生变化了，出现的作风问题，也同延安时期的不完全一样了，同新中国成立初期的不完全一样了，如果我们用延安时期的那些办法、用新中国成立初期的那些办法，来解决今天的作风问题，是很难达到很好效果的。这并不是说原来的办法不对，而是原来的办法要随着时代发展不断改进创新，用新的思路新的办法解决新的矛盾和问题。

一是从解决具体问题入手。具体问题就是群众反映的突出问题，越是解决这些问题，越容易取得实效，越容易赢得民心。要说落实，一具体就落实；要说深入，一具体就深入；要说扎实，一具体就扎实。比如说，关于工作组的问题，过去大家都欢迎工作组，因为工作组能够解决问题；现在，一说工作组，大家嘴上说欢迎，实际上心里很烦。不少同志反映工作组来了最难的是三件事：一是怎么汇报，领导才爱听；二是怎么接待，领导才满意；三是怎么送礼，领导才高兴。像这种具体问题，是应该解决和可以解决的。但目前这个问题仍然还很突出。现在我们不都在讲要提高领导科学发展的能力吗？这个能力，很重要的就是体现为解决具体问题的能力。不要一提解决问题就是大思路、大手笔、大气魄，实际上搞的都是大而空的东西。因此说，要加强作风建设，从具体问题入手是一个很重要的切入点。

二是从制度问题上突破。当前，大家意见最大的就是忙于材料、忙于会议。有的同志说，机关整天就忙两件事：开会和准备开会。有人还把开会编了一个生动的段子。战争年代，人们都说共产党的会多，国民党的税多。那个时候，“会多”是我们党的一个重要政治优势，因为政权不在我们手里，法规制度也几乎没有，信息传递方式也比较落后，我们只有用开会的办法来动员群众、组织群众、武装群众。现在的历史条件发生了根本性变化，我们已经成为执政党，还陷在靠文件指导工作、靠会议解决问题的思路里，以致形成了用会议落实会议、用文件落实文件、用讲话落实讲话的不良风气。文件多会议多的问题如果不解决，只能导致大话空话越来越多，作风越来越虚。要说作风转变，我认为，首先要把这个问题解决好，把依靠文件会议指导工作、解决问题，转变到依靠法规制度来规范行为、解决问题，切实把领导干部和机关从文山会海中解放出来，让他们用更多的精力去研究问题、抓落实。这个问题解决好了，就是作风好转的一个重要标志。

三是从扩大民主中推进。纠正不良风气，最有力的还是靠群众。发动群众要靠扩大民主，要让群众知情、让群众参与、让群众监督。现在一些作风不好的人、搞腐败的人，怕领导、怕媒体，就是不在乎群众，这说明民主还不到位。这就要求我们在推进民主上迈出更大的步伐，使各级干部对群众产生敬畏感，让群众在解决领导干部作风上发挥更大的作用。共产党的领导干部，就不应该怕民主，民主素质是各级领导干部最重要的政治素质。扩大民主的过程，就是群众参与的过程，也是统一思想的过程。群众参与了，就少了议论、多了理解，少了猜疑、多了信任。扩大民主，还需要我们广泛借鉴世界各国一些有益的做法，以使我们的思路更加开阔，办法更加有效，更加符合时代发展的要求。

（三）努力形成有利于作风建设的正确导向

风的最大特点就是方向性。加强作风建设必须要有正确导向。导向正确了，作风建设就会像初升的太阳一样普照大地、温暖人心。如果导向不正确，就会像多米诺骨牌一样产生连锁反应，使整个风气变坏。正确的导向主要体现在三个方面。

一是价值导向。价值观是作风的灵魂和根基。有什么样的价值观，就必然有什么样的价值追求。今天，正确的价值观，在全社会就是中国特色社会主义核心价值体系，在军队就是当代革命军人核心价值观。形成正确的价值导向，就是要引导人们追求真善美，拒绝假恶丑。现在，社会上有一种很不好的现象，就是浮躁之风盛行，都想一举成名、一夜成名、一唱成名，不想依靠自己的艰苦努力和真才实学取得成功，而是想走捷径、抄近路、找门子实现个人目标。要转变这种风气，就是要倡导人们追求崇高，追求本本分分做人、扎扎实实干事，追求靠艰苦奋斗立业、真才实学立身，多搞一些英雄崇拜、劳模崇拜，少搞那些明星崇拜、大款崇拜。这次吉林松原市的高考作弊案，从老师到家长全都卷了进去，并且一些人把作弊的视为英雄，而把没有作弊的看成笨蛋。这说明，价值道德的缺失到了多么可怕的地步。价值导向问题如果解决不好，加强作风建设就好比沙上建塔，成为空话。

二是舆论导向。舆论在作风建设中起着“风向标”的作用。舆论宣传什么，怎么宣传，包括领导讲话，会议文件，都会对作风建设产生影响，客观上都是一种很重要的作风导向。舆论要正确，必须体现民意，反映民声，反映人民群众最关心关注、最想了解、最需要解决的问题。这样广播才有人听，电视才有人看，报纸才有人读，领导讲话才有人信。舆论只有贴近生活、贴近群众、贴近实际，群众才会关心舆论、关注舆论、相信舆论，才不会“两张皮”。舆论还必须反映客观事实，必须有好的文风，才能取得群众的信任和拥护。现在舆论最大的问题是缺乏可信度，往往是有了什么问题，就大力宣扬这方面的成绩；群众越是意见大的问题，越是讲这方面做得怎么好；越是难解决的问题，越去宣扬这方面的经验典型。结果，文章写了一大堆，典型树了一大批，经验总结了若干条，但问题却始终没有解决。这样的舆论人们还相信吗？现在报刊文章越来越空，领导讲话越来越长，会议报道越来越多，这对作风建设不是一件好事，甚至是一种负面导向。大家还反映，现在报纸上的文章基本是谁写谁看，写谁谁看。不少单位搞典型宣传比赛，宣扬典型主要不是为了教育群众，而是为了彰显领导政绩。形成正确的舆论导向，首先要解决舆论自身的问题，解决好文风问题，使报道越来越实，领导讲话越来越短，会议文件越来越管用。这既是改进作风的重要标志，也是对作风建设的促进。

三是形成正确的用人导向。用人导向是作风建设最关键的导向，也是最有力的导向。如果说高考是全国教育的“指挥棒”，那么，用人就是作风建设的“导航仪”。以什么样的作风选干部，选什么样作风的干部，对作风建设起着决定性的影响。习近平同志指出，选什么样的人，用什么样的人，鲜明地昭示了组织上需要什么样的人，领导和群众欣赏什么样的人，干部就会向这些人看齐，这样的人就会多起来。这些年，我们党一直强调以好的作风选干部，选作风好的干部。这个思路很好，很得人心，但真正实践起来很不容易，到目前也还没有达到满意的效果。现在看来，矛盾很复杂，原因是多方面的，解决起来也有一个长期的过程。但我们各级党委和领导一定要以对党和军队事业高度负责的政治责任感，自觉运用好用人导向这个杠杆，真正把那些靠得住、敢负责、肯实干、口碑好、严律己的干部用起来，使我们的干部都向作风好的同志看齐，使具有优良作风的干部多起来，使越来越多的干部自觉成为树立和弘扬优良作风的楷模。

（四）建立健全作风建设的长效机制

在延安时期，黄炎培和毛主席讨论历史周期律问题时，有一段名言：“一人，一家，一团体，一地方，乃至一国，不少单位都没有跳出这周期律的支配力。大凡初始，聚精会神，没有一事不用心，没有一人不卖力，也许那时艰难困苦，只有从万死中觅取一生。既而环境好转了，精神也就渐渐放下了。有的因为历史长久，自然地惰性发作，由少数演为多数，到风气养成，虽有大力，无法扭转，并且无法补救。真所谓‘其兴也勃焉，其亡也忽焉’。”黄老先生讲的历史周期律问题，实际上就与风气密切相关。毛主席回答，靠民主来解决这个问题，实际上是强调靠民主制度来解决这个问题。加强作风建设，教育是基础，惩治是手段，制度是根本。长期以来，我们比较注重运用突击式、运动式的办法，来解决作风问题，这个办法虽然能管一时，但不能管长远；只能治标，不可能治本。经验告诉我们，要真正使作风建设跳出抓一阵好一阵、再抓一阵再好一阵这样的怪圈，关键要靠形成一套完善的制度和机制。建立制度机制要有两个着眼点：一个是扩大民主含量，这样的制度机制才有生命力，否则它的作用和效果就要受限；另一个是要能够战胜潜规则，什么时候我们的制度机制战胜了潜规则，作风建设就会出现根本性好转。

信心·思路·作风

——领导干部践行科学发展观的思考*

深入学习实践科学发展观活动，第一批去年年底已经结束了，第二批正在开展。38集团军防空旅和国防大学都是第一批搞的，防空旅是军委抓的点，创造了许多好经验，国防大学常委还专程来这里取过经。一年后重返老部队，感到很亲切，旅领导想让我讲讲领导干部讲党性、重品行、作表率的问题。我想，去年在军里讲过，就不重复了，今天就信心、思路、作风问题跟大家做个交流。为什么讲这个问题呢？学习实践科学发展观以来，大家对科学发展观的理论内涵、精神实质、基本要求已经有了比较深刻全面的认识，实践中也取得了不少成绩和经验。我觉得，深入学习实践科学发展观，最基本的要求是两条，一是切实把科学发展观的指导地位确立起来，成为我们的旗帜和行动指南；二是切实把我们的各项工作纳入科学发展的轨道，实现又好又快发展。做到这两条，需要解决的问题很多，作为领导干部，最重要的是解决好三个问题：信心问题，思路问题，作风问题。

一、关于信心

通过近几年的学习实践，大家对科学发展观的科学性、真理性有了比较深刻的认识，没有什么思想弯子可转了，可以说，对科学发展观的长远指导作用是坚信不疑的。但在学习中，一联系到社会

---

*根据2010年3月26日在38集团军防空旅的讲课录音整理。

现实，联系到深层矛盾和问题，一些同志就感到困惑，对能不能真正解决问题、实现又好又快发展心里没底，信心不足。我感到，领导干部实践科学发展观，带领群众破解前进道路上的各种矛盾和难题，信心非常紧要、非常关键，带有前提性和全局性，是一个时代性的政治课题。

信心问题，实际上是精神状态问题，是信念问题、意志问题、勇气和干劲问题，说到底，是党性问题。信心问题不是现在才遇到的，任何社会、任何人都会遇到信心问题。大到社会变革，小到个人生活，都会遇到信心问题。信心可以产生动力，可以振奋斗志，可以激发干劲，可以提高勇气。缺乏信心，意味着在精神上把自己打败了，不可能战胜困难、干成事情。

唯物辩证法认为，人们认识和改造世界的过程，是一个解决矛盾、克服困难的过程。困难、矛盾、问题什么时候都有，躲不掉，绕不开，回避不了。问题的关键，是用什么样的精神状态对待矛盾和问题，是正视它、想办法去解决它，还是视而不见、无所作为、消极无奈。这关系到事业的成败。古往今来，凡成大事者，都是自信心很强的人。毛主席就是一个充满自信心的伟人，他年轻时就写下了“自信人生二百年，会当击水三千里”的豪迈诗句。他的一生，就是领导我们党和全国人民同敌人作斗争、同困难作斗争、同党内错误倾向作斗争的一生。他常教导我们，我们的同志在困难的时候，要看到成绩，要看到光明，要提高我们的勇气；我们共产党人要干前人未干的事业，做前人未做的事情；哪些地方有困难有问题需要我们去解决，我们就要到哪里去工作，我们是为了解决困难去工作、去斗争的，越是困难的地方越是要去，这才是好同志。类似这样的箴言警句还有很多，他的很多思想蕴含着一个很深刻的道理：人是要有点精神的。毛主席对坚定信心讲得最多、最深刻、最透彻。他不仅以实际行动为我们树立了坚定信念的伟大典范，而且以其光辉思想为我们今天坚定信念提供了强大思想武器。

共产党人的信心，是建立在马克思主义世界观和方法论基础之上的。我们不是唯意志论者，我们的信心，从本质上讲，是对客观事物的发展规律，特别是对人类社会发展规律的自觉认识和把握。现在一些同志缺乏信心，很重要的原因是对前进中的困难和问题缺乏科学认识，不了解这些问题和矛盾的来龙去脉及解决方法。应当看到，我们现在搞的现代化建设，实质上是实现从农业社会向工业社会的根本转变。我们在几十年时间里走过了西方资本主义国家经过两三百年才走完的路程，这就意味着人家几百年时间渐次出现的矛盾和问题，我们在几十年时间里集中出现了，呈现出矛盾叠加、问题突出、性质复杂的特点。对这种情况，好多人精神准备不足，思想转不过弯子，因此产生了迷茫、困惑、疑虑、埋怨等消极情绪。还要看到，我们改革发展中出现的问题是局部的问题，是前进中的问题，是可以解决的问题。我们必须明确，改革开放以来，我们整个国家和民族发生了翻天覆地的巨大变化，这个过程中出现的这些矛盾和问题只是一种支流。这种局部性的矛盾，同我们党在20世纪30年代前期“左”倾错误带来的危险境地相比，同“文化大革命”带来的严重动乱局面相比，同一些发展中国家的长期战乱相比，不可同日而语，我们的情况要好得多，解决起来要容易得多。当然，也不能麻痹大意、掉以轻心。“千里之堤，溃于蚁穴”。如果不重视这些，也可能重蹈苏东剧变的覆辙。对这些矛盾和问题，我们从战略上蔑视它，是信心；在具体工作中认真对待和解决它，也是信心。我们坚信，改革发展中出现的问题能够通过改革发展来解决，是有科学根据的，因为我们现在遇到的问题不是根本制度的问题，而是体制机制问题、工作方法问题，是改革措施不到位、不配套、不完善。这些问题，只要我们按照科学发展观的要求，以具体行动去落实，都是可以解决的。更何况，我们的党在政治上、理论上越来越成熟，应对危机和解决问题的能力越来越强，治国理政经验越来越丰富。就拿2008年说吧，那么多大事难事相继出现，有些是我们事先没有预料到的，但都顺利解决了，得到了全国人民和世界的好评。还有，像腐败这种问题，不是我们国家独有的，也不是现阶段特有的，进入阶级社会以来，不管哪种制度，都有这种问题。旧社会也有清官，像狄仁杰、包公、海瑞、刘墉这些人，也解决了一些具体案子，但它不能从根本上解决问题，最后都毁于腐败，因为它的根本制度有问题。应该说，我们转轨时期的腐败是比较严重、比较普遍的现象，有愈演愈烈之势，但我们对解决腐败问题仍然满怀信心，因为我们的根本制度是正确的，根本路线是正确的，从源头上防止和遏制腐败的体制机制越来越完善。

信心不是虚的，是有具体表现的，突出表现在朝着既定的目标不懈奋斗上，表现在强烈的事业心责任感上，表现在一以贯之的执着追求上。不管时代怎么变，一个时代有一个时代的特点，一代人有一代人的责任，大到一个国家，小到一个单位，甚至一个家庭，每一代人都要有高度的责任感，负起历史的责任，把自己的职责履行好，把工作任务完成好，就是把我们正在做的事情干好，把我们面临的现实矛盾和问题解决好，把上级交给的任务完成好。任何矛盾和问题都是在实践中发生的，都直接或间接地与群众利益相关，因而，这些矛盾和问题只能在实践中解决，都要依靠群众来解决。对我们来说，解决一个矛盾，事业就前进一步；克服一个困难，能力就增加一分。历史的辩证法就是这样：信心越足，就越有利于解决矛盾和问题；解决矛盾和问题越多，越有利于增强信心。

信心的外在表现是勇气和干劲。毛主席说，这个军队具有一往无前的精神，它要压倒一切敌人，而决不被任何敌人所屈服。在战场上，狭路相逢勇者胜。在工作中，就是我们经常讲的，困难像弹簧，你强它就弱，你弱它就强。《孙子兵法》讲要“造势”，这个势是什么？就是气势。当年抗美援朝时，志愿军最初入朝的6个军，一辆坦克也没有，而美军一个军就有坦克430辆；38军是志愿军的主力，只有运输车100辆，27军才有45辆，而美军全部机械化，一个军有汽车7000辆。至于空中力量，更是无法与敌人相比。志愿军就是在这种条件下打出了国威，打出了军威，38军被称为“万岁军”。为什么我们能够把世界上第一流的美国军队打到谈判桌上去？其根本原因，就是毛主席后来总结的：美军钢多气少，我们钢少气多。这里讲的“气”，就是信心、勇气，是大无畏的精神力量。所以说，我们无论做什么事情，无论解决什么难题，第一位的是要有信心，把勇气提起来。“可贵者胆，所要者神”，就是强调首先要有一种胆识和气魄，然后才能出神入化。过去我们考核干部，把不叫苦、不怕难作为一个很重要的条件。大家不要小看了勇气，勇气也是素质。如果少了这个素质，其他方面素质再好也成不了大器。现在我们有些人不要说敢于和善于解决问题，连正视问题的勇气都没有，这是很不应该的。对一个干部来讲，不敢正视问题是最大的问题，有意掩盖隐患是最大的隐患。勇气，既是德，又是才。说它是德，因为它是品质问题，是魄力问题；说它是才，因为它是能力问题，是智慧问题。长征途中，毛主席指挥红军四渡赤水，在敌人鼻子底下钻来钻去，首先靠的是勇气。这个勇气，可以作无所畏惧的精神解，可以作多谋善断的智慧解，也可以作坚韧不拔的意志解，还可以作大公无私的思想品质解。新形势下，我们按照科学发展观的要求破解各种难题的过程，从某种意义上讲，就是一个以实践勇气开拓前进的过程。正视问题靠勇气，解决问题靠勇气，调整改革靠勇气，解放思想、拓展思路也要靠勇气。现在我们对有问题看得非常清楚，明明知道它与科学发展观的要求不相符合、不相适应，但就是没有勇气去解决。这种状况如果不改变，你就是把科学发展观背得滚瓜烂熟、说得天花乱坠，也是一句空话。

作为部队领导干部来讲，缺少勇气是一个致命的弱点。军人职业要求我们把“勇”放在非常特殊的地位。《孙子兵法》讲将帅的基本条件有五条——智、信、仁、勇、严。勇敢不怕死和服从命令听指挥，是军人的一个特质。一个部队的指挥员，是否具有敢于打拼、敢于负责的勇气，不仅仅是个人问题，而且直接关系到部队的凝聚力和战斗力。过去战争年代，有些领导同志自己很有信心，也很关心部属。像《亮剑》里的李云龙那样的指挥员，大家都愿意跟他干，打起仗来一往无前、义无反顾；反过来，有的指挥员瞻前顾后、唯唯诺诺，大家跟着他就提心吊胆，这个仗就没法打。平时也是这样，有自信心、有能力解决矛盾的干部，就能把部队带起来，部队心也比较齐，就出成绩、出经验、出干部；反过来，就军心涣散，经常出事故、出问题。这是无数事实反复证明了的。

二、关于思路

实践科学发展观，把各项工作纳入科学发展的轨道，很重要的问题就是把思路理清楚。思路清晰，就能减少盲目性，增强自觉性，掌握主动权。思路不清楚，心中没数，就不知道劲往何处使。现在我们大家都觉得问题很多，但找不到合适的办法，感觉负担很重，整天忙忙碌碌，就是出不了令人为之一振的成效，归根到底还是思路问题。很多同志工作积极性是有的，但苦于办法少。理清和拓展思路，是一门很深的学问，涉及方方面面，有三个要点必须牢牢把握。

（一）把站立点搞清楚

就是把本单位所处的历史方位搞清楚，把自己在整个大系统中所处的位置搞清楚，把自己建设和发展的环境条件搞清楚。三国时期“隆中对”的贡献是什么？是解决了刘备集团的站立点问题。诸葛亮客观分析当时的局势，看到了曹操是“挟天子令诸侯以匡天下”，占有天时优势；孙权虎踞江东，占有地利优势；刘备非常弱小，只能走人和的路子，实行东联孙吴、北拒曹操的方针政策。刘备集团能够崛起，三足鼎立之势能够形成，与解决刘备集团的站立点问题有直接关系。民主革命时期，毛主席开始把井冈山作为红军的革命根据地，后来又把延安和大西北作为抗日战争的根据地，也是在科学分析主客观条件的基础上，正确地解决了党和军队发展的站立点问题。新中国成立后，我们党轻率地发动“大跃进”运动，盲目提出几年内“超英赶美”，企图“跑步进入共产主义”，结果造成了灾难性的后果，也是没有把国家建设和发展的站立点搞清楚。进入新时期，邓小平同志的一个很大的贡献，就是把我国所处的历史方位搞清楚了，明确指出我国现在正处于并将长期处于社会主义初级阶段。初级阶段理论是邓小平理论的基石，是整个中国特色社会主义理论体系的基石，我们党的基本路线、基本纲领、基本政策、基本经验都与此关联。就军队来说，我们还处在一个机械化尚未完成、信息化刚刚起步，机械化和信息化复合发展的阶段，这些问题搞清楚了，才能确定我们的历史方位。胡主席强调，军队贯彻落实科学发展观一定要把军队建设的阶段性特征搞清楚。这实际上就是要求我们，把军队建设和发展的强项与弱项、优势与劣势、有利因素与不利因素搞清楚，把前进的基点搞清楚，从而明确我们需要干什么，能够干什么，不能干什么，做到心中有数。现在很多同志感到问题很多，无处着手，解决矛盾和问题的思路不清楚，管用的办法不多，很重要的就是没把站立点搞清楚，也没有很好地研究这个问题。有的提出了一些措施办法，听起来看起来很新鲜，就是难落实。必须明确，我们是发展中的国家，现在还处在初级阶段。这个历史方位不是短期内就能改变的。必须承认这个现实，尊重这个现实。思考问题也好，制定计划也好，开展工作也好，必须自觉立足这个现实。当然，现在的初级阶段，已不是十一届三中全会以前那种状况了，经过 30 年的改革开放，我们取得了巨大的成就，比原来的基础好多了。但是基本国情没有变，社会主要矛盾没有变，同时，随着改革开放的深入，又产生了许多新的矛盾和问题，出现了许多新的阶段性特征。对此，十七大报告和总书记的讲话讲得很清楚，我们要很好地学习领会。就每个具体单位来讲，还有一个立足国情军情给自己准确定位的问题。这就要求我们吃透上级精神，弄清环境条件，摸准家底，准确定位。定位准确了，工作思路才能有一个可靠的基础。就咱们防空旅，从大的方面说，有一个在整个军队中的定位问题，还有一个在38集团军的定位问题。这两个问题搞清楚了，工作思路、工作计划、工作方法才能符合实际。

（二）把目标任务搞对头

任何思路都是以实现一定的目标任务为着眼点的，目标任务对头，思路才能正确，才知道向哪个方向努力，劲往哪里使。不仅要有长远性目标任务，而且要有阶段性目标任务；不仅要有整体性目标任务，而且要有局部性目标任务。就全军来讲，我们既有到本世纪中叶基本实现军队现代化的目标任务，也有头二十年基本完成机械化、为信息化建设打牢基础的目标任务。在这个过程中，必须把军队的目标任务细化具体化，善于结合自身的实际，确定具有本单位特色的具体目标任务。目前，要防止几种倾向：一是防止上下一般粗。现在一些单位热衷于跟着上面喊口号，脱离本单位实际讲大话，上上下下都想当“政治家”、“战略家”，结果越搞越空，越玩越虚，什么事情也办不好。二是依赖思想比较严重。对本单位建设发展的目标任务不思考不研究，等上边拿主意给政策，缺乏主动性开创性。三是好高骛远、好大喜功。制定目标任务超出职责范围，超出能力范围，目标很大很高，动不动就搞大手笔、大工程、大蓝图，看似很宏伟、很振奋，实际很难落实、很难做到。四是跟风头、赶时髦。目标任务变得很快，缺乏稳定性，导致工作无所适从。经验证明，不变不行，变得太快也不行。领导干部没有点子不行，点子过多也不行，花花点子多了更不行。

（三）把规划措施搞合理

好的规划措施和方法步骤，既是工作思路的体现，又是具体落实的依据。规划措施和方法步骤的鲜明特点：一是具有统一思想、统一行动的规范性；二是具有具体执行、具体落实的指导性。也就是说，制定的规划措施，大家“都得这么看，都得这么干”。它和理论文章、学术报告不同，理论文章、学术报告具有学术争鸣的性质，但规划措施必须照着干。它是理论性与实践性的统一、目标性和操作性的统一。特别是进入信息化社会以后，搞一个好的规划，工作就成功了一半。目前已经不是摸着石头过河的时期了，现在有了计算机模拟，可以提供各种模型辅助决策，使规划本身具有很强的科学性和试验性。特别像应对危机这种事情，有了预案就主动得多。

按照科学发展观的要求制定规划措施、方法步骤，必须着眼全局、通盘考虑、兼顾各方，既不能有缺项，也不能顾此失彼。现在，政出多门，忽视通盘考虑的现象比较突出。拿各种教育来讲，如果把各个部门布置的教育天数加起来，一年 365 天是不够的。再如，现在搞信息化建设，缺少全面统一的规划，造成烟囱林立、互不兼容的信息割据局面。

做规划也好，抓工作也好，讲全面并不是要平推，必须根据两点论和重点论相结合的原理，抓住主要矛盾、关键环节，通过重点突破带动全盘。作为领导干部，一定要经过反复思考，找准影响目标任务完成的重点在哪个地方、关节点在哪个地方，找准了，才能牵一发而动全身。什么是关节点？根据我的经验，就是瓶颈，就是穴位，就是症结。如果找准了、扭住了这个关节点，就会有“一着得手，全盘皆活”的效果。我觉得 38 军防空旅做得就很好，抓战斗力建设重点抓信息化建设，抓信息化建设重点抓人才建设，抓人才建设重点抓骨干队伍，我看这几个关节点抓得很准，起到了抓住重点推动全局的作用。我们做规划措施，一定要明确一年中要做几件重点事、重点工作，出一些标志性的成果，用这些成果培养队伍、振奋人心、带动全面。毛主席说，领导抓工作，一个是要抓好典型，第二个是先抓好三分之一，我认为这些方法是科学的，现在并没有过时。这既是一种工作方法，也是做好规划措施的重要原则。

合理的规划措施、方法步骤，还有一个特点，就是要注重程序，讲究有先有后、循序渐进。作为领导干部，做规划定措施，一定要很明确先干什么后干什么，要注重长远、打牢基础、健康发展，要练内功、积后劲，千万不要急功近利、急于求成。要把今天的发展和明天的发展联系起来，避免今天搞发展、明天搞治理，来回折腾。还要注意这件事和那件事的联系，搞好相互间的协调和融合，减少推诿扯皮，避免矛盾。我们讲按程序办事、渐进式发展，并不否认跨越式发展。我理解，跨越式发展是在承认事物发展的连续性和渐进性基础上的跨越式发展，跨越式并不是跳跃式，只是把几个发展阶段的工作在同一时期完成。像航天事业，就是跨越式发展，它把各种科学成果和几代先进装备集中在一起来完成。有些事情就不能搞跨越式发展，像学历教育。

三、关于作风

作风既是一种内在品格，又是一种外在表现，是综合素质的反映，涵盖思想境界、道德操守、意志品格和生活情趣，体现在一言一行、一举一动和生活的方方面面。对一个政党来讲，作风是党的性质、宗旨、纲领、路线的综合反映，是先进与否的重要标志，也是关系党生死存亡的决定性因素。

作风问题，当前全党全军和全国人民最关心、最注目，议论最多。当然，它也是我们贯彻落实科学发展观必须解决好的一个重大原则问题。没有求真务实、真抓实干的作风，发展理念再先进，发展思路再科学，发展蓝图再宏伟，也是空中楼阁。贯彻落实科学发展观，固然需要知识、需要学问、需要科学，但它们都代替不了作风。现在我们贯彻落实科学发展观，成果不理想，不是认识没上去，而是作风不扎实，热衷于搞政绩工程、形象工程、面子工程、路边工程，劳民伤财。实话实说，现在搞形式主义、官僚主义也很辛苦，经常加班加点，有时为了应酬，把领导累倒了，把机关干部累病了。

解决领导干部的作风问题，可以从多个角度讲，可以讲思想作风、学习作风、工作作风、领导作风、生活作风。每一种作风都会讲出好多道理来，都可以单独作为一课来讲。今天时间有限，我主要从工作作风层面谈谈自己的认识和体会。

（一）大兴求真务实之风

求真务实是党的思想路线的核心，是贯彻落实科学发展观的一个基本要求。求真，就是求发展规律之“真”；务实，就是务发展效益之“实”。坚持求真务实，关键是做到这样三点：

一要重实情。重实情是实事求是的根本前提和基础，离开了实情，什么尊重规律、科学决策、工作实效，统统谈不上。现在，由于各种复杂的原因，在一些地方和单位，连重实情都做不到了。对军队来说，重实情尤为重要，军队是要打仗的，如果谎报军情，造成决策失误，就会导致无数人头落地，危害国家安全大局。有的同志可能有点误解，以为和平时期造点假没关系，甚至还能捞点好处，这是非常危险的。要知道，作风是逐步养成的，是日积月累的，不能设想平时造假的人战时会实事求是。所以，平时就要把重实情的作风一点一滴地培养、一人一事地塑造。

二要用实招。实招就是管用的招数，就是能够为群众谋利造福的招数，就是能够创造实际效益的招数。现在一些地方受利益驱使，实招少、虚招多，甚至有的是昏招、损招。云南省某县林业局，为了显示“绿化政绩”，竟然把一个几千平方米的裸露山体用绿色油漆刷了一遍，当地老百姓戏称该工程是给大山戴“绿帽子”的工程。

一些村民给这项工程算了一笔账，如果用买油漆的钱买树苗，可以栽满几座山了。这不但是虚招，简直就是昏招、损招。军事斗争是两军对垒、你死我活的较量，讲的是硬碰硬，你要滑头用虚招，可对手是实招，你这个虚招在实招面前只能一触即溃。所以说，军事谋略可以讲虚虚实实，但战斗力必须实实在在，来不得半点虚假，掺不得半点水分。甲午战争的失败，在一定意义上说也是虚招带来的。北洋水师在训练中用的就是虚招，打靶演习时“预量码数，设置浮标，遵标行驶。码数已知，放固易中”。“来远”舰的大副张哲荣在战后反思：“我军无事之秋，多尚虚文，未尝讲求战事。在防操练，不过故事虚行。故一旦兵兴，同无把握。”如果我们不吸取这些惨痛的教训，历史的悲剧就可能重演。

三要求实效。农民种地是为了多打粮食，工人做工是为了出好的产品，运动员参赛是为了多拿金牌，军队打仗是为了赢得战争，经商是为了赚钱，锻炼是为了健康，一切行为和工作的利弊得失，最终都要看效果，效果是最有说服力的。我们共产党人应当做革命的功利主义者，干任何事情都要注重效果。现在，一些党员干部工作不讲实效，用表面文章代替实际效果，只图报告有说头、表面有看头、领导会点头。有个县的领导为了显示自己的“政绩”，投资20万元建了一个所谓优质种牛种羊繁殖示范场，结果只养了一头牛、一只羊供人参观，群众把这个养殖场叫作“珍稀动物园”。有个县搞了个以墙代房的“面子工程”，矗立于交通要道、十字路口，除了欺骗走马观花的领导，对老百姓没有任何用处。对类似问题，我们不能仅仅当作笑话传，而是要以严肃的态度从中吸取教训。

（二）大兴调查研究之风

调查研究本来是我们党的一个好传统，是我们的一大政治优势。但是，现在有一种情况应当引起我们的高度重视，就是基层对上级搞的一些调查研究不太欢迎，甚至当成一种负担，非常反感。这种现象确实值得我们深刻反思。调查研究的目的，本来是为了深入实际，深入群众了解真实情况，听取群众的呼声、了解群众的需求，到第一线去寻找带有普遍意义的典型和经验，寻找带倾向性的问题，寻找解决问题的思路和办法，以更好地形成和实施正确决策、推动各项工作健康发展。而现在一些领导机关搞的调查研究变味了。有的提前打招呼，按照在办公室里想出来的观点和题目，叫下边组成专门班子做准备，搞得下面很烦，实际上获得的是一些二手、三手材料。有的兴师动众，层层陪同，迎到路口，送到县界，搞得下边负担很重。大家反映，接待的负担、陪同的负担、礼品的负担、旅游的负担，担担不轻，不堪重负。有的不愿意沉下身子蹲到点上，满足于面上跑、听汇报、看材料，一路走马观花、雾里看花，什么情况也摸不清，什么问题也没解决。有的不计成本、不讲效益，同样一个问题，各级调查来调查去、研究来研究去、论证来论证去，就是没人去解决问题。有的搞调查研究动机不纯，喜欢听歌功颂德之类的话，甚至搞报喜得喜、报忧得忧，诱使下面用虚假情况来糊弄。现在下面反制调查研究的招数比上级搞调查研究的办法还多。没有调查研究，就没有发言权，这句话大家都很熟悉。毛主席还有句话，没有正确的调查研究，同样没有发言权。这句话，我觉得针对性特别强。调查研究，目的要正确，路线要正确，方法要正确。目的要定在了解真实情况、解决问题上，真正解决问题的调查研究，下面是很欢迎的。所谓路线要正确，就是要到第一线去，到环境最艰苦、矛盾最突出、情况最复杂的地方去，到群众最需要解决问题、最需要上级关爱的地方去。调查研究是很艰苦的工作，调查研究没有好的思想境界和求实的工作态度是做不好的。要和群众心贴心、面对面地交流，打成一片，真心实意地听各种意见。能不能搞好调查研究，本身也是个水平能力问题。同样一件事，或者同到一个单位，去两个工作组，回来结论却不一样，比如，说大家都知道的

"躲猫猫"事件，为什么两次调查的结论不一样？就是作风扎实细致程度不一样。调查，要摸清真实情况；研究，要把问题分析透彻。经过一个去粗取精、去伪存真、由此及彼、由表及里的过程，由感性认识上升到理性认识。

（三）大兴开拓创新之风

创新是一个民族进步的灵魂，是一个国家兴旺发达的不竭动力，也是一个政党永葆生机的源泉。新时期新阶段，我们遇到的新情况、新矛盾怎么解决？没有现成的经验和标准答案，仍然需要我们开拓创新。一个党是这样的，一个单位是这样的，包括一个人的成长进步，都是靠开拓创新推动的。关于开拓创新的问题，我有这么几点体会。

1. 要敢于创新。创新主要有三类：一是原始创新，解决从无到有的问题；二是集成创新，解决从旧到新的问题；三是消化吸收再创新，解决从人到我的问题（把别人的成果经过改造变成我的东西）。这三种创新都要有一种敢于打破常规、敢为天下先的精神。北大校长马寅初讲："言人所言那很容易，言人之欲言就不容易，言人不能言就更难了。"任何创新都不是轻而易举的，都需要巨大的勇气和魄力。改革也好，创新也好，都存在很大的风险，特别是体制机制上的创新，不仅仅是观念的更新，还要涉及利益关系的调整，不但要冒风险，还要得罪人，没有一点勇气和闯劲，是很难做到的。就是自然科学，如果触及利益关系，也是很艰难的。像哥白尼提出的"日心说"，由于动摇了圣经的地位和教会的权威，也遭到了封杀，几百年以后才得到人们的承认。技术创新也是这样，新产品、新技术的产生本身就是对旧产品、旧技术的否定。但是我们思想要很明确，新生事物尽管起初不是很完善，还处于萌芽状态，但是它很有生命力，是任何力量都挡不住的。比如，政治上的改革、体制上的变革、技术上的进步，是挡也挡不住的。"青山遮不住，毕竟东流去”，这是历史的规律。

2. 要勤于创新。开拓创新并不神秘，它是一种社会常态。新事物代替旧事物也是客观规律，在社会大变革时期尤其如此。无论从事什么工作，都有一个不断解放思想、更新观念，开阔新视野、拓展新思路、进入新境界的问题。这就要求我们，始终保持思想活力，勤于学习、勤于思考、勤于探索。小平同志曾讲过：虽然我 80 多岁了，但我的脑子并没有停下来，还在天天思考新问题。他是创新的大家，就是他老人家领导我们开创了中国特色社会主义道路的新境界。韩愈讲：“业精于勤，荒于嬉；行成于思，毁于随。”没有勤奋精神，不掌握新知识、不盯着新标准、不看清新前沿，就跟不上时代的变迁、形势的发展、社会的进步。韩愈的弟子称他的老师：“口不绝吟于六艺之文，手不停披于百家之编。”韩愈文章写得那么好，除了天资聪颖外，最大的原因在于一个“勤”字。文章如此，创新亦然。“闻鸡起舞早耕耘，天道酬勤有志人”。创新是无止境的，需要有不骄不躁、永不满足的追求。个人也好，单位也好，搞成一两件创新也许不难，难就难在经常创新，像古人讲的“苟日新、日日新”。防空旅取得现在这样的荣誉是很不容易的，从某种意义上讲也是开拓创新的结果。令人欣喜的是，现在的领导班子并没有满足已取得的成就，而是不断研究新情况、解决新问题、开创新局面。这种精神非常可贵。

3. 要善于创新。创新是一种勇气，是一种精神状态，同时也是一种工作方法，更是一种素质能力。创新光有主观愿望不行，必须有清晰的思路、科学的实践，靠具体行动来实现。善于创新，首先必须找到创新的突破口。突破口在哪里，要根据实际情况来定，有的遵循先易后难的思路，先解决那些容易解决的问题，层层深入、步步提高。比如说，经商就是这个思路。先解决有无的问题，我有你没有，我就能占领市场；当大家都有了的时候，那就解决质量的问题，我的质量比你好，市场还归我；当质量都差不多的时候，那就解决品牌的问题，谁的牌子硬，谁的市场份额大；品牌解决了，那就解决规则问题，谁掌握了规则上的话语权，谁就掌握了主动。有好多创新，必须抓住群众最关心、上级最关注、引起事物变化最关键的核心。比如，要打赢现代化战争，除了政治上永不变质、毫不动摇，军事上主要解决两个问题：一个是制信息权的问题，一个是指挥体制和指挥能力的问题。如果在这两个问题上取得突破，我们的部队建设就能实现大的飞跃。创新是有条件的，要计成本、看时机、讲效益。我们经常讲，把改革的力度、发展的速度、社会的承受度有机结合，就是这个道理。改革创新也有配套问题、协调问题，必须系统规划、整体推进，不能孤军深入、顾此失彼。创新本质上是个超越问题，要超越自己、超越对手、超越先进。

（四）大兴敢于担当之风

敢于担当，是领导者的基本素质，也是凝聚人心、振奋斗志的基本条件。大家都有这样的体会，都愿意跟着敢于担当的领导干。领导敢于担当，部属就有主心骨，就有信心、干劲，就少有后顾之忧。一个单位的领导敢于担当，人心就齐；反之，人心就散。我们党的事业之所以兴旺发达，就在于有大批敢于担当的干部。

敢于担当，就是要在纷繁复杂的矛盾当中，在对决策的后果看不清楚的时候，能够敢于拿主意，敢于拍板。第二次世界大战期间的诺曼底登陆，艾森豪威尔下决心的时候，作了最坏的打算。他拍板后草拟了一篇新闻稿，里面写道：如果登陆失败，责任由我一人来承担。庆幸的是登陆最后胜利了，稿子没用上。但从中可以看出，艾森豪威尔下这个决心作了最坏的打算。

敢于担当，就是要在各种不同意见甚至反对意见占上风的时候，在对决策的后果个人要付出一定代价的时候，敢于坚持真理。1975年邓小平重新出来工作，大刀阔斧地抓整顿，当时有人提醒他，不要被抓住小辫子。他说，我这个人是维吾尔族姑娘，小辫子多，不怕抓，无非是被再次打倒。1977 年，小平同志第三次出来工作，讲了这样的话：我出来工作，可以有两种态度，一个是做官，一个是做点工作。我想，谁叫你当共产党员呢？既然你当了，就不能够做官，不能够有私心杂念，不能够有别的选择。十一届三中全会后，小平同志起用了一大批老干部，这批老干部对纠正“文化大革命”的错误，稳定和发展我们党的事业，起到了关键的作用。当形势稳定下来后，干部新老交替的问题突出出来了，小平同志提出让一大批老干部离开领导岗位，选拔年轻干部担当重任。很多老干部想不通，小平同志就作出了成立中央顾问委员会的决策，让老干部离开一线到中顾委，把位置让给年轻干部。他说，这是个得罪人的事，我还得罪得起。这种敢于担当的大无畏精神值得我们学习。

敢于担当，还表现在某些事情需要付出代价、作出牺牲的时候，包括工作中出了偏差和失误的时候，领导敢于站出来，主动承担责任、保护部属。我们现在正处在一个社会大变革的时期，前进的道路上充满各种各样的困难、挑战、风险和考验，特别需要各级领导以老一辈革命家为榜样，大兴敢于担当之风，肩负起伟大时代赋予的历史重任。

讲风气，还有个很重要的问题，就是大兴清正廉洁之风。这既是个思想作风，又是个领导作风；既是个生活作风，又是个工作作风。清正廉洁，对于执政党、对于领导干部尤为重要。清正廉洁，关键是掌好权、用好权。权力是把双刃剑，用好了，可以为群众办好多事情；用不好，也会成为腐败的工具，害人害己。清正廉洁一定要从自身做起。现在一讲清正廉洁，很多同志就会说，大环境不好，自己的小单位很难搞好；别人搞不正之风，自己不搞就会吃亏。这种思想要不得。就我们自己来讲，对社会大环境有责任，对自己单位有直接责任。要克服攀比思想、侥幸心理，以独善其身的品德，达到兼济天下的境界。我很赞成北大提出的口号：从我做起，从现在做起，从具体事做起。通过廉洁自律，为党风和社会风气的好转做出应有贡献。

人民观：毛泽东思想的本质*

今天我们在这里纪念毛泽东同志诞辰 120 周年。此时此刻，我们更加怀念我们的伟大领袖，更加敬佩他老人家的雄才大略、人格魅力和光辉榜样。毛主席的丰功伟绩可以说是盖世无双，世人皆知，人民感恩，连对手也不得不佩服。我在想，他老人家在一个半封建半殖民的旧中国，何以能够缔造一个马克思主义政党？何以能够缔造一支战无不胜攻无不克的人民军队？何以能够用短短 28 年时间就领导人民推翻了“三座大山”、建立了人民当家作主的新中国？何以能够很快地完成了新民主主义革命并建立了中国特色社会主义新制度？何以能够为我们党我们军队我们国家建立起一系列正确的方针政策法规制度？何以能够创造了中国化的马克思主义创新理论体系毛泽东思想？何以能够得到亿万人民群众衷心的拥护和爱戴？即使犯错误的时候人们也能理解和原谅他，认为他的错误是为人民犯的，是探索中的错误，是可以理解的。在他逝世几十年后人们仍然深情地怀念他、敬仰他，这里的道理究竟在哪里？想来想去，我觉得，最根本的就是毛泽东同志是一个大公无私的人，是一个一生和人民心连心与人民共甘苦的人，是一位深得党心、军心、民心的人。毛泽东之所以能带领中国人民开创盖世伟业，集中到一点，就是毛泽东的人民观。人民观是毛泽东思想的本质，是毛泽东领导中国革命和建设走向成功的最重要的法宝。毛泽东同志的智慧、力量、魅力、威望，都深深根植于人民观这个根本之中。我认为，毛主席的人民

---

* 本文系 2013 年 12 月 26 日在纪念毛泽东同志诞辰 120 周年论坛上的发言。

观，至少包含以下四点：

一、彻底的唯物史观

毛泽东同志历来坚持人民群众是创造历史的唯物史观，反对英雄创造历史的唯心史观。他鲜明地提出："人民，只有人民，才是创造世界历史的动力。"他一贯坚定地认为，人民群众中蕴藏着无穷的智慧和力量，坚信世界上人是第一可宝贵的，只要有了人，什么人间奇迹都可以创造出来。他反对"天才论"，认为天才就是"比较聪明一点"。人的知识才能只能从社会实践中来，从人民群众中来。群众是真正的英雄，而我们自己则往往是幼稚可笑的，不了解这一点，就不能得到起码的知识。他多次在群众集会场合高呼"人民万岁"的口号。基于此，他坚信只要把中国人民发动起来，革命就一定获得成功。他在学生时代创办《湘江评论》时，就大胆明确地提出："什么问题最大？吃饭问题最大。什么力量最强？民众联合力量最强。""天下者，我们的天下，国家者，我们的国家，我们不干谁干！"立场态度是多么的鲜明和坚决。之后，他通过深入调查研究，做出了中国社会各阶级的分析，提出"谁是我们的敌人，谁是我们的朋友"，确立了革命的首要问题。坚决地依靠无产阶级领导人民群众起来推翻"三座大山"，"唤起工农千百万，同心干"。他把人民群众放在至高无上的地位，称人民才是真正的上帝。说我们的事业会感动上帝的，这个上帝不是别人，就是广大人民群众。人民群众得罪不得，谁得罪了谁就要垮台。先是提出我们的党要"为群众服务"，后来逐步演变成"全心全意为人民服务"。这一思想被写入党章，作为我们党和军队的根本宗旨。

毛泽东同志始终把人民利益作为一切工作的出发点和立足点。在革命初期，就提出"农民问题乃国民革命的中心问题，农民不起来参加并拥护国民革命，国民革命不会成功；农民运动不赶速地做起来，农民问题不会解决；农民问题不在现在的革命运动中得到相当的解决，农民不会拥护这个革命”。正是在毛泽东人民观指导下，才把亿万贫苦农民团结在我们党的周围，成为中国革命的主力军和原动力，组成了浩浩荡荡的革命队伍。毛泽东军事思想的基本内涵，就是建立一支人民军队，进行人民战争，实行人民战争的战略战术，兵民是胜利之本，中国武装斗争的胜利就是人民战争的胜利。

毛泽东同志倡导和创造了人民当家作主的新政权，把马克思主义的唯物史观从理论到实践上实现了新的飞跃。早在20世纪30年代，毛泽东就为依靠和发动人民群众建立属于自己的政权而努力实践。中华苏维埃共和国临时中央政府的成立，是毛泽东以人民观思想为指导，建立人民民主政权的第一次伟大尝试。虽然只经历了短短4年，但在体现人民观思想和人民民主政权内涵方面，谱写了辉煌的历史篇章。一是建立了工农民主专政的国家政权体制。其组织形式是各级工农兵代表大会。二是实施了广泛的民主选举。规定凡居住在中华苏维埃共和国内的居民，凡达到法定年龄的，不分性别、民族、宗教，都有选举权和被选举权（剥削分子除外）。特别是，对于不称职的代表，选民们有权将他们撤换和召回。这种民主选举和民主罢免相结合的制度，以及有利于工农群众参与选举的机制，使劳苦大众参政议政的愿望得以实现。三是探索了民主监督机制。党和苏维埃政府成立工农检查部，负责检查苏维埃政府颁布的各项法令的执行情况，在工农检查部设立控告局，专门负责受理工农群众对苏维埃机关或国家经济机关的检举控告，并派人对其控告事项进行调查；在苏区的《红色中华》、《斗争》等刊物上开设专栏，登载工农群众和各方面对党和政府人员的批评意见，发挥舆论监督作用。

在延安时期，毛泽东利用抗日民主政权可以合法存在的有利条件，在更大范围、更深层次上进行人民民主政权的实践探索。除继承中华苏维埃时期的传统制度外，延安时期陕甘宁边区的人民民主政权还建立了参议会，包容了根据地内拥护抗日又拥护民主政治的宗教人士，甚至一些反动分子的家属子女等各阶层人士。它既是一个民意机关，也是最高立法机关、权力机关和监督机关。为团结各阶层人士，建立起了“三三制”政权。所谓“三三制”，是指在政府工作人员中实行共产党员、非党左派进步分子和中间派各占三分之一的组织形式。实践证明，陕甘宁边区各级人民政权具有更广泛的代表性，决策的民主性、科学性大大增强，吸纳了大量优秀人才，工作效率极高。特别值得一提的是，恢复了地主、资本家的选举权和被选举权，而且各抗日党派也都可以公开竞选。在选举上，还创造了灵活多样的方式，如写票法、画圈法、画杠法、画点法、投豆法、燃香烙洞法等，使边区不识字的普通百姓都能充分行使民主权利，表达自己的真实意愿。不仅如此，陕甘宁边区的人民民主政权还体现在选举权、监督权和罢免权的统一，边区人民有权对上至中央政权、下至自然村政府的各级参议会和政府的工作进行“检阅”和“评价”，对不称职的政府人员有权罢免。这些举措使人们不得不相信，在一个没有民主传统、缺少现代文明资源的落后国家的落后地区，共产党支持人民当家作主的政治理念成为活生生的现实。

新中国成立后，毛泽东建立人民民主政权的人民观思想有了更大的发展。一是确立人民代表大会制度、中国共产党领导的多党合作的人民政治协商制度、民族区域自治制度、基层民主选举制度以及以生产资料公有制为基础的社会主义基本经济制度的建立，奠定了人民当家作主的根本性制度基础。二是强调要注意区别党的领导、党的工作与国家政权机关工作的差异性，反对党政不分、以党代政等，努力理顺党政关系。三是把国号定名为“人民共和国”、把政府定名“人民政府”，还有人民解放军、人民币、人民邮电、人民铁路、人民警察、人民银行、人民大会堂等称谓，都是为了把人民当家作主的理念渗透到方方面面。四是明确“党是人民群众在特定的历史时期为完成特定的历史任务的一种工具”，“党没有超乎人民群众之上的权力”，“没有向人民群众实行恩赐、包办、强迫命令的权力”，“没有在人民群众头上称王称霸的权力”。毛泽东还曾提出“改进人民代表大会制度”、“学习西方议会的某些形式和方法”和“中央委员会设立名誉主席”、“实行党的代表大会常任制”等，这些积极的设想虽然因为后来“左”的影响未能完全实现，但都体现了毛泽东一切相信人民、一切依靠人民、一切为了人民的思想，体现了他为建立人民当家作主的人民民主政权而付出的毕生努力。

二、坚定的群众路线

毛泽东的人民观，既包括了人民群众创造历史的动力观，又包括了从群众中来到群众中去的方法论。在他领导中国革命和建设的毕生事业中，始终以全心全意为人民服务作为党的根本宗旨。把群众路线作为党的生命线，把人民观化为党的路线方针政策作为各项工作的根本遵循。

从群众中来到群众中去，是毛泽东向全党提出的根本的工作方法，通称为群众路线。这是保证党始终保持人民本色，保持与群众血肉联系的根本路线。毛泽东指出，在我党的一切实际工作中，凡属正确的领导，必须是从群众中来、到群众中去。这就是说，将群众的意见（分散的、无系统的）集中起来，（经过研究化为集中的系统的意见），又到群众中去做宣传解释，化为群众的意见，使群众坚持下去，见之于行动，并在群众实践中检验这些意见是否正确。然后，再从群众中集中起来，再到群众中坚持下去。如此无限循环，一次比一次更正确、更生动、更丰富。群众路线把党的路线方针政策同人民群众的社会实践紧密结合起来，使党和群众融为一体，这是毛泽东对马克思主义理论的伟大贡献。

毛泽东同志历来认为，搞好党群关系是一个大问题，如果党群关系搞不好，革命和建设事业就不能胜利，胜利了也不能巩固。他处处为群众着想，甚至一些细节都考虑到了。比如，1928 年，毛泽东率领的工农革命军在江西遂川发动群众，建立工农兵的苏维埃政府。为了巩固胜利成果，起草了一份《施政大纲》。为了让群众能看得懂、听得清、记得牢，毛泽东用通俗易懂的群众语言对一些条文进行了修改。如把“不虐待儿童”改为“不准大人打小孩”，把“废除买卖婚姻”改为“讨老婆不要钱”，把“废除债务”改为“借了土豪的钱不要还”等。毛泽东当时说，我们制定这么一个政纲的目的是什么？就是要让广大群众都能了解，以便共同遵守和执行。如果用冷僻和深奥的语言，群众听不懂，就达不到目的。这个做法，对我们今天改进党风文风仍有重要启示。我们党的三大作风（理论联系实际、密切联系群众、批评和自我批评）都是人民观的具体展开。理论联系实际，就是要我们反对教条主义，反对本本主义，思想理论不要脱离实际，不要脱离群众；密切联系群众，就是深入群众，了解群众，依靠群众，服务群众，是具体的人民观；批评和自我批评，也是以人民利益为出发点落脚点的，“因为我们是为人民服务的，所以，我们如果有缺点，就不怕别人批评指出。不管是什么人，谁向我们指出都行。只要你说得对，我们就改正。你说的办法对人民有好处，我们就照你的办。”为人民利益坚持正确的、改正错误的、补充不足的，是人民观的题中应有之义，也是我党同一切剥削阶级政党相区别的一个重要标志。

毛泽东特别注重调查研究，倡导要向人民群众学习，把群众的意见当作工作的指导意见。他说：“没有调查就没有发言权”，要作出正确决策，就要先进行正确的调查研究。他强调一切共产党员和领导干部，首先要向群众学习，先做群众的学生，后做群众的先生。不经常向群众学习，不在群众的实践中吸取营养，势必脱离群众，使自己孤立起来。只有虚心向人民群众学习，吸收集中群众的智慧，才能做出正确的决策。要真心倾听人民的呼声和意见，把群众的意见作为指导我们工作的“第一信号”，把解决群众困难作为工作的出发点和落脚点。

毛泽东对待群众的意见和建议，包括一些尖锐的意见，甚至错误的言论，都能认真听取。正确的，改正接受；不正确的，引以为戒，不打棍子，不扣帽子。1941 年夏天，陕甘宁边区农妇伍兰花的丈夫不幸遭雷击而亡。悲痛之余，伍兰花骂道："老天打雷，怎么不劈死毛泽东啊？"有关人员听说后，欲抓人问讯，毛泽东不但予以制止，还把伍兰花请到自己的住处。了解到她家存粮少、负担重的情况后，毛泽东又顺藤摸瓜深入调查，发现边区政府征粮过多，引起了群众不满。为此，他不但检讨了错误，还与边区同志一道，采取一系列措施减轻农民负担。这件小事上充分显示出，毛泽东对群众的感情是纯真的，体现了共产党人的博大胸怀。他不计较群众反映问题的方式，而是时刻注重从自身查找问题。毛泽东就是这样身体力行地冷静面对和处理群众的咒骂，才换回了百姓对中国共产党由衷的称赞和真心拥护。

毛泽东强调，共产党人要"全心全意地为人民服务，一刻也不脱离群众；一切从人民的利益出发，而不是从个人或小集团的利益出发"。在毛泽东人民观的指导下，中国共产党把人民的利益放在首位，无条件地以个人利益服从人民利益，把群众满意不满意、拥护不拥护、高兴不高兴、答应不答应作为检验工作的唯一标准。这不仅体现在政策制定方面，也体现在具体工作落实方面。他不仅自己亲自下乡调查，还嘱咐身边工作人员，利用回乡探亲的机会，获得真实民情。有一次，他身边的警卫战士回乡探亲带回了乡亲们的口粮——又黑又硬的窝窝头。接过窝窝头，毛泽东的手颤抖了。毛泽东曾在陕北时说过："我这个人平时不爱落泪。我听不得穷苦老百姓的哭声，看到他们受苦，我忍不住要掉泪。"这一次，毛泽东把窝窝头掰一块放进嘴里，泪水立刻溢满眼眶。当他咽下那粗糙的窝头时，豆大的泪珠便顺着面颊流下来，鼻子也拥塞了。他把窝头分给身边的工作人员，一边分，一边哭着说："吃，你们都吃一块。这就是我们农民的口粮，这就是种粮的人吃的粮食啊！你们比比他们吃的饭，要将心比心！"那天夜晚，毛泽东失眠了，嘴里不断自言自语："为什么会这样呢？……人民当家作主了，不再是为地主种田，是为人民群众自身搞生产，生产力该获得解放么……"以后很长时间，毛泽东时时严肃深沉地思考，似乎一直在考虑这个问题，无论是吃饭、睡觉和散步。他多次独自喃语："我们是社会主义么？不该是这样。要想个办法，想个办法……"从这些事例上我们也能感受到，毛泽东一生都在为人民的利益、人民的幸福而思考，人民群众不满意，他就放心不下。

毛泽东历来重视并倡导关心群众生活，让群众从看得见摸得着的利益中得到满意、得到幸福。他在1934年1月所作的《关心群众生活，注意工作方法》中说："我们应该深刻地注意群众生活的问题，从土地、劳动问题，到柴米油盐问题。妇女群众要学习犁耙，找什么人去教他们呢？小孩子要求读书，小学办起了没有呢？对面的木桥太小会跌倒行人，要不要修理一下呢？许多人生疮害病，想个什么办法呢？一切这些群众生活上的问题，都应该把它提到自己的议事日程上。应该讨论，应该决定，应该实行，应该检查。要使广大群众认识我们是代表他们的利益的，是和他们呼吸相通的。"毛泽东严厉批评那种只管推行自己的工作、不管群众生活的现象。指出，只有关心并组织好群众的实际生活，才能使群众了解我们提出来的更高的任务，才能开展好我们的工作。他明确提出，组织革命战争和改良群众生活是当时的两大任务。

毛泽东在1942年12月所作的《必须给人民看得见的物质福利》一文中说："一切空话都是无用的，必须给人民以看得见的物质福利。"他批评一些同志只知向人民要粮、草、税等这样那样的东西，不知道还要用尽力量帮助人民发展生产、提高文化。他指出："我们的第一个方面的工作并不是向人民要东西，而是给人民以东西。”“我们应该不惜风霜劳苦，夜以继日，勤勤恳恳，切切实实地去研究人民中间的生活问题、生产问题。”“帮助人民具体地而不是空话地去解决这些问题。”并认为只有在做了这一方面工作并确实产生了成效后，我们才能取得人民的拥护。

正因为毛泽东始终为人民满意不满意而思考，为人民幸福找途径、想办法，鞠躬尽瘁地忘我工作，即使一时考虑不周出现了偏差也能很快得到纠正，遇到像三年自然灾害那么大的困难，人们依然坚信毛主席，坚信党中央，上下同心奋发图强，共同战胜困难。

以史为鉴，鉴史明理。今天，中国人民已经能够从历史的比较中更加理性地考量毛泽东的成就和错误。当社会上一些用心不良的人企图丑化毛泽东形象时，广大中国人民都会义愤填膺、坚决痛斥。一些理性的西方人士也强烈地支持和赞颂毛泽东，这都归因于他的人民观和对人民观的身体力行。

三、热爱人民的深厚情感

毛泽东从小就受到中国传统文化的教育和熏陶。从中华传统文化中凝结和养成了与人民群众真挚深厚的情感。他 9 岁在家乡韶山南岸读私塾，熟读《三字经》、《论语》、《孟子》、《诗经》等，并深受母亲的影响，对贫苦大众有强烈的同情心。19 岁考入长沙湖南第一师范后，孜孜以求攻读宋明理学、朱熹哲学。特别是在杨昌济老师的指导下，认真研读朱熹的《近思录》、《四书集注》等书，对中国传统文化的史学典籍有着浓厚的兴趣。后来又熟读《春秋左传》、《史记》、《资治通鉴》、《日知录》等。特别爱好王船山、谭嗣同的著作和康有为、梁启超的文章，还精心研读过曾国藩的著作。这些深厚的国学基础和渊博的历史知识，对毛泽东后来成为一代伟人起到了相当重要的作用。从对待人民群众这个角度讲，正是由于受到这些中华传统文化的熏陶，他特别强调儒家的民本思想，即民为贵、君为轻。在这方面，他有过许多深刻的阐述。比如，“高贵者最愚蠢，卑贱者最聪明”，人民的感情是最纯朴的、思想是最干净的，尽管他们的手是黑的，脚上沾有牛粪，他们的思想境界还是比资产阶级和小资产阶级知识分子都要高尚得多。他把群众比作手足，与人民群众同住一个屋檐下，他给普通的老农祝寿，宁肯自己受冻把棉被给炊事员盖，等等。无论是青年奋斗时期，还是领导中国革命和建设时期；无论是作为一名普通的革命者，还是作为一名领袖，他都一如既往地保持着平民本色，保持与人民群众的深厚情感。

毛泽东还非常强调对人民群众的感情是共产党人的根本态度和根本立场问题。尤其是在党领导人民群众进行革命和建设过程中，更是把这个问题上升到革命和建设成功与否的战略高度去认识。要求全党的干部从根本上确立党的群众观点和民主观念。他说：“很多人对于官兵关系、军民关系弄不好，以为是方法不对，我总告诉他们是根本态度（或根本宗旨）问题，这态度就是尊重士兵和尊重人民。从这态度出发，于是有各种的政策、方法、方式。离了这态度，政策、方法、方式也一定是错的，官兵之间、军民之间的关系便决然弄不好。”这些都充分回答了共产党员和党的各级干部，应该以什么样的立场和态度对待人民群众，以什么样的精神和力量去为人民服务这一根本性问题。

毛泽东对人民群众的无比情怀，不仅体现在他的重要思想和各种重要论述中，更体现在他与人民群众同甘共苦、生死与共的具体行动上。毛泽东最看不得的就是群众受苦。早在红军时期，他就在一次战斗中从指挥所跑到前线为伤员包扎伤口，并亲自背伤员赶往救护所。还曾亲自带领警卫员下井掏污泥，把老古井清洗干净，让人民群众喝上清水。延安时期，毛泽东说过：“我听不得穷苦百姓的哭声，看到他们受苦，我忍不住要掉泪。”毛泽东一生有记载的三次放声大哭，两次是为人民群众：一次是河南驻马店发大水，老百姓躲在树上，被毒蛇咬死，毛泽东听到这些情况，由抽泣变为号啕大哭；一次是唐山大地震，毛泽东看着报告放声大哭，很长时间停不住。作为一代叱咤风云的开国领袖，毛泽东面对国民党的百万大军、侵略者的飞机大炮，从不畏惧、从不低头，而在天灾人祸面前，却放声痛哭。显然，他是在为人民受苦而哭。毛泽东的这些话语和哭声，都是发自肺腑的，充分表达了他深厚的人民情怀。毛泽东一生为着中国人民的解放和幸福而孜孜以求。据他身边的工作人员回忆，三年自然灾害期间，当他得知许多老百姓吃不饱后，非常自责和内疚，主动将自己的生活标准降低，连最爱吃的红烧肉也取消了。省下这几个钱，虽然杯水车薪，但对困难中的中国人民则是巨大的精神鼓舞。

四、清正廉洁的为民作风

从跳出历史周期律的高度看待为政清廉。毛泽东对中国历史，特别是历朝历代的兴替，有着比较深厚的研究。正因为如此，他在1945年7月与黄炎培先生的谈话中指出，跳出历代统治阶级由兴到衰，由“人存政兴”到“人亡政息”的历史周期律的新路就是民主。只有让人民起来监督政府，政府才不敢松懈。只有人人起来负责，才不会人亡政息。在毛泽东看来，只有发扬人民民主，实行广泛而有效的人民监督，才能保证党和政府不腐败变质，避免重蹈“人亡政息”的覆辙。这一点他看得非常深远。人民监督领导的核心问题，是使领导正确地掌权用权，严防把人民赋予的公共权力蜕变为个人或小集团谋取私利的工具。对此，毛泽东一生中进行了不懈的探索，主张从多方面对党和政府进行监督。关于党内监督，他曾指出：“必须对党员进行有关党的纪律的教育，既使一般党员能遵守纪律，又使一般党员能监督党的领袖人物也一起遵守纪律。”关于党外群众监督，他十分注意依靠人民群众的力量，包括发挥各级人大法律监督和工作监督的作用，重视人民来信来访的处理，自下而上地监督领导干部。他提出：“谁犯了官僚主义，不去解决群众的问题，骂群众，总是不改，群众就有理由把他革掉。”1953 年，他还特别指出：“凡典型的官僚主义、命令主义和违法乱纪的事例，应在报纸上广为揭发。”新中国成立初期处决刘青山、张子善，充分体现了他对为政清廉的决心与态度。

从制度和立法上筑牢拒腐防变“防火墙”。对于执政者的腐败问题，毛泽东不仅有深刻的认识，而且在新中国成立后从改造社会根本制度入手，初步建立了一整套反腐倡廉的防御体系，消除腐败现象滋生的土壤和条件。由他起草的《共同纲领》规定：“中华人民共和国的一切国家机关必须厉行廉洁的、朴素的为人民服务的革命工作作风，严禁贪污，禁止浪费，反对脱离群众的官僚主义作风。”这就使新中国的反腐倡廉工作能够有法可依。第一部《中华人民共和国宪法》规定，一切国家机关人员必须接受群众监督，任何公民都有权对任何违法失职的国家机关工作人员，向各级国家机关提出书面控告或口头控告。这对于打击或防止国家机关工作人员的腐败行为具有重要意义。随着党的全国执政地位的确立，党的纪律问题日益凸显。毛泽东和中共中央决定成立中央纪律检查委员会及地方各级纪律检查委员会，同时制定了《关于处分党的组织及党员的批准权限和手续的规定》。高岗、饶漱石的问题暴露后，毛泽东建议按照党章成立中央监察委员会代替纪律检查委员会，随后党的各级监察机构相继成立。各级监察委员会的成立及其监察制度的建立对于监控党政干部的腐化堕落行为具有一定的防御功效。为使惩治腐败有章可循、有法可依，中共中央颁布了《关于实行精兵简政、增产节约、反对贪污反对浪费和反对官僚主义的决定》，1952 年 4 月 8 日，中央人民委员会通过的《中华人民共和国惩治贪污条例》成为几十年来我国制定惩治贪污贿赂犯罪法律的参考依据。此外，政务院还发布《关于处理贪污、浪费及克服官僚主义错误的若干规定》、

《关于追缴贪污分子赃款赃物的规定》。特别是针对新中国成立初期一些国家工作人员沉溺于追逐利润、贪图享乐、贪污浪费的现象，政务院先后发出《关于禁止机关部队从事商业经营的批示》、《统一管理机关生产的决定》、《关于不准请客送礼和停止新建招待所的通知》等。多次强调干部下放劳动，工农兵占领上层建筑，知识分子与工农兵相结合，把医疗卫生工作的重点放到农村去，实行两参一改三结合……这些在制约干部搞特权、防止脱离群众和滋生腐败方面都起到了非常重要的作用。

毛泽东一生以改造中国、造福人民为己任。在党的七届二中全会上，他旗帜鲜明地提出了“两个务必”的思想，告诫全党决不当李自成。作为执政党的领袖，他极力主张为政清廉，同时身体力行，亲民为民。无论是在革命战争年代还是在和平建设时期，毛泽东都以身作则、廉洁奉公，率先垂范。自己生活上要求不高，吃碗红烧肉就是享受了。新中国成立后，毛泽东经常接到礼品，有外宾送的，也有内宾送的，一律交公。庐山会议期间，身边工作人员接收了地方送的水果、茶叶、丝绸等物，毛泽东知道后大发雷霆，狠狠地处理了收受礼品的工作人员，自己拿出3万元稿费作了退赔。作为领袖，他把古人讲的“广厦千间，人只要卧榻三尺，良田万顷，人只能日食三餐”的道理参透并付诸实践。不仅如此，对子女历来严格要求，不许他们有丝毫特权。他曾讲过，我很担心我们的干部子弟，他们没有生活经验和社会经验，可是架子很大，有很大的优越感。要教育他们不要靠父母，不要靠先烈，要完全靠自己。朝鲜战争爆发后，毛泽东鼓励新婚不久的毛岸英赴朝参战。岸英牺牲后，毛泽东承受着老年丧子的巨大悲痛，对回国汇报工作的志愿军司令员彭德怀说，为了反抗侵略者，中国人民志愿军牺牲了成千上万的优秀战士，岸英属于其中的一员。不要因为是我的儿子就当成大事。不能因为是我、党的主席的儿子，就不应该为中朝人民共同的事业而牺牲。对自己的亲友，毛泽东严格要求他们不得搞特殊化。1949 年开国前后，湖南不少亲友写信向毛泽东祝贺，有的提出推荐工作的要求。毛泽东一律拒绝。他说：我们共产党有共产党的章法，决不能像蒋介石政府那样搞裙带关系。我们如果也那样搞下去，早晚会和蒋介石一样垮台。就连至亲杨开智提出要来京工作，毛泽东仍坚持按规矩办事。他给杨开智回信指出："不要有任何奢望，不要来京，湖南省委派你什么工作就做什么工作，一切按正常规矩办理，不要使政府为难。"毛泽东为中国革命和建设事业奉献了毕生的精力，牺牲了六位亲人，全国人民看得明、记得清。他身为党和国家的最高领袖，一生清正廉洁、两袖清风，他带头减薪，不搞特殊化，不住大房子，不坐豪华车，平时日常开支从自己稿费里支出，去世后留下 124 万稿费全部上交国家。他的睡衣有 73 个补丁，我们国家再穷也能给主席买得起一件睡衣，他老人家真是高风亮节！他对腐败深恶痛绝。他曾说过一句振聋发聩的话：谁要搞那一套，我毛泽东就割谁的脑袋！我毛泽东若是搞，人民就割我毛泽东的脑袋！这种以上率下的底气哪个能比！毛泽东同志一生真正做到了完全彻底为了人民，表现出崇高的追求和伟大的人格，为全党树立了光辉的榜样。

今天，我们纪念毛泽东同志诞辰 120 周年，继承和发展他老人家倡导的人民观，完成他老人家开创的伟大事业是我们的历史责任，也是对老人家最好的纪念。从毛泽东的人民观到习近平把"中国梦"定义为"全体中国人民的梦想"，一脉相承又与时俱进，人民观奠定了坚实的基础，中国梦开拓了新的境界。把我们这一代人的事办好，把这一棒接好，再传承下去，我们的党、我们的军队、我们的社会主义就会兴旺发达，勇往直前。

对新形势下
密切联系群众的几点思考*

在世情、国情、党情发生深刻变化的新形势下，胡锦涛总书记在去年的“七一”讲话中，向全党发出谆谆告诫：落实党要管党、从严治党的任务比以往任何时候都更为繁重、更为紧迫；要警惕精神懈怠的危险、能力不足的危险、脱离群众的危险、消极腐败的危险。我理解，这“四大危险”中，脱离群众的危险是危险中的危险，是致命的危险。精神懈怠、能力不足、消极腐败，属于工作中的精神状态、能力方法、工作作风的问题，可以加强，可以纠正，可以调整，做起来相对容易。而人民是我们的执政之基、力量之源，党一旦严重脱离群众，就会失去民心民意，导致人心向背，丧失执政之基，就有重蹈“历史周期律”的危险。要摆脱这一危险，难度非常大。按照黄炎培老先生讲的，虽有大力也无法扭转、无法补救。因此，新形势下，党员干部要把密切联系群众当作防止“人亡政息”的国家大事来对待，密切关注，着力解决。

一、密切联系群众的当代意义

在长期的革命、建设和改革实践中，我们党形成并积累了许多做群众工作的优良传统。“一切为了群众、一切依靠群众，从群众中来，到群众中去”的群众工作路线，成为我党必须坚持的根本工作

*此课在多个单位讲过，本文根据2012年4月23日在山东省委党校的讲课录音整理。

路线，是我党三大优良作风之一，是我党立于不败之地的根本政治优势。这和我党的基本路线一样，只要我党执政，任何时候都不能丢、不能忘。当前，一些地方、一些领导干部不同程度地脱离了群众，党群关系、干群关系出现了一些不容忽视的问题。我想，归根到底是部分同志对脱离群众的危险性认识不够。我理解，对待党同群众的关系，应该从执政兴国、治国安邦的高度来认识和对待。

（一）密切联系群众是巩固党执政地位的根本保证

世界政治发展史上有一条铁律：得民心者兴，失民心者亡。无论什么社会形态、什么社会性质、什么发展阶段，作为执政者，只要紧密地和群众联系在一起，得到人民群众真心实意的拥护和支持，政权就会相对稳定。一旦脱离了群众，就会“枉道速祸”。据国防大学出版社出版的《中国皇帝史》介绍，在我国，自公元前 221 年秦王嬴政称“皇帝”始，到 1912 年最后一个封建皇帝溥仪，经历了 2132 年，皇帝总数有 829 位。真是“其兴也勃焉，其亡也忽焉”！最典型的是南北朝五代时期，短短 50 余年，天下五易其主。这里的原因很多，也很复杂，具体原因不尽相同。但有一个共同特点：执政者脱离群众。汉代政治家贾谊在《过秦论》中总结了秦朝失败的教训。秦灭六国后，一统天下，政治、经济、军事异常强大，按理说，没有任何一个国家有实力与之对抗，只要用人得当，关注民生，轻徭薄役，人民支持，政权断然不会速亡。但秦二世而亡，仅存在了十四年。因为什么呢？正如贾谊所说：“仁义不施，攻守之势异也。”结果，“一夫作难而七庙隳，身死人手，为天下笑”。秦朝的暴政，使执政阶层严重脱离了人民群众，官逼民反，陈胜吴广揭竿而起，秦王朝迅速垮台。

历史经验反复证明：什么时候党的群众路线执行得好，党群关系密切，党就有蓬勃的生机和无限的活力，党领导的事业就顺利发展；什么时候党的群众路线执行得不好，党群关系受到损害，党的执政地位就受到威胁，党领导的事业就要遭受挫折。苏区群众“十送红军”的深情，沂蒙山红嫂救活解放军战士的义举，淮海战役数十万群众推小车送补给的支援，这些都是党与人民群众血肉联系的生动写照。在党的正确领导下，我们紧紧地依靠群众、组织群众、发动群众，形成了坚不可摧的钢铁长城。最后，我们以弱胜强、以劣胜优，把蒋家王朝埋葬在人民战争的汪洋大海，推翻了“三座大山”，建立起了一个巩固的新政权。新中国成立后，我们的党群关系出现了一些问题，使我们的社会主义事业遭到挫折，给人民带来了不可估量的损失。如 1958 年的“大跃进”和十年“文化大革命”就是有力的例证。所以，我党有一个经典的概括：我党最大的政治优势是密切联系群众，党执政后最大危险是脱离群众。历史的经验永远值得注意。

我党执政后出现了“两个根本变化”：一是我们党从革命党变为执政党，中国共产党人由“民”变“官”，地位发生了根本变化。二是执政前我们没有任何资源可以支配，执政后我党掌管了全国的政权和资源。党在长期执政的条件下，生存环境、社会地位、领导方式、可支配的资源、所受到的诱惑都发生了根本变化。概括起来，随着老一代共产党人退出领导岗位，新生代共产党人逐步走向领导岗位。一部分同志对我党我军走过的道路不甚了解，加上外部条件的影响，党内一些同志特别是有的领导干部逐渐淡漠了群众观念、淡化了群众感情，甚至脱离群众，凌驾于群众之上。这本身就蕴含着脱离群众的巨大危险。同时，在和平环境中，党没有了被敌人追剿的危险，没有了战火的洗礼和恶劣的环境的考验，没有了一脱离群众就立即遭到失败的危机压力。党的领导更多地通过国家政权的方式体现，把党的意志上升为国家意志，主要运用法律的、经济的和必要的行政措施对社会进行规范和领导。在这种情况下，一些同志会认为，只要贯彻好上级要求就行了，联系群众的必要性不大了，这就使脱离群众的问题一下子突出起来。所以，和平时期脱离群众的现实危险，比战争时期不是减少了而是增大了。所以，在座的党员干部要从巩固党执政地位的高度来看待党同群众的关系。在思想上、工作上和实践上，最大限度地联系群众，党执政后最大的危险，绝不能发生在我们这代人身上，我们绝不能成为历史的罪人！

（二）密切联系群众是化解各种矛盾和问题的根本出路

从历史上看，我们这个党之所以有力量，能够从容化解各种风险和考验，能够应对和解决各种矛盾和问题，就是因为我党始终扎根于人民群众之中，善于集中人民群众的智慧和创造。我们党在历史上的每一次胜利，没有哪一项不是实行群众路线的结果，没有哪一件不是因为这些工作本身反映了广大群众的要求，并且变成了广大群众自觉自愿的行动。从这个角度讲，群众是我们的执政之基、力量之源。大家知道，从理论上讲，毛泽东思想不止是毛泽东一个人智慧的产物，而是全党智慧的结晶。同时，毛泽东思想也是总结人民群众智慧的产物。正如他自己说的，是“在党和人民的集体奋斗中”产生的。毛泽东思想中许多智慧和方法，来自基层干部、基层群众、基层官兵的创造。从这个角度看，毛泽东思想是我党密切联系群众、对群众思想进行总结和升华的产物。毛泽东是密切联系群众的大师。每当他觉得没有办法的时候，就到群众中去拜人民为师，向人民学习，做调查研究，和群众一结合，管用的措施、办法和思路就形成了。为了反对当时红军中的教条主义，挽救党和红军，1930 年毛泽东在寻乌广泛进行社会调查，接连开了十多天座谈会。参加调查会的，有一部分寻乌县的区乡干部，另外还有一个穷秀才，一个破产了的商会会长，一个在知县衙门管钱粮的已经失业的小官吏，共 11 人。毛泽东通过广泛联系群众，总结群众的智慧，写成了长达 8 万多字的《寻乌调查》，后来改名为《反对本本主义》，收录进《毛泽东选集》。这一思想使党的指导思想发生了根本变化，加强和改善了党的领导，挽救了党和红军，挽救了中国革命。改革开放时期，当年的安徽小岗村包产到户，是18位被逼得走投无路的农民，冒着杀头的危险，在写了字据、按上手印的情况下一点点偷偷摸摸地干起来的。后来这一做法被中央肯定，才有了家庭联产承包责任制，从此拉开了我国农村改革的大幕，成为我国改革开放的突破口。所以，群众中蕴藏着破解各种难题的“金钥匙”，我们一旦找到了它、运用了它，我们就一定能迎来一个大好的发展局面。

当前，我们处在新的历史时期，站在新的起点上。世界正处在大变革大调整之中，我国正处在大改革大转型之中。我国经济社会发展向好利好的基本面没有变，但政治体制改革需要进一步推进，民生问题需要尽快改善，转变经济发展方式步履维艰。国际国内各种矛盾和问题相互叠加、相互制约，处理起来非常棘手。我有一个基本判断：内忧外患已经对我们的未来发展，对中央“稳中求进”的发展战略形成较大制约。2012年至今后一个时期，将是极其不平凡的发展时期。我们面对的有机遇、有挑战，但机遇大于挑战；我们有成就，也有问题，但成就大于问题。在这种情况下，有了矛盾和问题不可怕，就怕脱离群众。一旦脱离群众，我们心里就没底了。群众是我们的主心骨，是最高明的老师。我们越是深入群众、依靠群众，走群众路线，同人民坚定地站在一起，善于从群众中找智慧、找办法、找出路，我们越能破解发展难题、化解社会风险，促进社会稳定和谐，从容应对外来挑战。这是我们谋发展促发展、化解各种社会风险和考验的根本出路。

二、党群关系存在的主要问题

当前，党的领导水平和执政水平、党的建设状况总体上同党肩负的历史使命是适应的，党同人民群众的关系总体上是好的。但是，必须清醒地看到，党内存在不少不适应新形势新任务要求、不符合党的性质和宗旨要求的问题，这些问题虽是支流，是矛盾的次要方面，但是，用哲学的观点分析，如果条件具备、时机成熟，支流可以变成主流，矛盾的次要方面可以变成矛盾的主要方面，进而引起事物性质的变化。从总体上看，我党在联系群众方面存在的问题，主要表现在三个方面：感情上疏离淡忘，工作上简单粗暴，利益上漠视伤害。

（一）感情上疏离淡化

脱离群众，首先是从感情淡化、疏远群众开始的。在长期执政的条件下，加上外部环境的影响，一些领导干部权力观、地位观、利益观扭曲，宗旨意识淡薄，与群众间的距离越来越远，感情越来越淡。主要表现在三个方面。

一是思想上工作上的官僚主义。思想上工作上的官僚主义直接导致的结果是官民对立、党群关系恶化。一些党员干部忘记了“人民群众是真正的英雄”、“人民群众是历史的创造者”，“官贵民贱”的思想严重，对待群众居高临下，指手画脚，发号施令。总觉得自己比群众高明，认为群众知识少、水平低，把群众看成“大老粗”、“阿斗”、“刁民”和“奴仆”。当前，一些老百姓有不同程度的“仇官”情节，对一些官员因仇生恨，甚至发生过激的行为。比如，湖南永州市零陵区射击法官案。在该区法院内，一男子持枪扫射，导致三名法官当场死亡，三人受伤，嫌犯当场自杀。据知情人士透露，嫌凶名叫朱军，是当地邮政储蓄银行的押钞员。枪杀法官，没有别的原因，就是因为仇官情结，要以此报复官员。值得深思的是，这场血案竟在当地掀起一片叫好声，当地民众送上花圈，不是哀悼法官，而是祭奠凶手，称他为“大英雄”，祝他“一路走好”。法官是公平正义的化身，是维护正义的代名词。然而，在一些老百姓心里，法官是贪官的代名词。云南富源县行政庭副庭长杨德会嫖宿幼女案，一审宣判杨德会无罪，立即在社会上引起轩然大波。可见，干部和群众之间还有什么感情可言？党群干群关系已经到了何等严重的地步！

二是交友价值取向偏离。领导干部交友是个导向问题。与谁交往，交什么样的朋友，往往能反映出其思想境界、道德操守和价值取向。曾国藩认为："一生之成败，皆关系朋友之贤否，不可不慎也。"他告诫儿子："择交是第一要事，须择志趣远大者。"然而，一些领导干部认为，交领导朋友，能带来权力；交大款朋友，能带来财富；交明星朋友，能带来快乐。群众手里没有资源，只有麻烦和问题，所以，这些人广交深交领导朋友、大款朋友、明星朋友和吃喝朋友，就是不和群众交朋友，尤其是不愿和贫困群众交朋友。这些所作所为，普通党员和人民群众看在眼里、痛在心里，严重伤害了党同人民群众的感情。现在干群关系的疏远程度让人吃惊。农民不认识县长、不认识镇长、不认识乡长的现象很普遍。在电视里播放中央首长视察某地，一般有当地陪同官员，当地农民能认出中央首长，却认不出陪同的地方干部，足以说明地方官员与人民的距离有多大。过去条件那么艰苦、生活那么困难，干群关系很融洽，为什么现在条件好了，群众的事却难办了？为什么交通发达了，干群关系却疏远了？为什么干部文化水平高了，却不会做群众工作了？为什么通讯水平提高了，干部和群众联系少了？为什么生活水平提高了，群众对干部的意见大了？我看，归根到底，离不开"感情"二字。

三是生活上的享乐主义。在利益考量面前，首先想到的是自己还是群众？往往能反映出干部的群众观和利益观。毛主席是艰苦奋斗、一心为民的典范。老人家恋亲但不为亲徇私，念旧但不为旧谋利，济亲但不为亲撑腰，对子女疼爱而不溺爱。一件棉织品睡衣整整用了 20 年，补了 73 个补丁都舍不得换。三年自然灾害期间，毛主席吃咸菜，带头"不吃肉、不吃蛋、吃粮不超定量"。毛主席说，咸菜里有政治。我理解，这里的政治，就是紧密地和群众联系在一起。而我们的一些干部，一看到社会上有人先富起来，看到自己的同学或过去的同事成了“老板”，心里就不平衡，就想自己怎么赶紧富起来。一事当前，先为自己和子女、亲属着想，为自己的小团体着想，把人民群众的利益、党和国家的利益抛在脑后。有的干部生活经不住物欲的诱惑，奢侈腐败，追求享受。吃饭越来越讲排场，车子越坐越豪华，房子越住越洋气。有的干部禁不住色欲的诱惑，家外有家包二奶，沾花惹草包小蜜，暗度陈仓养情妇，寻花问柳找刺激，生活奢靡程度触目惊心。从近些年查处的官员看，贪污的数额越来越大，触目惊心！辽宁抚顺市国土资源局顺城分局局长罗亚平涉贪贿 1.45 亿，她的案子被中纪委领导批示为“级别最低、数额最大、手段最恶劣”。现在党内出现一个大贪污犯，就会倒下一批官员，作风上就失掉一分。我们离开群众一尺，群众就会离我们一丈，久而久之，党心和民心就渐行渐远，最后的结果，就是我们失掉民心。

（二）工作上简单粗暴

工作上的简单粗暴，和家庭暴力一样，伤害的不仅是肉体，还有精神和思想感情。久而久之，容易导致党严重脱离群众。工作上的简单粗暴有两个原因：

一是能力恐慌。党在长期执政条件下，容易形成工作定势，对新形势下群众工作的特点、规律认识不够。一些党员领导干部怕担风险、办事迟缓，要么照抄照搬过时的老套路，使一些应该解决的问题没有及时正确地解决，伤害了人民群众的利益和感情，激化了社会矛盾，疏远了党和人民群众的联系。一些同志缺乏新形势下做好工作的本领和方法，推动科学发展、处理复杂问题的能力不足，正确处理群众矛盾特别是正确处理各种利益关系的本领和方法不够。比如，搞社会主义新农村建设，最重要的是把乡村基础设施建设搞好，让农民和城里人一样生活方便、舒适安逸，而不是让乡村消失，变乡村为城镇。如果没有解决好农民的就业，社会保障跟不上，就疾风暴雨式地搞“村庄消灭战”，给农民带来的只有泪水和不安，没有任何利益可言。在有的地方，有的干部为捞取个人政绩，动用黑社会，雇用打手，强拆强建，巧取豪夺，想方设法从农民那里多搞地，把农民的宅基地和农业用地盖上楼房，给农民分一部分楼房，剩下的土地或楼房以低于市场的价卖给开发商。官商就这样勾结在一起了，利益就这样对冲了。这就带来两个问题：一是一些农民扛着锄头“被上楼”了，农民生活反而不如以前不方便了；二是等到农民算过账来，发现自己吃亏了、利益受损失了，回头找当地政府，政府置之不理，应付了事，结果，官民矛盾突出。这个问题在全国有一定的普遍性。

二是人民内部矛盾的异化。一些领导干部的心里根本就没有装着群众，甚至把人民当作党的对立面，刻意把党和人民的利益对立起来，把人民内部矛盾视为敌我矛盾。比如，记者就郑州市须水镇经济适用房用地建别墅一事，采访时任郑州市规划局副局长逯军时，被劈头一问：“你是准备替党说话，还是准备替老百姓说话?”这句雷人的“官腔”在全国风靡一时。这说明，一些干部在潜意识里没有视群众为父母，反而把群众当作党专政的对象。有的领导干部不做有说服力的教育工作，而是采取粗暴简单的办法、压制的办法解决问题，用强迫命令的办法处理问题，甚至欺压群众。“通不通，三分钟，再不通，龙卷风”。因干部不会做群众工作而致的恶性案件、大规模群体事件、上访告状事件时有发生，导致少数地方干群关系不融洽、不和谐，甚至成为影响社会稳定的重要因素。现在有的地方已经到了不动用公安、武警、保安无法化解矛盾的地步，很让人震惊。比如，贵州“瓮安事件”就是个典型例子。“瓮安事件”的导火索是一个女孩的非正常死亡，七天内没有通过正常渠道妥善解决，加上滥用警力，工作中简单粗暴，导致群众围攻县公安局大楼，在社会上造成恶劣影响。类似问题不仅在瓮安有，在其他省市区县都不同程度地存在。“瓮安事件”的背后，折射出一个深层次的社会问题，就是我们这些年在移民搬迁、土地征用、宅基地纠纷、矿产开发等触及人民群众利益的问题上，方法不对头，工作简单粗暴，教训非常深刻，必须引起党的各级组织和党员干部的高度警觉。

（三）利益上漠视伤害

我们中国特色社会主义社会是从传统的农业社会演变过来的。到现在，我国仍然是一个以农民为主体的农业大国，这个性质决定了广大群众的基本诉求是“安居乐业”，这个目标几千年来一直没有变过。所以，老百姓是最朴实、最善良的，也是最现实的。我们的群众和西方国家的群众还不太一样，没有过高过多的政治诉求，大多数利益诉求局限在安居乐业、衣食住行、精神生活层面。所以，只要我们切实解决好、回应好群众的利益诉求，就会获得一个广泛、稳定、深厚的群众基础、社会基础和执政基础。对待群众的切身利益问题，应该像毛主席在《关心群众生活，注意工作方法》中说的：“我们对于广大群众的切身利益问题，群众的生活问题，就一点也不能疏忽，一点也不能看轻。”从目前情况看，各级的讲话、报告、研讨中都在讲维护群众利益，执政为民，但从实践上看，漠视侵害人民群众利益的事情相当多。其主要表现形式有两种：

一是主观上的漠视侵害。一些干部对群众的利益麻木不仁、视而不见，见困难就缩，见问题就推，见矛盾就躲，对群众诉求敷衍了事，对群众反映的问题久拖不决，甚至放任不管，以致酿成严重后果。比如，湖北省应城市政府门户网站“市长信箱”收到一封群众来信，反映市区内有段人行道的环境污染问题，要求有关部门深入实地查看处理。该市创建办随后回复：“我办没时间跟你闲扯，你有意见到创建办来面谈。”这个例子很典型，你不下去调研考察民情也就罢了，老百姓主动把问题提出来，让你关心一下、解决一下，还把问题推了回去。有的群众来上访，一些领导和相关部门奉行“事不关己高高挂起”、“多一事不如少一事”的原则，不接待，不管不问，老百姓堵了党委政府的大门，为了减少麻烦，从后门、从地下车库跑掉了，和群众“躲猫猫”。

二是决策上的失误失察。对人民群众利益最严重的伤害、最大的伤害，就是决策的失误、失察。决策牵扯面宽，涉众广，持续时间长，影响恶劣，一旦形成，公布出去，影响就已造成，结果很难扭转。科学的决策、惠民的决策从来都是来源于对实际情况的真实了解，来源于对民意民心的精准把握。决策一旦脱离实际，脱离群众需求，劳民伤财的形象工程、政绩工程、“豆腐渣”工程就会蔓延，严重损害人民为群众的利益。有的地方的领导，喜欢在办公室里“闭上眼睛抓麻雀”，根据自己的喜好做决策，搞“一言堂”和“拍脑门”，想一出是一出。有的明知道会损害人民利益，还要强行上马、强制执行。河南省邓州市彭桥乡政府，为了让上级领导在参观“路边工程”时能“一览无余”，达到引起上级领导注意的目的，竟下令将遮挡视线，影响镜头效果的正在生长的高秆作物统统毁掉，沿公路5个村的村民因此遭殃，眼看着大片长到1米多高快要出穗的玉米被拔掉，农民悲愤交加，欲哭无泪。中原某省一个山区贫困县的县委书记，1998年在该县西南七个乡镇公路沿线搞起了“食用菌百里长廊”，掀起了空前的砍树行动。然后，动员群众铲除公路两侧长势良好的小麦，把香菇架、椴木节堆放在公路沿线，以便上级领导参观。三年来，该县累计发展袋料5000多万袋，不但农民没有达到预期收益，还消耗木材1.5亿公斤，按林业资源调查标准计算，毁林6400公顷、16万立方米，全县的生态环境遭到破坏，给经济发展留下极大隐患。这种作为，能不让人发指吗？

三、新形势下密切联系群众的对策

密切联系群众是我党的“传家宝”，一直伴随着党的成长、发展和壮大。在革命战争年代，环境那么差，条件那么苦，啥资源和条件也没有，我们都能和群众“拧”在一起。那时候，我们要人给人，要力给力，要粮给粮，要情报给情报。党与群众生死与共、共克时艰，闯出了一条新路，打出了一片新天地。现在，经济社会发展了，环境和条件好了，但我们的党没有变，党的路线纲领、方针政策没有变，性质宗旨任务没有变。这些年来，从中央到地方，在密切联系群众方面积累了宝贵的经验，取得了实实在在的成效。有了经验，但不能搞经验主义。有的要发扬，有的要改进，有的需要依据时代、条件和环境的变化在新的形势下探索创新。

（一）切实增进党对人民群众的深厚感情

马克思主义唯物史观认为，人民群众是历史的创造者，是推动社会发展的根本动力。中国共产党是领导我们事业的核心力量，人民只有紧紧依靠党的领导，才能发挥人民群众在改造世界中的主体地位和主体作用。要实现党的领导，就要通过良好的党风来联系群众、组织群众、凝聚群众。人民评价党的作风有若干条标准，很重要的一点，就是看党同人民群众的密切程度，第一位的问题就是看党对人民的感情深不深。我经常讲，思想感情问题不是能力和方法问题，而是对人民群众的根本态度问题。一个人心里有什么，眼睛就会看到什么，行为上就会做出什么。党员干部只要对人民有感情，就有责任心和事业心。有了这两条，就有了崇高的思想境界和干事创业的激情动力，遇到再大的困难也能克服，遇到再复杂的问题也能化解。否则，给再好的条件也办不成大事、完不成任务，只能把优越的条件浪费掉，把大好的形势破坏掉。所以，要深入进行马克思主义群众观教育，认真学习掌握马克思主义唯物史观，深刻认识人民群众是历史的创造者和真正的英雄，牢固树立一切为了群众、相信群众、依靠群众的观点，从根本上端正对人民群众的根本态度，做到：在任何时候、任何情况下，与人民群众同呼吸共命运的立场不能变，全心全意为人民服务的宗旨不能忘，坚持群众是真正英雄的历史唯物主义的观点不能丢，打牢紧密联系群众的思想理论基础。

从历史上看，建国前我们只有战火硝烟，建国之初只有一个“烂摊子”，但干群关系融洽。虽然我们自身有一些缺点，工作中有一些失误，人民还能谅解我们，为什么？因为党最大限度地密切了和群众的关系，始终和群众保持了“鱼水”情。老百姓心里清楚，即使我们犯了错误，也是为了人民犯的错误，属于工作方法、工作思路上的错误。毛主席也有缺点错误，但对人民的感情尽人皆知，所以，人民始终爱戴他、拥护他。那时候，党和群众生死相依，即使我们犯了错误，还有改正错误的机会。我党历史上犯过几次“左”倾错误，也犯过几次右倾错误，“文化大革命”中我们犯过全局性的错误，不都一一改正过来了吗？现在，一些老百姓为什么还有挥之不去的“怀旧”情节？就是因为那时我们党能够深深地扎根于群众，服务于群众，与群众生死相依、荣辱与共。和平时期，如果党不增进和人民的感情，不坚持密切联系群众，人民对我们的缺点和失误就难以原谅。党在长期执政的条件下，长期严重脱离群众，必然出现各种严重的社会问题，这个姑且不论。重要的是我们可能丧失了改正错误的机会，给党和国家带来不可估量的损失。曾几何时，苏联那么强大，科学技术、武器装备、经济地位、能源资源和综合实力堪与美国争锋，这个巨人为什么一下子衰落解体了？原因是多方面的，最根本的原因是苏共执政党丧失了群众基础，执政党走向了人民群众的对立面。据民意测验，民众中80%的人希望坚持社会主义，而精英集团中有76.7%的人希望搞资本主义。所以，真正搞垮苏联的，苏共的掘墓人，是苏共内部的既得利益者。当前，一些地方、一些党员干部不同程度地脱离了群众，这是为什么？对群众的根本态度出了问题，对群众的思想感情没那么深了，导致各种社会矛盾集中爆发，影响社会和谐稳定。究其原因，我想，还是领导干部“地气”接得少，讲话讲不到百姓心里，做事难合群众意愿，现象是“脱离”，根源是“感情”。

实践表明：一旦党和人民群众感情深了，“满足了群众的需要，群众就会真正围绕在我们周围，热烈地拥护我们”。党的组织、党员和党的干部如果对群众始终保持尊重，怀有敬畏，充满感情，有了这个基础，再大的分歧都能克服，再多的困难都能战胜。对群众的感情不是虚无的，要在具体工作中体现出来，要在与群众的交往中表达出来，要在平凡的岁月中积累起来。我党有8500多万党员，这是一大优势。这个政治优势体现在什么地方？我想，如果一个党员干部争取得到十位老百姓的真心支持，就会赢得八亿人心，争取到大多数人的支持，就会一下子扭转党的风气。我有个想法，要启动“带着深厚的感情找朋友、做工作”活动。党员干部要以对党、对国家、对人民负责任的精神，切实端正对人民群众的根本态度。放下“官架”、丢掉“官腔”，走进地垄田间、农家小院，问农家情、说农家话、干农家活，以党心换民心，感同身受，面对面地听民声、察民情、解民忧，做到“在思想上尊重群众，感情上贴近群众”，真正做到把老百姓当知己、当亲人，做群众的知心人、贴心人、暖心人。

（二）持之以恒地加强和改善党的作风建设

执政党的作风，关系党的生死存亡和国家的前途命运。作风问题不属于一般的工作方法问题，归根到底是根本性质问题。对党员干部来说，作风出了问题远比能力出了问题严重得多。“才”不高不足畏，可以后天提高。一旦风气坏了，“德”和“廉”出现瑕疵，脱离实际，脱离群众，根本性质就变了。党的作风和民心民意是正相关。党的作风好，就得人心、顺民意；作风不好，就失掉民心，导致政权更迭。党的形象、党的作风不是吹出来的，也不是人为树起来的，而是靠长期的具体工作和实际行动，点滴积累出来的。加强和改善党的作风，涉及方方面面，从联系群众的角度看，主要是抓好两点：

首先，大兴深入实际调查研究之风。深入实际调查研究，是我党开展各项工作的重要工作方法，是防止我党脱离群众的根本措施，也是想问题、办事情、做决策、争取民心的重要基础。群众中蕴藏着无穷的智慧和创造。我们党的重要任务之一，就是要通过深入实际调查研究，把人民群众中的矛盾和问题找出来，把人民群众的智慧和方法提炼出来，形成党的方针政策，指导群众的实践。在实践中得到检验和升华，然后在此基础上完善我们的理论和方针政策，然后再去指导新的实践。这样，既密切联系了群众，又解决了实际问题。毛主席是调查研究的大师，他那些得意之作，大都是深入实际、深入群众，向群众学习的结果。但是，现在有的调研成了“拍戏”“作秀”，成了老百姓的负担。过去群众盼着调研组来解决问题，现在怕调研组来。过去的县乡镇干部常年深入农村，与群众同吃、同住、同劳动，被老百姓称为“三同干部”、“泥腿子干部”。那时县委书记骑自行车下乡是很普通的一件事，现在老农谈起来还津津乐道。然而，现在的党员干部却以工作忙为由，不愿走出办公室，不愿深入群众，不愿深入田间地头、工厂企业，习惯于遥控指挥、电话指挥，结果，老百姓怨声载道。

当前，改革和发展中的矛盾和问题很多，社会转型期新老问题交织，有些是绕不过、避不开、拖不起的。好多社会热点和难点问题一开始都是小概率事件，事情不大，群众情绪也不激烈，如果一开始就深入实际到群众中去调查研究，给予足够关注，做到第一时间倾听诉求、第一时间发现问题、第一时间化解矛盾，我们的社会就会和谐稳定得多。早处理一分钟，就会有一分的主动；晚处理一分钟，就会有十分的被动。“干部平时不进群众的家门，群众有事就会堵党委政府的大门”。领导干部只有深入基层接“地气”，面对群众聚“人气”，放下架子、迈开双脚，到矛盾聚集、群众困难多意见大的地方了解情况；到出现新情况、新变化的地方总结经验，提升理论，才能有针对性地开展工作，把矛盾和问题解决在源头、解决在基层。只有深入实际调查研究，切实维护群众的利益，满足群众的合理诉求，才有资格站在“台上”，成为群众的组织者和领导者。

其次，大兴勤俭节约之风。大兴勤俭节约之风，敢于向奢侈浪费“亮剑”，是当前抓民心、顺民意的大问题，是党密切联系群众的重要突破口。我在今年两会上专门谈了这个问题，赢得了与会代表的广泛赞同。当前，我们经济总量跃居世界第二位，但人均收入是美国的二十分之一、日本的十分之一。据中国科学院最新完成的《2012 中国可持续发展战略报告》提出，按 2011 年提高后的贫困标准（农村居民家庭人均纯收入 2300 元人民币/年），我国还有 1.28 亿贫困人口，还有 3597 万绝对贫困人口。这意味着，这部分群体还没有分享到经济社会发展的红利。然而，我们的一些地方和领导奢侈浪费到惊人的程度。据推算，2006 年的“三公消费”是 9000 亿元，约占当年财政总收入的 22.5%。美国行政支出占财政总支出的比例是 9% 左右，日本是 2.8% 左右，发达国家平均 5% 左右。也就是说，我们的行政开支是世界上发达国家的 4 倍还多。然而，一到解决教育、医疗和住房等民生问题就没钱，这让人心寒！

作为世界上身负内忧外患的最大的发展中国家，作为一个积极倡导公平正义、社会和谐的社会主义国家，我们历史遗留下来的民生欠账多，破解未来发展难题的投入多，改革中攻坚破难需要解决的问题多。显然，我们没有任何资格和理由摆阔露富、奢侈浪费。奢侈浪费花掉的是纳税人的“血汗钱”，失掉的是人心，腐蚀的是执政之基。在全球经济形势不稳定、不乐观、不可预期的情况下，政府和官员要与民众共度时艰，压缩政府开支，杜绝奢侈浪费，聚焦民生，这样才能争取民心，把群众联系在一起。为此，一是在党内大力营造“奢侈浪费”就是犯罪的政治空气，把“治奢”提到与“反腐”同等高度来对待，把二者紧密结合起来，促进党风政风根本好转。二是实行透明的预算制度。取消各级特支费和小金库，把各级政府的预算外资金全部纳入预算。加快推进实施“阳光财政”步伐，不仅要晒预算，更要晒决算。彻底管住花钱的手，从源头上杜绝奢侈浪费。三是完善监督与惩罚相结合的机制。奢侈浪费都是在光天化日之下操作运行的，而群众的监督是全天候的。要相信群众、依靠群众、发动群众，赋予群众知情权、监督权、检举权和议事权，完善以民意为核心的监督机制，切实使媒体和大众成为人民监督党委、政府和官员的有效主体，同时，对奢侈浪费的惩罚要从重从严从快，做到“有诉必理、有案必查、快速反应”，实现监督与惩罚的无缝连接，从根本上遏制杜绝奢侈浪费。

（三）着眼最广大人民群众的根本利益做决策

人类社会是一个利益社会。评价一个政党也好，评价一个人也好，关键看你为谁谋利益，谋利益的手段和方法是什么。中国共产党人有自己独特的利益观。那就是，“除了人民的利益，没有自己的任何私利”；“共产党人的一切言论行动，必须以合乎最广大人民群众的最大利益，以最广大人民群众所拥护为最高标准”。我们党90年的经验告诉我们：凡属正确的任务、政策，都是和当时当地的群众要求相适合，都是建立在了解、顺应、符合群众愿望和要求的基础之上的；凡属错误的任务、政策，都是和当时当地的群众要求不相适合，都是无视、偏离、违背群众的愿望和要求的。这就要求我们做决策要符合人民群众的实际需要，而不是符合自己的需要；要让群众下决心，而不是代替群众下决心。过去战争年代，我们靠什么争取民心、取得胜利？除了动员群众组织群众外，有一个基础性的原因，就是我们的决策符合人民的利益和愿望。比如，消除剥削，打土豪、分田地，解决群众的生产生活等，不然，群众凭什么跟共产党走？通过制定符合人民利益和愿望的决策，就把群众利益和革命战争联系起来了，把革命的工作方法和工作任务问题同时解决了。群众就是这样，谁给他带来利益，谁制定的政策好，就铁心跟谁走。

现在，我们是和平发展时期，能不能通过制定符合人民利益的方针、政策，把改善民生和经济社会发展联系起来，把“过河”和“搭桥”同时解决呢？答案是明显的。群众利益无小事。医疗、教育、住房、交通、柴米油盐等问题，对干部来说或许是司空见惯、微不足道的小事，但对于一名群众、一个家庭来说，可能是一辈子的大事。如果这些问题不在决策层面解决好，这些事就可能变成老百姓永远的痛苦。比如，农业种植养殖，要因地因时制宜，从农民的实际利益出发，从市场的需求出发，从价值规律的要求出发，要考虑“天、地、人”三要素。有的领导干部认为，今年种什么可能不错，就不管农民是否愿意，也不管市场供求关系，也根本不理会农民是否会因此付出代价，就“替民做主”，强行命令农民全部改种什么。蒙对了倒还好些，一旦蒙错了，其结果就是农民血本无归。我在全国人大农委工作，类似的事件每年都有发生，每看到类似报告和消息，心里很不舒服。比如，去年内蒙古某地遭遇卖土豆难的问题。当地很多农民几乎不种粮食，只种土豆，中国“薯都”因此成名。去年，土豆大丰收，在城市土豆价格猛涨的情况下，当地土豆连成本价都卖不上，当地农民一筹莫展。这就是“薯都”的“土豆之痛”。最后还是《新闻联播》帮助当地农民解决了问题。再如，海南、广西的香蕉，山东的大白菜，都曾遭遇“增产不增收”的问题。价格再低，质量再好，烂在地里没人要。我看，这就是没有依据人民利益和愿望做决策的结果。

所以，我们要站在百分之九十以上的广大群众的立场上，特别是站在最基本的工农群众的立场上来看问题、做决策。充分考虑人民的切身利益和实际需要，考虑人民的承受能力。决策前、决策中、决策后都要问计群众，把他们的想法和意见转化为决策内容，使群众的利益和愿望能在党的路线、方针、政策中得到有力回应和体现，这才是最本质、最根本的联系群众。

（四）提高各级领导干部做群众工作的能力

密切联系群众是我们党最大的政治优势。这个政治优势体现在什么地方？有经验总结、有政策保证、有感情基础，但光有这些还不够，还要有做群众工作的能力。没有能力作保证，这个政治优势就发挥不出来。有了做群众工作的能力，才能解民忧、化民怨，为民造福，才能真正把党和群众紧密联系起来。

当前，我党之所以在联系群众方面出现了这样那样的问题，一些地方社会矛盾突出、群众反映强烈。我想，原因是多方面的。但重要原因是少数基层党组织和党员领导干部能力不足、方法不对、作风不实，没有根据改革开放和市场经济条件下党的群众工作出现的新情况新特点新规律，及时转变党做群众工作的方式方法。做群众工作手段落后、形式单一，缺乏灵活性、针对性。近些年，我们常从电视、报刊、杂志上看到或听到一些官员的“雷人之语”。官员的雷人之语折射出隐藏在中国社会中的深刻的社会矛盾。为什么“雷人之语”不绝于耳？我想，除了对人民没有感情外，还缺乏做群众工作的能力和艺术。比如，一些领导干部做群众工作时，出现了“用起来不灵、动起来不行”的被动局面。与新社会群体说话，说不上去；与困难群众说话，说不下去；与青年学生说话，说不进去；与老同志说话，给顶了回去。没有别的办法，只能用权压人、用话唬人，甚至动手打人。结果，群众工作没做好，还激化了矛盾。典型的例子，如四川渠县事件、重庆万州事件、云南孟连事件、甘肃陇南事件、湖北石首事件等。由于做群众工作的能力不够，矛盾长时间得不到化解，社会群体事件的规模和数量越来越大，上访群众越来越多，社会维稳治安的成本越来越高。结果，把基层的矛盾都推到北京来了。每年“两会”期间出现了“三类人”齐聚京城的现象，人大委员集中开会，上访群众密集汇聚，维稳力量空前增大。这些年，党联系群众的制度、措施和办法很多，也积累了许多经验，为什么还是不能解决问题？我看，基层干部做群众工作的能力不足也是重要原因。无论是从党执政的角度、经济社会发展的角度讲，还是从促进社会和谐的角度讲，各级干部做新形势下群众工作的能力都要提高。这就涉及选人用人问题。我们经常讲，用“德才兼备”的要求选拔干部。我理解，从密切联系群众的角度看，“德”不仅体现在人品官德上，还体现在对人民群众的感情上。如何考察对人民的感情深不深？没有准确的参考系数。但我们可以采取两个办法解决：一是让群众选干部。干部对群众感情深不深，群众感触最深，最有数，最有发言权。如果我们选人用人能以民意为导向，切实把干部的任免权和监督权交给群众，领导干部就不敢脱离群众。二是选拔那些长期在条件艰苦、工作困难的地方工作的干部；选拔那些不图虚名、踏实干事的干部；选拔那些埋头苦干、为长远发展打基础的干部；选拔那些长期扎根基层，群众口碑好的干部，因为这些干部长期在基层工作，长期和群众在一起，避免或减少了脱离群众的危险。对“才”的要求，除了选拔那些工作能力强、业务精通的干部，还要加上一条，就是要选拔善于做群众工作的干部，选拔善于化解基层矛盾的干部，选拔那些能让人民群众得实惠的干部。通过这些措施，为密切联系群众提供坚实的组织基础和干部保证。

加强党性修养 忠诚履行使命*

建党九十周年的时候，胡锦涛总书记发表重要讲话，清楚地提出了我党新的历史使命：在本世纪上半叶，我们党要团结带领人民完成两个宏伟目标，这就是到中国共产党成立100年时建成惠及十几亿人口的更高水平的小康社会，到新中国成立100年时建成富强民主、文明和谐的社会主义现代化国家。号召全党同志牢记使命，永远保持谦虚谨慎、不骄不躁的作风，永远保持艰苦奋斗的作风，勇于变革、勇于创新、永不僵化、永不停滞、不动摇、不懈怠、不折腾、不为任何风险所惧、不被任何干扰所惑，坚定不移沿着中国特色社会主义道路奋勇前进，更加奋发有为地团结带领全国各族人民创造自己的幸福生活和中华民族的美好未来。

几十年的实践和发展进步，无可争辩地得出一条基本经验，办好中国的事情，关键在党。那么，党又是怎么领导和加强自身建设的呢？第一，靠正确的思想理论和路线方针政策，也就是思想政治领导。第二，靠从党中央到各级党委、党组直至党支部、党小组的各级组织机构，也就是组织领导。第三，靠广大共产党员的先锋模范作用。通过共产党员的具体行动，把党的路线方针贯彻下去，把党的先进性体现出来。每个共产党员都是党的一个细胞，党员的一言一行关系党的整个肌体的健康和成长。因此，每个共产党员都要用党章党纲衡量自己的言行，锻炼自己的党性。

---

*本文根据在全国人大机关等单位的讲课录音整理，2012年8月31日发表于人民网，10月发表于《战略与风险管理》杂志。

关于如何保持共产党员的先进性，如何加强共产党员党性修养，马恩列斯和我们党的三代领导都有许多精辟论述，刘少奇同志还专门写过一本书，叫《论共产党员的修养》。伟人的理论、经典的论述，至今放射着耀眼的光芒，永远是指引我们前进的灯塔。今天，我仅就重新学习这些理论和论述的体会同大家作个交流，讲一讲共产党员的三修，即修德、修能、修风。

一、关于修德

什么是德？德就是道德，是人们共同生活以及行为的准则和规范。德不仅是立身之本，也是立国之基。德不同于法，不是强制性的，是发乎自身的内在约束力，德的尺度高于法，是人的追求、自觉、风范的最高境界。德有阶级性，因此德又是一种文化，一种传统，一种社会需求和时代精神。封建时期的三纲五常，儒家讲的仁义礼智信，资产阶级讲的自由、平等、博爱、个人主义等，也是德的重要内容。斯大林说过，共产党员是特殊材料组成的。“特”在什么地方，特就特在为共产主义奋斗终生，宗旨是全心全意为人民服务，除了党和人民的利益，国家和民族的利益，没有个人的私利。共产党员个人的命运始终和党和人民的命运、国家和民族的命运紧密联系在一起，所以，共产党员修德和其他阶级修德有着不同的标准和要求。始终以党以人民的根本利益为出发点和落脚点。那么，共产党员修什么德呢？

第一，修理想信念之德

理想信念是什么？就是人的信仰，是人们对某学说、观点、主义的信服和认同，并把它作为自己的精神支柱和行为指导。理想信念是德之灵魂、道之核心。理想信念不是共产党独有的，各种党派、团体包括宗教，都有自己的理想信念，他们也能为了自己的理想信念奉献一切，甚至身家性命。但是，共产党不同于其他党派和社会团体。共产党员的理想信念是建立在辩证唯物主义和历史唯物主义世界观方法论基础上的，是建立在对人类社会发展规律科学认识和把握基础上的，我们的理想信念具有无可比拟的科学性真理性，能经得起实践检验和历史检验，能在实践中检验并在实践中不断丰富发展。大家知道，马克思恩格斯发表《共产党宣言》的时候，出版《资本论》的时候，创立马克思主义学说的时候，那时无产阶级并没有建立政权，没有社会资源和物质资源，也没人发工资。为什么有那么多人学习马克思主义、信仰马克思主义，并把它作为自己的旗帜和指导思想？这就是真理的力量，信仰的魅力，理想信念使然。中国共产党就是马克思主义同中国工人运动相结合的产物。当时的共产党人看到了一个铁的事实，中华民族要救亡图存、发展进步，改良主义不行，旧式农民起义不行，资产阶级领导的革命不行，照搬西方资本主义也不行。靠什么，找来找去，最后找到了马克思主义。从此，中国共产党人就有了自己的旗帜道路和指导思想，就有了精神支柱。中国共产党选择了马克思主义，马克思主义指导了中国共产党。中国共产党领导人民前赴后继、艰苦卓绝地探索、实践、斗争，书写了人类发展史上惊天动地、可歌可泣的壮丽史诗。选择马克思主义，选择社会主义，选择共产党领导，是人民的选择、历史的选择、正确的选择、胜利的选择。

我们党 90 多年的历史，就是一个不断坚定理想信念、不断为实现理想信念而深入探索、不懈斗争的历史。我们走的是前人没有走过的路，开创的是前人没有干过的事业。因此，从一开始就不断和各种困惑、矛盾、疑虑作斗争。当然，这个斗争有时是疾风暴雨式的，有时是心平气和式的。比如，大革命时期有人怀疑“红旗到底能打多久?”为此，毛主席鲜明地提出了“星星之火，可以燎原”。抗战时期出现了“亡国论”、“速胜论”等各种观点，毛主席通过分析中国和日本的国情，分析发展趋势，写出了《论持久战》，作出了积小胜为大胜、用时间换空间的伟大战略部署。解放战争时期，有人怀疑“小米加步枪怎能战胜飞机加大炮”，毛主席说，我们用人民战争，用近战夜战，使敌人的优势变成劣势，我们的劣势转化为优势，结果，三年就打败了国民党反动派。出兵朝鲜也是下了很大决心的，没有坚定的理想信念和信心，是下不了这个决心的。当时中国国力那么弱，刚刚建国，百废待兴，党内军内有不少不同意见。毛主席用他坚定的信念和战略家的气魄，毅然决定出兵。毛主席说，“出兵即使失利甚至让美军一时打进东北也没有关系，那样美国就欠了中国一笔债……”，“打得一拳开，免得百拳来”。可见，理想信念可以出胆略、出智慧，出意想不到的效果。

理想信念在一般情况下容易坚持，但在特殊情况下就不同了。比如，遇到困难，特别是生死关头，有的贪生怕死，成为可耻的叛徒，有的坚守节操、大义凛然。如夏明翰，英勇就义时写下“砍头不要紧，只要主义真，杀了夏明翰，还有后来人”的浩然诗篇。还有一种情况是发展顺利的时候，立了功，做了官，掌了权，有了名誉地位的时候，能否坚定理想信念，也是一大考验。这一点毛主席早就料到了，在七届二中全会上专门讲了“两个务必”，告诫全党务必保持谦虚谨慎不骄不躁的作风，务必保持艰苦奋斗的作风，提醒党员干部警惕糖衣炮弹的袭击。很多干部，特别是高级领导干部，本质并不坏，年轻时在许多岗位上做过大量有益的工作，有的还是英雄、模范，但是当了官、掌了权就忘乎所以了，就把理想信念抛在脑后了，结果走上了犯罪道路。还有一种情况，是在我们党犯了错误的时候，自己受到不公正处理，受了委屈的时候，理想信念容易产生动摇，走上与党与人民对立的道路。有的人就是因为领导没提拔自己，或者看到一些人暴富了，心理不平衡，认为有权不用、过期作废，因而大捞特捞，沦为共产党的阶下囚。但大多数站得高、看得远。这一点我们要学习邓小平同志。大家知道，他是个三落三起的人物，三次被打倒，而且都是被冤枉的，但他的信念始终没有动摇。第一次是红军时期作为“邓毛谢古”（邓小平、毛泽覃、谢唯俊、古柏）被打倒；第二次是“文化大革命”开始作为第二号走资派被打倒；第三次是作为“右倾翻案风”的总后台被打倒。打倒后，全国批判，报纸电台连篇累牍，他没有悲观、没有动摇，也没有对毛主席说三道四，因为他有信念。他说：有人说马列主义不灵了，社会主义要垮了，没那回事。我们有些老前辈老首长，解放前被国民党关进监狱，不怕杀头；“文化大革命”中被关进“牛棚”，不怕委屈。靠什么？靠的就是理想信念。有了坚定的理想信念，就有宽广的胸怀、崇高的境界，“不畏浮云遮望眼”。当年苏振华被关进牛棚，杨得志对他讲，你该吃吃，该睡睡，但要把握三条，第一千万不要自杀，自杀了好多事就说不清楚了；第二不要攀扯别人，把事情搞复杂了；第三不要承认反对毛主席，他是我们全党的领导核心。这三条把握住，没什么了不起的，早晚会出来。这就是信念的力量。还有一个例子，有一次我去看望王光美同志，聊天中我鼓起勇气问他：“毛主席和少奇同志到底有什么矛盾，‘文化大革命’中把他整那么惨？”王光美同志坦然地对我说：“你问的这个问题，杨尚昆同志也问过我。其实毛主席和少奇同志没有什么个人私怨，就是建设国家的思路不同。毛主席希望搞快一点，少奇主张搞稳一点；毛主席主张用上层建筑，用思想意志的力量推动经济建设，少奇主张用经济的办法发展生产力。‘文化大革命’是个特殊性，不能全怪毛主席。”听了这段话，我对光美同志肃然起敬。信念坚定之人，必是豁达大度之士。她的精神家园是美丽的、宽广的。大家知道，后来少奇同志的儿子刘源上将还把毛主席的子女、林彪的女儿林豆豆请在一起，话家常、谈友谊、议国事，毫无结怨之心。但也有些同志受了点委屈，遇到一点挫折，就想不开，就动摇自己的根本信念，跟党离心离德，这是很危险的。

理想信念是以一贯之的，又具有时代特点。实现共产主义是我们的远大目标，但在这个总目标下面又有若干阶段性目标。我们的老前辈遇到的是民族兴衰、国家存亡，他们把救国救民作为自己的崇高理想、历史责任，牺牲生命也在所不惜，甚至认为，一代人不行两代人三代人地干下去，发扬愚公移山精神也要争取民族独立、人民解放。建国后我们接受了国民党和军阀混战留下的烂摊子，帝国主义和被推翻的反动阶级随时要颠覆我们的政权，稍有不慎政权就要丢失，所以警惕性特别强。经过“文化大革命”洗礼，我们对社会主义、马列主义、阶级斗争有了新的认识，集中精力谋发展，上下同心抓经济。但是，当受穷挨饿的问题解决了以后，当国门打开以后，当我们纠正“左”的错误对马列主义重新解读之后，特别是苏联解体东欧剧变以后，感到我们自己也有“一手硬一手软”的问题。理想信念、思想道德建设问题比较尖锐、比较集中地摆在了我们面前。最大转变就是，党由无权的革命党转变成了掌权的执政党，经济体制由计划经济转变为社会主义市场经济，国家由封闭走向开放，经济发展很快，但各种矛盾集中突显、相互交织。必须用新的眼光来看待理想信念。照搬西方、全盘西化是绝对不行的。对此，吴邦国委员长已经公开申明我们“五个不搞”：不搞多党轮流执政，不搞指导思想多元化，不搞三权鼎立和两院制，不搞联邦制，不搞私有化。这是我们要坚持的根本原则，是理想信念的重要内容，丝毫不能动摇。但提出国企民企公平竞争，既要讲公正，也要讲效益等观点，这并不是理想信念动摇，而是对社会主义市场经济的实践和探索。我个人认为，国企民企都是中国的企业，都是共产党领导下的中国特色社会主义的事业，应该同舟共济、共存共荣，不能说进国企就是信念坚定，进民企就是信念动摇。这就像市场和计划一样，资本主义也有计划，社会主义也有市场。能把一个企业搞好，扩大了就业，促进了生产，为中国现代化做出了贡献就是正确的。再如，由于世界格局的变化，我们在处理国际事务中有意突出国家利益、淡化意识形态，这是根据变化了的情况采取的新方略，而不是理想信念动摇。我们的同志不要太天真，认为西化了，搞资本主义了，我们就发展起来了。这方面俄罗斯就是很好的例证，你搞社会主义，美国和西方大国要扼杀你，你搞资本主义，照样扼杀你。美国对中国的态度矛盾得很，你不发展它就失去了很大的市场，你发展太快了，它就认为会挑战它的霸权地位。因此，它的既定方针是，你的发展必须在它的框架之内、掌控之中。不妨设想一下，中国如果出现一个反对党，不管这个党是什么性质，美国很快就会支持。反恐，它们也搞双重标准。新疆的东突分子无疑是恐怖主义，但就因为它反对共产党，要颠覆我们的政权，美国就不把它列入恐怖分子，反而在政治上支持、经济上援助。

据调查分析，当前影响理想信念的有两个大问题：一个是分配不公，一个是消极腐败。有人说分配差距拉大还是社会主义吗？党内那么多腐败分子还能做领导核心吗？由此感到前途迷茫、信心不足。我认为，这并不奇怪。首先要正视这两个问题，问题确实存在，而且很严重，如果解决不好，确有亡党亡国的危险。同时，又要正确分析，积极想办法解决它、克服它，不能用掩盖问题的办法坚定理想信念，那是掩耳盗铃、自欺欺人。同时，也不要被这两个问题吓倒，更不能用腐败问题歪曲否定党的领导和国家的政治制度。胡锦涛同志有一个科学的概括，他认为当前反腐倡廉的形势是“三个并存”、“两个依然”：成效明显和问题突出并存，防治力度加大和腐败现象易发多发并存，群众对反腐败期望值不断上升和腐败现象短期内不能根治并存；反腐败斗争形势依然严峻，任务依然艰巨。这充分体现了党中央对党风廉政建设和反腐败斗争形势的科学判断和对新形势下反腐倡廉建设规律的深刻把握。消极腐败不是我们党独有的，任何政党、任何国家、任何朝代都有。只不过我们党执政后特别是改革开放以来，我们的思想教育、法制建设没有完全跟上，有些问题的政策空隙较大，有些同志拒腐防变能力不强，导致问题集中、危害明显，各方反映强烈。但我们要有一个基本看法，那就是我们党一定能够战胜腐败，否则我们党就失去执政资格。首先要看到我们的根本制度是好的。旧社会也有清官，如包公、海瑞，但挽救不了封建社会，因为它是落后的制度，结构性矛盾靠几个清官不能解决。新社会也有贪官，有政治局委员、副委员长一级的，但终究被揭露出来，并得到应有的惩罚，因为我们党的纲领、宗旨是正确的，根本制度是正确的，是不容许腐败存在的。还要看到，党中央已经采取了很多有效措施，把教育、制度、惩治结合起来进行系统治理，而且取得明显成效，至少对腐败蔓延之势进行了有效遏制。

如果用时代的观点分析，要坚定理想信念，总体上讲就是要坚定不移地高举中国特色社会主义伟大旗帜，坚定不移地走中国特色社会主义道路，坚定不移地坚持中国特色社会主义理论体系。具体讲，在经济建设上，要坚持科学发展这个主题、调整发展方式这个主线，使我们的经济健康平衡可持续的发展；政治上，就是坚持党领导下的全国人民代表大会制度和政治协商制度，坚持党的领导不动摇；文化上，就是要坚持先进文化的前进方向，推动社会主义文化大发展大繁荣，实现建设文化强国的宏伟目标；社会建设上，就要关心群众、关注民生，解决分配不公、收入差距过大的矛盾，实现全面小康，构建和谐社会；从党建上讲，就是加强党的思想、组织、作风、廉政和制度建设，保持党的先进性。再具体一点，看我们能不能克服消极腐败现象，能不能战胜前进道路上的各种困难，能不能经得住“四大考验”、战胜“四大危险”。对于消极腐败，回避不了，绕不开、躲不过，更不能容忍，不能向歪风邪气投降。要认真分析它，想办法克服它、战胜它。理想信念不仅是一个理论问题，更是一个实践问题，要在中国特色社会主义建设的伟大实践中，不断同天灾人祸作斗争，同各种敌对势力作斗争，同我们自己的错误和过失作斗争，总结经验，纠正错误，健全肌体。

第二，修忠诚可靠之德

忠于党、忠于人民、忠于祖国、忠于社会主义，是小平同志对第三代领导集体的政治交代，也是共产党员崇高品德的内在要求和具体体现。说文解字，忠，一个中、一个心，不偏不倚、不急不躁，打心眼里不变节。诚，一个言字、一个成字，说到做到、言行一致，言必信、行必果。办事情交朋友，都愿意交忠诚可靠的人。领导分配任务、同事托付心愿，都找忠诚可靠的人。“富贵不能淫，贫贱不能移，威武不能屈”，这是中华民族的传统美德，也是人类社会普遍的价值取向。从普遍的价值取向上讲，忠诚是受到高度推崇的。我们中华民族历史上的民族英雄和仁人志士的忠义之举，像屈原投江，苏武牧羊，岳飞精忠报国，杨家将满门忠烈，关公千里走单骑等，在民间广泛传颂经久不衰。关老爷的庙宇、塑像到处都是，各行各业都供奉他、崇拜他，就因为他是忠勇的化身，所以把他提到圣人的地位。上下五千年，纵横几万里，无论哪个民族、哪个政党、哪个团体，对不忠不义的变节分子从来都是不能容忍的。一部《三国演义》就有好几个例子。比如，武功高强的吕布，先后投奔丁原、董卓、袁绍，人称“三姓家奴”，再后来投奔新主，已是无人可信、没有市场了。第五十七回讲曹操杀告密者苗泽。黄奎和马腾密谋造反，黄奎把消息告诉了侍妾李春香，李春香与黄奎的妻弟苗泽私通，李又告诉了苗泽。苗泽就向曹操告密，使曹操轻而易举就扑灭了这次叛乱。事后，苗泽对曹操说：“不愿加赏，只求李春香为妻。”曹操笑着说：“你为了一妇人，害了你姐夫一家，留此不义之人何用！”便将苗泽、李春香与黄奎一家老小并斩于市，观者无不叹息。后人有诗：“苗泽因私害荩臣，春香未得反伤身。奸雄亦不相容恕，枉自图谋作小人。”这个故事至少说明三个道理：第一，保密重要；第二，情人靠不住；第三，叛徒没有好下场。

忠诚可靠是共产党员最可宝贵的政治品德。一个党员的能力有大小、贡献有多少，但忠诚可靠是必须坚守的政治底线。忠诚可靠要看平时表现，更看关键时刻。关键时刻，比如遇到敌人威胁利诱的时候，甚至有生命危险时，不怕杀头、不怕坐牢，保持忠贞不渝的革命气节；遇到重大困难和危险的时候，挺身而出、不怕牺牲；在大是大非面前，旗帜鲜明地坚决维护党的利益、人民的利益、国家的利益；还有，在个人利益和党的利益发生矛盾的时候，毫不犹豫地为党的利益牺牲个人利益。概括地讲就是，在敌人面前不怕杀头，在危险面前挺身而出，在是非面前旗帜鲜明，在利益面前先公后私。党兴我兴，党荣我荣。平时就要在党言党，热爱党、关心党，把自己的一言一行和党的利益紧密地联系在一起。但有个别同志做得不好。这里有三种情况提醒大家注意：一是对党的事业漠不关心，缺乏忧党忧国忧民的政治责任感和思想感情；二是面对党风廉政方面的问题，站在旁观者的立场上评头论足，甚至散布离心离德的消极情绪；三是面对某些政治势力诋毁和攻击党的错误言论，不制止、不斗争，甚至随声附和。这三种情况也是不忠诚的表现。党的利益、人民的利益、国家的利益和共产党人的利益是完全一致的，共产党人必须让党信得过、靠得住、用得上，始终不渝地做党的坚强战士、勇敢卫士。

第三，修官品人格之德

我们是执政党，许多共产党员都是国家的公务员，有的还是领导干部，修炼好官品人格是必修课。汉代张衡名言：不患位之不尊，而患德之不崇；不耻禄之不伙，而耻知之不博。从政为官者对全党、全社会的道德修养具有示范和引导作用。修官品人格之德，要处理好做官、从政、用权、为人四个关系。要想做好官，先要为好人；要想从好政，首先用好权。人格是人的心理和行为特征的总和，是一个人的基本精神面貌。领导干部靠什么工作？一靠真理的力量；二靠人格的魅力。高尚的人格是无形的力量，可以使群众产生敬重感、信赖感和亲切感。毛主席转战陕北，拄着一根柳木棍子，周旋于胡宗南大军的鼻子底下，从容自如，谈笑风生。周总理日理万机，忍辱负重。这些人格的魅力给人的信心、教育、启发是终生难忘的。官品是分品的，人格是分格的，定在哪个品上、哪个格上，并不论职务高低，也不分权力大小，而是在干部群众心目中的形象。冯友兰先生解释“人生三不朽”时有一段精辟论述：“立言靠天赋，立功靠时势，立德靠个人。”所谓立言靠天赋，就是说，创一种思想，立一种言论，发挥一种特长，成为专家，需要有天赋条件，比如，孔子的教育思想，老子的道德经，孙子的兵法，都是几千年出一回的。歌唱家唱歌，运动员夺金牌，这些都离不开天赋条件，是天赋加勤奋的结果，不是人人都行的。所谓立功靠时势，就是时势造英雄，有了战争才有战斗英雄，有了地震才有抗震英雄。如果没有这样的环境条件，这些英雄就不可能产生。所谓立德靠个人，就是主要靠自己的品格德行。一个人不论职务高低、年长年少、是何行业、环境好坏，都要靠自己修养，怨不得环境，怨不得别人。张思德是警卫战士，雷锋是汽车兵，杨业功是将军，白求恩是外国人，丁晓兵是伤残人，周总理是伟人，从立德上讲，他们都有很高的追求，都是我们的榜样，正如毛主席讲的：一个人能力有大小，只要有这种精神，就是一个高尚的人，一个纯粹的人，一个有道德的人，一个脱离了低级趣味的人，一个有益于人民的人。

人民日报副总编梁衡同志在《论官德》一书中对人格问题有一段深刻的阐述。他说，人的品德分成许多高低不等的格，这便是人格。马克思说，“人是各种社会关系的总和”，人也是一种社会产品，是经社会共教共育、磨砺冲刷、锻打铸造而成的，如礁石在海，被浪花咬啮、冲刷侵蚀，塑造成各型各类、各等各级，也就有了不同的质、形、格。人生于世，就要看你自己所选所为了。你接受了某一种观念，就被搁置到了某一层的某一格子里。我们共产党员选择了自己的旗帜、道路和理论体系，就要用这个原则来要求自己，把自己放在这个格子里面。他还说，人在社会上立身有三项资本，或曰三种魅力：一是外貌，包括体格、姿色。这主要来源于先天，这确是一大本钱，古今因一貌倾城、仪表万众，因此而广有追随，成其事者大有人在。二是知识技能和思想。这靠后天的修炼，或一战回天，惊天动地，开国定邦，太平盛世；或窥破天机，发明发现，创造财富，造福人类者，也大有人在。三是人格。这是一种独立于“貌”和“能”之外的关于思想和世界观的修炼。你可以貌相不惊，才智平平，无功可炫，无能可逞，但在人格上却可以卓然而立、楷模万众。精神之力，盖超乎外貌之美和才智之强，别是一种震撼，一种导引与向往。雷锋，论貌个子不高，只有1米5多；论能，只是一个普通的汽车兵，但他的无私精神、助人品德，现已成为中华民族乃至全人类的精神财富，其人格魅力早已驾于万人之上。最近，没有经过各级领导选拔推荐，也没有人为培养树立，而是在实践中涌现出来的最美女教师张丽莉、最美司机吴斌、最美武警战士高铁成、最美交警吴连表等，在他们的名字前面群众自发地冠以“最美”二字，主要讲的是他们的思想道德美、人格魅力美、行为导向美，他们是受人爱戴和敬仰的人生楷模。

二、关于修能

党性修养，既包括修德修性，还包括修智修能。党性修养不仅是精神层面的东西，还包括提高能力素质。对于执政党的党员来说，既要修好全心全意为人民服务的思想境界，又要修好为人民服务的能力素质。德不高不能服众，才不够办不了事情，德才兼备向来是基本要求。过去有句老话：“公生明，廉生威。”我还要补充一句——“能生力”。古人说，将帅无能军士苦，人们都希望在一个能力强的领导手下工作。将帅威望也是战斗力。在某人指挥下一定能打胜仗，就信心百倍，冲锋陷阵毫无顾虑。在某人领导下心里没底，甚至感到担心，仗还没打就想后路，怎能战胜对手？

共产党员至少要修四能：一是执政兴国之能；二是拒腐防变之能；三是抵御风险之能；四是完成本职业务之能。

第一，修执政兴国之能

我们是执政党，执政就要有执政的能力。掌权和夺权有许多不同，其中最重要的一条是目标任务不同。推翻三座大山，建立新政权，虽然出生入死，但阵线分明。依靠基本力量，团结中间力量，集中打击消灭阶级敌人，红红火火，波澜壮阔。但掌权后就不一样了，所有中华大地上的人和事都得管。要放开胸怀，包容得下，然后统筹各方、科学部署，协调力量、化解矛盾，推动社会发展。科学发展就是把经济、政治、文化、社会、生态文明五位一体的建设统筹起来部署、建设。坚定理想信念不动摇，其中一条是坚持党的基本路线不动摇。基本路线的基本精神是“一个中心、两个基本点”，一个中心是以经济建设为中心，两个基本点是坚持四项基本原则、坚持改革开放。执政能力最主要的就是贯彻党的基本路线的能力。一心一意谋发展，聚精会神搞建设。发展是硬道理，解决中国的一切问题都要靠发展。实力地位，实力政策，没有实力就没有话语权，别人也看不起你。毛主席形象地说：“手中没把米叫鸡都不来。”发展是硬道理已经形成共识，科学发展理念也已深入人心。问题是怎么科学发展。这不是一两句话能够解决得了的，需要世界眼光、战略思维，需要具体方针政策和实际操作方法。这就是能力问题。首先要把思路搞清楚，思路不清，忙忙碌碌不一定出成果。记得有一位台湾朋友说，你们都说毛先生在延安窑洞里点着煤油灯熬夜加班非常辛苦，我们蒋先生也没有游山玩水，也是思虑万千、调兵遣将，亲自到前方督战，也很辛苦。为什么毛先生胜了，蒋先生败了？关键是毛先生的战略思维能力过人，蒋先生忙的是战术动作，自然棋低一着。作为我们个人也是一样，指导思想、出发点、动机和心愿，都是把事情办好的。为什么效果不一样呢？主要是能力问题，当然也有机遇、运气。但同样条件下效果不一样，那就是能力问题。首先是战略筹划能力，就是能通过纵横比较，把自己的站立点搞清楚，看看自己处在什么位置上，处于什么环境下，朝着什么方向走。接着，就要根据环境态势、优劣条件，把目标任务搞对头。当然，这个目标不是理想型的，也不是保守型的，而是开拓型的，是符合实际，经过努力可以达到的，是科学合理的、有发展前途的。其次，就是把具体规划措施搞合理，特别是信息化社会，搞好一个好的规划，工作就成功了一半。过去是摸着石头过河，现在有计算机模拟，可以提供各种模型辅助决策。所谓形势、任务、工作方法，这是一般研究部署工作的思路。还有一半是实际运作。形势发展到现在，要特别重视研究现阶段的特点，注意研究发展起来之后的问题，研究长期执政、长期发展的问题。执政兴国，建设中国特色社会主义，对我们共产党员来讲，是一个新的伟大历史任务，没有具体模式可以效仿，只能认真学习研究，真抓实干，在实践中把我们的能力练出来。

第二，修拒腐防变之能

我们党从成立那天起就告诫党员，要经得起威胁利诱，保持党的纯洁性先进性。不过那时环境艰苦，人们的精神面貌很好。新中国成立后，我们党成了执政党，拒腐防变就成了一个非常现实的问题，但那时我们党经常开展整风，开展各种教育和运动，从总体上讲，腐败问题没有形成气候。但改革开放后，特别是实行市场经济后，腐败问题已经成为削弱党的形象、影响人们信心信念的重大问题。2009 年我在讲党风课的时候作了一个分析，感到作风和腐败现象已经不是个别的和局部的，而是带有普遍性的问题。甚至连过去非常神圣的地方现在也不干净了。比如，教育部门，高等学府，大学的领导、教授，也出问题。法院、检察院本来是执掌公平正义、惩处腐败分子的部门，也出问题了。还有，好几位纪委书记成了腐败分子。更令人担忧的是，好多人思想观念变了，对新情况新问题心态麻木，认为“这事就这样了没办法了”，因而习以为常了。有的把党和人民的利益搞对立了，郑州规划局的副局长逯军竟公开讲：“你是准备替党说话还是准备替老百姓说话?”他认为，“人民是空的，领导是实的，权力是领导给的，只对领导负责。”还有很多领导干部，本身工作放在一边，忙着跑关系、找门子，不找心里不踏实。有的领导找干部谈话时往往这样说：“我想提拔你，但是不好办，你上边有没有什么关系，自己先找一找吧。”虽然反感这样做，但又很无奈。有的是非颠倒，过去看到不法行为义愤填膺、举报反映，现在写举报信的少了，这并不是风气好了、问题少了，而是淡漠了，觉得反映也没用。有人形容，现在引领我们的社会风气，力量最大的是潜规则，办事最管用的也是潜规则，不懂潜规则寸步难行。就连干部正常提拔也怀疑背后有关系，送了钱了。有个地级市的市长，看到官场太腐败，担心自己出问题，辞职自谋职业。

说到这里，我想起了延安时期黄炎培和毛主席的谈话，黄老说：“大凡初始聚精会神，没有一事不用心，没有一人不卖力，也许那时艰难困苦，只有从万死中觅取一生，既而环境渐渐好转了，精神也就渐渐放松了。有的因为历时长久，自然地惰性发作，由少数演为多数，到风气养成；虽有大力，无法扭转，并且无法补救。”为了巩固党的执政地位，为了我们自己不犯错误，认认真真、实实在在地提高拒腐防变能力是多么重要。从某种意义上讲，腐败问题比路线方针政策和工作方法上的错误危害还要大，后果还要严重。路线错了，政策错了，走了弯路，当然会造成很大损失，甚至是严重损失，但它是可以改的。路线错了纠正就行了，走了弯路拐回来就行了。

在党的历史上，我们曾经犯过若干次严重的路线错误，包括“文化大革命”这样全局性的错误，都改过来了。但是，如果腐败了，肌体腐烂了，党的性质就变了，就改不过来了。如果把我们党比作一个人，他很健康，走错了路，办错了事，改过来就行了；但是，如果他的健康出了问题，肌体坏掉了，救都救不过来。路线错误，政策错误，方法错误，总体上看是工作问题，有的是认识上的局限性和片面性，有的是好心办坏事，对于这样的错误，老百姓是可以原谅的。但是，如果腐败了，老百姓就很难接受、很难容忍。苏联解体的原因，有经济问题、民族问题、意识形态问题，但起根本作用的是腐败。苏共党内形成了一个腐败的特权阶层，严重脱离人民，最后被人民抛弃。戈尔巴乔夫宣布解散共产党，200 万党员，2 亿多人民，没有一个人起来维护党。这种教训极其深刻。创业难还是守成难？我跟任继愈先生讨论过，两者都难，但守成更难。创业，建立政权尽管艰苦，但它是有期限的，几年几十年的奋斗，就把基业创造出来了。要守住它、发展它，多少年是个头？没有期限。所以，守成的根本是拒腐防变。拒腐防变就是要保持先进性，要与时俱进。老祖宗不能丢，旗帜不能丢，但又要根据新情况不断补充新内容，让老祖宗的基业增添新成就，让我们党的旗帜增添新光辉。就个人来讲，就是过好权力关、名利关、亲情关、生活关。官场复杂不复杂，取决于为官者自身，陶渊明诗曰：“结庐在人境，而无车马喧。问君何能尔，心远地自偏。”你简单，官场就简单；你复杂，官场就复杂。只要品行端正，不该去的地方别去，不该拿东西别拿，不该碰的人别碰，严守这三条就能平安无事。拒腐防变首先是保证个人不被腐蚀，但还不够，这是“独善其身”，还要“兼济天下”，就是要学习马克思主义基本原理，学好创新理论，用马克思主义的望远镜、显微镜识破敌对势力的图谋和伎俩，做到旗帜鲜明、立场坚定、头脑清醒、政治敏锐。同时，有较高的斗争艺术，讲究策略和方法，不但不被对手演变，而且能用中国特色立场观点和方法去认识世界、影响世界、改造世界。

第三，修抵御风险之能

社会主义新中国一建立就存在被颠覆被演变的风险。进入新世纪，又遇多事之秋，这种风险不但没有减少，反而又在增加，发展道路和安全环境存在许多不可预测的矛盾和问题，国内国外各种突发事件随时可能发生。因此，我们在坚持发展是硬道理的同时，要清醒地认识到安全稳定是硬任务。要认真分析形势，作出正确判断，应对各方挑战。当前，总体上处在一个和平发展、稳定和谐的时期，但又是一个矛盾交织的大调整时期。如何应对突发事件，抵御各种风险，已经成为我们党面临的重大现实问题。因此，每个共产党员都要眼观六路、耳听八方，胆大心细、遇事有方。遇事能拿出办法，随机应变、争取主动，是干部必修的能力素质。要提高警惕，设置各种预案，做到有备无患。有了警惕，有了准备，风波不来更好，来了能够从容应对、妥善处置。

第四，修做好本职工作之能

德也好能也好，最终要体现在做好本职工作、履行职责使命上。什么是能力？从一定意义上讲，把任务完成好就是能力，完不成任务，甚至把事情办糟了，你吹得再玄乎也谈不上什么能力。比如，领导机关的干部，最起码要有“三头三文”的能力，就是口头能讲、笔头能写、指头能敲（操作电脑）；要懂点古文、能写作文、会点外文。从一定意义上说，立足岗位成才，在平凡中积累不平凡，这是人才成长的共同规律。海尔的老总张瑞敏说，把每一件简单的事做好就是不简单，把每一件平凡的事做好就是不平凡。这话很有哲理。要成为对党对人民的栋梁之材，不仅要有远大的志向，还要有脚踏实地的实干精神，在本职岗位上一点一滴地磨砺自己。好高骛远，眼高手低，到头来只能一事无成。现在社会上一股浮躁之气，害人不浅。有的同志急功近利，老想抄近路走捷径。我曾向任继愈先生讨教，他说："真理从来耐寂寞"，成大事者，必是耐得住寂寞的人。陈伯钧上将 1941 年在延安写信，向毛主席寻求指示，主席回复，以"不浮、不露、不躁"为戒，再加上"深刻和切实"的精神，着重实行。

本职岗位是修德修能的舞台，也是衡量德才的尺度。在其位谋其政负其责。当然，既然做工作，就不可能不出纰漏。邓小平说，再周到也有不周到的时候，不争论是我的发明。看准了干起来再说，干错了改过来就是了，改正一个错误就增加一份正确，克服一个困难就提高一次能力。因此，要有敢于负责、敢于担当、敢于实践的精神，在本职岗位上修炼能力、建功立业。这错那错，啥都不干是最大的错，不干，半点马列主义都没有。

三、关于修风

就是要修养一种好的作风。对一个政党来讲，作风是这个党的性质、宗旨、纲领路线的综合反映，是先进与否的重要标志，也是党生死存亡的决定因素。风气，是当前全党和全国人民最关心、最瞩目的问题，也是议论最多的问题。因此，加强党性修养必须加强作风修养。修风可以从多个角度讲，可以讲思想作风、工作作风、领导作风、生活作风等。今天，我就党员个人修养的几个关键问题谈谈个人体会。

第一，修实事求是之风

实事求是是我们党的理论基石，是党性的基本要求。人人知道应该实事求是，但真正做到很难。有人问彭真，什么事最难，他说"实事求是最难"。毛主席曾对"实事求是"作过精辟概括。他指出："实事就是客观存在着的一切事物，是就是客观事物的内部联系，即规律性，求就是我们去研究。"这一论述，深刻地指出了实事求是的科学内涵和基本要求。坚持实事求是的前提是把实事搞清楚，了解实际、掌握实情，掌握了大量实情再作研究判断、找出规律，求出它的“是”。然后下决心作决策，八九不离十。当然，这要有智慧有能力，真正了解到实情并不容易。毛主席提倡“讲老实话，办老实事，做老实人”，因为这是坚持实事求是的作风保证。求真务实，既要在求真上下功夫，更要在务实上做文章。习近平同志讲，尤其要做到讲实情、出实招、办实事、求实效。朱镕基同志当总理上任之初，曾约法三章，其中一项是“不题词”。但是，后来他破了例，三次题字，内容一样，都是“不做假账”。2002 年 11 月 19 日，他在第十六届世界会计师大会上亲口讲了他三题“不做假账”的事。他说：“最近几年，中国建立了三个国家会计学院，一个在北京，一个在上海，这两个都已建成。还有一个在福建的厦门，正在建设。我亲自为这三个国家会计学院制定了校训。我很少题词，因为我的字写得不好，但是我为三个国家会计学院亲自写下四个大字——‘不做假账’。”大家可能读了《朱镕基答记者问》这本书，在首发式上朱总理也讲了一段话：“我不敢说这本书立论如何正确，更不期望每个读者都会同意我的观点，我只想说，我在本书中的讲话都是真话，这是我一生坚持的原则。这本书 120 多万字，是从 1500 万字录音里挑出来的。我是讲真话，不讲套话。”“无论做官的做人的还是做生意的，应该都能从中得到借鉴。应该说，对做人的意义比做官还大。照着这样做，不容易。”修实事求是之风，首先要讲真话。讲真话也不容易。习近平同志在党校讲话中讲了一个历史故事。初唐名臣裴矩在隋朝做官时，曾经阿谀逢迎、溜须拍马，想方设法满足隋炀帝的要求；可到了唐朝，他却一反故态，敢于当面跟唐太宗争论，成了忠直敢谏的诤臣。司马光就此评论说：“裴矩佞于隋而诤于唐，非其性之有变也。君恶闻其过，则诤化为佞；君乐闻其过，则佞化为诤。”这个故事告诉我们，人们在那些愿意听真话、能够听真话的人面前才敢于讲真话、愿意讲真话、乐于讲真话。现在社会上批评一种现象：言行不一，说一套做一套；言人不一，跟这个人讲的和跟那个人讲的不一样；言言不一，今天说的和昨天说的不一样；言心不一，嘴上说的和心里想的不一样。这就无诚信可言了，何谈实事求是？因此，修实事求是之风，第一要修品德，讲真话不说假话，报实情不报虚情；第二要修胆识，敢讲真话、敢出实招，讲符合实际的话，出解决问题的招；第三要修观察问题的能力，能在纷繁复杂的事物中看透本质、抓住要害、把握规律。

第二，修密切联系群众之风

群众是真正的英雄，是我们共产党执政的根基。1949 年新中国成立前夕，柳亚子先生问毛主席："没想到胜利来得这么快，不知道主席用的什么妙计？"主席听后哈哈大笑，回答说："人民的支持是最大的妙计。"逃到台湾的蒋介石也曾问他的宣传部长叶青："你觉得我们为什么失去大陆？"叶青讲："理由很多，但最重要、最关键的问题就是国父的民生主义不够彻底，老百姓的生存问题没有解决好。"这又一次证明了一个道理：得民心者得天下，失民心者失天下。

我们党现在是执政党，同执政前与群众的关系发生了很大变化。执政前，党与人民群众的联系似骨肉、如鱼水，因为离开人民群众的支持就难以生存发展。执政后，生存发展不再像执政前面临那么直接的危险，党员干部容易产生脱离群众的倾向；执政前，我们党许多的财物用品是直接从群众中取得的，而执政后通过法律税收若干环节，党员的收入是通过领工资或其他分配方式获得的，同群众的利益关系就不那么直接了。执政前，群众给党政机关送筐苹果都感激得不得了，现在领工资去市场购买还要讨价还价。对于群众来说也是一样。过去部队走到哪里，就帮助群众打扫院子，挑水干活，鱼水情深。现在掌权了，为群众办事是政府职责，办不好还不满意。执政前，在极端困难的战争环境下，党员不易产生寻求自身利益的意识；执政后，客观环境变了，领导干部掌握了一定的权力，当官做老爷、贪图享乐的思想容易滋生蔓延。执政前，领导干部比较容易与群众同甘共苦、并肩战斗，执政后地位变了，权力大了，容易滋长官僚主义习气，为人民服务的意识慢慢淡化。那么，新形势下如何修炼密切联系群众之风呢？首先，要树立起坚定的群众观念，建立起同人民群众的深厚感情。观念、感情、责任是最基础的要素，也是最朴实最管用的要素。中国的老百姓是最纯朴最善良最懂得感恩的，中华民族是有情有意有教养的民族。想想看，战争年代多少老百姓为了支援前线，最后一尺布做军装，最后一口饭当军粮，家有子女送战场，为了掩护伤员而牺牲自己。国家遇到危难时挺身而出。汶川地震、舟曲泥石流灾害中表现出的那种“一方有难、八方支援”的风格感动了世界。我们的高铁、我们的鸟巢，是外国人设计的不假，但都是中国的农民工建的。我们的城市面貌日新月异，全是我们的老百姓辛辛苦苦干出来的。领导开个会、作个决定，机关发个文件，实际工作呢？都是老百姓流血流汗干出来的。胡锦涛同志说：“只有我们把群众放在心上，群众才会把我们放在心上；只有我们把群众当自己人，群众才会把我们当自己人。”焦裕禄、孔繁森、吴斌等去世了，那么多老百姓主动为他送葬。反过来，有的领导小汽车被群众烧了，办公室让群众砸了。这里面的原因是什么？是根本立场、根本态度问题。对人民群众的感情、态度是检验一个共产党员先进性与否的试金石。

和群众建立起深厚的感情，还要尊重群众，坚持问政于民、问需于民、问计于民，真诚倾听群众呼声、真实反映群众愿望、真情关心群众疾苦，依法保障人民群众的经济、政治、文化、社会等各项权益。我们是执政党，权利必须用来为人民服务。我觉得，还要转变一个思想，不要老是想管理群众，最重要的是要把群众当成主人，当成服务对象而不是管理对象。要依靠群众进行管理，让群众知情，让群众参与，接受群众监督。有的地方改造公园，建公寓、搞工程，事先征求群众意见，吸收群众代表参加，接受群众监督，加强了沟通，消除了误解，减少了腐败，密切了党群关系，促进了社会和谐安定，效果很好。

我们是执政党，就要为群众掌好权用好权，把群众交给的权力用在为群众服务上。一是带领群众谋发展，让人们富裕起来；二是尽量做到公平公正公开，让人民活得有尊严，有地位有面子；三是解决一些具体实际问题。我说一个体会，就是从指导思想上要把解决放在前面，千方百计解决，解决不了的再解释，这样就容易说服人。不要群众刚提出问题，你就先解释，没有解决的诚意。如果先想办法解决，解决不了再解释，效果就好得多。

第三，修勤政廉政之风

勤能补拙，廉能生威。为官掌权，勤政、廉政是两大法宝。中南海中央办公的地方，从清朝起就叫“勤政殿”。《尚书》云，“克勤于邦，克俭于家”，讲的就是“勤以治国，俭以治家”。曾国藩有五勤说，要求官员“身勤、眼勤、手勤、口勤、心勤”。我们考核干部，也是“德、能、勤、绩”四个方面。勤是一种精神状态，是一种品格情操。与勤相对立的是懒，懒惰是万恶之源，懒了“农则废其田畴，工则废其规矩，商贾则废其所鬻，士则废其所学”。人与人比较，能力也好，知识也好，差别在勤字上。能干的人，细致的人，想得周到的人，就是勤于动手、勤于动脑的人。诸葛亮出师表中直陈自己是“鞠躬尽瘁，死而后已”；“自受命之日，寝不安席食不甘味”，诸葛亮是勤政模范。周总理，几十年的革命工作，每天工作12小时以上，超过16小时司空见惯，外国友人称他是“全天候总理”。周总理留下20多本工作日记。1974年3月26日这一页上，记载了他一天的工作：下午3时起床；下午4时与尼雷尔会谈（五楼）；晚7时陪餐；晚10时政治局会议；晨2时半约民航局同志开会；晨 7 时办公；中午 12 时去东郊，迎接西哈努克亲王和王后；下午 2 时休息。这一天他连续工作了 23 个小时。要知道这是 1974 年，当时他已是一位身患癌症的 76 岁的老人。

勤政重要，廉政更重要。“历览古今多少官，成由清廉败由贪。”官员要做到不贪不贿，需要抵挡很多诱惑，真正做到也属不易。从古至今，贪官从没绝迹，甚至有人说，中国一部二十四史“其实是一部贪污史”。据中纪委公布的资料，从 1980 年至 2011 年，我国被查处的省部级以上贪官多达百名，其中 3 人自杀或外逃，6 人判死刑，26 人死缓，16 人无期，其余为有期徒刑。这些人开始作案时间可考的有 91 人，其中 53 例（约占 58%）是边腐败边提拔的。人们常说：“欲不可纵，志不可满。”控制欲望是不贪不贿的基础。叔本华说：“一切痛苦都来源于欲望。”贪官实际上是欲望的奴隶。群众看公务员，其中很重要的一条，是看他是否廉洁。如果一时工作的失误还可谅解的话，那么贪污腐败是决不能容忍的，每个公务员都要做到“进不失廉，退不失行，一身正气，两袖清风”。我这里有一位干部家属写给纪委的信：“我是一个普通女人，家庭、丈夫、孩子是我生活的全部。我很爱自己的家，更珍惜现在不大富大贵却丰衣足食的生活和快乐……我真心地赞成和支持你们对领导干部开展各种教育。”这位普通妇女的来信朴实无华、发人深思。加强作风修养，勤政廉政是重点。修好了可以终身受益，于党于民于国家于个人都大有好处。

第四，修认真负责之风

忠于职守认真负责是对各行各业人员的普遍要求，共产党员应该做得更好。要把对上负责和对下负责一致起来。毛主席说：“向群众负责和向党的领导机关负责的一致性，这些就是我们的出发点。”现在有的同志干工作做事情，总看领导眼色，不管群众情绪，结果不但没有讨到好，还给领导帮了倒忙。有的干部为了讨好领导，把领导的房子、车子、衣食住行伺候得好好的，而对群众的住房、生活不管不问。结果，领导的房子超了面积，上下反映很大，损害了领导威信，疏远了干群关系，自己也受到了处罚。

认真负责要敢于担当，要在纷繁复杂的矛盾中，敢于拿主意，敢于拍板。敢于担当，还表现在敢于主动承担责任、保护部属。1975年张爱萍同志出来工作，负责国防工业。1976年批邓反右，“四人帮”揪住不放，整了很多国防工业系统的干部，张爱萍挺身而出，公开声称，话是我讲的，事是我带头干的，要抓就抓我，下面没有责任，保护了很多干部，被传为佳话。对工作负责和对同志负责是一致的，这样的领导，谁都愿意同他共事。

认真负责就要把自己的本职工作和集体荣誉同党的威信联系起来，大处着眼、具体着手，创造优良的业绩。前几天我到西藏驻京办参观，看到他们的简介上一段话叫“五不让”，颇受教育，读给大家听听：不让工作事项在我这里延误，不让工作差错在我这里发生，不让不良风气在我这里出现，不让单位形象在我这里受损，不让服务对象在我这里受冷落。如果每位同志都把自己的本职业务、集体荣誉同党的声誉和人民利益联系起来，那么，思想境界是高尚的，工作作风是扎实的，工作业绩也一定是成功和辉煌的。

党员干部要自觉讲党性重品行作表率*

讲党性、重品行、作表率，是对共产党员特别是领导干部提出的政治要求，是对马克思主义建党学说的丰富和发展。讲党性、重品行、作表率，既是新形势下按照科学发展观加强党的全面建设的新要求，也是对党员干部个人党性修养提出的新标准。它体现了党的事业发展与党的自身建设相统一，体现了党履行使命与应对挑战相统一，体现了党的本质要求与人民期待相统一。

讲党性、重品行、作表率，三者是一个整体，党性是根本，品行是关键，表率是标志。我理解，党性主要是从政治上讲的，它体现我们党的本质；品行主要是从道德上讲的，它体现我们的行为规范；表率主要是从实践上讲的，它体现以身作则、率先垂范。根据计划安排，今天我们集体过个党日，由我来谈一谈自己的学习体会。

一、关于讲党性问题

党性是政党固有的本质属性，是一个政党区别于其他政党的本质特征。共产党人的党性，是阶级性、先进性和人民性的高度统一。在新的历史条件下，讲党性，最关键的是做到四点：

（一）讲党性必须讲信仰

信仰是人们对某种理论、学说、主义的信服和认同，并把它作

---

*本课系2008年5月30日为国防大学讲的党课，后来又在广州军区、全国人大机关等单位讲过，本文根据多次讲课录音综合整理。

为自己的精神支柱和行动指南。它是根植于灵魂深处的理念和意志，一旦形成，将坚定不移，忠贞不渝。我们的信仰，是建立在辩证唯物主义和历史唯物主义世界观方法论基础之上的，是建立在对人类社会发展规律科学认识和把握基础之上的，它具有无可比拟的科学性、真理性。树立和坚定科学信仰极端重要。在这方面坚定信仰上，无数革命先烈和革命领袖都给我们作出了榜样。我经常在想，小平同志三次被打倒，而且每次都是被冤枉的。第一次是红军时期作为“邓毛谢古”派（邓小平、毛泽覃、谢维俊、古柏）被打倒的，第二次是“文化大革命”中作为第二号走资派被打倒的，第三次是作为所谓“右倾翻案风”的总后台被打倒的。他为什么没有动摇？就是因为他有非常坚定的信仰。在被打倒以后，不但没有动摇，还在思考中国革命和建设的一些重大问题，每次出来，都有新的建树和贡献，特别是进入新的历史时期，他带领党和人民开辟了中国特色社会主义道路。我们有些老前辈老首长，解放前被国民党关进监狱不怕砍头，“文化大革命”时期被关进自己的监狱不怕委屈。靠什么？靠的也是信仰。有了坚定的信仰，才会有宽广的胸怀、崇高的思想境界。

共产党人是最高纲领和最低纲领的统一论者。我们讲信仰，就要善于把远大目标和现实任务结合起来，把崇高理想与具体实践结合起来，这样信仰才会有坚实的基础。我们有些同志之所以在信仰上出问题，就是感到共产主义非常遥远，遥不可及。过去之所以出现“左”的错误，很重要的原因就是超越了阶段，提了一些不切实际的口号，大家越干越觉得渺茫。实际上，从我们党的历史经验来看，人民的信心是建立在远大目标和具体任务相结合的基础上的。比如，民主革命时期，我们的阶段性目标是推翻“三座大山”，建立人民政权，实现民族独立，这样的目标大家看得见、摸得着，所以，干起来信心百倍。尽管也有信念问题，但是，通过具体实践，这些问题都比较好地解决了。这说明，最终目标是通过一个个阶段性的具体目标的积累来实现的，远大的理想是通过一步步具体实践来达到的，这样就不感到渺茫了，就感到具体实在了，就有信心了。现在，我们所说的理想信念，就是按照科学发展观的要求，建设中国特色社会主义，实现全面建设小康社会的奋斗目标。这样想问题，信念就不会出现大的偏差。

共产党人从事的事业，是人类历史上前所未有的崭新事业。讲信仰，就有一个正确看待困难和挫折的问题。一般在三种情况下信念容易动摇：一是遇到强大对手，缺乏战胜对方的信心；二是遇到特大困难，包括天灾人祸，缺乏战胜困难的信心；三是遭受重大挫折，包括自身犯了严重错误的时候，缺乏战胜自我的信心。大家可以想一想，我们党遇到强大的对手，从来没有畏惧过，是敢于亮剑并且敢打必胜的。我们清楚地知道，畏惧没有出路。我们打败了国民党反动派，打败了日本侵略者，打败了头号强敌美帝国主义，这是大家公认的事实。我们遇到特大困难也从来没有畏缩过，都是分析困难、面对困难、战胜困难，从小到大、从弱到强，我党的历史就是不断战胜困难的历史。远的不说，就说三年自然灾害时期，内忧外患交织在一起，苏联撤走专家，逼我们还债，世界上掀起反华大合唱，真是“高天滚滚寒流急”。我们党提出自力更生、奋发图强，同甘共苦、共渡难关。毛主席带头不吃肉，周总理带头减少定量，很多干部饿着肚子参加义务劳动，全国上下同仇敌忾，终于战胜了困难。毛主席豪迈地说：“要扫除一切害人虫，全无敌!”我们开创的事业是崭新的事业，没有什么现成的经验可以借鉴，我们不但能够战胜强大的对手，战胜艰难困苦，也能够战胜自己。我们对自己所犯的错误、所走的弯路，从来没有隐瞒过，从来都是敢于正视、敢于负责，靠自己改正。就连“文化大革命”这样的全局性错误，也是我们党自己纠正的。我们是辩证唯物主义和历史唯物主义者，彻底的唯物主义者是无所畏惧的，我们失去的只是锁链，得到的是整个世界！对手、困难、矛盾都是客观存在的，关键是以什么样的精神状态对待它，是正视它、分析它、战胜它，还是害怕它、回避它、屈服它。这是检验信仰的试金石。我们是天马行空、出入六合，从来不怕困难。

共产党员的信仰有着鲜明的时代内涵。当前来说，就是解决好对旗帜、道路、理论体系的信仰问题，也就是像十七大要求的那样：始终不渝地高举中国特色社会主义伟大旗帜，坚定不移地走中国特色社会主义道路，毫不动摇地坚持和发展中国特色社会主义理论体系。特别是要把学习贯彻科学发展观突出出来。当前我们开展的学习实践活动，发展是健康顺利的，收获也很大。我觉得，把这一活动引向深入，关键是两条：一条是，牢固确立科学发展观的指导地位，把科学发展观作为统一意志、凝聚力量的时代旗帜举起来，作为谋划建设、促进发展的基本遵循立起来，作为衡量利弊、检验得失的价值尺度用起来，作为修身立德、建功立业的行为准则树起来。另一条是，把我们的各项工作和全面建设纳入科学发展的轨道。

经过这一段的学习，我感到，落实科学发展观必须把握好三个立足点：一个是，要立足于中国特色社会主义初级阶段的基本国情和军情，既要防止保守和僵化，也要防止头脑发热，切实把发展目标搞合理。我们现在处于机械化还没有完全实现、信息化刚刚起步的阶段，这是我们军队的现实情况，千万不能脱离现阶段的国情和军情，盲目提一些过高过急的目标。我们做任何事情，都要从实际出发，考虑国情军情。再一个是，要立足新的历史起点，把实践科学发展观的基本思路搞对头。我们所说的新的历史起点，就是经过改革开放 30 年取得了巨大成就的新起点，同时又是遇到了新的矛盾、新的挑战的新起点。这一点要特别清醒，作为领导干部来讲，要树立强烈的忧患意识。要很好地分析和认清阶段性特点，以科学发展观为指导，提出新的思路和对策。还有一个是，要立足于有效履行军队的历史使命，把实践科学发展观的主攻方向搞明确。就全国来说，学习贯彻科学发展观，就是要夺取全面建设小康社会的新胜利；就军队来说，就是要全面履行“三个提供、一个发挥”的历史使命。国防大学培养人才，标准可以有若干条，但最基本的就是培养能够带领部队有效履行使命的人才。我们讲信仰，着眼点要放在这里，落脚点也要放在这里，否则，讲信仰就是空的、虚的。

（二）讲党性必须讲宗旨

我们党从建立那天起，就鲜明地宣示，“全心全意为人民服务”是我们党的宗旨。这是我们党被人民拥护的根本所在。但是，用发展的观点来看，应当有更高的标准。一是进一步加深对人民群众的感情。这是全心全意为人民服务的基础。感情问题是基础。战争年代，这种感情容易建立，执政后特别是长期执政以后，有些同志这种感情就慢慢淡薄了。对人民群众没有感情，就没有责任心，有了感情就有责任心，就有激情、热情。在这个问题上，我们的领袖给我们树立了榜样。这些天，大家从电视上看到了一个个感人的画面，如果没有对人民群众深厚的感情，不可能做到。这样的事情很多，像抗击非典、抗击冰雪灾害、关心艾滋病患者等，我们都有切身感受。哪里有困难，哪里最危险，哪里就有领袖的身影。

二是必须有为人民服务的本领。如果没有这个本领，光喊口号是没用的。特别是执政党，不能像在野党那样站在一旁品头论足，执政党是人民的依靠，国家的振兴、民族的希望都寄托在执政党身上。提高执政能力的问题非常现实地摆在了我们党面前。战争年代，主要是要有战胜敌人的能力，现在的关键是要有贯彻落实科学发展观的能力，在实际工作当中，体现科学精神、人文精神、创新精神、务实精神，把握好统筹原则、协调原则、质量原则、效益原则。我常想，我们的干部都希望把工作干好，有的没有达到预想效果，不是主观愿望不好，也不是不努力，主要是能力素质有差距。领导干部在群众中的威望，首先是靠“德”，德高才能望重。办事和完成任务的效果，主要取决于“才”。我曾经讲过，对一个领导干部来说，光有“公生明、廉生威”是不够的，还要加上“能生力”。一个优秀的领导干部，应该是“好人”和“能人”的结合。

三是着力解决人民最关心、最直接、最现实的利益问题。全心全意为人民服务涉及方方面面，必须抓住人民最关注的问题。十六大以来，中央着力解决就业难、看病难、住房难、收入分配、安全生产等民生问题，很得人心。解决人民最关心的现实利益问题，一切以时间、地点、条件为转移。这次四川大地震，开始，重中之重是救人；而后，是解决灾民基本生存问题，包括吃饭穿衣、医疗防疫等问题；再就是，灾后重建、发展生产。我们做任何事情都要科学筹划，分清轻重缓急，解决群众关心的问题。有些同志心是好的，却干了一些劳民伤财的事情。

四是履行党的宗旨关键是做好本职工作。我们从事的工作是人民事业的组成部分，与人民利益密切相关。做好本职工作是为人民服务最起码的要求，也是最高的要求。全心全意为人民服务要具体化，具体到岗位上、落实到本职上、体现在行动上。不要总想干那些爆冷门的事、争彩头的事、惊天动地的事。

（三）讲党性必须讲作风

党的作风是党性的综合性表现。对我们党的作风，毛主席曾经概括为理论联系实际、密切联系群众、批评与自我批评“三大作风”。我觉得，我们党的优良作风，最核心的就是始终同人民群众保持血肉联系。密切联系群众，是我们党的最大优势；脱离人民群众，是我们党在执政条件下面临的最大危险。如何保持同人民群众的血肉联系，是我们党面临的最大考验。不断加强同人民群众的血肉联系，是我们党必须解决好的最大课题。这个问题解决好了，党的作风建设就提起了纲、抓住了魂。只要不脱离群众，就不会脱离实际，就不会搞特殊化，就不会搞不正之风，就不会搞腐败；只要不脱离群众，就会自觉接受群众的监督，就不会轻易犯错误，即使是犯了错误也会得到及时纠正。

执政党与革命党联系群众是有很大区别的。革命党在没有夺取政权以前，和群众一样，都是受压迫的，能够同甘共苦，共同对付旧政权；而执政以后，党和人民群众成了领导者和被领导者的关系，这本身就是一对矛盾。夺取政权前，党的一切物资来源直接取自于人民，离开了人民，党就无法生存发展；夺取政权以后，党掌握了国家机器，通过税收等法律形式进行再分配，有的党员干部就产生了错觉，认为靠工资就过得很好，对人民群众的依赖就不那么直接和明显了。夺取政权前，党为人民做好事，被群众认为是恩情、是救星，而执政后，党为人民谋利益就成了一种责任，干得好，群众认为是应该的；干不好，就要受到指责。夺取政权前，人民的利益集中体现在翻身求解放上；夺取政权后，人民群众需求多样化了，人民内部矛盾也越来越突出。这种区别，还可以列出若干条，这就需要我们认真地研究我们党在长期执政条件下联系群众的特点和规律。密切联系群众的难度确实是增大了，不管千难万难，我们共产党人必须从思想上树立一个牢固的观念：群众是我们执政的基础，是我们力量的源泉，是我们胜利的根本。我们一刻也不能脱离群众，要有牢固的群众观念，把群众的呼声当作第一信号，把群众的利益时刻放在心上，把群众的满意度作为工作出发点。必须经常深入群众，了解群众疾苦，倾听群众呼声，接受群众监督，时刻做群众的贴心人。

（四）讲党性必须讲纪律

我们党是高度集中统一的党，民主集中制是我们党的根本组织原则。严密的组织性纪律性是党性的重要体现。特别是在社会变革、转型时期，我们面临社会生活多样化、利益分配多样化、人们价值取向多样化、行为方式多样化的特点，党内容易滋长分散主义倾向，所以，讲党性更要讲统一、讲纪律。

讲纪律涉及的内容很广泛，可以讲出若干条，我觉得最重要的还是“四个服从”：个人服从组织，少数服从多数，下级服从上级，全党服从中央。这是我们党最高的政治纪律、最高的组织原则，对党的各级组织和党员最基本的要求。“四个服从”是民主集中制的具体化，既包括了民主，又体现了集中。从现实生活看，好多违反组织纪律的现象，都与违背“四个服从”相关，都可以从这里找到根源。比如，搞一言堂，个人说了算，违背了少数服从多数的原则；搞变通，上有政策、下有对策，违背了下级服从上级、全党服从中央的纪律；传播小道消息，犯自由主义，违背了个人服从组织、全党服从中央的纪律。

讲“四个服从”，对领导干部要求应当更严。一个普通群众、一般干部如果对某个事情不理解，个人有一些思想扣子解不开，遇到点挫折想不通，发发牢骚，说点怪话，可以理解。但是，作为领导干部就不应该，就必须把“四个服从”牢牢记在心里，即使一时想不通，也要坚决执行上级指示，不仅不能跟着发牢骚，还要积极做群众的工作。这就是讲党性与讲纪律的一致性。现在，严重的问题是，我们有的同志把遵守纪律当耳旁风，不在乎。比如，网络保密，上级反复讲，三令五申，有的就是不执行。每年全军都发生不少网络泄密事件，我们多次讲，不是不让你上网，而是不要一机上两网。给你发了两台电脑，提供了上网的条件，结果你图省事，泄露了党、国家和军队的机密，对国家造成了危害，自己也犯了错误。你的组织纪律性到哪里去了？党性到哪里去了？因此，我们说，讲党性讲纪律是很具体、很实在的，它不是口号，而是我们日常生活中天天都要落实的，时时刻刻都要警惕的。

二、关于重品行问题

品行是什么？简单地说，就是人品德行。《词源》解释：“个人在生活中表现出来的具有一贯性的品性和行为方式的总和。”具体讲，品是指一个人的道德修养，行是指一个人道德修养在社会生活实践中的行为表现。品是内心的、看不见的，行是外在的、看得见的。品行，其表在“行”，其质在“品”。强调“重品行”，就是要求党员干部不仅要有高尚的思想境界，而且在实际生活中要有良好的行为方式。

党员干部重品行涉及很多方面，我认为当前最主要的是“四重”：重政治品行，重思想品行，重道德品行，重生活品行。

第一，重政治品行，就是要做到对党忠诚，光明磊落

政治品行是对党员干部在政治上的根本要求。核心内容就是对党忠诚，襟怀坦白，任何时候都要与党同心同德、荣辱与共。“对党忠诚”既是党组织对每个党员最基本的要求，也是每个党员对党组织最庄严的承诺。一个党员能力有大有小、贡献有多有少，但是对党忠诚是每个党员必须坚守的政治底线。

忠诚是中华民族的传统美德，也是人类社会普遍的价值取向。“忠诚”，从政治取向上讲是有区别的，有的忠诚是正确的，有的忠诚是错误的。“江湖之道”、“哥们义气”，忠于“山大王”、“黑老大”，那种忠诚是错误的；而忠于党、忠于人民、忠于国家是正确的。就道德取向来讲，“忠诚”是受到普遍推崇的。我们中华民族历史上的民族英雄和仁人志士的忠义之举，在民间广泛传颂、经久不衰。同样，上下数千年，纵横几万里，无论是哪个民族还是哪个政党哪个团体，对不忠不义的变节分子从来都是不能容忍的。

忠诚是共产党人最可宝贵的“政治基因”。共产党员是用特殊材料制成的人，这个特殊材料的内核就是“忠诚”。对党忠诚既要看关

键时刻，也要看平时表现。关键时刻，比如，在遇到敌人威胁利诱的时候，甚至有生命危险时，不怕杀头，不怕把牢底坐穿，有忠贞不渝的革命气节；在遇到重大困难和危险的时候，要挺身而出，不怕牺牲；在大是大非面前，要旗帜鲜明地坚决维护党的利益、人民的利益和国家的利益；还如，在遇到个人利益和党的利益发生矛盾的时候，要毫不犹豫地为党的利益牺牲个人利益。这是共产党员政治上的优秀品德。概括地说，就是在敌人面前不怕杀头，在危险面前挺身而出，在是非面前旗帜鲜明，在利益面前先公后私。平时主要就是，在党言党，热爱党，关心党，把自己的一言一行和党的利益紧密地联系在一起。而不是当局外人，站在旁观者的立场上评头论足，在错误思潮面前不斗争、不反对，甚至随波逐流。党生活在现实中，难免有这样那样的问题，应本着对党负责的精神，提出自己的意见建议，不应该当面不说、背后指责。维护党的形象，维护党的利益，维护党的权威，是每个共产党员应该具备的政治品德。值得重视的是，有的在错误思潮面前，在腐败现象面前，在不正之风面前，视而不见，装聋作哑，不敢发声。这里有几种情况。有的是水平低，看不出来，长期不学习，是非观念淡薄，分不出香花与毒草、真理与谬误；有的是看出来了不敢说，“爱惜自己的羽毛”；还有的是自己不干净，怕讲出来被网络媒体“人肉”搜索。新形势下，我们党一定要提倡光明磊落、坦坦荡荡的品格，彻底改变都想当“老好人”、都怕“惹是非”的“好人主义”状态。

第二，重思想品行，就是要始终坚持实事求是，言行一致

实事求是，既是我们党的思想路线，也是党员干部必备的思想作风和品格。讲实事求是，没有一个人反对，但真正做到实事求是非常困难。实现知和行的统一，不是一次可以完成的。中国特色社会主义道路，是我们经过长期的探索才逐步认识到的，直到现在还在探索当中。在我们实际工作中，难就难在影响和妨碍实事求是的

原因是多方面的。有的是对情况了解不够，有的是对事物的发展预测不准，有的是一股潮流来了辨别不清，有的时候虽然认识到了但没有勇气坚持；还有的时候，确实是有些私心杂念，为了应景、为了过关、为了少找麻烦，甚至为了捞到什么好处。

坚持实事求是，首先要有艰苦细致的工作作风。一个案子，去两个调查组，得出两个结果。原因是什么，有的深入细致，有的粗枝大叶。所以，做到实事求是，既要有求真务实的态度，更要有把情况摸清搞透的扎实工作。坚持实事求是，要有坚持真理、捍卫真理的勇气。有些事情不是没有看出是非来，而是屈从于某种压力，违心地表态。

坚持实事求是，对领导干部来讲，要有很清醒的头脑。对一些汇报、反映，特别是一些赞美之词，一定要作分析，要通过透过现象看本质，才能做到实事求是。

坚持实事求是，还有一种情况，就是能够正视错误，及时纠正错误。有的问题，由于当时没有把情况搞清楚，或者偏听偏信，作了错误决断，后来把情况搞清楚了，及时作出纠正，也是实事求是的态度。比如，二月逆流，毛主席后来明白了事情真相，作了自我批评，为我们树立了榜样。当前，对实事求是危害最大的问题，就是有的人言行不一、双重人格。如果说做到实事求是难，有很多客观原因的话，那么说假话、言行不一，当面一套、背后一套，说得多、做得少，主要是主观原因，是人格品行问题。时时处处都做到实事求是很不容易，但不说假话做不到吗？言行一致、表里如一，是共产党员最可贵的思想品行。说老实话，办老实事，做老实人，眼前可能是要吃点亏，但事实证明，终归不会吃大亏。可以说，言行不一，当面一套，背后一套，可以骗得了一时，但不能骗得长远，可以蒙骗少数人，但蒙骗不了多数人。凡是栽了大跟头的，都是那些不老实的人，从欺骗组织开始，最终害了自己。

要做到实事求是，还有一个使真理观与价值观相统一的问题。实事求是不仅涉及是非问题，还涉及利益得失。因此，必须善于把真理观与价值观有机地统一起来。1989 年政治风波以后，我们对支持动乱的小头目判了刑，而对幕后支持者方励之、李淑娴，不但没有判刑，还同意他们移居美国。从法律角度讲没有做到实事求是，但从国家利益看，为了打破西方的制裁，这样做又是实事求是的。这就是真理观与价值观的统一，是原则性与灵活性的统一。

第三，重道德品行，就是要树立良好的人品官德

重道德品行，就要像胡主席要求的那样：常修为政之德，常思贪欲之害，常怀律己之心。首先，要常修为政之德。为政之德的"德"是什么？就是胡主席反复强调并身体力行的"为民、务实、清廉"，也就是我们经常说的勤政、廉政。我们对一个领导干部的评价和怀念，主要用什么衡量？最主要的就是看他有些什么政绩，有些什么建树，为人民办了什么实事，给人民带来了什么好处。因此说，常修为政之德，就是要为人民掌好权、用好权，就是权为民所用、情为民所系、利为民所谋。韩愈在潮州当刺史，为当地人办了很多好事，人们为了纪念他，把当地的江、山、桥都改称为"韩江、韩山、韩桥"。苏东坡在杭州任知州时，疏浚西湖，修筑了一个堤坝，杭州人民为了纪念他治理西湖的功绩，就把这个堤坝叫"苏堤"。这说明，功名不是争来的，而是干出来的，是靠业绩铸就的。今天，我们每个党员干部，都要珍惜人民给予的权力，切实用好这个权力，真正按照科学发展观的要求，把你那个地方发展起来，把风气搞得正，把经济搞好，把人民的腰包搞鼓，使人民得到实惠。这就是最大的德、最实的德、最得民心的德。

要常思贪欲之害。权力是一把双刃剑，用得好，可以造福一方，可以展示才华，实现人生价值；用不好，就会给人民带来祸害，给自己带来灾难。掌权者需要警惕的东西很多，最需要警惕的是贪欲

之害。七情六欲人人有，做官的也不例外，问题是不能有贪欲，不能贪权、贪财、贪色、贪名、贪利、贪功。大家知道，唐朝宰相魏征是李世民的谏议大夫，之所以敢犯颜直谏、面折庭争，就是因为他自己说的“人生感意气，功名谁复论”，从来没有贪欲之累。大量事实说明，很多很有前途的干部，就是毁在了“贪”上。贪欲之害害至深，害国害民害自身。我们是唯物主义者，不是禁欲主义者，欲望这个东西没什么错，问题是要把握好“度”。老子说：“见欲而止为德。”对欲望要懂得“知止”。《大学》里讲，“知止而后有定”，只有“知止”才能炼就“定力”。战国时范蠡辞官、散财，就是很好的例子。汉朝的张良，后人在汉中给他修了庙，门上有副对联，上联是“掷秦一锥”，下联是“辞汉万户”，横批是“知止”。这副对联写得好，八个字概括了张良的一生；横批更好，“知止”，讲的是一种境界、一种修养。

要常怀律己之心。对党员干部来说，修好为政之德，戒除贪欲之害，说到底，就是要有律己之心。地位越高，权力越大，越要有敬畏之心。要以如履薄冰、如临深渊的心态经受权力的考验，切实做到慎微、慎独、慎始、慎终。慎微，就要像刘备说的：“勿以恶小而为之，勿以善小而不为。”很多人，就是因为对小事没有警惕、没有节制，一步一步从小缺点发展到大错误，从大错误发展为大罪犯。慎独，就是在没有人监督的情况下，能够自我约束、自律自戒。过去很多做地下工作的同志，入污泥而不染。这种精神现在尤其需要提倡。慎始，就是把好头一关，不越矩、不破戒。千万不可“一失足成千古恨”，否则悔之晚矣。慎终，就是善始善终，保持晚节。有的人，大半辈子都很谨慎，晚年放松了约束，摔了跟头，把一辈子名声都毁了。

第四，重生活品行，就是要有健康高尚的情趣操守

一个人的生活品位、情趣爱好，反映了一个人的理想追求和价

值取向。作为领导干部来说，其生活品位和情趣爱好如何，不仅对个人的发展进步影响甚大，而且对整个社会风气也有重要的导向作用。积极向上的生活品位和健康的情趣爱好，可以催人奋进、陶冶情操、提升境界，既有利于自己的身心健康，也有利于引领社会的新风正气。低级趣味的生活品位和情趣嗜好，容易使人消沉颓废，甚至腐化堕落，败坏社会风气。"城中好高髻，四方高一尺"，"吴王好细腰，宫女多饿死"，就是这个道理。

生活品行和情趣爱好，除了个别的带有先天性的因素外，绝大多数是后天培养的。加强生活品行和情趣爱好的修养，是领导干部不可忽视的必修课。要培养健康向上的生活情趣，最根本的是加强学习、丰富知识、开阔眼界，提高辨别是非和选择的能力，选择那些健康的、向上的、高雅的情趣爱好。多少人的实践证明，染上一个不良情趣很简单，稍有不慎就很可能陷进去。但要养成一个优良的情趣很不容易，往往需要下一番功夫，有一个渐进的过程。培养健康向上的生活情趣，慎重交友是一个不可忽视的问题。近朱者赤，近墨者黑，早有古训。曾国藩择友标准非常严格，他交的朋友大都是品德高尚、学识渊博、胸怀大志的人。他在总结自己人生经验时说："一生之成败，皆关乎朋友之贤否，不可不慎也。"

即便是健康的生活情趣，也要高度警惕、严把操守，防止被人利用。别有用心的人腐蚀领导干部往往是从生活情趣打开缺口的。赖昌星就说过，不怕领导讲原则，就怕领导没爱好。战争年代，要有革命的警惕性，防止被敌人拉拢腐蚀，丧失气节。和平时期，特别是在多样化的社会环境中，在充满诱惑的市场经济大潮中，要有防变的警惕性，防止被腐朽思想文化侵蚀，丧失政治本色。越是在执政条件下，越是在发展顺利的赞歌声中，越要重视操守，要耐得住寂寞、稳得住心神、守得住本色、管得住小节、顶得住诱惑，这样才能经得住考验。

三、关于作表率

表率，就是以身作则，率先垂范。就我们共产党员来说，就是党员的先锋模范作用。表率的作用如响之随声、影之随形。榜样的力量是无穷的。作表率具有鲜明的宣传作用、示范作用、动员和鼓舞作用，是最有说服力感召力的思想政治工作。

表率首先是责任。这是由我们党的根本性质、历史地位和崇高使命决定的。我们共产党是工人阶级的先锋队，是中国人民和中华民族的先锋队，我们党的性质决定了每个党员干部必须通过自己的表率作用，把群众的积极性调动起来；我们党是马克思主义的执政党，党的历史地位，决定了每个党员干部必须通过自己的表率作用，把社会的创造力发挥出来；我们党肩负着实现中华民族伟大复兴的崇高使命，党的历史任务决定了每个党员干部必须通过自己的表率作用，把全体人民的力量凝聚起来。作为一个党员干部，要经常想一想，既然加入了共产党，既然担任了执政党的领导干部，你就没有别的选择，只能为群众作表率，时时处处体现出行高于众的境界。在当今世界，即便是在西方国家，对政府官员的道德要求和其他职业的要求也不一样，比如说，红灯区在当地是合法的，老百姓可以进去，老板可以进去，但政府官员不能进。我们是社会主义国家，我们是执政党的党员，对党员干部的要求应该更严。像包养情妇，对老板来说，也许只是个生活作风问题，但对领导干部来说，则是一个严重的问题，是党纪不能允许的。党员干部作表率，不仅是个人的觉悟问题，更重要的是一个重大的历史责任和神圣使命。封建士大夫都知道，“穷则独善其身，达则兼济天下”。我们共产党人应该比他们境界更高、做得更好。

表率关键在实践。作表率就是实干，就是行动，就是实践，这是大家都十分明白的。但就是这么一个十分明白的问题，有些同志把它搞虚了、搞空了，老是当口号喊，调门越来越高，表态越来越快，语言越来越华丽，但实际呢，说得多、做得少，甚至只说不做。由此，我们可以体会，强调党员干部要作表率，有很强的现实针对性。现在，有些党员干部不但没有起到好的表率作用，相反做了群众的尾巴，甚至要求群众做到的自己不做；要求群众不做的，自己做了。群众反映，过去毛主席说，共产党员不能把自己混同于普通老百姓，现在有的党员还不如老百姓。1949 年，毛主席讲，严重的问题在于教育农民。20 世纪 90 年代初，江主席发人深省地指出，严重的问题在于教育干部。进入新世纪，胡主席进一步提出了“八荣八耻”，就是因为有些党员干部不但是非不清，连荣耻都不分了，更谈不上为群众作表率了。表率是有形的，看得见、摸得着。就像我们考察干部，通过事来看人，看你办事的指导思想是什么，思路办法是什么，最终效果是什么。通过一件一件的事，可以看出一个干部的德才和素质能力。看党员干部的表率作用也应这样。在这次抗震救灾中，党员干部的表率作用就发挥得很好。广大人民群众就是通过这一件件具体事，来认识我们党、认识我们军队的。

*表率重在当先锋。*表率作用，对军队中的党员干部来说，说一千道一万，就是要做到，战时“冲锋在前、退却在后”，平时“吃苦在前、享受在后”。战争年代，我们军队为什么能打胜仗？就是党员干部能够驳壳枪一举“跟我上”，带领大家冲锋陷阵。国民党为什么打败仗，就是国民党的军官躲在后面，拿着枪顶着士兵的屁股“给我上”，自己贪生怕死。“跟我上”和“给我上”，一字之差，既反映了两支军队的不同性质，也在战争实践中产生了截然不同的效果。无论时代条件怎么变，形势任务怎么变，共产党员“冲锋在前、退却在后”，“吃苦在前、享受在后”的先锋模范作用始终不能变。建设和发展中国特色社会主义是伟大的事业，履行军队历史使命是光荣的历史责任，面临的风险挑战更多、任务更艰巨，更需要党员

领导干部当先锋、作表率。群众反映，有些地方发扬“先人后己”的传统不错，但有些单位恰恰相反，不往基层雪中送炭，只给自己锦上添花。一个建设项目下来了，经费刚到位，事情还没做，先把自己的汽车换了、住房换了，宾馆甚至娱乐设施也建起来了。还有的领导干部，讲起党的事业来，讲起工作来，思路不清，糊里糊涂，但讲起个人利益来是清清楚楚、明明白白。自己在这个位置干了几年，单位有哪几个位置快腾出来了，比干部部门还要清楚。盯着位子干工作，瞄着利益想问题，这种精神状态，怎么能发挥好表率作用？鼓励和关心干部的成长进步，是领导和组织的责任。干部思考自己的成长进步是人之常情。如果引导得好，能变为动力；如果引导得不好，就会走到邪路上去。我们要尽可能发挥积极因素，最大限度地避免消极因素。善于引导干部在发挥表率作用的过程中锻炼自己的才干，不断成长进步。作为干部个人，要有乐于奉献、不计得失、不怕吃亏的思想境界。作为组织，要使那些表率作用发挥好的干部不吃亏，使那些表率作用差、搞歪门邪道的人占不了便宜。通过各级的表率作用，既推动工作，又端正风气。

*作表率就是既要表又要率。*表是形象，自己做出好样子；率是率领，带领大家一起做好。党员领导干部的表率作用，首先是自己做好，成为群众的榜样、楷模，努力用良好形象、模范作用感召大家、教育大家。这是对表率作用最主要的要求。但光有这一点不够，还要使表率作用加以延伸，扩展到把周围的群众带动起来，把本单位的工作做好。对于领导干部来说，发挥表率作用，首先是一种思想境界、领导作风，同时也是一种领导艺术，是素质能力问题。现在，有的领导干部自身表率作用并不差，但本单位工作起色却不大。其中一个原因就是没把表与率统一起来。要善于在组织带领大家一起干的过程中，把发挥自己的模范作用和提高团队的共同能力统一起来，使表率作用的功能全面发挥出来。比如，我们学校有很多重

大课题，学科带头人、课题负责人，自己能埋头苦干、完成任务，这是难能可贵的，值得称赞。但这是不够的，还要有意识地组织和带领大家一起干。在干的过程中用你的工作精神激励大家，用你的精心筹划组织大家，用你的知识智慧启发大家，用你的工作标准鞭策大家，这样至少可以取得三个成果：第一是完成了任务，第二是带出了队伍，第三是凝聚了人心，调动了大家积极性，形成了良好的风气。

企业文化建设与培育社会主义核心价值观*

今天，山东蓝海酒店集团张春良董事长请我过来，跟大家一起交流企业文化建设与培育社会主义核心价值观问题。对企业文化建设，我研究不多，我把这次交流作为向企业学习的好机会，主要是把这段时间的学习体会跟大家交流一下。准备讲三个问题：一是企业文化建设与培育核心价值观的关系；二是企业文化和培育核心价值观的基本内涵；三是企业文化建设和培育核心价值观的实践要求。

一、企业文化建设与培育社会主义核心价值观的关系

要弄清它们之间的关系，首先要认清它们的性质。关于文化，有多种定义和理解。广义上的文化，是指人类创造的一切物质文明成果和精神文明成果的总和。物质文明，就是有形的看得见的，如机场码头、高速公路、楼堂馆所，可以归为建筑文化；琴棋书画、戏曲杂技可以归为艺术文化或文化艺术，等等。精神文明是看不见的，无形的，如思想观念、宗教信仰等精神文化。企业文化也是一样，人们到咱们蓝海，首先看到宾馆、饭店、车间、基地、产品、环境等有形的文化，同样也可以感受到经营理念、管理方式、员工素质、精神面貌等无形的企业文化。物质文明、精神文明的总和是广义的文化。那么，狭义的文化是什么呢？狭义的文化专指精神方面或知识方面。广义文化太宽泛，文化无时无处不在，世上万物都

---

*本文根据2014年9月15日在山东蓝海酒店集团的讲课录音整理。

是文化，我们的工作就不知道从哪里着手，朝哪里努力。狭义文化又过于具体和狭窄，有些内容包含不进去，有点盖不住。比如说，这个人办事能力很强，完成任务很出色，由于他没上过大学，又没读过硕士博士，就说他虽然很能干，但是没文化，这个评价就不准确。实际能力比文凭重要，大家经常讲“文凭”不等于水平、“学历”不等于能力，就是这个道理。实际上，水平、能力就是文化。

文化从产生到功能，都和万物之灵的人分不开。按照马克思主义的观点，人和动物的区别，就在于人会使用工具，能用大脑思维，特别是会用语言文字进行交流，所以，才产生了文化。相对于自然界，就有了人文的记载、研究和传承。文化来自人的社会生活，有了人，才有文化，叫“以人化文”；反过来，人又可以用获得的知识能力去认识世界、改造世界、教化社会、教育别人，这叫“以文化人”。“以人化文”说的是文化的来源，“以文化人”说的是文化的功能。所以我认为，文化既不是广义上讲的所有文明成果的总和，也不是狭义上讲的社会分工或文凭和专业知识。如果用一句话概括，那就是指人们认识世界、改造世界的能力，指人的精神面貌和行为方式。一个企业也好，一个具体人也好，你对世界的认识越符合实际，你把握事物的规律越准确，你的精神面貌就越好，你的行为方式就会得到大多数人的认同和赞誉。那么，大家就认为你是个有文化的人，你所在的单位达到了这个标准，人们就会称赞这个单位的文化建设有成就。

从哲学的角度讲，社会是人的社会，人是社会的人。没有人，不成其为社会，离开社会，人也不能孤立存在。人是万物之灵，是社会的主宰。一个人生活在世界上，少不了要同四个方面发生关系。一是人要和自然发生关系。要认识自然、保护自然、改造自然，由此产生了科学。人要把握自然规律，与自然和睦相处，实现天人合一。科学就是认识自然、改造自然的产物，或叫知识工具。比如，天冷了，人们为了御寒，就研制了暖气，生产出棉衣；天太热怎么办，就发明了空调、电扇；要走得快，就发明了汽车、火车、飞机；要探月，就发明了宇宙飞船，等等。这些发明创造都是科学创造的重要文明成果。二是人要和社会发生关系。社会发展要稳定有序、安全可靠，就产生了民主。谁也不服谁怎么办？民主选举、民主决策。所以，就有了阶级、政党、军队、法院、警察等专政机器，各种法律条款都是用来平衡各民族、各阶层、各集团利益关系的，这都是民主的产物。目的是实现和谐统一。三是人和人的关系。根据血缘关系、兴趣爱好、利益格局等产生了感情上的亲疏、追求上的差别、利益上的争斗，有的成为朋友关系，有的变成对手，甚至敌人，有伙伴，有对手，有亲有疏，等等。为了平衡这种关系，就产生了公认的规则、道德、义气、理智等。目的是实现情景合一。四是人本身也是一个小周天，有喜怒哀乐、七情六欲，为了平衡好自己内部的关系，就悟出了克己修身的若干办法，统称个人修养。通过修身养性，实现知行合一。这四个关系是从哲学角度讲的，也属文化范围。建设企业文化、培育核心价值观，这四个关系都回避不了。

什么是社会主义核心价值观，就是党的十八大以来党中央提出的24字核心价值观。这24个字是从三个层面讲的，从国家层面讲，倡导富强、民主、文明、和谐，明确建设一个什么样的国家；从社会层面讲，倡导自由、平等、公正、法制，明确建设一个什么样的社会；从个人层面讲，倡导爱国、敬业、诚信、友善，明确我们个人的价值追求和行为准则。24字社会主义核心价值观，是党中央面对世界范围思想文化交流交融交锋形势的新态势，面对改革开放和发展社会主义市场经济条件下思想意识形态多元多样多变的新特点，面对集聚实现中华民族伟大复兴中国梦强大正能量的新课题，整合了社会反映出的各种文化和价值观点提出的崇高价值观念，是驱动人生信仰、引领社会精神和发展理念的兴国之魂、强国之魂，是立国立身的根本。

培育社会主义核心价值观是我们文化建设的历史承载，是我们国家、民族、每个中国人安身立命的方向和灵魂。当然，也是我们企业文化建设的方向和灵魂。培育社会主义核心价值观同企业文化建设的关系是全局和局部的关系，是总体要求和具体落实的关系。企业是国家的一部分，是社会的一分子，是人群相对集中的一个单位，企业文化建设可以有多种提法，如提高效益、优质服务、科学管理、全面发展等。但都要围绕培育社会主义核心价值观来展开，把培育社会主义核心价值观当作企业文化建设的历史使命和努力方向。国家讲富强，企业讲效益，这是完全一致的。国家越富强，企业越好做，企业效益越好；国家税收越多，发展基础越牢固。这是正能量。如果企业效益不是靠科学经营、勤劳致富，而是靠歪门邪道、偷税漏税甚至假冒伪劣，那么，它就背离了社会主义核心价值观。不但这种效益不能长久，甚至会因违法乱纪而葬送企业。如果企业的家国情怀深厚，社会责任感很强，合法经营、创新发展，它就为培育社会主义核心价值观尽到了历史责任，它就会声名远扬，赢得广泛赞誉，人们就愿意同它做生意、打交道，它不仅获得了社会效益，同时也获得了更大的经济效益。这就是我们常说的“文化的力量”。名誉是软实力，得到的却是硬收获，是真金白银。而且，这种文化、这种价值观坚持下去，传承发展，这个企业就可能成为“百年老店”，经久不衰，历久弥新。

企业文化、企业形象是企业的生命，同时也是国家的象征，是社会精神面貌的反映，是人文建设水平的尺度。企业要同自然打交道，就牵涉到环保、低碳、减排，牵涉到环境问题；要同社会打交道，就会牵涉到诚信、公平、法制道德等问题；要同人打交道，就会牵涉到民主、和谐、尊严、和蔼等具体道德规范和精神状态问题。

企业内部建设，就有一个凝聚人心、团结奋进、企业关心人、人心向企业的凝心聚力的问题。企业要走出去、立得住，健康顺利地发展，离不开文化建设。产品走出去不是目的，文化也走出去才是大战略。把别人引到自己的企业要看产品，更要感受文化，让陌生人到我们的企业，有回到家的温暖感，有耳目一新的新鲜感，有发人深思的启发感，有相见恨晚的亲切感。那么，这个企业就不仅是产品的品牌，而是文化的品牌，不仅是企业自身的荣誉，还为社会树立了榜样，这个企业的亲和力就会推动它的凝聚力、创造力，前途无量。就像甘肃省委书记王三运讲的，到一个地区或单位，要有的看，有的干，有的赚。像我的老家滨州一样，没去过的人想去，去了的不想走，走了的还想去。我们的蓝海也是这个标准，这种气氛，没来的想来，来了的不想走，走了的想再来。所谓“回头客”、“长效益”就是这个道理。

二、企业文化和培育社会主义核心价值观的基本内涵

大家知道，中国近代百年有余，有人算了一下，从鸦片战争到现在已有170年的历史。百年之内，中国社会剧烈变动，发生了三次重大革命。从辛亥革命结束封建统治，到中国共产党领导建立新中国和社会主义革命，再到改革开放，开辟中国特色社会主义道路。与此同时，社会的急剧变动，历史的不断前进，造就了决定中国前途命运的三位伟人——孙中山、毛泽东、邓小平。三位伟人先后提出了三民主义论——新民主主义论并从新民主主义过渡到社会主义——中国特色社会主义论，开拓了中国走向现代化的新道路。

伴随着这一历史进程，中国也先后经历了三次价值观的转型：一是引进西学，从传统儒学价值观向现代资本主义价值观转变；二是反帝反封建反官僚资本主义，也就是我们说的推翻“三座大山”，向新民主主义和社会主义革命、社会主义建设的价值观转变；三是形成和确定中国特色社会主义理论体系，向社会主义核心价值观

转变。

我们经常讲主义、思想、理论等，它的内核是价值观。主义的转向，本质上是价值观的转型，思想的转换是价值观的转换，理论的创立是价值观的创立。我国近百年三次价值观转型，都与近代以来中华民族一以贯之的奋斗目标相联系。这个奋斗目标，用习近平主席的话讲，就是“实现中华民族伟大复兴的中国梦”。

大家可以回顾一下，从李鸿章提出洋务运动，到康有为、梁启超的戊戌变法，再到孙中山领导的辛亥革命，都想在中国发展资本主义工商业。然而，无论是“中学为体，西学为用”的洋务运动，还是主张维新变革的维新运动，以及孙中山三民主义指引的资产阶级革命，最终都没能拯救多灾多难的中国。实践证明，只有社会主义才能救中国。中国共产党坚持把马克思主义同中国实际相结合，经历了革命、建设、改革开放，不断走向胜利，实现了民族独立和人民解放，把一个四分五裂的旧中国建设成为人民生活总体上达到小康水平、正在蓬勃发展的新中国。

今天，从外观看，中国已经很“现代化”了，那么多新兴城市群和产业群。像咱们东营市，过去是一个荒郊小村，人烟稀少，大都是在内地日子过不下去的人，跑到这里开荒种田，自种自吃，政府也管不到，个人也不依靠政府，自食其力，过着贫困的农耕生活，什么“电灯电话、楼上楼下”，做梦都想不到，而现在成为在中国很有名望的新型城市。这是中国速度、中国奇迹、中国创新、中国发展模式的一个缩影。

现在的中国，总产值已经是世界第二，城乡差别逐步缩小，铁路公路四通八达，电视、电话、网络遍布全国。然而，这种外观的现代化还不是完整的现代化。完整的现代化，还包括内在的现代化。内在的现代化就是人的现代化，就是人的精神和价值观的现代化。近代以来，中国的仁人志士特别是共产党人改造传统、重塑国魂，就是要推动中国人、中国文化价值向现代化转化。这是我们理解企业文化和培育社会主义核心价值观的一条重要线索。

美国有个社会心理学家，叫斯登格尔。他花了很大精力研究西方发达国家与第三世界现代化的不同进程，得出一个结论："一些国家即使有先进的制度，但如果执行和运用这些制度的人，还是尚未摆脱传统落后生活方式和保守观念束缚的'传统人'，还没有从心理、思想、态度和行为方式上变成现代人，那么，再先进的制度、管理方式、技术工艺也会在一群传统人手中变成废纸，看着现代化畸形发展，甚至失败。"大家都知道，中国历史上有四大发明，中国人发明了火药，却用来做爆竹敬神，而西方学了去，用来炸山开矿，制造坚船利炮，进行扩张；中国人发明了指南针，却用它看风水，而西方人学了去，用它改造成罗盘，航海探险。这就是文化的差异。今年是甲午战争120周年，回顾当年，大清北洋水师装备技术条件是很现代化的，但它被控制在一群没有脱离农业时代军事思想和行为束缚的"传统人"手里，因而惨败于甲午海战。前方将士英勇奋战，不怕牺牲，后面的政府腐败无能。勇敢拼搏解决不了问题，败在哪里？败在文化上。日本天皇为了建海军，把自己首饰都捐出来，一天只吃一顿饭；而中国的慈禧太后，却拿海军经费去建颐和园祝寿；中国舰船吨位高却跑不快，因为烧的是四等煤，热量不够。而清政府管煤的是李鸿章的外甥，为了赚钱，把一等煤卖给西方、卖给日本，二等煤供应朝廷，三等煤供应大臣，四等煤才给海军。我们的炮弹是实心弹，只能把船打个洞，而开花弹能爆炸，因价格贵没有买，军费让官员层层克扣了。国家的上层建筑如此腐败，这样的军队再勇敢又有什么用？这场战争输在哪里还不明白吗？软实力的腐败，腐蚀了硬实力的发挥。咱们可以看一看许多农民发了家，盖起了小洋楼小别墅，沙发茶几都是现代化的，但是一进家，这里一只袜子，那里一只鞋，这就是文化的表现。所以说，历史发展到今天，是否也存在“传统人”的问题？中国价值观从传统向现代转型的任务完成了没有？前几年，搞中俄文化年、中法文化年。外国人问，中国的核心价值是什么？我们搞传统文化的就说是仁爱，搞法学的同志就说是依法治国，在政府部门工作的同志说主要是以人为本，众说纷纭，莫衷一是。直到十八大前，讲了多少次精神文明建设，提出文化兴国战略，但一直没有确立统一的用文字表现的现代化的价值观。因此，现在中央提出的24字的社会主义核心价值观，就是要向中国现代化注入一种内在精神。

确立社会主义核心价值观，是总结我们建国60多年来思想、道德建设的经验教训，矫正价值观发展转变的必然选择。在近代以来三次价值观的转型中，第一次转型从鸦片战争到辛亥革命，持续71年学习西方，引进西方富强、实业、主权、进化、民权、自由、平等、博爱、宪政等价值。但最后都是因为民族资产阶级弱小和它革命的不彻底性而失败。这些价值观并没有在基层扎根。与此对照，中国共产党以马克思主义为指导，架构中西、改造传统，再造革命价值，创立了毛泽东思想，确立了新民主主义和社会主义革命价值观。这是造成中国价值观的第二次转型。在这一转型过程中，革命价值观广泛传播“民主科学”、“阶级斗争”、“劳工神圣”、“为人民服务”等价值；它以“土地革命”为利益牵引，唤起基层民众特别是农民，掀起了声势浩大的社会公平运动。我们党把革命价值观积聚的史诗般的动员力量释放于革命过程，使近代以来中国民主革命获得了“拨开乌云见青天”的意境。

建国后，大规模的急风暴雨式的阶级斗争基本结束，社会主义建设逐步展开。毛泽东同志提出了“百花齐放、百家争鸣”的方针，但总体看来，在长达30年的时间里，我们并没有意识到革命价值观向建设价值观转换的必要性，各项建设特别是思想文化建设多半仍旧在“革命”、“专政”、“阶级斗争”等口号下进行。当时，经济、政治、文化都高度置于一元化、一体化的体制下，人们的生活方式、利益差别不太明显，整个社会像一个大家庭。由此，彼此很容易形成一种简单朴素的亲切互助氛围，对社会、对国家、对集体充满质朴的归属感。这种互助氛围和归属感，很容易使人们焕发出一种主人翁的责任感。在这种情况下，提倡社会主义、集体主义，主张个人利益完全服从集体和国家利益；提倡“大公无私”、“先人后己”等等，在群众看来很自然。但也毋庸讳言，这种建立在高度一体化、一元化生活基础上的价值观，一旦推向极端，就会暴露出一系列固有弊端：封闭、自足和保守，人们的个性差异被忽略，个体创造性被压抑，个体人的自我价值特别是利益追求被禁止，个别人言行稍有异动，就会遭到无情的抵制甚至专政。

与此相联系，意识形态工作养成了一种惯性模式，一见到自己不熟悉或不惯用的新概念，不是先沉下心来研究，而是动辄展开大批判。如“人性”，当年胡风等人主张研究借鉴，认为人性有阶级性也有人民性。周扬等人则要批判，批判资产阶级人性论，批来批去，弄出个“胡风反党、反革命集团案”，好几万人受到牵连。改革开放后，我们又觉得不讲人性不行，又给胡风等人平反。再如“人权”、“民主”、“市场经济”等观念，都是先批判、后承认。这种现象负面影响很大，使我们的理论工作和价值主张经常陷入“自己打自己的嘴巴”的尴尬，真理性、权威性受到损害。这种状况造成的后果，在改革开放后更严重。一方面，革命价值观与飞速发展的现实生活日益拉开距离，日益不适应，在很大程度上失效，理论宣传日益空泛；另一方面，由于受原有意识形态习惯和模式梗阻，新的价值观转型长期难以实现，与社会变化特别是与市场经济相适应的价值观生成缓慢。老价值观失效，新价值观不彰，社会价值引导陷入“实际缺位”状态，导致大众价值观选择呈现出明显的自发性，出现大面积价值观察症、道德错误现象。比如，从信仰看，有人信神，有人不信神；有人信社会主义，有人信资本主义；有人什么主义都不信，只信权和钱。从道德上看，出现了“假烟村”、“二奶村”、“假记者村”、“小偷专业村”等另类经济特色村，一些突破道德底线的事件，如“毒奶粉”、“瘦肉精”、“地沟油”、“注水肉”、“劣质工程”及“中国式见死不救”、“中国式哄抢”等屡屡发生，以致去年2月17日《人民日报》大声疾呼“校正失衡的道德‘天平’”！就此而言，24字核心价值观实际是在新中国成立以来思想道德建设经验教训基础上，对价值观的又一次矫正和归纳。

确立社会主义核心价值观，是适应改革开放30多年来社会整体的基本转型，化解各种价值观冲突的必然选择。价值观转型源于社会整体转型。当代中国改革，推动中国从自然经济向商品经济、从传统农业社会向现代工业社会、从计划经济向市场经济、从相对封闭向全面开放整体转型。社会转型期，也是价值观反思、裂变和更新期。随着社会结构、利益格局、生活方式的日益多样化，代表不同利益、价值取向的文化思潮大量涌现。当代中国至少存在四种价值观：一是改革开放后以市场经济为中心延伸出来的，包括富强、民主、自由、平等、权力、法制、诚信等价值观要素；二是建党以来特别是新中国成立以来形成的，包括斗争、独立、大公无私等价值观要素；三是古代传统价值观，主要是儒学“天地君亲师”、“仁义礼智信”等价值观要素；四是西方自由主义价值观。这四种价值观正处于相互博弈、冲突和交锋状态。

比如，以往革命价值观与以市场经济为中心延伸出来的新价值观日渐分化。以前时代主题是战争与革命，核心哲学是斗争哲学，核心经济是高纯度的公有制和高度集中的计划经济，核心政治是阶级斗争和无产阶级专政下的继续革命，核心文化是文化革命和改造灵魂，核心道德是集体主义，个人利益必须服从国家和集体利益。现在，时代主题讲和平与发展，核心哲学讲社会和谐、以人为本，核心经济讲以公有制为主体的多种经济成分共同发展和市场经济，核心政治讲坚持四项基本原则和加强民主与法制建设，核心文化讲坚持一元主导与尊重差异、包容多样，核心道德讲正确处理国家、集体和个人三者关系，充分尊重个人道德和利益选择，等等。

再如，一些非马克思主义、反马克思主义的思潮大行其道。新自由主义主张中国实现完全私有化、市场化，实行三权分立和多党制；民主社会主义要求取消马克思主义的指导地位，搞指导思想多元化；历史虚无主义全盘否定中国近现代革命史和党的领导；游戏主义戏谑历史传统、恶搞红色经典、讥讽崇高价值。这些思潮对官方倡导的意识形态具有极大的颠覆和消解作用。

在多种价值观的交叉影响下，大众日益远离改革前简单而确定、心有归属的状态，人们不知道应该信谁的，不知道信哪个才对。

同时，人与人、人与社会原有依存和互助关系日渐消退，每个人都要靠自己的能力独立竞争谋生存，大家日益陌生，彼此不信任。一部分人，特别是弱势群体，在内心留存的原有归属感的驱使下，表达出强烈的怀旧情绪。另一部分人，则主张走西方资本主义道路。前年1月7日，中国社科院社会学所发布了《社会心态蓝皮书》，认为中国目前社会总体信任度已经下降到警戒线以下。社会强势群体利益取向得不到节制，弱势群体利益趋向无穷小，零和博弈日益凸显，致使人际之间、群体之间的不信任加深、固化，导致社会冲突增多。比如，以弘扬传统文化著称的学术超女于丹被大学生哄下讲台，房地产大亨任志强在论坛上被自称“房奴”的人扔鞋子。这些，都显示出破除零和博弈价值观、确立双赢共赢价值观，寻求社会价值共识，有效化解价值观冲突和价值选择困惑的极端重要性和紧迫性。

正是在这种背景下，党的十八大扬弃和改造了有几千年传统的农业价值观，继承和改进了以往的革命价值观，吸收了人类文明发展成果，确立了24字核心价值观。这是近代以来中国价值观的第三次转型。

当代中国价值观转型，既调整与过去革命价值观的关系，从革命价值观到建设价值观转变；也调整与中国几千年传统价值观的关系，从传统价值观到现代价值观转变。转型的目标是，实现社会公平正义原则与市场经济效率利益原则的价值统一，实现社会各阶层基于“权益合理调整”而形成基本的价值共识，以此支撑改革开放和中国特色社会主义事业健康发展。

习近平总书记说，每个时代都有每个时代的精神，每个时代都有每个时代的价值观念。只有全面完整地把握核心价值观的时代内涵，才能更好地培育和践行核心价值观。为此，我主要讲三个观点。

一是社会主义核心价值观体现了“中国梦”与“人民梦”的有机统一。这也是习主席的话，中国梦归根到底是人民的梦，必须依靠人民实现，不断为人民造福。这就深刻地揭示了建设富强、民主、文明、和谐的现代化国家，对人民建设美好家园、过上幸福美好生活的重大价值，揭示了中国梦与人民梦相辅相成、相互支撑的辩证关系。中华民族自古以来就是一个有梦的民族。人民建设美好家园的目标与国家发展、国家征战的目标紧密地联系在一起，才能使人民踊跃担当与国家共进退的责任。后人普遍认为，春秋战国是一个充满活力的年代，华夏大地到处充满一种雄奇壮烈的社会氛围，充满一种刚健向上的阳刚之气，充满一种争于战功的尚武精神，充满一种“贵奋死”的牺牲精神。比如秦国，通过商鞅变法，把军功爵制普及到全社会，从而把秦国强国、称霸、帝天下的战略目标，与人民立功授爵、从底层向上层流动的梦想结合起来。这就铸就了秦国军民的强大战斗力。今天，那慷慨豪迈的秦腔就出自春秋战国年代“耕战”结合的秦人。你读《左传》，找不到一个因胆怯而临阵脱逃的人，到处是“发尽上指冠”的武士之风、慷慨赴死的义士壮烈，那是一个持续550余年、影响波及几千年的尚武精神光芒四射的“酒神时代”。历史表明，与我们传统中国上升历史进程相伴随的，一定是人民的梦有充分的实现空间；反之，与传统中国后期衰落历史进程相伴随的，也恰恰在于人民的梦与王朝梦、王朝统治发生了断裂或冲突。

历史上，儒学也讲家国关系，要人民“舍家报国”，对君主、对朝廷尽伦理义务。不管君主怎么样，不管他多腐败、多残酷，臣民都得无条件效忠他，即所谓“君叫臣死，臣不得不死，不死不忠”。至于人民应该享有什么权利，统治者应对人民负什么责任、尽什么义务，则很少提及。这种单向的尽忠报国，实际上割裂了人民利益与国家前途的关联。朝廷讲“先天下之忧而忧”，但是你不以人民之忧为忧，焉能有人民为国忧？朝廷讲“天下兴亡，匹夫有责”，但是你不把执政目标契合到人民的诉求之中，天下“匹夫”岂能与你共担兴亡之责？由于老百姓与朝廷、家与国无法形成基于权利平等、权益共享的命运共同体，老百姓就不存在把国（朝廷）作为自身利益代表来热爱和捍卫的必然性。这样，偌大的中国“人虽众，国常亡”。到近代，中国虽有四万万之众，90万常备军，却如“一盘散沙”，先是打不过“去六万里”而“与中华争”的几千英军，进而又被“蕞尔小国”日本打得一败涂地。1900年，八国联军攻打北京，总兵力才1.8万人，而守卫北京的清军有15万，加上自称“刀枪不入”的30万义和团共45万，结果，不到5个小时八国联军就拿下了北京。

与上述专制王朝形成鲜明对照的是，我们党一登上历史舞台，就通过“土地革命”唤起人民的革命热情，实际上就是把人民的切身利益、人民对家园的眷顾，与国家前途命运内在地联系起来了。战争年代，为什么广大官兵能团结一心、奋勇杀敌，“军民团结如一人”？数百万民工凭什么随我军转战南北，绘成一幅壮观的人民战争画卷？辽沈战役共动员民工160万，平津战役动员民工150万，淮海战役共出动民工543万（直接支援前线的235万）。这是一种什么力量？国民党掌握着政权，为什么没有这么大的动员力量？那时解放军没有专业后勤部队，给养、后勤和伤员运送，几乎全被人民包下来了。所以，习主席讲，我们的根基在人民，血脉在人民，力量在人民，成败也在人民。抗美援朝时讲“保家卫国”，“家”在“国”前面，与国休戚与共，是基于权益共享的命运共同体。这正是当年人民对新中国有强烈归属感和责任感的根本原因。习主席讲，人民对美好生活的向往，就是我们的奋斗目标；国家好了，民族好了，人民才会好。他不讲“舍小家顾大家”，而讲“国家”好了“小家”才会好，也就是不再把“小家”和“大家”对立起来，不再迫使人们在“小家”和“大家”之间作出取舍，这就深刻地揭示了国家富强、民主、文明、和谐对于人民建设美好家园的价值内涵。

所以我们说，富强、民主、文明、和谐蕴含着一种全新的“家国”关系。核心价值观把中国梦的远大理想转化为具体价值追求，把个体和集体、整体的利益追求更好地联结起来，更加明确了不同社会阶层、群体、个体的价值目标，为治国理政树立了应遵行的价值准则，同时对提升公民个体的文明素质提出了更高要求，凝聚了国家、社会、个人不同层面的价值认识。这样，作为当前我国社会价值观的“最大公约数”，社会主义核心价值观就能够引领、整合多样化的社会思想意识，激发广大人民群众投身改革开放事业、实现中国梦的积极性主动性创造性，对促进经济持续健康发展和社会和谐稳定、实现中华民族伟大复兴发挥重要的保证和支撑作用。

我们现代化的企业，不论是国营的还是民营的，都是共产党领导的企业，都是为建设中国特色社会主义做贡献的企业，不分姓社姓资，都应一视同仁。同样，我们的现代企业绝对不同于资本主义企业，企业老板、企业领导同员工的关系不同于资本家同工人的关系，企业老板和全体员工都是企业的主人，都应当把企业当生命，与企业共进退。所以，企业文化建设要贯彻培育社会主义核心价值观的精神，把国家利益、企业利益、每个员工的个人利益结合起来考虑统一筹划，这样才能“上”能得到领导的支持，“下”能得到广大员工的积极参与，“中”能得到周围同行的认同；才能立得住、展得开，有旺盛的生命力。

二是社会主义核心价值观体现了社会富裕与社会公平正义的有机统一。传统社会的治衰治乱，总是与传统中国的利益调整逻辑联系在一起。传统中国的利益调整，主要表现为追求参与和博弈为目标的利益调整逻辑。“胜者为王败者寇”，“赢者通吃”，统治阶级总想把被统治阶级的利益压缩到最小，当被统治者被剥夺到无法生存的地步时，就起来造反，造反者成功后，对旧统治者同样奉行全部剥夺的政策。在盛行这种利益调整道路的社会土壤下，极度缺乏促进改革成功的利益妥协机制，暴力统治或暴力革命是通行逻辑。历史地看，统治者即使遇到重大政治需求，也不愿意放弃丝毫既得利益。“洋务运动”、“戊戌变法”等改革，都是因为各阶级利益关系很难达成妥协而失败。

正因为如此，邓小平反复强调把发展经济与人民共同富裕结合起来，指出“社会主义的本质，是解放生产力，发展生产力，消灭剥削，消除两极分化，最终达到共同富裕”。十八大报告倡导自由、平等、公正、法制。习主席明确指出，要使广大人民共同享有人生出彩的机会，共同享有梦想成真的机会，共同享有同祖国和时代一起成长与进步的机会。历史告诉我们，只有建设一个自由、平等、公正、法治的社会主义社会，广大人民在权益上同等自由，在法治面前人人平等，这才叫公正，人民由此才能从根本上确立起对国家的实实在在的归属感。归属感是一切责任感的源泉。有了这种归属感，我们的人民才能确立起对国家牢不可破的宗旨、责任和义务，确立起爱国、敬业、诚信和友善的公民人格，确立起与国家共进退的价值担当。

事实上，今天我们所强调的平等，已经不是昔日物质贫乏时代的某种原始平等，而是经过改革开放之后，社会生产力获得相当发展，社会物质生活相当丰富，人们的道德境界同时获得相当大提高基础上的一种平等，是要让全体人民共享改革发展成果的平等，也是社会法制意义上的平等，或者说是需要社会法治来保障的平等……类似意义上的平等，才够得上社会核心价值的重要组成部分。

在新的发展时期，危机与转机交错出现，社会矛盾与发展机会相互并存，我们所面临的各类矛盾与社会问题较之以往将更为复杂和突出，执政过程中所需要兼顾的方面也许会更多，相应地，难度也将显得更为扩大。凡此，都将使维护社会公正等问题显得更加现实。正因为如此，在十八大报告中专门提出公平正义是中国特色社会主义的内在要求，提出要加紧建设对保障社会公平正义具有重大作用的制度，逐步建立以权利公平、机会公平、规则公平为主要内容的社会公平保障体系，努力营造和谐公平的社会环境，保证人民平等参与、平等发展的权利。三中全会又明确要求，“以促进社会公平正义、增进人民福祉为出发点和落脚点”全面深化改革，“坚决破除各方面弊端”。企业文化建设，要适应时代发展的要求，尊重员工的人格和尊严，给予他们享有人生出彩的机会、梦想成真的机会、同企业一起成长发展的机会。企业把员工当成主人，员工把企业当成自己的事业，对企业有了归属感，就有了责任感，有了责任感就会焕发出聪明才智，有困难就会想办法克服困难，有矛盾就会想办法化解矛盾，就能为企业出谋划策，共同发展。有了广大员工的责任感，就会产生强大的力量和无穷的智慧，这是我们蓝海集团文化建设的标志，也是千百个企业文化证明的真理。

三是社会主义核心价值观体现了社会治理现代化与公民具备现

代文明水准的有机统一。爱国、敬业、诚信、友善，是公民基本道德规范，覆盖社会道德生活的各个领域，是公民必须恪守的基本道德准则，也是评价公民道德行为选择的基本标准。首先，这些价值要素，蕴含着一种全新的公私关系。在现代公共治理中，“公”是个人和家庭之外的领域，而个人、家庭是“私”领域。比如，我在家里扫不扫垃圾是我的私事，公权力不能干涉。但如果我把垃圾拿到大街上就不能乱扔，要受到公共规范约束。所以，在公领域，个人自由要受到比私领域更强的规范，公共规范对任何人都应体现平等、公正原则。就此而言，“公”与“私”有各自界限、合理范围，不完全是对立的。在我国，人们长期以来讲“大公无私”。其实，公私关系并不这么绝对。一个人，在公职范围内全心全意为人民服务，这是大公，这并不妨碍他在公职之外照顾小家，可以有“私”。“大公”并不必须“无私”。当然，如果他利用手中公权力谋私，或侵犯别人私权利，在这个意义上“公”与“私”才是对立的。因此，追求自由、平等、公正和法治，重要前提是正确把握公私利益、公德与私德的关系，把“公”与“私”统一起来，义中有利，义利统一，充分体现“目的和手段的统一、社会利益和个人利益的统一，享受和劳动的统一，权力和义务的统一，自由和纪律的统一”，只有这样才能有利于我们建立合理、合法、和谐的社会秩序。

其次，这些价值要素，包含着一种现代契约精神。根据近代社会契约理论，人生在世，必然与国家形成一种契约关系，有一个爱国与否的问题；与所从事的职业形成一种契约关系，有一个敬业与否的问题；与他人和社会形成一种契约关系，有一个诚信与否、友善与否的问题。单说“诚信”。传统社会也讲诚信，儒学里到处是“仁义礼智信”。但是，这种诚信是建立在“熟人社会”基础上的。传统社会是“熟人社会”，大家相对固定地住在彼此熟知的地域，如同一个村庄。他借我 10 块钱，无须订立契约，到时候自然会还。诚信的维系，主要靠熟人之间的信义道德。借钱不还，会受到周围人的谴责，还遭到孤立。传统司法也是如此，讲究尊卑有序、尊者有信。朱熹说："凡有狱讼，必先论其尊卑上下、长幼亲疏之分，而后听其曲直之辞。"这一套，今天显然行不通。随着我国社会流动性的增大，中国正变成一个"生人社会"，人们即使同住一个楼道也未必相识。商业活动的当事人，即使不熟知也能做交易。这种"生人社会"的诚信维持，必然呼唤建立现代法律关系、契约观念。这些都是与社会转型相适应的新的价值观念。

建设企业文化也好，培育社会主义核心价值观也好，必须从我们五千年传统文化中，从我们党创造的革命和建设的红色文化中，从改革开放之后的创新文化中，从外国引进的外来文化中，取其精华、去其糟粕，赋予全新的内容，充分反映中国特色、民族特色、时代特征，提高整合社会思想文化和价值观念的能力，掌握价值观领域的主动权、主导权、话语权，引导人们坚定不移地走中国道路，团结一致地为实现中国梦而自觉地发挥出聪明才智、潜能和力量。

三、企业文化建设和培育社会主义核心价值观的实践要求

企业文化建设、培育社会主义核心价值观应该成为人们的共识。企业文化不是老板文化、领导文化，而是企业全体人员的共同事业；培育核心价值观不仅是领导的事、宣传部门的事，而是全社会每个公民都应宣传践行的行为准则。要从哲学的高度、历史的高度、立国做人的高度，理解企业文化建设和培育核心价值观的必要性和重要性，理解其内涵外延、本质要求和实现途径，把企业文化和培育核心价值观建立在一个理论自信、认识自醒、行动自觉的基础上，不是"要我做"而是"我要做"，不是"被动接受"而是"主动追求"，发自内心、自觉自愿、人人向往，这样才能蔚然成风，精神面貌才会焕然一新。

这里有一个常识，就是要把家国情怀、理想信念、本职工作、

个人前途联系起来考虑。已是成年人了，甚至是领导干部了，还像小学生，作业是给老师做的、给家长做的。实际上，人成长的全部过程，学习也好，工作也好，修德修能修风也好，从根本上说是给自己做的，为自己学的，得益最多的是自己。自己学习、工作、历练的过程，为企业做出了贡献，为国家为人民做出了贡献，但自己的能力也得到了提高，作风也得到了锤炼，无论走到哪里，有一身学问和技能，可以做事，可以挣钱，游刃有余，得益最大的不是自己是谁呢？同样，走歪门邪道，违规乱纪，国家受损失，人民事业受损失，吃亏最大的是谁？还是自己。大家想想看，周永康、徐才厚这些人，害了国家和人民，但他自己代价大不大？恐怕现在后悔都来不及了。我经常提议大家读点哲学、读点历史、读点名人传记，收益会很大。读了哲学，就会知道唯物论，做了事情人家早晚会知道，要想人不知除非己莫为；就会知道辩证法，任何事情都要付出代价，恶有恶报，善有善报，不是不报，时候未到。即使当时没有暴露出来，自己心里也不会平静。“历览前朝兴与衰，成由谦逊败由奢”。如果唯物论辩证法不起作用了，历史经验教训不起作用了，那么整个社会就黑暗了，只能“革”它的“命”了。

要形成共识，就要抵制错误思潮，批驳奇谈怪论。树欲静而风不止。我们要建设企业文化，要培育核心价值观，敌对势力和错误思潮却在不断进行干扰破坏，抓住一些热点问题进行炒作，宣扬资产阶级的宪政主义、新自由主义、历史虚无主义，否定我们的党史、国史和中华民族的优良传统，攻击中国特色社会主义，动摇人们的理想信念。特别是有些人，利用微博、微信、互联网等新的阵地，散布谣言，制造混乱，甚至煽动“街头政治”，这些都值得我们高度警惕、认真应对。有人说，宪政主义是按宪法办事，有什么错误？殊不知，他们宣扬的宪政主义并不是要按中国的宪法办事，而是要搞西方的宪政，搞三权分立，搞多党制，搞军队国家化，搞资产阶级民主。我去美国访问时同美国人讲过，多党制、三权分立、军队国家化在你们美国、在西方可能行得通，你们搞了几百年，我们从不干涉。但这一套不适合中国，中国要搞多党制，一天就能出现成千上万个党派，谁也不服谁。第三世界许多国家学美国搞多党制，基本上都不成功。街头政治最后的结果都是动乱。大家看埃及、叙利亚，还有泰国、乌克兰，闹得什么也干不成，最后还是军队出面收拾局面。习近平同志讲："鞋子穿在自己脚上，适合不适合自己最清楚。"在中国只有走中国特色社会主义道路最符合中国实际，最能体现广大人民群众的根本利益。还有，历史虚无主义，一种手法是用假设代替历史。历史只能是发生过的事，研究历史是对已经发生的历史事实进行分析，不能假设不抗美援朝怎么样，假设不搞"一化三改"怎么样，等等。历史能承认假设吗？历史就是历史，现实就是现实，假设是不存在的，假设不是分析判断问题的根据。还有一种，抓住一点否定全盘。蒋介石的日记写得再好，也掩盖不了他反共反人民的本质。赖昌星当然也做过慈善，捐建过小学，但这绝对不能掩盖他走私行贿的罪行，何况他做好事的动机还值得怀疑。英雄模范也可能有缺点错误，但不能因此就否定他是英雄。看本质、看主流、看发展趋势，才是历史唯物主义的态度。攻其一点、不及其余，是唯心主义的片面性，实在不可取。还有一种，编造历史，割裂历史，目的是否定历史、篡改历史，更值得我们警惕。还有，要正确理解自由和民主问题。民主是什么？民主就是对"权力"的限制，这个力是力量的力。自由是什么？自由是对"权利"的限制，这个利是利益的利。民主是用来限制公权的，自由是用来限制私权的，或者说，民主是限制政府权力的，自由是限制个人权利的。政府和人民的权力、权利都是有条件的、有限的，就是在法规之内、道德之内甚至风俗习惯之内。权力要关进笼子，自由也不是随心所欲。一个人的自由以另一个人的自由为界限。自由不光是一个时间概念，它还是一个空间概念，在不同的时间空间里，人们享受的自由程度是不同的。

其实，建设企业文化也好，培养社会主义核心价值观也好，都是提倡真善美，真善美是人类文化的高度凝练、共同追求。大家知道，真是科学的标准，是真的还是假的，要用科学来界定。因此，就要实践来检验，实践是检验真理的唯一标准。因此，就有了自然科学、社会科学、人文科学，人们通过大量的社会实践去发展生产力，去解放思想、认识世界、改造世界。善是意识形态，是宗教信仰，要用人的情感愿望来界定。多数宗教都是向善的，邪教则是作恶的，人心总是向善的，坏了良心就会作恶。美丑是艺术的标准，包括主观意识，假的也有很美的，比如孙悟空、“女附马”，还有童话世界里的大侠等等，都是艺术家塑造的，不是真人真事，但它很美，它反映了人们真实的情感和向善的愿望。美的标准有很大的主观意向，一座山是客观的，有人觉得很美，有人觉得一般，有的乐山，有的乐水。但总体上讲，真善美是中华民族乃至全人类的共同追求，当然也是我们企业文化和核心价值观的题中之义。我们就是要提倡真善美、反对假恶丑。

建设企业文化，培育社会主义核心价值观，最终要付诸实践。也就是形成风气，养成习惯，达到“以人化文、以文化人”的境界。根据大家的经验，概括起来就是要以人为本、抓住核心、联系实际、善于创新。

以人为本。企业文化建设，核心价值观的形成，主体是广大员工，是人民群众，必须尊重人民群众的主体地位，依靠人民群众，服务人民群众，促进人的全面发展，即切切实实做到“以人为本”。在世间一切万物中，人是第一可宝贵的。现在有一种“制度拜物教”，抓住小平同志讲的“制度更带有根本性长期性”，就把什么都归到制度上。须知，小平同志当时讲这个话是有历史背景的，是针对“文化大革命”中造反有理、无法无天造成的危害讲的，所以讲要建立制度，用制度来规范行动，这是完全正确的。但是人和制度比起来，人更重要，制度是人制定的，也是人执行的。如果没有好的人就制定不出好的制度。即使好人制定的好制度，人的问题解决不好，照样难以执行。他还是要搞上有政策、下有对策。要看到，我们的基本制度即社会主义制度，我们的基本法《宪法》，党章都是正确的，要不然就不会要我们建立制度自信。至于具体制度，既可以修改也可以制定。但不能把自己能力不强怪罪到制度上去，甚至把腐败也怪罪到制度上去。哪个制度允许腐败？在同样的制度下，出了很多英雄模范，也出了不少犯罪分子，关键是人。单位还是那个单位，换了一个领导，面貌就大不一样了。我们的党中央，习近平同志担任总书记，立即春风扑面。过去几十个文件管不住一张嘴，腐败不正之风怎么也刹不住。十八大一开，就一个八项规定，也没建立什么新制度，就基本上管住了。什么原因？就是人的问题，就是领导带头、说到做到。习主席自己行动不封路，调研不住总统套，吃饭自助餐，上行下效，各级就都严格执行了。这是人的问题还是制度问题？关键是人。举个小例子，拿破仑个头矮，参军时发了一顶大帽子，遮住了脸。将军来检查说，你的帽子太大了。拿破仑说，报告将军，不是帽子太大了，是我的头太小了，个头又矮，所以你没看清我。将军笑了说，帽子大、头太小不是一回事儿吗？拿破仑说，不对，说帽子大是从客观找原因，承认脑袋小是从主观找原因。凡事不能埋怨客观，应该发挥主观能动作用。将军感到这人小伙子不一般，结果，拿破仑后来成为法军的统帅，还当了皇帝。这说明一个道理，我们建设企业文化，培育核心价值观，一定要让大家认清，有作为的人总是分析客观、把握规律，善于抓住积极因素，战胜困难取得胜利。而埋怨生不逢时，怨天尤人，只会发牢骚、不会想办法的人，一定没有多大出息。是谁打倒了周永康和徐才厚，是他自己打倒了自己，是他先背叛了党、背叛了人民，党才开除他，人民才抛弃他。

抓住核心。核心是什么，就是理想信念，信念是精神支柱。有崇高的坚定不移的毫不动摇的理想信念，就能顶得住诱惑、经得起考验，搞得过对手，战得胜自己。要让核心价值观在头脑中扎根、在行动上结果。不要认为信念是虚的，信念是实实在在的觉悟和智慧。有一位领导同志，一个房地产商拿200万人民币给他送礼，他当时提了三个问题，这200万哪里来的？为什么送给我？将来暴露了怎么办？收了这200万等于把自己卖给了房地产老板，他提什么要求都很难拒绝，那我还算什么共产党员，以后怎么做工作。他搞的工程不合格我怎么追究，他把这个道理也给送礼的人讲了，而且说，你凭实力按规矩招投标，中了标，就好好干，把钱用到工程上，质量好、速度快自然有发展前途。这就是理想信念的作用。有些人出问题就是从理想信念动摇开始的，从小贪到大贪，从违纪到违法，最后成了罪人。

联系实际。所谓联系实际，最具体的实际就是做好本质工作。就是种好自己那一亩三分地，干好自己的事。铁路警察各管一段，这话没错。你不管好你这一段，你管人家那一段干什么？各段干好了，整体就好了。干好本职工作，负起自己的责任，是最好的全局观念。胸怀全局，并不是要你去管全局的事。胸怀全局后面还有一句话，叫干好本职，就是你一定要想到我的本职工作一定要干好，干好了为全局争光；反之，干砸了就会影响全局。我一辈子体会出两句话：一靠勤奋，二靠细致。知识能力不够，通过勤奋学到手；机遇没有，通过勤奋去发现机遇、创造机遇。如果懒了，学到的知识也会忘记，有了机遇也看不到。所以，韩愈说："业精于勤而荒于嬉，行成于思而毁于随"。还有一条要细，细到什么程度？举例说明，就像接电源一样，差一毫米灯都不亮。我们蓝海的企业文化之一，就是高质量的服务，从餐馆到客房，从管理到服务，都要追求卓越、追求一流，这就是企业文化，这就是价值观。拒绝平庸、追求卓越、鹤立鸡群、意境不凡，是蓝海为同行赞许、顾客褒奖的根本原因。联系实际，什么是实际？实际就是我们正在做的事，要敢于担当、挺身而出，用行动说话，用政绩证明，用效果检验。

善于创新。要创新，就是要注意观察分析形势发展，适应形势变化，跟上时代潮流，运用最新的技术和管理方式。企业领导，要经常分析形势发展，判断自己的方位。纵向看，从历史到现实再预测未来，我这个企业处于什么阶段。横向比，看我有什么优长和短板，大概排到什么名次。纵横交叉，就找到了自己的历史方位。然后，调整战略目标、战略规划，就会不断产生新的思想、新的理念。并不是说要提什么新口号或搞什么新建筑，而是补充新内容、新技术、新理念，使企业处于不断进步、不断提高、不断升级、可持续发展的状态。

我们国家正处于由大到强的质量跃升期，由量大到强大，由兴盛到强盛，是历史的跃升、质量的跃升，不仅需要经济、科技、国防的跃升，更需要思想、文化、价值观的跃升。建设先进的企业文化，培育社会主义核心价值观，是我们这一代人的使命。而各种错误思潮之所以有一定的市场，除了它们的欺骗性之外，还有一条重要原因，就是利用我们工作中的失误，利用我们实际工作中和现实生活中有些矛盾没有处理好、有些实际问题没有解决好。这就需要我们下大力解决好当下遇到的现实矛盾和问题。比如，经济发展不平衡的问题，贫富差距过大的问题，消极腐败的问题，企业融资难、农业发展慢等问题，还有“四风”问题，以及就业难、上学难、看病难、打官司难等实际困难。把这些问题解决好，就要有“为天地立心，为生民立命”的志向，有坚定的政治信念和政治品格，有“明知山有虎，偏向虎山行”的拼搏精神，真的做到“越是困难越向前”。敢于担当，不仅要有勇气，还要有智慧、有能力。机遇不是等来的，要发现、争取、运用。困难是绕不过去的，要正视、分析、战胜。投身于中国特色社会主义伟大实践中去，这是企业文化建设和培育社会主义核心价值观的最好课堂，也是最现实的考验。

我认为，企业文化建设，培育社会主义核心价值观应该是全体共产党员和广大人民群众共同的理想信念和实践追求。但对共产党员和普通人员的要求是不一样的，有几个小问题，说说我的看法。

第一，一般群众怎么建设企业文化、培养核心价值观。一是重建归属感，唤起责任感。归属感是责任感的起源。有归属感，人们才能积极响应党的号召，自觉为国家负责任、做贡献，才能热情帮助别人。今天，社会经济物质利益格局，生活方式日益分化，人们已远离过去那种对共产党感恩戴德、简单朴素的归属心态，责任感相对弱化。在这种情况下，就要反复强调国家是人的生长地也是归宿处，是根基也是平台，是前提也是结果。人生与国家的命运是共同体，国家的发展目标也是个人的奋斗目标，校正好人生在国家发展坐标体系中的方向和定位，体现国家发展目标与个人奋斗目标有机统一，重新构建起归属感，唤起责任感。企业也是一样，企业就是每个员工实现人生价值的平台。企业好了，个人才会好，企业就是我的归宿，是我的家，我的身家性命、前途好坏都紧密地和企业联系在一起，共荣共进。这样，企业文化才有坚实的根基。二是倡导平凡人道德，普及全民道德。伟大出自平凡，崇高基于具体。传统社会讲的“舍家报国”、“舍生取义”，这需要极高的觉悟，一般人不容易做到。这种道德是适应于极特殊的历史条件。邓小平同志说，靠觉悟，不计个人利益，对少数人可以，对多数人不行；短时间可以，长时间不行。有人说，大公无私是圣人，公而忘私是贤人，先公后私是善人，公私兼顾是常人；私字当头是小人，假公济私是痞人，以公肥私是坏人，徇私枉法是罪人。所以，在企业文化建设中，在培育社会主义核心价值观中，要体现层次性，既要提升常人、提倡善人、学习贤人、向往圣人，也要教育小人、揭露痞人、改造坏人、惩治罪人；既要褒扬“讲大我不讲小我”的崇高道德境界，还要大力普及平凡人的道德。在这方面，倡导雷锋精神是个成功范例，雷锋做的这些事，看上去都是很小的好事，全中国乃至全世界的人都可以学。如果全社会都能深入持久地学雷锋做好事，就可以形成一种“我为人人、人人为我”的良好社会风尚。三是发展新道德，丰富社会道德体系。与市场经济发展要求相适应的新的道德观念，如对人的正当利益、合理价值的肯定，还有进取、竞争、公正、和谐等意识，都是新形势下积极、进步、向善的表现。如何把它渗透到社会公德、职业道德、家庭美德和个人品德中去，还要做深入细致的工作，原因就是，在当前社会中，道德权利回报机制、法制保障机制不健全，积德行善存在风险。培育核心价值观必须适应形势变化，契合群众的心理特点和接受习惯，创新方式方法，设计新载体，搭建新平台，提高实效性。

第二，要对共产党员和领导骨干提出更高的要求。党风促政风、带民风，共产党员是培育核心价值观的“重要担当者”。这项崇高事业的成败，关键取决于共产党人能否把握好当代中国价值观转型的实践要求，以自身理论和实践的彻底性，以自身的形象导向和行动示范，充分展现崇高境界和核心价值观的内涵和时代价值。一是要坚持理论正义与实践正义的有机统一。人心的凝聚不仅靠理论价值的亮点，最终要看实践的亮点。价值观的感召力和凝聚力需要实践的正义性来印证。中国人的习惯就是“听其言，观其行”。我们都是过来人，过去引用领袖的一段语录就能在群众中取得共识，一个重要前提是群众相信我们言行一致。毛泽东思想的政治取向代表了人民心声，党员干部的模范行为印证了党的声明。正因如此，有人问张爱萍上将，共产党与国民党有什么不同？他掷地有声地回答：一是纲领不同，二是言行一致。共产党好就好在“说得到做得到，全心全意为了人民立功劳”。令人痛心的是，我们现在有些干部在那里大讲“执政为民”、“立党为公”、“公平正义”，讲得天花乱坠，可做是男盗女娼，贪污受贿，这怎么取信于民？二是坚守我们党始终秉持的“道义角色”。思想上，要明确国际竞争包括激烈的价值观竞争，这是不同核心价值观在理论上竞争、在实践上竞争、在人心上竞争，归根到底是“道义角色”担当上的竞争。这几年美国等西方国家开展了一项针对中国的策略行动，即“道义角色替换”演变战略。一方面，利用我们部分党政机关、党政干部宗旨意识淡薄、党群关系疏离的问题，以偏概全，放大“负面效应”；另一方面，运用各种手段，持久而有步骤地、潜移默化地施加影响，使中国现政权、执政党在本国人民心中日益“非道义化”，使中国人民逐步认同、追随美国的价值观和政治模式，最终达到搞垮共产党和社会主义的目的。美国驻华大使骆家辉，来中国赴任不坐头等舱，出席博鳌论坛不住豪华酒店，与我们某些官员形成“鲜明对照”。特别是希拉里、骆家辉在重庆“王立军事件”和山东维权律师“陈光诚事件”中，在全世界的关注下，在全中国人民的目光中，代表美国充当了某种“道义担保人”的角色，好像我们上至高级干部、下至基层维权人士遇到的问题，只有美国人能为他们提供可靠担保。事件暗示，中共承担的为正义撑腰、为民服务的角色，被美国人换掉了。很难想象，一个美国驻中国大使，怎么会被我们有关部门允许，带着一群美国使馆的人员，在中国领土上，在聚光灯下，用车推着陈光诚招摇过市，还到朝阳医院治病？我们怎么会把应由自己承担的道义角色轻易让出去？对此类问题如果驾驭不好，我们就会陷入长远的深层次的战略被动。当然还有一些事例，我不再列举了。

第三，要把企业文化建设、培育核心价值观同群众路线教育结合起来。打“老虎”、拍“苍蝇”，纠四风，办实事，一刻也不能停。现在有一个怪理论，说反腐败反得大家都不敢办事了。我就觉得奇怪，怎么不让你贪污受贿你就不会工作了？不让你吃吃喝喝搞不正之风你就不能办事了？这不是奇谈怪论吗？这从另一个角度说明，我们培育核心价值观是多么任重道远。其实，贪官污吏不作为也罢，至少可以减少负能量。等把环境治理好了，清官上任可以甩开膀子作为，那个时候就是正能量大增之时。“我们中华民族有同自己的敌人血战到底的气概，有在自力更生基础上光复旧物的决心，有自立于世界民族之林的能力”，我们就是不信邪、不畏强，相信群众，依靠群众，同人民群众一起共同培育社会主义核心价值观，实现两个一百年的宏伟目标，实现中华民族伟大复兴的共同梦想。我们不但能够让我们的科技、产品走进世界，我们的思想、道德、价值观也会得到世界人民的认同，正义的力量是不可战胜的，崇高的境界是没有国界的，我们的核心价值观是正义的、崇高的，所以也是世界的。蓝海人已经为世人树立了榜样。人们走进蓝海，感到一片清新，看环境优美宜人，看管理理念先进，看人文和蔼可亲。企业文化建设，培育核心价值观，在蓝海就聚集到一点，服务质量第一流。硬件设施可以有长有短，但软件服务这一条我是世界一流的，就凭这一条，员工就有归属感，都愿意到蓝海，这就是蓝海的品牌、蓝海的标志、蓝海的凝聚力号召力，蓝海就可以感动中国、影响世界。蓝海的企业文化建设，已经充分证明。我们的梦想一定要实现，我们的梦想一定能够实现！

和“90后”大学生谈人生观*

很高兴来到深圳大学和同学们见面、谈心。看到你们朝气蓬勃、积极向上的精神面貌非常高兴，和青年人在一起，我自己也感到年轻了许多。根据学校的安排，我今天主要和同学们谈谈人生观问题。一共谈三个问题。

一、人生观是人生的动力和追求

什么叫人生观？一句话，就是对人生目的和意义的根本看法。人生观还可以分解出若干与人生有关的看法，如幸福观、生死观、苦乐观、荣辱观、恋爱观等。人生观是世界观的一部分，世界观又叫宇宙观，是人们对整个世界、整个宇宙的根本看法。系统化理论化的世界观就是哲学。人生观就是世界观的一部分。由于人们在社会生活中所处的地位不同，所受的教育不同、经历不同，因此，对人生的价值、意义和目的的看法就不同，因而形成不同的人生观。在阶级社会中，人生观无不打上阶级的烙印。资产阶级人生观是个人主义出发，表现为唯利是图、自私自利、损人利己、以剥削和享乐为人生的最高目标。无产阶级人生观从集体主义出发，大公无私，全心全意为人民服务，把实现共产主义作为人生的最高目的。因此，无产阶级人生观又称共产主义人生观，是人类历史上最进步、最高尚的人生观。

有人问，共产主义能实现吗？我可以肯定地说能实现，但不是

---

*本文根据2012年9月16日在深圳大学的讲课录音整理。

马上实现，我们这一代人，你们这一代人，包括你们的下一代，都看不到共产主义。但是，经过我们一代又一代人的不懈努力一定会实现，共产主义是我们的理想，我们都希望没有剥削、没有压迫，公平正义，各尽所能，各得其所，这样的社会不令人向往吗？但要实现这样的社会，需要一代接着一代人的努力。我们现在干的是社会主义的事，而且是社会主义初级阶段的事，同时，它又是共产主义的事，是走向共产主义的必要阶段。就像登山，不是一步就能登顶的，而是一步一步从山脚下爬到山顶的。马克思恩格斯创立共产主义学说的时候，那时无产阶级还没有夺取政权，为什么那么多人追求马克思主义、信仰共产主义？是人生观在起作用，是信仰的力量。信仰是人们对某种学说、观点、主义的信服和认同，并把它作为自己的精神支柱和行为指导。它植根于灵魂深处，是德之灵魂、道之核心。有什么人生观，就有什么样的理想信念。

（一）人生观是人生的指路灯

这是确立正确的人生观的第一个意义。我是谁，我从哪里来，到哪里去，这个问题首先要弄清楚。当然，一下子就让一个青年人树立起共产主义人生观，对个别人可以，对大多数人不太可能。即使是马克思、恩格斯、列宁、斯大林和毛泽东，也不是一开始就树立了共产主义人生观世界观的，而是在实践中逐步认识逐步确立的。现在大家还年轻，阅历没那么广，对人生对社会认识不会那么深刻。但有一条可以做到，要有一个远大的志向，好好学习，立志成才，毕业后成为一个能干一番事业、能为国家为社会做贡献的人。树立远大志向是每个人应有的追求。大家知道，1910年，外出求学的毛泽东临行前改写了一个日本和尚写的言志诗，夹在了父亲每天必看的账簿里：“孩儿立志出乡关，学不成名誓不还，埋骨无须桑梓地，人生无处不青山。”那时的毛泽东才17岁，和在座的同学们年龄差不多，但他有大志向。大家到朋友家里往往会看到人家客厅里挂着一幅字画——“志存高远”，这是诸葛亮的名句，意思是说要成就一番事业的人，首先要有一个高远的志向，有了这个志向，学习、工作、生活就有了努力的方向，它像指路明灯一样指引你前进。

（二）人生观是人生的发动机

这是确立正确人生观的第二个意义。有了明确的方向和目标，就要朝这个方向和目标努力，不达目的决不罢休。确立大志向是一回事，能否实现这个大志向是另一回事。这就考验一个人的毅力。大家都知道头悬梁、锥刺股的故事。古人苏秦为了学有成就，晚上刻苦读书，把头发拴在房梁上，一打瞌睡就疼醒了，接着读；为了头脑清醒，用锥子在自己腿上扎。苏秦为什么对自己这么狠？有目标，有追求。有了追求的目标，就有了奋进的动力。

（三）人生观是人生的校正仪

这是确立正确人生观的第三个意义。确立正确的人生观，可以用正义的追求校正人生的坐标。人生观的确立和养成是一个很长的过程，中间会遇到不少挫折、诱惑，像在大海当中行舟，绕过不少暗礁，战胜不少风浪，克服很多困难，才可以达到目的。大家可能看过中国经典名著《西游记》。唐僧师徒四人到西天取经，是一个艰难困苦的过程，经过了九九八十一难，要降妖除怪跟对手作斗争；要风餐露宿跟大自然作斗争；内部经常出现意见分歧，要不断跟错误的判断作斗争。师徒四人受过骗、上过当，被俘虏过，被诱惑过，但始终没有动摇取经的决心，这就是信仰信念的力量。一部西游记可以悟出很多道理，人生也是这样，不可能一直是平坦大道，要遇到各种情况，有时顺利，有时挫折，要不断校正自己的思想，纠正自己的错误，总结经验，不断提高。其实，人生就是一个不断学习不断总结不断提高的过程。

同学们都是二十来岁的小青年，处在学生阶段，对人生还在不断探索之中。我建议大家不断学习、比较，先立一个志向，再向这个目标前进，并在前进过程中不断总结、不断修正、不断提高。时下大家刚进大学的门，当前的紧要任务是学习知识，用知识武装自己。“机遇总是留给有准备的人”。什么叫有准备？准备什么？道德准备，能力准备。德不高不可以服众，才不够不可以理事。修德修能是一生中最基本的功力。同学们已经是大学生了，不是小孩子，不能认为学习是给家长学的，给老师学的。思想上要明确，学习首先是给自己学的，同时是给家长学的，给国家和人民学的。你学习知识有了本领，第一位的是谋生，还要找一份工作，干一番事业。当然，这个工作这个事业要对家庭有贡献，对国家有贡献。知识能力是成家立业的本钱。这是我同大家交流的第一个问题，人生观是人生的动力和追求。

二、人生观的核心是解决人生的价值和意义

根据多年的观察和思考，确立人生观主要是处理好四个关系。

第一，处理好人与社会的关系

人是社会的人，社会是人的社会。所以，确立正确的人生观，必须正确认识和处理人与社会的关系。在人类社会的发展中，人类创造了物质文明、精神文明，不断加深了对人生的认识。人要生存要发展，有多种需求，如生存需求，安全需求，物质的，文化的，精神的，健康的，等等，有各种需求。在满足这些需求的过程中，首先是和大自然处好关系。人要适应大自然，改造大自然，利用大自然，这就产生了科学。人还要同人打交道，同社会各个阶层各个行业打交道，这就产生了民主。民主就是人民作主，有事大家商量着办，商量不通就会发生斗争。人与人之间，阶级之间，民族之间，国家之间，许多事很难商量，斗争就不可避免。阶级社会就是这么过来的。毛主席的《词沁园春·雪》中有这样一句：“江山如此多娇，引无数英雄竞折腰。”其中还写道：“惜秦皇汉武，略输文采；唐宗宋祖，稍逊风骚。一代天骄，成吉思汗，只识弯弓射大雕。俱

往矣，数风流人物，还看今朝。”秦始皇、汉武帝是千古帝王，但文采不够；唐太宗、宋太祖是一代君主，但风度稍逊。天之骄子、蒙古大汗成吉思汗，也不过是只识弯弓射大雕的英雄。俱往矣，数风流人物还看今朝，真正的英雄是今天的人民大众。这就是毛主席的人生观，事事处处想着人民、为着人民，把人民群众看作真正的英雄。我们要确立正确的人生观，就要正确认识和处理好人和社会的关系、人和人之间的关系。要懂得斗争，懂得民主，善于用民主的方法、法制的办法分析解决问题。这些看起来是社会机器发挥作用，实际上也是人生观指导下的法制建设。重视人民群众的作用，坚持党的领导，坚持人民当家作主和法制的统一，是政治观也是人生观。

第二，处理好收获与奋斗的关系

在人生经历中，人人都希望自己能获得成功。问题是把成功和收获建立在什么基础之上。这件事我同国学大师任继愈先生讨论过。讨论的结果是，任何人干任何事情要想获得成功，取得理想的收获，唯有奋斗，没有捷径。人要奋斗才能成功。要克服侥幸心理，克服浮躁情绪，不能把希望寄托在托熟人、找关系上。一定要把成功的希望建立在努力奋斗的基点上。买彩票中了奖，可以发财；出门拣了钱包，可以发财，但概率极低。一个彩票大奖的背后，不知有几十万个没中奖的托着他。捡钱包的前提是有人丢了钱包，而且正好让你碰上了，这个概率更低，而且拣了钱包还给人家才对。那么，经过艰苦奋斗成功的概率就高得多。即使成不了太阳、月亮，也可以当颗星星，成不了星星可以成为一盏明灯，也可以发光发热。有这样一个小故事：一个青年想自杀，恰好一个过路人救了他，问他为什么自杀？青年人说怀才不遇，没有人接受他。过路人拣起一粒沙子扔到地上，让青年人找出来，青年人为难地摇了摇头。过路人从身上掏出一枚珍珠扔到地上，叫他拣，青年人说这还不简单吗？过路人讲，前者难，难在普通，大家都一样，凭什么让别人青睐你？

如果你才能出众，谁能埋没你？青年大悟。一个人不能总埋怨社会不公，天不作美，看到别人收获，自己着急甚至嫉妒。暴躁、嫉妒都是不健康的心理，要用积极的态度，经过努力奋斗把自己炼成珍珠。看到比自己强的人，首先要尊重他学习他，跟上他赶上他超过他，这才是正确的态度。年轻人正是精力旺盛的时候，要善于思考。三个瓦工的故事大家想必知道。第一个，每天砌好了墙就下班休息了，第二个砌完了琢磨第二天怎么砌得比今天更好，第三个琢磨砖除了砌墙还有没有别的用处。过了几年，第一个还是砌砖工，第二个成了工程师，第三个成了建筑师。这说明，勤奋学习、善于动脑的人能创新，收获大，成功率高。孟子有言：“天将降大任于斯人也，必先苦其心志，劳其筋骨，饿其体肤，空乏其身，行拂乱其所为，所以动心忍性，曾益其所不能。”说的就是这个道理。能够经得起磨难、勇于艰苦奋斗的人，才是能担大任的人。

第三，处理好利己与奉献的关系

剥削阶级认为“人不为已，天诛地灭”。共产党人提倡全心全意为人民服务，提倡无私奉献。20世纪60年代周恩来总理提出了一个口号：“我为人人，人人为我。”我觉得这个口号比较恰当。为个人的前途着想，为自己的利益努力，这并没有错。但要有个界限，就是利己可以，但不要损人、不要损公、不要损害国家。人们在社会生活当中分工不同、目标一致，都应以国家利益为重，以人民利益为重。把个人利益同集体的利益、国家的利益统一起来。人不可能只孤立地为个人，那样一天也生活不下去。你只要在社会上生存、工作，就要吃饭、穿衣，就要用电、用水，不可能什么都是你自己生产的。可能有人说了，我是靠钱买来的。不对，即使你花钱买，也得有人卖才行，没有卖的你买什么？这就是社会的联系性。80年代曾开展过大讨论，有个叫潘晓的说，人是主观上为自己、客观上为别人。这个观点有一定道理但有片面性。有道理，是说每个人的利益和别人的利益总是有联系的，不可能分割开来。片面性是指，不是所有人都只为自己，大多数人把国家利益和人民利益摆在个人利益之上。“全心全意为人民服务”是我们党的宗旨，也是军队的宗旨，很多人在践行这个宗旨。中国古代就有乐善好施、扶贫救弱的传统。有一句名言叫“上善若水”，上善是最高的善，最上等的善，善到什么程度？像水一样，水是向低处流的，而是流在低洼的地方。水可以用来泡茶、做酒、饮用，可以做成香水美容，但也可以用来涮拖把、冲厕所。毫无怨言，这是水的高贵品质。有人说，美国提倡个人主义，它怎么发展那么快呢？这里我给大家解释一下，美国提倡的个人主义有三层意思：一是个人利益不容侵犯；二是个人权益不容剥夺；三是个人的事个人办，个人的职责个人完成。如果你的职责没尽到，任务没完成，事没办好，那前两层就得不到保障。美国西点军校的校训就六个字——“国家、荣誉、责任”。很明白，任何一个国家，任何一个民族，任何一个人，只讲个人主义、利己主义，不讲爱国奉献，很难生存下去。所以，还是老话，把个人的利益融入到国家和人民的利益中去，把自己的事业融入到中国特色社会主义的光辉事业中去，把个人的荣誉同党和国家的荣誉结合起来考虑，才是正确的也是最可靠的。

第四，处理好荣誉与责任的关系

人都希望有一个好名声，得到好荣誉，这不奇怪。问题是怎么获得荣誉，如何对待荣誉。首先，荣誉不是天上掉下来的，是通过努力拼搏挣来的。演员、老师都知道一个道理——“台上三分钟台下十年功”。在科学的道路上没有平坦大道可走，只有那些不畏艰险奋力攀登的人，才能到达光辉的顶峰。可以说，尽一分责任得一分荣誉，付一分劳动有一分收获。要说荣誉，中国人最讲的是人生三不朽，就是立言、立功、立德。对此，中国大哲学家冯友兰有一段精彩解释。他说立言，就是创造一种学说成为一方名家，主要靠天赋，是天赋加努力。比如老子创造了道家思想，孔夫子创造了儒家思想，释迦牟尼创造了佛教，几千年人们还研究不透，这类天才人物几千年才出一个。立功呢，立功靠环境，靠时势。比如，有了战争就出战斗英雄，发生了地震就涌现出抗震英雄，发生了大水就产生抗洪英雄。碰到有人遇难，你挺身而出就能当舍己救人的英雄。时势造英雄，没有那个环境，就当不了那个英雄。这当然要有个基础，基础是你的思想境界、道德情操。为什么发生车祸的危险关头张丽莉舍身救学生，别人没冲上去？有了机会没那个觉悟也成不了英雄。立德呢？立德主要靠个人，道德的高尚或低俗不分职务高低、年龄大小、民族肤色。张思德是烧炭的战士，雷锋是汽车兵，周总理是党和国家领导人，白求恩是外国人，只要有了毫不利己、专门利人的精神，就是一个高尚的人，一个纯粹的人，一个脱离了低级趣味的人，一个有利于人民的人。荣誉对每个人来讲都是用自己的责任、自己的言行创造的。当然，大多数人还是做平凡的工作。真正把平凡的事情做好了就不平凡，把每一件简单的事做好了就不简单。依我多年观察，荣誉也和漂亮姑娘抛绣球一样，那些埋头苦干、扎扎实实，没想得到荣誉的人，荣誉偏偏落在他头上。而一心一意计较名利地位、老是想着捞取荣誉的人，荣誉偏偏离他而去。这就是生活的辩证法。

三、用正确的人生观引领青春、创造未来

第一，基础打得牢

我们是大学生，现在在校学习。学习就要端正学习态度打牢思想基础，就要认真学习专业打牢知识基础。“闻道有先后，术业有专攻”，要下功夫把专业学好。学习有个方法问题。我多年体会，无论学什么专业，必须要把握基本原理，把握基本原理是学习任何知识的基本功。举个例子，比如修理汽车，你把基本原理掌握了，任何型号的汽车你都可以根据原理解剖修理。反过来，你只有一种技术，

会修奔驰，那么换了宝马你可能就不会修了。因此，我总结了几句口诀给同学们参考：“学政治记观点，学历史记事件，数理化记公式，学文学记语言，学外语记单词，学英雄看实践”。不信试试，保准灵。

第二，大势看得清

中国有句古训“审时度势”。这是一个哲学观点，也是一条基本经验。审时，就是审看判断自己处在什么时代、什么时期、什么时间段，从而把握时机、抓住机遇；度势，就是揣度做人做事处在一个什么态势、什么形势、什么环境背景下，决定应该朝着什么趋势、什么方向前进。要把大势看清楚，就要运用正确的立场观点进行比较分析。现在世界上是什么大势？和平与发展仍然是世界的主流或者叫主体，但不稳定不安全的因素仍然存在。中国是个什么大势？是建设中国特色社会主义取得了伟大成就，GDP 在世界上数第二，综合国力有长足的增强。同时，遇到了不少新的矛盾和挑战，如分配不公、群体事件、腐败之风等新的问题。因此，一个是机遇前所未有，一个是困难前所未有。我们建设中国特色社会主义进入到一个形势严峻又大有作为的新的战略机遇期。我们既不能回到改革开放前的老路上去，又不能走到全盘西化的邪路上去，只能走中国特色社会主义这条正确的道路。这个大势，同学们一定要看得清、把得准。不管世界上发生什么事，我们中国就坚持一面旗帜——高举中国特色社会主义的旗帜，坚持一条路——中国特色社会主义道路，坚持一个理论体系——中国特色社会主义理论体系。不要认为我是个学生，只埋头学习就行了，别的什么都不管。学生是知识分子，学生也要学政治，也要把握方向，把握这些最基本最管用的原则问题。

第三，是非辨得明

世界上的事情是复杂的、多变的，但又是简单的，可以把握的。

那就是要有明确的是非观。事有对错，言有正误，物有真假，形有美丑……这就是大千世界。但我们观察分析，要能在千姿百态的大千世界中分辨哪是真善美、哪是假恶丑，从善弃恶、见贤思齐。年轻人阅历浅，富有激情，常常心血来潮，跟着起哄，这很危险。古人云：“事不三思终有悔，人能百忍自无忧。”这是教人说话办事要三思，一思动机和出发点，看看是什么背景、什么意图；二思站在什么立场，这话说了、这件事做了对谁有利；三思说了做了会产生什么后果。这样经过三思，你就基本上可以判断出它的是非了。同时，还要百忍，不能感情用事，遇到事情沉不住气，拔剑而起，挺身而斗。而应大智大勇，“泰山崩于前而色不变、麋鹿兴于左而目不瞬”，冷静观察、据实处理。年轻人容易冲动，看到不平的爱发表议论，这没有错，值得尊重，但一定要三思后行。毛主席提倡“分析好大有益”。不管做什么事，都要问一个为什么，分析一下是什么。生活当中，哥们义气常是犯错误的诱因。仁义理智信是儒家的重要思想，本身没错。但有的片面理解“义气”，为了几个小兄弟大打出手，甚至违法乱纪，那是很危险的。年轻人正在成长期，可能犯错误。错了不要怕，错了就改。古人说：“君子之过也，如日月之食焉；过也，人皆见之；更也，人皆仰之。”错了改了就好。改正一个缺点就增加一个优点，克服一个困难就增加一份本领。不了解事情的原委，就去调查研究，明知是错的事千万不要闯红灯。这里最主要的是克服侥幸心理。用辩证的观点看，凡事都有成本有代价，做了坏事就要付出代价。要克服从众心理，认为别人干了得了便宜，自己不干吃亏。这种思想要不得，做坏事得来的便宜是要付出代价的，不要看他当时占了点小便宜，从长远看迟早要吃大亏。古人讲要有君子之风，什么是君子之风？就是“穷则独善其身，达则兼济天下”。不但自己慎独修美，而且能影响和带动天下人。要通过崇尚真善美，远离假恶丑，把自己修炼成一个高尚有用的人。

第四，起步走得正

从年轻时就要走正路。什么是正路？就是勤奋学习的路、爱国为民的路、立志成才的路，一句话，就是要做一个在社会上有用的人的路。为人、求学、处事，要厚厚道道、勤勤恳恳、实实在在。要明确一个基本观点，世界是千变万化的，要随机应变、物竞天择、适者生存。但有些又是永恒不变的。人事在变，形势在变，但一年四季有序不变，九大行星围着太阳转不变，实事求是这些基本原理、基本规律不变。所以，要走正路，首先就是要遵循规律来观察人生、走好人生。大家知道，清华的校训是“自强不息，厚德载物”。前一句提倡要有奋斗精神，后一句提倡要有宽广的胸怀。这是易经的话，讲阴阳变化之理。原话是“天行健，君子以自强不息”。意思是说，天体运行，是自强不息的。它不因为你今天高兴了就转得快一点，不高兴就转得慢一点；也不因为你官大有钱有势就转得快一点，你官小贫穷就转得慢一点，刮风下雨、电闪雷击，都动摇不了它的决心和行动。这就教育我们，学习、工作、做事要像天行健那样自强不息，不能高兴了就学就干就做好事，不高兴了就不学不干甚至做坏事。另一句是“地势坤，君子以厚德载物”。地势坤，很广大，而且很宽容。君子的胸怀像大地一样博大宽容。你看，大地有山川平原，也有江河湖海，可以在大地上盖大楼修高铁建花园，也可以挖深坑修厕所建垃圾场；可以栽花种草养宠物，也可以有豺狼虎豹、毒蛇蝎子等等，大地都包容了。你有了这么大的胸怀，什么问题想不开、装不下？所以，人要走得正，首先要对世界看得透，对自身把握得准。

第五，挫折经得起

有道是“赏画如看景，看景喜不平”。人的一生要历经沧桑，会遇到不少不可预测的风险和变化，不可能一帆风顺。问题是看你自己的精神状态。我常跟大家讲一个道理，矛盾、困难、挫折是客观存在的。“矛盾是普遍存在的”，走到哪里都一样，没有矛盾就没有世界。问题是你在矛盾、困难、挫折面前是什么精神状态，是束手无策、怨天尤人、牢骚满腹、手忙脚乱，还是沉着冷静，开动脑筋了解它、分析它、化解它、战胜它？人是要有点精神的，不能取得一点成绩就沾沾自喜、忘乎所以，遇到一点挫折就一蹶不振、灰心丧气。大家都看了电影《霍元甲》，他被洋人打败了，受了屈辱并没有泄气，没有逃跑，而是回到乡下苦练，尔后再来比试，又败了还不灰心，再到山沟里仔细琢磨、刻苦练习，最终打败了洋人，为中国人出了口气。回过头来还说西游记。唐僧上了白骨精的当，念紧箍咒孙悟空疼得死去活来，最后竟把他赶出了取经队伍，不要它了。后来白骨精现了原形，唐僧觉悟了，又让猪八戒去请孙悟空。孙悟空开始有点想不通，后来还是顾全大局，回到了唐僧身边，师徒同心去西天取经。这说明什么？说明孙悟空有大局观念，不但经得起挫折，还受得了委屈。古人云，成大事者必能吃得起苦，吃得起亏，经得起误会，受得了委屈。

第六，事业干得好

人活在世界上是干什么的，绝不是吃喝玩乐的，而是为人民服务的，为人民而工作而奋斗，为人民干事业。立身先立业，看人先看事。考察干部、观察朋友，标准可以有若干条，公道、正派、能力等。怎么体现？就是通过事看人，看他办了些什么事，办这些事的动机、过程、方法、目的和结果。通过具体事就大致能公正地评价一个人了。每个人的人生观都是用言行写成的，用事业证明的。每个人的主观愿望都是把事业干好，那么为什么有人干得好、有人干不好呢？这里的差距就是能力。能力是学来的、干来的。干事业没有绝招，要说绝招，就是勤劳勤奋。勤能补拙，笨一点没关系，勤快了不懂的可以学懂，不会的可以学会，外行可以学成内行。聪明加勤奋更不得了，聪明加勤奋事情办得顺。勤在什么地方？一是勤在善于筹划上。干什么事，筹划好了就成功了一半。我这里讲的是战略筹划。把握三大要素：站立点这个要素，看看我处在什么方位。第二个要素是目标。根据我的方位、环境、个人能力，确定什么目标，达到什么目的，这个要搞清楚。第三个要素是制定具体的实施方案。把站立点、目标、具体方案搞明白了，这个筹划基本上就有谱了。二是勤在具体运作上，就是认真组织实施，朝着既定的目标扎实推进。这里的关键是深、细、实，要深刻把握，不能大而化之；要细致运作，不能粗枝大叶；要实在办理，不能自欺欺人。办任何事情，都要善于把握规律，弄清这件事的性质，它和其他事物的关联。三是勤在总结提高上。人做事不是原样重复，而是不断改进提高，不能像熊瞎子掰苞谷，掰一个夹一个，最后还是一个。做过一件事情，回顾一下、总结一下，把做对了的坚持下来，做错了的改正过来，不够的或新发现的补充上去。实践—认识—再实践—再认识，循环往复，无穷无尽，始终充满活力、充满生机。

第七，关系处得顺

人生活在社会上，生活在某一环境里，总要跟外部打交道，因此，处好关系是回避不了的课题，也是人生观的题中之义。要和领导、老师、同学甚至房东，还有家人，处好关系。关系处好了，心情就好，心情好了，才思泉涌，干啥都有精神。反过来，关系处不好，心情不好，心烦意乱，干啥都别扭。所以，处好关系对每个人的人生观也是一个检验。据我多年观察，处好关系关键是“三心”。一个是要有诚心。“精诚所至，金石为开”，待人处世，以诚相待，一是一、二是二，不说假话，不玩虚的，那你就一定能赢得信任。“说错了的真话比说对了的假话”强得多。说错了，可以弄清道理改过来；说假话，你就摸不着头脑、不知所云。生活中充满辩证法：你尊重别人，别人就尊重你；你关心别人，别人也会关心你；你信任别人，别人也就信任你；将心比心，以心换心。二是要有宽心。

就是像前面讲的，心胸要宽广，像大地能包容、能吸收、能化解万物。特别是听到流言蜚语不为所惑，不为所动。君子坦荡荡，小人常戚戚。张家长李家短那种事最好不要理它。中国农村处理家庭关系常用一句话：“会做媳妇两头瞒，不会做媳妇两头传。”公公、婆婆、姑嫂、妯娌之间不可能没有一句闲言碎语，会做媳妇的就当没听见，当和事佬，一家人就和和气气，“家和万事兴”。反过来，听到风就是雨，到处传话，结果会造成不少误会，影响团结，日子也过不好。实际上，心宽了对自己的心情和事业都有好处。三是要有上进心。就是要好学上进、永不懈怠。看到别人的长处要虚心学习，不要嫉妒。嫉妒是腐蚀剂，它使团结涣散、关系松懈，有百害而无一利。前面讲了，看到比自己差的要关心帮助，看到比自己强的要虚心学习，想办法赶上他、超越他。把别人的长处学到手，自己的本领不就增加了吗？关系处不顺常常是小肚鸡肠造成的。所以，胸怀要特别宽广，眼界要特别宽广，诚心待人，精心做事，好学上进，就一定能把自己锻炼成一个栋梁之材。

第八，生活过得美

什么是美，美的本质是什么？主要有三种说法。一种认为美是客观的，或者说美是某种客观存在的物质属性，如均衡、对称、和谐等形式，不管你承认不承认，它都是美的。第二种认为美是主观的，认为美是人的主观感受，如生理心理的快感、审美态度、直觉、感情表现等。第三种认为美是主客观的统一，认为美既离不开客观物质的形式和条件，也离不开人的主观感情和态度，如心物同构、内外相应、主客观的关系等观点。马克思主义美学认为，美是社会实践的产物。一方面，人按照现实世界本身的规律，改造现实世界，使对象成为人的创造物。另一方面，又在改造世界的过程中，实现人自身的目的，丰富地展开人的本质力量，使人的本质力量对象化，成为具体的形象，在他所创造的世界中“直观自身”从而产生了美。

这几种说法都有道理，我总的看法是，美主要是人的一种感觉和判断，主观成分多一些，而且随着历史变化不断变化。比如，大家都说张家界是世界景点当中数得着的美景。但60多年前，我们的部队住在那里剿匪，天天生活在那里，并没有感觉它美在哪里，因为那时主要是消灭土匪，天天打仗，哪有心思欣赏美景？今天我们经济条件好了，专门坐飞机跑到那里一看，这么美呀！这不是主观感觉是什么？年轻人怎样生活得美也是个人生观问题。就像回答什么是幸福一样，自己感觉满意舒畅就是幸福。所以，追求生活之美，既要改善物质条件，又要修养精神境界。大家都知道我们中国的三大宗教，各自的教旨教义就有不同的表述。文怀沙先生是“三气说”，认为儒家讲正气，杀身成仁，舍生取义，正气凛然；道家是讲清气的，清静无为，顺其自然；佛家是讲和气的，放下屠刀，立地成佛。所以，有人向文老求字，他就写三个字“正清和”，表达他对三大宗教的理解。南怀瑾先生是“三店说”，认为佛家开的是百货店，货架上琳琅满目，什么都有，你进去逛一圈，愿意买就买，不愿意买，走了也没关系，信不信由你。道家开的是药店，遇到什么困难找办法，或生病了找药方，都愿意从道家那里找，道家讲了不少辩证法和方法论。因此，中国历史上的智慧之人都是道家的形象，如姜子牙、诸葛亮，东汉的邓禹，唐朝的袁天罡，宋朝的邵康节，明朝的刘伯温等，唱戏的都把他们扮成道家，身穿八卦衣，手摇鹅毛扇或者马尾拂尘，一幅道士装扮、智者化身。儒家是粮食店，饮食男女，修齐治平，吃饭穿衣，娶妻生子，修身齐家治国平天下，离不开这些事。原南京大学校长匡亚明先生，国学大师任继愈先生，主张是殊途同归说，认为表述不一、道理相通，从不同的角度，最后走到一条道路上，都强调天人合一，都提倡辩证思维，都相信因果报应，都引导克己修身，都追求公平正义，和而不同。实际上，我们现在提倡的构建和谐社会，同中华民族这种传统文化一脉相承，又有新的发展的。我讲这些的目的，是想和同学们交流，要树立正确人生观，把生活过得很美好，就要不断丰富头脑，增长认识世界、改造世界的能力。对美好、对幸福有一个正确的理解，既要登高望远追求高标准，又要脚踏实地面对现实，实现人的全面发展。就当前来说，同学们最现实的是过好大学生活，好好学习，获取知识，为将来走向社会成就事业打好基础。基础打得越牢，将来成就的机会越多，越能经得住风浪，成为将才帅才。

人生观是个大题目，多少代人研究了多少年，仍然没有探究得很透彻，因此，它不仅是个理论问题，更是个实践问题，要在实践中不断体会、思考、归纳。就像李白诗里讲的：“今人常见古时月，古月何曾照今人。”我们今天看到的月亮和李白看到的月亮，恐怕没有太大的区别，但感受呢？肯定是不同的。毛主席写的词，《浪淘沙·北戴河》讲：“萧瑟秋风今又是，换了人间。”我们今天遇到的秋风和曹操遇到的秋风，恐怕没有多大区别，但换了人间，历史条件不同了，所以认识和体会就不同了。我相信，深圳大学的同学们会对人生观的课题研究出自己的心得体会和丰硕的成果。

最后我用伟大领袖毛泽东主席的话来结束今天的讲座：“世界是你们的，也是我们的，但归根结底是你们的。你们青年人朝气蓬勃，正在兴旺时期，好像早晨八九点钟的太阳，希望寄托在你们身上。”

“两弹一星”伟大工程的历史贡献及其战略启示*

“两弹一星”是20世纪中叶我国国防尖端科技领域取得的巨大成就，是中华人民共和国发展史上具有里程碑意义的惊世创举。这一伟大工程的成功，得益于党中央的坚强领导，汇聚着全党全军全国人民的智慧和力量，浸透着广大科技工作者的心血与汗水，为我国捍卫民族尊严、巩固新生政权、提升综合国力、保卫国家安全、维护世界和平，发挥了举足轻重的作用。在这个过程中形成的“热爱祖国、无私奉献，自力更生、艰苦奋斗，大力协同、勇于登攀”的“两弹一星”精神，是我们非常宝贵的精神财富。新世纪新阶段，追忆“两弹一星”工程波澜壮阔的奋斗历程，汲取“两弹一星”工程探索积累的成功经验，对于坚定理想信念，进一步激发爱党报国强军的政治热情，努力开创国防和军队现代化建设新局面，实现中华民族的伟大复兴，具有重大的现实意义和指导作用。

一、“两弹一星”工程是毛泽东等老一辈革命家在特殊历史背景下作出的气势恢宏、富有远见的战略决策

“两弹一星”工程，在严峻的形势下萌生，在困难局面中上马，在艰辛探索中推进，在不懈努力下取得成功，自始至终离不开党的坚强领导，是以毛泽东为核心的第一代中央领导集体审时度势、科

* 本文系2009年11月7日在首届当代中国“两弹一星”高层论坛上的主题发言。

学决策的结果，体现了老一辈无产阶级革命家高瞻远瞩的战略眼光、不畏艰险的过人胆识、不甘屈辱的傲然骨气、自强不息的奋斗精神、卓越高超的领导才能。

（一）"两弹一星"工程是面对美帝国主义气焰嚣张的核威胁核讹诈作出的针锋相对的战略决策

我国研发"两弹一星"是被迫进行的。新中国成立后，屡屡受到美国的核威胁核讹诈。朝鲜战争期间，杜鲁门、麦克阿瑟多次叫嚣准备在朝鲜战场和我国东北地区使用核武器。美国《国家安全基本政策》赫然提出："万一与苏联或中国发生敌对行动，美国将把核武器视为同其他武器一样可供使用的武器。"美国同败退台湾的蒋介石集团签订的《共同防御条约》提出：如果台湾海峡安全受到威胁，美国有使用原子弹的权力。这种严峻的形势，使毛主席等中央领导同志深深感到，要挫败美国的核威胁核讹诈，保卫国家安全，我们必须拥有自己的核武器。1955 年 1 月，毛主席亲自主持召开中央书记处扩大会议，果断作出了发展核武器的决策。此后，迅速成立了由陈云、聂荣臻、薄一波组成的中央三人领导小组和相关专门研究机构，并与苏联签订了《新技术合作协定》，中国的原子能研究事业全面启动。在计划实施过程中，美国政府不断对我进行诬蔑和攻击，但我们毫不畏惧、决不退缩，进行了针锋相对的斗争。"两弹一星"工程的巨大成功，挺起了中华民族不屈的脊梁。

（二）"两弹一星"工程是面对周边复杂严峻的安全形势和军事挑衅作出的极富远见的战略决策

20 世纪 50 年代，我国面临着"美国挤压、蒋军袭扰、周边不稳"的安全挑战。美国武装干涉朝鲜内战，加强在菲律宾驻军，增加对占领印度支那法国军队的援助，直接威胁新中国的安全。蒋介石军队在美国支持下妄图反攻大陆，军事袭扰一直没有间断。尤其是朝鲜战争爆发后，美国第七舰队公然入侵台湾海峡，宣称将阻我解放台湾，对我构成最大的现实威胁。对此，毛主席强调："帝国主义势力还是在包围我们，我们必须准备应付可能的突然事变。"党中央、中央军委清醒地认识到，只有大力发展核武器带动军事实力整体提升，才能有效应对面临的直接军事挑衅和潜在安全威胁，为国家建设和长远发展提供可靠安全保障。因此，不但下定了研制原子弹的决心，还相继作出了研制氢弹、导弹和人造地球卫星的决策部署。实践证明，"两弹一星"工程绝不仅仅是利在当时的应急之策，更是功在千秋的长远之举，充分体现了党中央、毛主席非凡的战略远见。

（三）"两弹一星"工程是在新中国经济状况异常艰难困苦的局面下作出的超乎寻常的战略决策

党中央对研发核武器进行论证和决策时，新中国成立不久，抗美援朝战争耗费了我国大量财力物力，经济基础十分薄弱。当时，有人认为，研发原子弹耗资巨大，不亚于打一场战争；有人认为，刚从战争废墟中站起来的中国，更需要发展经济、关注民生。但党中央、毛主席从国家长治久安的大局出发，认为"核武器计划决定着国家的前途命运"，果断决定投入大量人力物力开展核武器研究。陈毅同志那句"当了裤子也要把原子弹搞出来"的誓言，代表了党和人民的心声。原子弹研发过程中，我国又遇到了苏联"逼债"和"三年自然灾害"，经济和生活异常困难。党和国家领导人带领全国人民勒紧裤腰带，把省下来的钱用在项目研发和改善科技人员的工作生活条件上。1962 年，当有人提出原子弹研制要下马的意见时，毛主席异常坚定地表示：原子弹不能下马。要干！减少党政费用，节省出钱来也要干这个事！可以这样说，面对捉襟见肘的经济困境，如果没有党中央、毛主席坚定正确、富有远见的战略抉择，就不可能有支撑民族独立富强和大国地位的战略力量。

（四）"两弹一星"工程是在国内技术落后、人才匮乏的不利条

件下作出的毅然决然的战略决策

建国初期，我国工业基础相当薄弱，科学技术非常落后，全国专门从事科学研究的人员仅有600余人。研制原子弹更是白手起家，既无设施、器材，又缺经验、资料，专业技术人才十分匮乏。面对重重困难，党和国家领导人迎难而上，毅然决定实施核武器研究计划，并制定了争取苏联援助和自力更生研发"两条腿走路"的策略。迎请海外专家回国，加紧专业人才培养，打破行业界限选贤任能，组建专门机构，集智攻关。在整合利用国内现有设备的同时，不惜重金从国外购买关键设备，同时，自己动手研制了大量器材，为核计划的实施提供了有力保障。特别是1959年苏联背信弃义、撕毁协议，撤走专家、断绝援助后，党中央和毛主席果断调整策略，发出了"自己动手，从头摸起，准备用8年时间搞出自己的原子弹"的号召，中国人民义无反顾地踏上了自力更生、艰苦奋斗的新征程，最终提前取得成功。知难而进，愈挫愈勇。老一辈无产阶级革命家和广大科技工作者凭借坚韧不拔、顽强拼搏的毅力和斗志，成就了"两弹一星"的鸿篇巨制。

二、"两弹一星"工程对民族振兴和国家强盛产生了全面深远、彪炳史册的战略影响

"两弹一星"研制成功，是中华民族的骄傲。它不仅标志着我国在尖端科技领域的先进水平，而且激发了全民族创造性建设社会主义的热情，为增强我国国防实力和综合国力、提升我国国际威望、促进人类社会和平发展做出了重要贡献，同时也积累了宝贵的建设经验。

（一）"两弹一星"工程打破了超级大国的核垄断，改变了世界战略格局

曾几何时，美国自恃唯一拥有核武器，对全世界进行核威胁核讹诈。1949年苏联成功爆炸原子弹后，核讹诈又变成了美苏争霸世

界的共同手段。英国、法国拥有核力量后，不仅没有改变两极对立的世界战略格局，反而使美苏两极矛盾更加激化，世界陷入严重的核恐怖中。我国政府在相继取得原子弹、氢弹试验成功后郑重声明："中国发展核武器，不是由于中国相信核武器的万能，要使用核武器。恰恰相反，中国发展核武器，正是为了打破核大国的核垄断，要消灭核武器。""决不允许两三个国家任意挥舞核武器，发号施令，唯我独尊，而绝大多数国家却只能跪倒尘埃，惟命是从，成为核奴隶。少数大国决定世界重大问题的强权政治时代已经一去不复返。"中国有限核力量的形成与发展，有效平衡了美苏之间的战略对峙，为维护世界和平增添了战略砝码。我国"不首先使用核武器"的核政策，也赢得了全世界爱好和平国家的广泛欢迎和支持。从一定意义上讲，"两弹一星"打破了两极主宰的战略格局，促成了"三个世界"格局的建立。

（二）"两弹一星"工程铸就了国家安全的核盾牌，支撑了我国大国地位

新生的中国迫切需要休养生息、发展经济，但在当时的国际背景下，无论是东方的社会主义阵营还是西方的资本主义阵营，都没有给我们这样一个机会，中国人民头上始终高悬着"核大棒"，也随时面临传统安全的威胁。毛主席明确指出："我们不但要有更多的飞机和大炮，而且还要有原子弹。在当今的世界上，我们要不受人家欺负，就不能没有这个东西。"可以说，我国发展"两弹一星"就像古希腊著名科学家阿基米德讲的："给我一个支点，我可以撬动地球"，"两弹一星"使我们在纵横捭阖的大国关系中，在屡次危局困局中找到了一根"定海神针"。事实证明，新中国之所以能顶住来自霸权主义的战略压力而屹立于强国之林，之所以能在 1971 年以压倒多数的票数恢复联合国合法席位，外国敌对势力之所以不敢大举入侵中国，一个非常重要的原因，就是我们有"两弹一星"。陈毅同志

当年曾斩钉截铁地说，有了原子弹，“我这个外交部长就好当了”。邓小平同志也曾精辟地总结：“如果六十年代以来中国没有原子弹、氢弹，没有发射卫星，中国就不可能叫有重要影响的大国，就没有现在的国际地位。这些东西反映一个民族的能力，也是一个民族、一个国家兴旺发达的标志。”

（三）“两弹一星”工程弘扬了中华民族伟大精神，凝聚了党心、民意、士气

“两弹一星”是在美国持续威胁、苏联变援助为破坏的情况下，通过独立自主、自力更生取得的骄人成就，蕴含了中华民族的伟大精神。纵观“两弹一星”发展历程，我们主要依靠自己的力量发展在当时几乎是不可能的国防尖端武器，充分反映了中华民族自强不息的坚毅性格和百折不挠的豪迈气概。正如毛主席指出的：中国要独立，第一要同美国斗，第二要同苏联斗。斗争中，我们突破了苏联的束缚，开始自立于世界民族之林；斗争中，我们冲破了西方的围堵，开始自强于世界民族之林；斗争中，我们争取到了第三世界人民，开始用我们的力量维护世界和平。正是这种伟大民族精神的充分张扬，凝聚了全党的意志，激发了全民族的热情，鼓舞了全国人民战胜一切困难的勇气，形成了全国上下大协作、万众一心攻难关的局面。“两弹一星”研制期间，全国共有26个部委、20多个省区市、1000多家企事业单位参加。许多科学家抛弃国外的优厚待遇，毅然回国，隐姓埋名，不计名利，默默奉献。迄今为止，在有核国家中，中国的原子弹和氢弹研制周期最短，“两弹一星”花费经费最少。这些成就使得全世界不能不对社会主义制度的优越性和中华民族的凝聚力、创造力刮目相看。

（四）“两弹一星”工程牵引了国家全面建设发展，增强了我国综合国力

“一张白纸没有负担，好写最新最美的图画。”这句出自毛主席

之口的豪言壮语，既是发展国防尖端科技的决心体现，又吹响了推动全社会翻天覆地变化的战斗号角。当时，国家建设面临的不仅仅是资金和人才问题，更重要的是发展方向问题。以毛泽东、周恩来、聂荣臻、张爱萍等为代表的老一辈无产阶级革命家，敏锐地察觉到“两弹一星”尖端技术能够带动国家基础科学研究和工业体系建设的趋势，基于长远发展考虑，定下了研制核武器的决心。事实证明，“两弹一星”工程确实对人才、科技、经济、国防、社会等各项建设的蓬勃发展发挥了积极作用，极大地增强了我国综合国力和国际竞争力。特别是对化工、冶金、机械、材料、工艺等方面的需求，直接牵引了国家工业体系的建立和完善。到1965年，我国已研制出新型金属材料6800多个品种，新型化工材料3900多个品种，无机非金属材料2000多个品种。特细、特薄的金属材料制造已接近世界先进水平，高温合金和重水、高能推进剂、稀有气体、超纯物质、特种材料等都基本可以满足导弹、原子弹、航空及无线电工业等方面的发展需要。

（五）“两弹一星”工程探索了军事工程创新模式，积累了国防建设经验

“两弹一星”工程的实施与完成，开创了我国组织重大战略工程的新模式，也积累了国防建设的成功经验。一是坚持党的统一领导，充分发挥中国社会主义制度的政治优势。党中央科学统筹协调涉及“两弹一星”研制生产的各个环节、各个地区、各个行业，集中全国精兵强将和财力物力，优先保障，加速推进，为“两弹一星”的成功提供了坚强保证。二是坚持自力更生，自主创新。“两弹一星”元勋们不等、不靠、不要，充分发挥主观能动性和创造性，攻破数以千计难关，勇攀尖端科技高峰，为我们开辟了自主创新的新途径。三是坚持有所为有所不为，集中力量打“歼灭战”。在国内建设头绪纷繁的情况下，毛主席多次强调没有重点就没有政策，要把尖端武器的研制

放在突出地位。党中央和中央军委决定按照"缩短战线、任务排队、确保重点"的方针开展国防尖端技术攻关，为实现核武器建设的跨越式发展创造了有利条件。四是坚持尊重知识尊重人才，充分激发能动性和创造力。完成"两弹一星"工程，专业技术人才是关键。对广大科技人员的充分尊重和高度信任，对革新创新的积极倡导和大力支持，为核武器计划顺利实施注入了生机活力。五是坚持科学管理，始终讲求质量效益。"两弹一星"工程，技术密集，系统复杂，综合性强，研制中始终把质量效益放在第一位，强调严肃认真、周到细致、稳妥可靠、万无一失，确保了预期目标的圆满实现。

三、学习借鉴"两弹一星"组织管理经验，推动国家重大科技工程建设科学发展

"两弹一星"伟大工程的成功实施，为新生共和国铸就了坚实的核盾牌，从根本上改善了我国的安全环境；为维护世界和平增加了新的战略支点，对国际战略格局演变产生了深刻影响；为牵引国家全面建设发展发挥了重要作用，大大提升了我国的综合国力和国际地位。那段令人难忘的奋斗历程，蕴含着许多宝贵经验。其中，"两弹一星"工程的组织管理者们，以先进的思想理念、强烈的创新精神、科学的方式方法和务实的工作作风，摸索积累起的一系列先进组织管理经验，值得我们认真总结和汲取，对于新形势下实施国家重大科技工程建设、推进科技加速发展和社会全面进步，具有十分重要的启示和借鉴意义。

（一）吃透上情、准确把握、坚决贯彻，用党中央的战略决策部署统一意志行动、凝聚智慧力量

合格的组织管理者，必定是上级决策指示的深刻理解者、忠诚拥护者、坚定推动者和创造性落实者，其首要职责是把决策层的战略意图领悟深透，并及时转化为明确的目标任务、方针原则和思路对策，为团队指明方向、注入动力。在这方面，"两弹一星"的组织

管理者们堪称楷模。

1956年，积极响应党中央“向现代科学进军”的伟大号召，在周总理的直接领导下，聂荣臻元帅组织领导600多名科学家和技术人员，经过半年多时间深入论证，制定了我国第一个科技发展规划《1956—1967年科学技术发展远景规划纲要》；张爱萍同志积极协助聂帅，主持制定了国防科技发展规划，将原子能等“五朵金花”列为国家重点科研项目，为发展“两弹一星”提供了根本遵循和有力指导。60年代初，面对苏联断绝援助、三年自然灾害给原子弹研制带来的巨大困难，聂荣臻、贺龙、罗瑞卿、张爱萍等领导同志，深刻领会、坚决执行党中央和毛主席关于原子弹不能下马、自力更生研制等重要指示，组织力量反复研究，确定了“缩短战线、任务排队、确保重点”的工作方针，明确了新型原材料、精密仪器仪表、大型设备等重大攻关项目，并提出了成立领导原子能事业的中央专委和发挥社会主义制度优越性、开展全国大协作大会战等建议。周总理亲任主任的十五人中央专委成立后，坚决落实党中央和毛主席的各项指示要求，在任务规划计划、协作攻关组织、人才队伍建设、科研生产试验等方面，提出了一系列新思想新思路新举措，为“两弹一星”工程的成功实施做出了突出贡献。实践证明，如果没有这些组织管理者们对党中央决策部署的准确把握和坚决贯彻，就不可能有中华民族凝聚力创造力的充分发挥，就不可能有“两弹一星”的辉煌成就。当今世界，经济全球化进程明显加快，新科技革命发展势头异常迅猛，科学技术推动经济发展、促进社会进步和维护国家安全的主导作用更加凸显，以科技创新为基础的国际竞争更加激烈。为把我国早日建设成创新型国家、赢得发展的主动权，近年来，党中央相继制定实施了《国家中长期科学和技术发展规划纲要》、《国家“十一五”科学技术发展规划》，明确部署了一系列重大科技工程建设任务，目前又正在加紧研究制定“十二五”规划，下一个五年期间一批新的重大工程又将上马。要圆满完成如此艰巨繁重的任务，各级领导干部一定要继承和发扬"两弹一星"组织管理者的优良传统，带头高举旗帜、听党指挥、履行使命，高度自觉、不折不扣地把思想和行动统一到党中央的决策部署上来，团结和带领全党全军全国各族人民，朝着正确方向，同心同德拼搏，勇攀科技高峰，为高标准完成各项重大科技工程、促进创新型国家建设做出积极贡献。

（二）系统筹划、并行推进、重点突破，用具有中国特色和现代特征的管理模式规范工程建设、促进科学发展

我国成功研制"两弹一星"的经验之一，是广泛运用了系统工程、并行工程和矩阵管理等现代管理理论与方法。从"两弹一星"的组织管理模式看，可以称得上是中国特色与现代特征完善结合的佳作。一是立足国情闯新路。"两弹一星"是一项配套系列工程和庞大系统工程，技术非常复杂，精密度要求很高，综合性强，时间跨度大，涉及范围广、部门多、要素全。工程启动之初，我国的工业基础、科技水平、人才素质、经济条件都十分薄弱，特别是在不少关键材料、技术、设备上还是一片空白，苏联虽然给了我们一些必要的援助，但是对我封卡、要挟等问题屡有发生。在此情况下，组织管理者们清醒地认识到：如果单单加强哪个方面的建设，仅仅依靠哪个部门的努力，一味指望外援帮助和生搬硬套外国模式，片面强调自主研发和按部就班，都无法达到预期目标，必须走出一条适合中国国情、符合现代原理、兼容并包、立体多元、充满活力、科学高效的组织管理新路子，充分调动一切可以调动的力量，整合一切可以利用的资源，激活一切需要激活的要素，并以关键技术和项目的重点突破带动各项建设的协调发展，从整体上推进"两弹一星"工程健康顺利发展。

二是科学统筹巧布局。注意正确处理需求与可能、宏观与微观、

重点与一般、内因与外因、渐进与跨越等重大关系，对工程建设进行系统谋划、科学布局。比如，在整体规划上，对近中远、研产用、人财物等进行全面考量，全面部署，分工负责，全程跟踪，狠抓落实。在工作指导上，相继制定了“自力更生为主、争取外援为辅”，“独立自主、自力更生”，“一次试验、多方收效”，“狠抓科研、加速更新”等方针原则；在指挥体系上，建立完善了总设计师系统和行政总指挥系统“两条指挥线”制度；在力量整合上，强调科研、生产和使用单位，科技人员、工人和领导干部两个“三结合”，组织开展了全国大协作、集智大攻关。

三是扎实推进结硕果。根据形势任务的发展变化，明确不同阶段的工作重心，有条不紊，聚焦聚力，扎实推进，务求必成，仅仅用了十几年时间，就突破了一道道艰难险阻，实现了成功发射原子弹、导弹、氢弹和人造地球卫星的连续跨越，创造了举世瞩目的人间奇迹。沿着历史的轨迹，把目光拉近到今天，我国正在和即将实施的重大科技工程建设，有不少是世界前沿课题，与“两弹一星”相比，技术更加复杂，精密度要求更高，运用科学先进的理念和方法进行组织管理尤为迫切和重要。我们一定要坚持以科学发展观为统揽，努力统筹好目标体系、学科体系、人才体系、条件体系、制度体系建设等重大关系，统筹好不同领域、不同行业、不同专业的科技资源和科技创新活动，力争在约束经济社会发展的重大技术瓶颈、制约我国科技持续创新能力的薄弱环节、限制自主创新的体制机制性障碍等方面实现新的突破，确保重大科技工程的圆满完成，带动我国科技创新水平和国际竞争力的大幅提升。

（三）着眼长远、预先研究、超前储备，用战略远见和前瞻思维牵引持续跨越、谋求主动作为

预想、预研、预储，是系统工程和并行工程理论的重要内容与内在要求，也是“两弹一星”组织管理工作的一大亮点和成功之笔。

一是提前确立后续发展目标。早在1965年毛主席就明确指出:"敌人有的，我们要有，敌人没有的，我们也要有，原子弹要有，氢弹也要快，管他什么国、什么弹，原子弹、氢弹我们都要超过。"周总理在我国第一颗原子弹爆炸成功之后，立即指示要抓紧"加强型"原子弹和氢弹、导弹的研制，同时把"两弹结合"试验作为下一步工作重点，并要求对核武器发展作出全面规划。

二是提前启动新技术新装备研究。聂荣臻元帅反复强调:"科研单位没有预先研究、没有技术储备是不行的"，"科学技术发展的各个领域，尤其是军工产品的型号，无论在国外国内，改进更新都很快，不加强计划性和预见性，就无法适应形势发展的需要"。为此，他提出了"科研三步棋"的口号，要求科研部门至少要有三个层次的型号，一个是现在正在试验、试制的型号，一个是正在设计的新型号，一个是要探索研究更新的型号。从实际工作看，前瞻性和主动性也体现得比较强，比如，在党中央正式作出研制原子弹决定之前，就成立了新中国第一个核科学研究机构近代物理研究所，做了大量预先研究论证工作；在进行原子弹和导弹研究的同时，氢弹研究就已经夜以继日地展开了。

三是提前吸纳和培养优秀人才。从1949年8月至1955年11月，累计号召和争取了在海外工作的1536名知识分子回国。借苏联前期援助的契机，通过送训与跟研相结合组织技术骨干学习取经，为尽快具备自主研发能力打下了良好基础。组建新院校，开设新专业，超前培养新型人才，较好地适应了新兴学科发展和新技术开发运用的需求。回想一下当年的情景，不难发现:"两弹一星"工程为什么能够在苏联停止援助后，迅速度过了转折期，坚定而又高效地走好自力更生研发之路？为什么能够形成各个环节有序衔接、各种型号递次推进、研制生产一浪高过一浪的良好局面？为什么能够呈现出快速发展、持续跨越、捷报频传的强劲势头？很重要的一个原因，就是始终坚持了在项目任务上超前设计，在新技术、新设备、新型号上预先探索，在新型人才队伍上提前储备，大大增强了工作的计划性、目的性和连续性。这条成功经验任何时候都不能丢弃。综观当今世界，科技发展日新月异，我们在重大科技工程建设过程中，遇到的新情况新问题不断增多，面临的新考验新挑战前所未有，而与发达国家相比，我们在国际视野、思维理念、关键技术、高端人才等方面都还存在着很大差距。因此，更需要不断强化“立以预成”的意识，自觉摒弃短视思想、克服短期行为、防止被动应付。要善于登高望远，敏锐洞察大势，密切跟踪前沿，前瞻谋划未来，主动求新作为。只有这样，才能及时抢占科技创新的制高点，确保重大科技工程建设的高质量，在愈演愈烈的科技竞争中赢得先机、掌握主动。

（四）尊重知识、尊重人才、尊重创造，用科学精神和真诚服务汇集精英贤才、激发创新活力

“两弹一星”的组织管理者们始终把人才作为事业成功的决定性因素，予以高度重视，坚持在选拔、培养、使用上采取超常举措，从思想、工作、生活上全面关心支持，形成了群贤毕至、各展其长的浓厚氛围。

一是积极发现和引进人才。周总理千方百计号召并精心安排海外知识分子回国，亲自出面与外国政府交涉，通过多种渠道争取了钱学森等一批高知名度的科学家回国领衔担纲。聂荣臻元帅亲自筹划，从早期留苏毕业生和全国解放后的大学毕业生中选拔了大批优秀人才调进科研系统。各级领导都坚持从大局出发，全力支持科研和试验单位点将调兵。

二是真心关怀和爱护人才。聂荣臻元帅多次公开表明：“我自己就是一个大管理员、勤务员，我自愿为科技人员和他们的工作服务。”他主持制定的科研工作十四条，充分落实了知识分子政策，他

亲自出面给各军区打电话“化缘”，为科研人员提供良好生活保障，大大调动了科研人员的工作积极性。“文化大革命”期间，周总理、聂帅、张爱萍等领导顶着巨大压力，保护了大批科技人才免受迫害，为“两弹一星”保存了“革命火种”。

三是充分信任和使用人才。聂帅明确指示各级干部：“科学技术方面的问题，听科技人员的。”张爱萍将军在长期组织领导科研攻关和试验发射过程中，非常注重听取科技人员的意见建议，在充分发扬民主的基础上进行集中决策。他还提出了“荐贤、让贤、不妒贤、不避嫌”的原则要求，并身体力行、不拘一格地把一批优秀干部提拔使用到重要领导岗位。

四是支持人才大胆尝试和创新。邓小平同志鼓励原子弹研制和试验人员“大胆放手地去干，干好了是你们的，干坏了是我们书记处的”，使大家备受鼓舞和鞭策。我国自行研制的第一枚火箭，也就是“争气弹”，由于上马仓促，首次试飞失败，没有达到预期射程指标。当导弹专家们冥思苦想也没有找出解决良策时，年轻中尉王永生提出了“泄出适量推进剂以减少弹体重量、增加火箭射程”的大胆设想。对这样一个有悖常理，而且引起总师和部分老专家质疑反对的办法，现场总指挥张爱萍组织专家组反复研究讨论，最后果断拍板，予以采纳，试验发射获得了圆满成功。实践证明，正是这些正确的识人、纳人、育人、用人理念和举措，打造了高素质的人才方阵，托起了“两弹一星”的腾飞。

进入新世纪新阶段，随着知识创新、科技创新、产业创新的不断加速，人才资源已成为最重要的战略资源，综合国力竞争说到底就是人才竞争。随着党中央大力推行人才强国战略工程，我们在人才队伍建设上取得了显著进步。但也要清醒地看到，高素质人才特别是高层次创新型人才匮乏、人才创业创新能力不强的问题还没有得到根本性解决，人才选拔任用机制还不够科学完善，少数领导干部凭个人好恶选人用人、对个性化人才吹毛求疵、对本事高于自己的人才嫉贤妒能等不良现象依然存在，必须下大力认真加以解决。我们一定要站在对党的事业极端负责的高度，进一步升华思想认识，自觉树立正确的人才观，以更加宽广的胸襟、更加开阔的思路、更加有力的措施、更加有效的政策、更加完善的机制，努力开创人才群体不断壮大、拔尖人才脱颖而出、创新活力竞相迸发的崭新局面，为加强重大科技工程建设、推动科技发展和社会全面进步提供坚实的人才保证和智力支撑。

（五）严谨细致、求真务实、勇于担当，用扎实的作风和模范行动推动工作实践、感召群众奉献

这是“两弹一星”组织管理者们鲜明的领导特色和能力体现。

一是“严”字当头。始终把“质量第一”作为重大的政治问题，对科研、生产、试验等各个方面的工作都严格要求、严格管理，相继提出了“要有高度的政治思想性、高度的科学计划性、高度的组织纪律性”的“三高”要求，“严肃认真、周到细致、稳妥可靠、万无一失”的16字方针，建立健全了严密组织指挥、严格技术规范、严守研制程序、严明岗位责任等质量保障体系，并一以贯之抓好落实，在全体工作人员中大力提倡和形成了严肃、严格、严密的良好风气。

二是“实”字为重。始终强调必须把革命性和科学性结合起来，一切从实际出发，尊重事实，遵循规律，说真话，报实情，干实事。为抵制和消除“大跃进”运动虚浮冒进之风带来的不利影响，中央专委及时提出了“实事求是、循序而进、坚持不懈、戒骄戒躁”的科研工作16字原则。张爱萍等领导同志认真贯彻周总理关于从理论设计、制造到装配、试验全过程，要“一竿子插到底”，对所有情况了如指掌的指示要求，经常深入一线调查研究、跟踪检查、指导把关、组织指挥。特别是重大试验发射任务前，坚持现场听取专家意

见，一个工序一个工序地进行全面细致检查，及时发现纠正存在的问题和隐患，为大家树立了高度负责、真抓实干的榜样。

三是"敢"字较真。聂荣臻元帅反复倡导大家要养成敢想、敢说、敢干的"三敢"风格。各级领导在实际工作中敢于坚持真理，勇于开展批评与自我批评，特别是对一些严重影响和制约"两弹一星"发展的症结性问题，决不手软，坚决纠治。比如，针对试验基地领导作风不实、组织体制不合理、管理秩序混乱、生活保障不力等问题"大动干戈"；把国防科委四个研究院同对口的工业部合并，从体制机制这个"根子"上实现了研究、试制和生产"三位一体"；"三抓"时期对相关科研单位"大刀阔斧"进行拨乱反正，着力解决组织领导不力、派性争斗严重、工作秩序混乱问题。上述事实给了我们一个重要的结论和启示，那就是：组织管理者们严谨务实、敢当敢为的作风，对于指导重大科技工程建设和各项事业发展，对于感召群众勤奋敬业、无私奉献、精益求精、顽强拼搏，永远都是弥足珍贵的财富。

领导干部作风问题，是事关事业兴衰成败和国家生死存亡的重大问题。党的三代领导核心对此历来高度重视。胡锦涛总书记在党的十七届四中全会上，又明确提出了"四个大兴"的要求，为进一步加强领导干部作风建设指明了方向，我们一定要深刻领悟，坚决贯彻。要始终把立党、兴国、富民、强军作为根本出发点和落脚点，进一步端正工作指导，强化群众观念，弘扬务实精神，自觉防止和克服官僚主义、形式主义、好人主义等不良现象，切实把党和人民赋予的权力，用在为党和国家聚精会神干事创业上，用在全心全意为人民群众谋利造福上。只有切实做到这一点，我们才能问心无愧地讲，在推动国家重大科技工程建设和创新发展、实现中华民族伟大复兴的征途上，尽到了领导干部应尽的职责，履行了领导干部神圣的使命。

四、“两弹一星”工程对加速推进富国强军、和平崛起进程的战略启示

“两弹一星”的成功实践，既为我国奠定了安全与发展的坚实基础，也给我们加速推进富国强军、实现中华民族和平崛起提供了重要启示和借鉴。

（一）富国强军、和平崛起，必须依靠党的正确领导，统揽全局把握方向

从“两弹一星”研制历程看，党中央、毛主席的英明决策和正确领导是取得成功的根本性决定因素。当前，我们正处在加快富国强军、和平崛起步伐的关键时期，更需要党的坚强领导，牢牢把握前进方向。西方敌对势力不愿看到一个强大的中国迅速崛起，中国的富国强军之路绝不会是平坦的。以胡锦涛同志为总书记的新一代中央领导集体，着眼国际形势的发展变化，立足党情国情军情民情，提出了实现中华民族伟大复兴的战略目标，确立了立党为公、执政为民的先进理念和科学发展观重大战略思想，并相继制定了政治、经济、军事、外交等一系列方针政策，显示了洞察大势、善于决策、敢于决断的高超领导才能，为我们指明了前进方向。我们一定要坚持拥护党的领导，把思想高度统一到党的路线方针上来，齐心协力，埋头苦干，为富国强军、和平崛起贡献自己的力量。

（二）富国强军、和平崛起，必须大力弘扬民族精神，提供源源不竭动力

“两弹一星”是大力弘扬民族精神的结果，所形成的“两弹一星”精神又为中华民族精神续写了新的篇章。多年来，我们在伟大民族精神的感召和激励下，战胜了一个又一个艰难险阻，取得了社会主义现代化建设的一个又一个胜利。进入新世纪新阶段，我们既面临着难得机遇，也面临着严峻挑战；既有来自美国和西方的遏制，也有来自国内社会、经济、科技等发展条件的制约；既有意识形态

领域的斗争，也有利益因素的影响。弘扬民族精神，仍然是我们应对挑战、把握机遇、促进发展的强大法宝。要像不同历史时期凝成和倡导的“98抗洪精神”、“载人航天精神”、“抗震救灾精神”、“社会主义荣辱观”、“当代革命军人核心价值观”那样，根据形势任务的发展变化，不断赋予民族精神新的时代内涵，夯实精神支柱，凝聚巨大力量，引导和激励全党全军全国各族人民以满腔热情书写富国强军、和平崛起的新乐章。

（三）富国强军、和平崛起，必须强化科技自主创新，发挥积极牵引作用

“两弹一星”开启了新中国以科技自主创新牵引各项建设的先河。加快推进富国强军、和平崛起进程，必须坚持这一成功经验做法。当今世界，科技竞争日益成为各国激烈较量的焦点，科技自主创新能力已经成为国家竞争力的决定性因素，许多国家尤其是西方发达国家都在大幅增加科技投入，超前研发战略性关键技术，不断强化科技自主创新的力度。我们也应奋起直追。实现经济增长方式的根本转变，推动经济结构调整和产业升级，必须依靠自主创新。提高国防和军队现代化水平，同样也必须依靠国防科技的自主创新。尖端技术不可能从国外直接拿来，即使部分拿来如不及时消化、转化，也仍然会受制于人。要在吸收借鉴国外先进技术的基础上，大力强化自主创新能力，集中力量突破关键技术，开发具有自主知识产权的核心技术，尽快扭转我国在重要领域的关键技术上依赖国外的被动局面，努力增强科技竞争力，抢占战略制高点，同时也为国防科技进步、尖端武器发展、部队战斗力跃升注入新的活力。

（四）富国强军、和平崛起，必须提升我军核心能力，维护国家安全利益

军事能力是维护国家安全和发展利益的重要基石。当年我国通过实施“两弹一星”工程，极大地提升了国防实力尤其是核心军事

能力，增加了战略筹码，保卫了年轻的共和国的长治久安。今天，面对日益拓展的国家利益，面对传统与非传统安全威胁交织的严峻局面，要加快推进富国强军、和平崛起进程，也必须牢牢把握提高军队核心能力这个战略支撑点。要认真贯彻胡主席关于“提高军队应对多种安全威胁、完成多样化军事任务能力”的战略要求，深入研究探索现代战争的特点规律，大力推进武器装备建设跨越式发展，努力提高部队教育训练水平，加快战斗力生成模式转变步伐。尤其要坚持走“非对称战略制衡”的发展道路，强我独有之长，补己现实短板，扩大局部优势，在完善现有威慑力量体系的基础上，积极发展新的不对称战略威慑力量，如反卫星作战力量、反航母作战力量、反预警机作战力量、反电磁作战力量、网络作战力量等，大力提升打赢信息化条件下局部战争的能力，为有效履行军队“三个提供、一个发挥”历史使命、维护国家安全和发展利益提供坚强的战略支撑。

（五）富国强军、和平崛起，必须坚持科学统筹发展，实现社会全面进步

“两弹一星”工程从顶层宏观设计，到内部机制运行和外部保障实施，都始终贯穿了科学统筹、协调发展的大思路，坚持把开展核武器研发与培养国家科技创新能力和创新组织管理模式结合起来，把提高国防实力和军事能力与提升综合国力结合起来，把抓好国内稳定发展与扩大国际影响结合起来，走开了一条推动社会全面进步的新路子。在新的历史条件下，加快推进富国强军、和平崛起进程，必须始终坚持以科学发展观为指导，推动社会全面进步。尤其要正确处理经济建设与国防建设的关系。一方面要从宏观高度出发，充分认清经济建设的基础地位、国防建设的保障作用，以及二者互为依托、相互促进、有机统一的关系，牢固树立大局意识和服从服务意识，努力做到在全面建设小康社会的历史进程中实现富国与强军

的统一。另一方面，在国家和军队建设的具体工作实践中，要注意统筹处理好富国、强军各自内部发展要素的关系。比如，国防和军队建设方面，主要应统筹好中国特色军事变革与军事斗争准备、机械化建设与信息化建设、诸军兵种作战力量建设与联合作战力量建设、“杀手锏”工程与常规武器发展等一系列重大关系，不断提高国防和军队现代化建设的质量效益。

“两弹一星”工程已经完成50多年了，但它留下的宝贵财富将永远支撑和激励着我们，努力创造中华民族更加辉煌的伟业，早日实现富国强军、和平崛起的目标。

保持先进性 履行新使命
更好担负起培养人才和创新理论的重任*

在全党开展保持共产党员先进性教育活动，是党中央作出的一项重大决策。按照计划，今天校常委和全校党员干部一起集中上党课。根据校常委的安排，由我就保持先进性、履行新使命，更好地担负起培养打赢人才和创新理论的重任，谈一些认识和体会，与大家作个交流。

一、我军“三个提供、一个发挥”的历史使命，对学校党的先进性建设赋予了新的时代内涵

在去年底的军委扩大会议上，胡主席站在时代发展和战略全局的高度，鲜明地提出：军队要为党巩固执政地位提供重要的力量保证，为维护国家发展的重要战略机遇期提供坚强的安全保障，为国家利益的拓展提供有力的战略支撑，为维护世界和平与促进共同发展发挥重要作用。概括起来，就是“三个提供、一个发挥”。这一新的历史使命，思想丰富，内涵深刻。

*一是进一步明确了我军所处的历史方位。*胡主席指出，随着我们党领导的事业不断发展，我军已经从革命战争时期在党领导下为夺取全国政权而进行武装斗争的重要力量，成为社会主义建设时期巩固政权的重要力量。这一重要论断，深刻阐明了我军所处的时代

＊本文根据2005 年3 月24 日在国防大学保持共产党员先进性教育活动中的辅导提纲整理。

背景、现实条件和社会环境，科学判定了我军建设的历史坐标，为谋划和推进军队建设提供了基本前提和客观依据。

二是进一步强化了军队的地位作用。新的历史使命从事关党的生死存亡和国家前途命运的高度，既强调我军是巩固人民民主专政的坚强柱石，又要求我军成为党巩固执政地位的中坚力量；既强调我军是保卫社会主义祖国的钢铁长城，又要求我军为维护国家发展利益提供安全保障和战略支撑；既强调我军是保卫和建设社会主义的重要力量，又要求我军在维护世界和平中发挥积极作用。这就进一步凸显了党执政条件下我军的特殊地位和作用。

三是进一步拓展了我军的职能任务。新的历史使命把我军的职能由应对传统安全威胁，延伸到应对非传统安全威胁；由维护国家生存利益，延伸到维护国家发展利益；由维护国家安全稳定，延伸到维护世界和平。这就大大拓宽了我军发挥职能的领域，把我们对履行职能使命的认识提升到一个新的境界。

四是进一步赋予了我军宗旨新的内涵。我军是共产党绝对领导的人民军队，其宗旨是全心全意为人民服务。在新的历史条件下，我军实现这一宗旨，最根本的就是要确保党执政地位的巩固，最重要的就是要维护重要战略机遇期、维护国家利益拓展、维护世界和平。新的历史使命集中体现了党的意志、国家发展和人民利益的高度统一，对新形势下坚持我军性质和宗旨提出了更高要求。

五是进一步指明了军队建设的目标方向。胡主席提出，我们要努力建设一支同我国地位相称、同我国安全和发展利益相适应的军事力量。这一重要思想，着眼我国国家利益发展、综合国力增强、国际地位提升，进一步指明了新世纪新阶段我军的奋斗目标和前进方向，是对党的三代领导核心关于军队建设总目标的丰富和发展。

六是进一步丰富和发展了新时期军事战略的指导。胡主席在论述我军历史使命时提出的维护重要战略机遇期，维护国家利益拓展，增强应对危机、维护和平，遏制战争、打赢战争的能力等思想，进一步拓展了军事战略视野，为军队建设和未来作战提供了新的战略指导。

总之，“三个提供、一个发挥”的历史使命，集中体现了党和人民对军队的新要求，集中回答了军队建设带方向性、根本性、全局性的重大问题，实现了我军历史使命的与时俱进，是党的军事指导理论创新的最新成果，为新世纪新阶段军队建设发展提供了科学指南。

国防大学作为最高军事学府，履行新的历史使命，有着特殊的内涵和要求。通过初步学习，我感到有这样几点：

一是要求我们以更为强烈的政治意识、大局意识和战略意识，正确把握学校建设发展的奋斗目标和方向。就是要更自觉地紧跟时代发展大势，着眼党和国家工作大局、军队建设全局，正确把握学校建设方位，科学谋划学校建设和各项工作。按照军委6号文件提出的，把国防大学建设成为符合信息时代要求、具有世界先进水平和我军特色的综合性联合指挥大学的奋斗目标，进一步理清思路，拿出更有力的举措，把全校人员的智慧和力量凝聚到这一奋斗目标上来。

二是要求我们从巩固党的执政地位的高度，进一步提高学校思想政治建设的标准。我军要成为党巩固执政地位的中坚力量，是新的历史条件下党对军队的最高政治要求。我们国防大学培养的是高级军事人才，党和人民给予高度信任和殷切希望。我们一定要坚持把思想政治建设摆在首位，以更高的标准、更严的要求，确保培养的人才政治上过得硬，确保枪杆子始终掌握在忠于党和人民的人手里。

三是要求我们加大教学改革力度，进一步提高人才培养质量。我军新的历史使命，对军事人才的素质能力提出了新的更高要求。

要按照这个要求，重新审视我们的教学工作，完善课程设置，充实调整教学内容，改进教学方法，着力提高学员的打赢能力。这应当成为我们教学改革和一切工作的主旋律。

四是要求我们以前瞻意识大力推进军事理论创新，为履行新的历史使命提供更加有力的理论支持。我们要充分利用新的历史使命所提供的广阔空间和实践平台，着眼履行新使命的理论需求，着力研究回答中国特色军事变革和军事斗争准备中的重大现实问题，拿出真正具有前瞻性和原创性、能够为军委总部提供决策咨询的创新成果。

五是要求我们以更为广阔的视野，进一步发挥好国防大学在国防教育和对外军事交流中的职能作用。随着我军职能任务的拓展，全民国防教育和对外军事交流的地位作用更为突出、更加重要。国防大学既是国防教育的重要基地，也是对外军事交流的重要窗口，我们必须更加主动地肩负起自己的职责，发挥好自身的优势。

六是要求我们把各级党组织和党员队伍搞坚强，在履行新使命中更好地发挥核心领导作用和先锋模范作用。要把保持党组织和党员队伍的先进性，作为一个带全局性和根本性的重大政治任务，更好地坚持从严治党、从严治军方针，落实从严治校要求，进一步加大对高中级干部教育管理的力度。只要我们各级党组织真正成为具有“四个本领”的领导集体，党员队伍真正成为忠实践行“六条基本要求”的优秀群体，履行新的历史使命就有了坚强的政治保证和组织保证。

二、适应履行新使命的政治要求，始终把坚定理想信念作为先进性建设的首要任务

我军是党绝对领导下的人民军队，历来以党的理想为理想，以党的目标为目标。我们要履行好新的历史使命，必须牢固确立崇高的理想信念，进一步坚定“三个代表”重要思想的信仰，进一步坚

定建设中国特色社会主义的信心，进一步坚定党对军队绝对领导的信念，进一步坚定对党中央和胡主席的信赖。这是保持先进性、履行新使命最重要的政治前提。

理想信念是共产党人成就伟业的精神支柱和动力。历史和现实都表明，无论一个民族、一个政党、一支军队，还是一个人，要生存、要发展，要成就一番事业，必须具有坚定的理想信念。革命战争年代，我们许多共产党员，像彭湃、夏明翰等人，出身豪门，完全可以过富家公子生活，可是他们毁家纾难，义无反顾地投身革命，这是为什么？就是因为他们有崇高的革命理想。正如邓小平同志指出的："为什么我们过去能在非常困难的情况下奋斗出来，战胜千难万险使革命胜利呢？就是因为我们有理想，有马克思主义信念，有共产主义信念。"当年抗美援朝时，志愿军首批入朝的6个军，一辆坦克也没有，而美军一个军就有坦克430辆；志愿军主力第38军入朝时，只有运输车100辆，第27军入朝时只有汽车45辆，而美军是全部机械化，一个军拥有汽车7000辆。至于空中力量更是无法与敌相比。志愿军就是在这样的条件下艰苦奋战的，最后迫使不可一世的美国五星上将、远东美军总司令麦克阿瑟丢官去职，硬把美国人打回到谈判桌前。毛主席后来总结说，美军是钢多气少，我们是钢少气多。这里讲的"气"，就是指志愿军将士有坚定的理想信念作支撑，具有一种大无畏的精神力量。在新的历史条件下，面对复杂的国际国内形势和新的任务，我们坚定理想信念要求更高、难度更大、考验也更为严峻。

第一，从国际大环境看，西方敌对势力对我加大实施西化、分化的政治攻势，坚定理想信念面临着前所未有的挑战。西方敌对势力亡我之心不死，加紧对我国实施西化、分化的政治战略，企图用他们那一套政治模式和价值观来改造我们。随着信息技术的发展，敌对势力的政治、思想和文化渗透呈现新的特点。比如，美国就把互联网作为自己推行文化霸权的新阵地。目前，互联网上信息资源80%来自美国，全球访问量最大的100个站点，有63个在美国。当今世界80%至90%的新闻节目是美国和西方通讯社所垄断的，美国还控制了全世界75%的电视节目的生产和制作。此外，美国还通过推销影视、音像、书刊等文化产品，输出他们的“民主”、“自由”、“人权”等观点。美国哈佛大学肯尼迪政治学院院长约瑟夫曾说，美国应利用自己庞大的软力量工具，把观念、意识形态、文化、经济模式和社会政治制度投射出去，以影响中国军队的思想和政策，进而影响他们的发展方向。在这种“软杀伤”面前，少数人理想信念动摇，成了敌对势力的俘虏。

第二，从国内情况看，社会生活多样化和价值取向多样性发展趋势更加突出，影响侵蚀人们理想信念的因素日趋增多。大家知道，我们是在一个具有两千多年封建历史、没有经过资本主义充分发展的东方大国搞社会主义的，西方发达国家二三百年才走完的工业化路程，我们差不多要在社会主义初级阶段的一百年里走完。这就意味着，人家在二三百年发展中渐次出现的矛盾和问题，在我国可能会集中出现，容易使人们在思想上产生各种困惑和疑虑。当前，我国改革开放进入关键时期，既是“发展机遇期”，也是“矛盾凸显期”。尤其是经济社会生活的“四个多样化”，给坚定理想信念带来了新的影响和挑战。比如，在经济成分和经济利益格局多样化的情况下，个人利益至上、追名逐利容易被一些人当成人生信条。面对市场经济的大潮，一些干部不信马列信“大师”，不问苍生问鬼神。每到逢年过节，南岳衡山，前来烧香的领导干部的专车络绎不绝。事实说明，一些党员干部经受不住改革开放和发展社会主义市场经济的考验，世界观、人生观、价值观发生了严重偏移。

第三，从我们部队的情况来看，少数官兵理想信念滑坡的现象也不容忽视。当前，绝大多数官兵的理想信念是坚定的。但也有一些人出了问题。有的人理想信念淡化了，对个人的位子、车子、票子、房子、孩子考虑多了，对党和国家的事想得少了，甚至麻木不仁，就像有的同志所形容的，这些人是“五子登科，信念退位”，少数人完全丧失了理想信念。理想的动摇，是最根本的动摇；信念的滑坡，是最危险的滑坡。在这个问题上，我们决不可掉以轻心。加强先进性建设，必须把坚定理想信念作为首要任务来抓，确保政治上的坚定和思想道德的纯洁。首先，要坚持不懈地用党的创新理论武装头脑。把理想信念建立在对人类社会发展规律的深刻认识和把握的基础之上。当前，就是要深入学好“三个代表”重要思想，学好江泽民国防和军队建设思想，学好胡主席的一系列重要讲话，做到真学、真信、真用，不断提升精神境界，校正人生坐标。其次，要不断强化党对军队绝对领导的军魂意识。面对复杂的国际国内形势，强化军魂意识是一个长期的政治任务。对这一点，我们要特别清醒、毫不动摇、十分坚定。必须旗帜鲜明地抵制“军队非党化、非政治化”和“军队国家化”等错误思潮的影响，不断增强听党的话、跟党走的自觉性和坚定性，做到一切行动听从党中央、中央军委和胡主席的指挥。再次，要切实解决好世界观、人生观、价值观问题。革命战争年代，随时面对生与死的考验，这是生死关，许多人都挺过来了。但是自古以来，生于忧患，死于安乐，生死关难过，而权力关、金钱关、美色关更是难倒了多少英雄好汉！我们不少党员干部就是栽倒在这些关口上的。现在，“酒绿灯红”影响的渠道增多、危害加剧，有的党员干部包括高中级干部经不起诱惑，道德观念下滑，人生追求扭曲。所以，党员干部更要自觉地加强世界观改造，强党性、修官德、正人品，筑牢思想防线，坚守共产党人的精神家园，努力做到像毛主席要求的那样，做一个高尚的人，一个纯粹的人，一个有道德的人，一个脱离了低级趣味的人，一个有益于人民的人。

三、立足履行新使命对人才培养提出的更高标准，始终把提高能力素质作为先进性建设的关键环节

履行新的历史使命，关键靠人才，尤其要靠有一大批能担当重任的高素质新型军事人才。我们保持先进性，一个很重要的方面就是要提高能力素质。经过这些年的努力，我们党员干部的能力素质虽有很大提高，但与履行新使命的要求还有很大差距。军委在《关于加强军队党组织能力建设的意见》中指出了“三个不完全适应”，即“党组织和领导干部的素质不完全适应领导建设信息化军队的要求，不完全适应指挥信息化战争的要求，不完全适应依法从严治军推进正规化建设的要求”。同时指出，“干部队伍整体素质不够高，特别是一些领导干部的现代军事和科技素质比较欠缺”。我军不仅在武器装备上，而且在干部的科技素质、实战经验等方面，与发达国家军队相比存在较大差距。如不抓紧解决，差距会进一步拉大。

胡主席对提高能力素质问题十分重视，明确指出，军队各级党组织和领导干部要提高“四个本领”和“三个素质”。“四个本领”，就是加强部队思想政治建设、把握部队建设正确方向的本领；领导军事斗争准备、带领部队完成信息化条件下作战任务的本领；推进中国特色军事变革、推进部队机械化信息化建设的本领；依法从严治军、加强部队正规化建设的本领。“三个素质”，就是政治素质、战略素质和科学文化素质。我们要按照胡主席的要求，把提高能力素质作为重大而紧迫的战略任务落到实处。

*一是要切实增强提高能力素质的自觉性和紧迫感。*提高能力素质的根本动力，来自强烈的使命感和责任感。我们一些同志能力素质不高，原因是多方面的，但从主观来讲，最重要的是缺乏“当兵打仗、带兵打仗、在任期内打仗”的使命意识，存在“做和平官、当和平兵”的麻痹思想。军人是为了战争而存在的，当兵打仗就像农民种地、工人做工一样天经地义。准备得越充分，打仗的可能性

越小。自古道：有备无患、备大患小、备小患大。我们一定要强化忧患意识，安不忘危，存不忘亡，治不忘乱，厉兵精武，枕戈待旦。每个同志尤其是高中级干部，要坚决打掉“做和平官、当和平兵”的念头，按照真打实备、务求必胜的要求，以临战姿态谋打赢，以实战标准教打赢，以只争朝夕的精神钻打赢，真正使自己成为能够担当打赢重任的高素质人才。

二是要着力提高履行新使命所必需的基本素质。提高素质，最重要的就是大力提高政治素质、战略素质和科学文化素质。首先是提高政治素质。政治素质不仅包括坚定的政治立场、正确的政治观点、严格的政治纪律、高度的政治鉴别力和敏锐性，还包括善于从政治高度观察、分析和处理问题。军事从属于政治，为国家全局服务。如不从政治上观察和思考问题，脑子里少了国家利益全局这根弦，迟早吃大亏。国防大学人才培养和教学科研层次高，涉密性强，社会影响大，对政治素质提出了很高的要求。每上一堂课，出一本书，发表一篇文章，提出一个观点，都要善于从政治上思考和把握，决不能因个人的粗疏和闪失给党和军队事业造成不良后果。

其次是提高战略素质。我们经常讲的世界眼光、战略思维，其实并不神秘。什么是世界眼光，我理解，就是把所做的事情、所遇到的问题放在世界的范围内来观察、来思考。什么是战略思维，就是要把局部的事情放在全局中来思考、来谋划，把现在所做的事情放在长远的进程中来思考、来谋划。战略处在军事谋划的最高层，对任何军队都非常重要。在战争史上，一切军事上的成功，首先得益于战略上的正确。“远交近攻”的战略，使战国七雄中的秦统一了中国。“高筑墙、广积粮、缓称王”的战略，使朱元璋得以成为明代的开国之君。朱元璋打下南京后建立了政权，接着攻占了安徽重镇徽州。下一步如何发展，有个叫朱升的人给他出了三条主意：第一条高筑墙，巩固后方、扎好根基；第二条，广积粮，发展生产、增强财力；第三条，缓称王，缩小目标、等待时机。朱元璋把这三句话作为建立基业的基本方略，经过努力建立了明朝。而战略失误是最大的失误，战略上的失败是不可能用战役、战术的胜利来弥补的。战略性错误是难以挽回的历史性错误。毛主席说过，什么叫历史性错误，历史性错误就是不能改正的错误，因为历史是不可更改的。三国时的刘备，开始采取的是诸葛亮在《隆中对》中提出的东联孙吴北拒曹操的战略取得了重大胜利，建立了蜀国。后来刘备听不进诸葛亮劝告，意气用事，为关羽、张飞报仇，放弃联吴拒曹战略，东征伐吴，夷陵之战，火烧联营，元气大伤，不仅自己败死白帝城，还铸成了蜀国由攻转守、走向衰亡的败局。前车之鉴、后事之师。国防大学培养的是战略层次的人才，大家更要注重提高战略思维和战略谋划能力。

再次是提高科学文化素质。这是综合素质的基础。军事是同科学文化知识的运用连在一起的。历代兵家都把科学文化知识看作统兵作战的基石。《孙子兵法》提出将帅要熟知“五事”，即道、天、地、将、法。认为“凡此五种，将莫不闻，知者胜之，不知者不胜”。翻开中外军事历史可以发现一个共同规律：大多数兵家名将，都以知识渊博而著称。比如，曹操不但精研兵书，而且政治、经济知识也很丰富。他的文学素养，更为后世推崇，他创立了建安文学，传下了“昼携壮士破坚阵，夜接词人赋华屋”的佳话。诸葛亮用兵如神、出奇制胜，也得益于广博的知识。他发明的连发弩、木牛流马是对科技知识的运用。《隆中对》的独到见解，更说明他军事、政治、经济、地理知识之丰富。毛泽东之所以成为马克思主义大军事家，用兵如神，同样得益于渊博的学识。如果说，自古以来军队的领导者治军打仗都是建立在丰富知识之上，那么，到了建信息化军队、打信息化战争的时代，军事指挥员必须努力成为熟知和运用各种科学文化知识的通才，不仅要博古通今、文理融会，而且要学贯中西，这样才能担负起治军打仗的重任。

三是要把学习和实践作为提高能力素质的有效途径。古往今来，凡成大器者，都是勤奋好学的典范。毛主席的一生，就是酷爱学习、博览群书的一生。他老人家说，饭可以一日不吃，觉可以一日不睡，书不可以一日不读。他个人藏书有10万册，从北京图书馆等单位借阅的图书有5000多册，《资治通鉴》读了17遍。邓主席下放到江西劳动时，他提出的一个要求就是把自己的藏书带去。外国的名人也是如此。德国军事理论家克劳塞维茨，几乎没受过正规教育，12岁就加入大普鲁士军队。他几十年如一日刻苦学习、勤于思考，从日积月累的学习心得中不断升华境界，终于写成世界军事名著《战争论》。进院校深造是军事人才成长的重要途径。苏联已故的50名元帅，平均每人进过2.8次军事院校，最多的6次入院校深造。其中26人毕业于苏军著名高等军事学府伏龙芝军事学院和总参军事学院。我国的10位元帅，有9名进过军事院校学习。受过正规军事院校教育的人，比没有受过军事院校教育的人成长为高级指挥人才的概率高得多。

四、围绕回答解决履行新使命的重大理论和现实问题，始终把弘扬创新精神作为先进性建设的重要内容

创新是一个民族进步的灵魂，是一个国家兴旺发达的不竭动力，也是一个政党永葆生机的源泉。履行我军新的历史使命，有一系列重大理论和现实问题，迫切需要回答和解决。国防大学作为高级人才培养和军事理论创新的基地，必须更加自觉地弘扬创新精神，提高创新能力，在学校工作创新上迈出更大步子，在为部队履行新的历史使命提供理论支持上有更大作为。

有人认为，创新就是无中生有、有中生无、有无相生。我觉得很有道理。“无中生有”，就是从被忽略、被认为不可能的“空白处”生出“有”来，独辟蹊径、别开生面。“有中生无”，就是敢于否定过时的、错误的东西，不为权威的结论所束缚，不为流行的观点所湮没，不因个人的得失而退避。“有无相生”，就是善于实现“有”和“无”的相互转换，像马克思所说的那样，要在批判旧世界中去不断发现新世界。

创新并不神秘。从某种意义上讲，把深奥问题通俗化，把复杂问题简明化，把困难问题容易化，把偏远问题近便化，就是一种创新。创新是具体的、实在的，也是有层次的。一是别人没有搞出来，你搞出来了就是创新。毛泽东把马克思主义的普遍原理同中国革命的具体实际相结合，创造性地开辟了“农村包围城市、武装夺取政权”的中国革命道路，取得了中国革命的胜利。这就是毛泽东的首创。二是别人起了个头，你把它延续下来，并有发展，也是创新。比如，“包产到户”是邓子恢同志1962年针对三年自然灾害提出的一个“救命方案”，没有搞下去。后来邓小平同志结合新的实际，大力倡导并在全国推行联产承包责任制，成为中国改革开放的发端。三是把历史的经验和别人的经验成功地加以运用，就是创新。改革开放以来，我们把资本主义创造的市场经济一些成功做法和我们的社会主义制度结合起来，建立社会主义市场经济体制，就是一个了不起的创新。四是把前人的若干成果进行科学整合和提升，就是创新。十六大以来，以胡锦涛同志为总书记的中央领导集体，结合新的实践，提出了科学发展观、加强党的执政能力建设、加强党的先进性建设、构建社会主义和谐社会等一系列新的重要思想，把我们党的指导理论提升到了一个新水平。

在新的形势下，国防大学要适应履行新使命的要求，大力推进理论创新和实践创新，我感到，需要解决好以下几个问题：

一是要进一步强化创新理念。这些年，我校改革创新取得有目共睹的成绩，与我们大力倡导解放思想、更新观念是分不开的。但从目前情况看，思想不够解放，观念比较陈旧，仍是影响和制约我们深化创新的突出问题。必须把解放思想、更新观念作为一项长期任务，坚持不懈地抓下去，使之不断向具体工作拓展。比如，在人才培养上，既要转变教员的教学理念，也要转变学员的学习理念，真正树立起教员为主导、学员为主体的观念，树立起敢于质疑、敢于突破的观念，树立起研讨启发、创新学习的观念。最近，我看了留美博士高钢写的《遭遇美国教育》，很受启发。书中讲到，他的儿子在美国上五年级时，老师给孩子布置的作文题就是《中国的昨天和今天》；读六年级时就要求写论文，题目是《我怎么看人类文化》、《如果你是杜鲁门总统的高级顾问，你对美国投放原子弹持何意见》。老师的看法是："这些问题在课堂上都是没有标准答案的，我的答案就是让学生用一生去思考、去寻找。我教给学生的是两种最重要的知识：一种是学会到哪里去寻找他所需要的知识，一种是学会如何综合运用知识进行新的创造。"国防大学的教学，许多问题很难有现成答案，这就要求我们把解决问题的思路和方法作为重点，引导学员结合实践思考、探索，作出创造性的回答。这方面，我们的空间还很大，大有文章可做。在理论创新方面，要敢于打破条条框框的束缚，敢于突破思维定势，敢于向权威说"不"，既要突破陈旧的"老教条"，也要突破现代的"洋教条"，拿出最大的决心和勇气，搞出有重大影响的、原创性的精品力作。

*二是要有强烈的问题意识。*什么是问题意识？问题意识，就是脑子里要始终装着问题，注重从问题中去寻找理论和实践的创新点，把发现问题作为创新的切入点，把回答问题作为创新的着力点，把解决问题作为创新的落脚点。就理论创新而言，能够发现和提出问题，也就成功了一半。近年来，我校之所以在教学科研上取得了突破性进展，关键是我们在一些重大问题上见事早、抓得准、研究深。我们要落实胡主席关于"加强重大现实问题研究"的指示要求，善于发现和提出问题，勇于研究和回答问题。少搞那些阐述式、推理

式、考证式、颂扬式的研究，多搞一些开拓性、原创性、实用性、有效性的研究。尤其要抓住难点重点问题，搞好集体攻关，做到军委总部关注什么，部队建设和军事斗争准备在理论上需要什么，我们就积极研究探索什么，争取拿出有重大价值的创新成果。

三是要培育务实创新的优良学风。创新需要付出常人难以想象的心血和汗水，甚至生命的透支。现在，有的同志心浮气躁、急功近利，写文章、做学问热衷于走捷径，有的甚至搞剪贴拼凑，一年就出好几本书。这样的东西搞得再多，也谈不上什么创新，更不能提倡。2003 年，美国前国防部长布朗撰写了一份报告，题目是《中国军事力量》，报告中说，目前中国研究新军事变革的文章，数量占世界第一。但实际价值怎么样，我看恐怕很难说。原北师大教授、中国民俗学泰斗钟敬文先生，说他写了 80 多年的文章，真正可以称之为论文的不超过 5 篇，自己满意的只有 3 篇。美国普林斯大学的威尔斯教授，长达 9 年没有发表一篇论文，最终解开了困扰世界 360 年的数学难题。由此可见，要真正搞出点创新成果，不是那么容易的事，必须有耐得住寂寞、守得住清贫的奉献精神，必须有执着的追求，必须有“板凳要坐十年冷、文章不写半句空”的意志品格，有“三更灯火五更鸡”的吃苦劲头。现在，我们进入了新一轮军事理论繁荣发展时期，也是我们每个同志可以大有作为的时期。我们绝不能把有限的时间和聪明才智耗在没有价值的东西上，一定要发扬求真务实的科学精神，用诚实劳动和辛勤汗水去探求新知，多出真知灼见、实在管用的成果。心志高远，心静气和，不为社会上纷繁复杂和五彩缤纷的景象所干扰，远离物质的引诱，离开世俗的缠绕，潜心做点学问，坚持数年，必有收获。

五、着眼党组织在履行新使命中发挥重要作用，始终把增强原则性战斗性作为先进性建设的突出课题

增强原则性战斗性，是按照新的历史使命加强党组织先进性建

设的一项紧迫任务。什么是原则性战斗性？我理解，就是讲真理不讲面子，讲原则不讲关系，讲党性不讲私情。具体说，就是站在党和人民的立场上，敢于讲真话、讲实话，敢于坚持真理、修正错误，敢于同一切不正确的东西作斗争。我们党之所以能够保持生机活力，始终保持先进性，很重要的就是坚持原则性战斗性。但是，必须清醒地看到，在新的历史条件下，由于受各种消极因素的影响，在一些党组织和党员干部中，原则性战斗性严重淡化。近年，中组部对30万党员搞了一次调查，当问到“如果发现本单位领导有违法违纪行为，你怎么办”，回答检举揭发的只有31.8%。这充分说明了原则性战斗性不强具有相当的普遍性。这些年来，校党委对增强原则性战斗性高度重视，注重对党员干部包括学员严格要求、严格管理，广大党员党性观念是强的，精神状态是好的。这些年学校建设不断发展进步，没有出大的问题，就是一个例证。但实事求是地讲，我们还存在不小的差距。必须把增强原则性战斗性作为突出任务来抓，进一步强化党组织的功能作用，切实提高创造力、凝聚力和战斗力。

一是要敢于开展批评与自我批评。毛主席说过，有无认真的批评与自我批评，是我们党区别于其他政党的显著标志之一。过去，我们党内批评的空气是很浓厚的。有一句大家熟悉的话，大批评大进步，小批评小进步，不批评就很难进步。我们每个同志回顾自己的成长进步，可以说，都离不开组织上的培养教育，离不开领导和同志们的批评帮助。像我自己，回想过去老首长的批评，现在仍然感到很亲切。战争年代以至建国后一段时间内，同志之间、上下级之间那种纯洁真诚的关系，那种质朴美好的情感，那种有话说在当面、批评直截了当的直率坦荡，确实令人难忘。然而，现在有些人把这个好传统丢得差不多了。真诚及时的批评是有利于干部成长的，有问题不批评甚至包着捂着，等到铸成大错，就悔之晚矣。在我们学校，一些单位软弱迁就的现象也是存在的。比如，有的党员干部犯了错误，党组织不敢大胆批评，也不主动提出处理意见，甚至还说，对你进行处理是上面领导要求的，搞矛盾上交。还有的违纪违规问题，学校已经知道了，单位却还在那里打掩护。类似情况，必须坚决纠正。

二是要切实加强风气建设。对风气问题，要正确认识和对待，既不能回避，也不要夸大。比如，对用人问题，我认为，从总体上讲，我们党的干部政策是正确的，绝大多数干部是好的，是靠真才实学、勤奋工作提拔上来的。当然，有的单位确实存在用人不公、用人不当的现象，对此要正视，不能回避。还有一种情况，就是有的同志德才很好，也很有政绩，但没有位子，有的是几个人都符合条件，只有一个位子，在这种情况下，不能因为没有提拔你，就认为是用人不公。我感到，对解决不正之风问题，要有科学的认识和态度。一个是，不正之风是一种历史现象，任何一个政党、一个国家都会存在，只是轻重程度不同，解决的办法和结果也不尽相同。另一个是，解决不正之风是一个长期的过程，说到底是要靠经济发展，要靠不断完善制度、法规和机制。举个例子，过去我们买电视机要凭票，需要开后门，现在经济发展了，物质丰富了，买电视机还需要走后门吗？再一个是，解决不正之风，要靠大家确立和保持积极的精神状态。现在的问题是，有的同志看到个别人靠跑官要官达到了目的，就心气不顺，甚至把这种现象放大，认为谁提职就是谁有关系，好像提升职务不找门子不行，不跑不送不行。有的影响了思想情绪，不是把心思用在谋事干事上，而是到处拉关系、找捷径。个别人通过跑官要官达到了目的，可能影响整个干部队伍建设。对不正之风，发牢骚、散布消极情绪是解决不了的。正确的态度是客观分析，勇敢正视，想办法解决，以自身的模范行动抵制它、消除它。个人进步，决不能靠“跑”，这样风气会越搞越坏。从实际情况看，绝大多数干部还是靠真才实学、靠能力素质和政绩上来的，这是主流。大家可以回忆一下自己的成长过程，如果我们党的干部都是跑官要官上来的，这个党还能存在吗？我们党的干部路线是正确的，整个用人导向也是正确的，大家要有信心。对惩治腐败和纠正不正之风，我们要用历史分析的方法来看待。在旧社会乃至封建社会也有清官，他们为民请命、嫉恶如仇，很受世人推崇，但解决不了整个社会的腐败问题，因为基本路线、制度、体制不行。我们今天也有腐败现象，为什么能够逐步遏制？因为我们的路线正确、制度体制好、群众基础好。如果看不到这个基本的东西，看到一点问题就人为地放大，丧失信心，那不是正确的态度，也有失共产党员的身份。

在国防大学学习的学员，还有我校的教员老师，绝大多数是高中级干部，对不正之风，一方面要警惕，因为这关系到我们党的生死存亡；一方面要正视、解决，不要跟着发牢骚，这是对领导干部的要求。特别是在社会转型时期，每个同志要头脑清醒、精神振作，保持正确的人生追求，把功夫下在提高能力素质上，靠真才实学取得进步。作为领导干部，在抵制歪风、弘扬正气方面，更要自觉坚持高标准，做到“三个不能”：不能以“不是我一个”来原谅自己，坚持从我做起；不能以“一次不要紧”来开脱自己，坚持从现在做起；不能以“小事无所谓”来放纵自己，坚持从小事做起，从小处严起。

三是要努力构建和谐校园。坚持原则性战斗性并不是整人，也不是和谁过不去，而是关心人、帮助人，是为了把矛盾和问题解决在萌芽状态，不至于拖成大问题、造成大隔阂。通过及时的批评和自我批评，达到纠正错误、统一思想、团结同志的目的。十年树木，百年树人。种树、养树有两个问题，一是打杈，二是浇水施肥。对干部也是一样，打“杈”就是批评与自我批评，目的是纠正缺点错误；浇水施肥就是要在政治上包括级别待遇、生活福利上关心。一味浇水施肥，不去打杈，长不成好材。所以，要很好地发挥原则性战斗性，这是党组织的职责，也是党性的表现。现在，我们党提出要构建和谐社会。建设和谐社会，首先党组织内部要和谐，单位内部要和谐。一个有战斗力感召力的班子，首先是团结和谐的班子；一个威信高的领导，必是会团结人、凝聚人的领导。气氛越和谐，大家就越敢讲真话、敢讲心里话，就越有利于坚持原则性战斗性；反之，彼此不和、相互猜忌，原则性战斗性就无从谈起。国防大学要为建设和谐社会提供人才和理论支持，同时我们自己也要建设和谐军营、和谐校园。要处理好人与自然的关系，努力建设和形成以人为本、文明优美的校园环境；处理好人与社会的关系，使每个同志都能恪守社会诚信，自觉遵纪守法；处理好人与人的关系，使大家团结和睦，尊师重教。要在全校努力营造互相信赖、互相尊重、互相关心、互相帮助，既有原则精神又充满同志情谊，既有互相竞争又互相激励，既有统一意志又人人心情舒畅的团结和谐的氛围，使每个同志各尽其能、各得其所，积极性创造性得到充分发挥。

大学之责 重于泰山*

2011 年 4 月 24 日，胡锦涛总书记在庆祝清华大学建校 100 周年纪念大会上，发表了热情洋溢、意味深远的讲话。在讲话中，总书记回顾了清华和清华人的重要贡献和光辉历史，分析了高等教育的责任和大学的功能，指出了全面提高高等教育质量的途径，对广大青年学生提出了殷切希望。这篇重要讲话科学地回答了“培养什么人，怎样培养人”和“办什么样的大学，怎样办好大学”这两个根本性的问题。这个讲话，虽然是在清华百年校庆上讲的，但着眼的是我国高等教育这个全局，对全国所有的教育工作者和青年学生都有很强的指导意义。今天，围绕学习胡总书记的讲话，就“大学的责任”问题，我谈几点自己的体会，和大家一起交流。

一、大学必须大力提升人才培养水平

当今世界正处在大发展大变革大调整时期，世界范围内生产力、生产方式、生活方式、经济社会发展格局正在发生深刻的变革。世界多极化、经济全球化深入发展，科技进步日新月异，知识经济方兴未艾，世界各国的竞争与较量日趋激烈。各国的竞争，可以概括为经济实力的竞争、科技实力的竞争、军事实力的竞争、文化实力的竞争、民族凝聚力的竞争等，但人才的竞争是最根本的竞争，是决定命运的竞争。全面提高大学教育质量，加快人才培养，是世界各国在激烈的国际竞争中赢得主动的重大战略选择，也是增强我国

* 根据 2011 年 6 月 10 日在山东临沂大学的讲课录音整理。

核心竞争力和综合国力，实现中华民族伟大复兴的强大引擎。

高等教育的根本使命是培养人才。自从1088年意大利建立世界上第一所大学——博罗尼亚大学，此后900多年以来，这个使命一直没有变过。所以，判断一所高校成败的最重要的标准，就是看这所学校能不能培养出一流的人才。正是在这样的国际国内大背景下，胡锦涛总书记在讲话中说，全面提高高等教育质量，必须大力提升人才培养水平。高等教育的根本任务是人才培养，要坚持把促进学生健康成长作为学校一切工作的出发点和落脚点，全面贯彻党的教育方针，坚持育人为本、德育为先、能力为重、全面发展，着力增强学生服务国家服务人民的社会责任感、勇于探索的创新精神、善于解决问题的实践能力，努力培养德智体美全面发展的社会主义建设者和接班人。总书记的这段讲话，把大学的历史使命，也就是培养人才这一根本任务点得很透了。同时，也明确了大学提升人才培养水平的努力方向和基本途径，明确了德智体美全面发展这一人才评价标准。

我理解，无大学，则无大国。大学，扩而言之，整个国民教育，在一个国家和民族的发展中所起的作用怎么估量都不为过。我们中华民族要实现伟大复兴，没有一批一流的大学，不建立高质量的国民教育体系，培养不出一批又一批品学兼优的高素质人才，那么，再美好的愿景也不可能实现。正是从这个意义上讲，我们说，大学之责，重于泰山！

大学要提升人才培养水平，首先要解决怎么看待“人才”这个问题。换句话说，就是要首先明确什么样的人才称得上是真正的“人才”。不解决这个问题，后续的各项教育教学举措就可能犯南辕北辙的毛病，就可能把劲儿使偏了。什么是人才？说法很多、定义很广，评价标准是一个完整的体系。我想用老百姓最简单的话来说：作为人才，你首先得是个“人”，然后还得有“才”（有较高的才能），这就是“人才”的基本条件。作为一个“人”，要有一定的道德水准。人和动物的区别在于有思想，会使用工具，能用语言交流。艾思奇先生讲，道德出于自我意识，不同于动物。什么是德？最根本的是指一个人对社会、对他人、对国家、对民族的责任心。德是灵魂、向导，是引领人发展的核心要素。然后，还得有“才”，才是一个人实现自我价值与社会价值的能力和手段。只有德才兼备才能称得上“人才”。这就是为什么历来把“德才兼备”作为选人用人重要标准的原因。

在选人用人的时候，常常有四种情况：一是德才兼备，德和才都好，这种人才可贵、难得。二是德比较好，有高尚的品德，有做好工作、办好事情的愿望，但能力有限，达不到预想效果。三是能力较强，但德较欠缺，这种人干好事干坏事都有两下子，是最靠不住的。四是德才都一般，作用不大，危害也不大。选人用人，德更重要。有了好的品德，有了责任心，才能可以慢慢培养，可以锻炼提高。但有才无德，问题就大了，有时很难挽救。因此，我们在用人上强调“德才兼备”，后面又加上一条——“以德为先”。

所以，大学教育要把德育放在首位。也就是我们所说的，修身做人，这是人才的基础。做事先做人，成才先修身。一个人在学业或者事业上的缺陷，不一定会影响他的一生，但在人格、道德、修养、做人上的缺陷，可能会危害他一辈子！我觉得，拿一个重点大学的文凭当然重要，但修身做人更重要。大学生要把学习知识与修身做人紧密结合起来，把修身做人放在更重要的位置上。现在，我们的大学生，绝大多数是有理想、有道德、有学问、有抱负的优秀青年。但是，问题也不少。比如，有的责任心不够，不会处理人际关系，诚信缺失，抗挫折能力差，集体观念不强，吃苦精神缺乏等等，这些问题反映出我们一部分同学在修身做人方面存在缺陷。

有位哲人说过：一个人智育不合格，做不了事情，最多是次品；

一个人体育不合格，没法做事情，顶多是个残品或废品；但一个人若是德育不合格，那就是既让人怕又让人恨的“危险品”。可见，不会做人是多么危险！前段时间，药家鑫事件在社会上炒得沸沸扬扬，引发了极大关注。药家鑫是西安音乐学院大三的学生，2010 年 10 月驾车撞人后，又连捅受害人八刀致其死亡，随后驾车逃逸被捕，被判死刑。这样的恶性事件，不能不令我们的教育工作者和整个社会思考：为什么会这样？出了什么问题？是不是真的要像一些人所说的，必须放慢经济发展的脚步，去等一等我们的灵魂？这暴露出大学生人格的缺陷，暴露出高等教育的缺陷。所以，大学要注重对学生进行思想道德、理想信念、社会伦理、社会责任感、人格人性、法制观念的塑造，注重团结、协作精神的培养，教会学生怎样与人沟通、与人相处、与人合作。做一个有道德的人，有教养的人，有益于社会和人民的人。

做学问先做人，这是一句老话了，但问题似乎一直没有得到真正解决。这个问题，学生身上有，教育工作者本身也不能说完全解决了。这些年，科技界、教育界出现的一些性质恶劣的学术失范行为反映出这个问题的严重性。要培养人才，要提升人才培养水平，不解决教育对象和教育者本身如何“做人”的问题是不行的。这需要学校、学生和整个社会的共同努力。这是我说的看待“人才”问题的第一个方面。

除了要解决“做人”的问题，还得有真才实学。什么是真才实学？清华讲，要“中西融会、古今贯通、文理渗透”。正是倡导了这个人才理念，坚持了这个人才要求，清华建校之初很快形成了名师荟萃、鸿儒辉映的盛况，很快发展成我国最好的大学之一。

我理解，所谓“中西融会、古今贯通、文理渗透”，其实就是一个三维的“坐标系”，这三个坐标分别是“时间”、“空间”和“思维”。时间坐标，标定的是历史，对应“古今”；空间坐标，标定的是世界、宇宙这个大范围，对应“中西”；思维坐标，标定的是知识量和“逻辑”能力，对应“文理”。“文”就是社会知识，“理”就是科技知识，都要有丰厚的知识量和思维的逻辑性。那些真正的人才，从学识上说，就是对历史的把握程度、对生存环境的理解程度、对思维理性的掌握程度都比较高的人，是打通了历史关、文化关和文理关的饱学之士。

近代以来，在学识和业务能力的培养上，我们的大学都是分专业进行的，专业可以分，但总目标应该是统一的、一致的，就是要统一到上面所说的打通“三关”上来，使人才能够融通历史、兼济天下、文理俱备。只有具备了这样的能力和知识结构，高校培养出的人才才能在社会这个大舞台上“海阔凭鱼跃，天高任鸟飞”。

高校怎么培养人才、怎么提升人才培养水平？我觉得，在这方面，有个基本概念要廓清。那就是，要搞清楚什么是“培养”，“培”和“养”是一回事儿吗？

我理解，所谓“培”，主要是通过“硬性”的教育和教学措施，去塑造教育对象，使之按照教育者设定的基本方向发展，达到可以为社会接受的目标，这一意义从“在根基部分堆上土”这一“培”字的本意引申而来；所谓“养”，是通过一系列相对隐性的“柔性”的教育和教学措施，潜移默化地影响教育对象，使之即使在非教学环境中也能按教育者设定的基本方向发展，自觉自为地向社会所乐见的方向成长进步，这一意义从“供给生活资料或生活费用”这一“养”字的本意引申而来。

依我看，我们国家的大学，大多在“培”字上下的功夫不少，但“养”功不够；塑造有余，滋养不足。这几年，我们在教学改革上逐步实现了“三个转变”：应试教育向素质教育转变，单向灌输式教学向研究式教学转变，传统封闭式教育向现代开放式教育转变，对提高人才培养质量起到了积极作用。但大学要有大师、大家、大气、大爱、大成果，才是真正意义上的大学。现在，一些校园大楼盖得不谓不气派，场所盖得不谓不豪华，但包括教育体制、文化传统、学术思想、师资力量等在内的“软件”建设相对不足。大楼不缺，大师难觅；学术根基不深，学问气息不浓。这是我国高校的通病。著名的“李约瑟难题”、“钱学森之问”一时还难以得到令人满意的回答。当然，大学是社会的缩影，大学的建设水平一定程度上是社会文明程度的体现。按照唯物史观，我们不能随意超越社会历史条件的发展阶段，但应该能动地改变现实。当下就要主动作为，而不是消极等待，或者把责任推给社会。

我想，高校应当在“养”字上下功夫，在加强硬件建设的基础上，努力优化校园“软”环境，用清风正气去“养”学生的浩然正气，“养”“明月松间照，清泉石上流”的豁然心境，“养”追求真理、勇于创新、无私无畏的科学精神。历史上，国防大学的前身抗日军政大学，清华大学的一个重要发展阶段“西南联大”，都曾在非常艰苦的物质条件下创造了人类教育史上的奇迹，人才辈出，那时我们办的是窑洞大学、丛林大学、山沟大学，而且是边战斗边办学。靠什么？我看，主要靠积极的精神因素，靠普遍蕴于我们中国人心底的坚定果断、不屈不挠的精神风骨。

今天，高校要培养优秀的人才，也必须把软、硬两方面功夫都做足，物质文明建设和精神文明建设“两手都要硬”。只有这样，我们大学的人才培养工作才能真正提层次、上水平。

二、大学必须大力增强科学研究能力

评判一所大学的标准很多，其中科研能力是一条非常重要的标准。因此，大学不但要成为人才培养的基地，而且是出思想、出成果的研究基地。不要以为科研只是研究所、科学院的事，科研也是大学的事。大学要把科研摆到与教学同等的地位，树立教学和科研同等重要的办学理念。做到以科研引领支撑教学，以教学检验促进科研，实现二者的有机结合。胡锦涛总书记在《讲话》中指出，全面提高高等教育质量，必须大力增强科学研究能力；高等学校特别是研究型大学，既是高层次创新人才培养的重要基地，又是基础研究和高技术领域创新成果的重要源泉；要积极适应经济社会发展重大需求，开展国家急需的战略性研究、探索科学技术尖端领域的前瞻性研究、涉及国计民生重大问题的公益性研究；要积极提升原始创新、集成创新和引进消化吸收再创新能力，积极推动协同创新，联合开展重大科研项目攻关，在关键性领域取得实质性成果，努力为建设创新型国家做出积极贡献。

学习贯彻胡总书记的这段讲话，要重点抓住“三个研究”和“四个创新”。“三个研究”就是“战略性研究”、“前瞻性研究”、“公益性研究”，“四个创新”就是“原始创新”、“集成创新”、“引进消化吸收再创新”以及“协同创新”。当然，不同的大学情况不同，各自的定位和需求也不一样，不可一概而论，也不能要求所有的大学在各个方面都全面开花。每所大学可以结合各自的具体情况确定“突破口”，但大的方向不能偏，都应该在教书育人的基础上朝着“三个研究”和“四个创新”的大方向去努力，以研促教，教研相长。

说到大学的研究功能，这其实也是一个老话题。改革开放30多年来，全国各类高校在科研方面投入的人力、物力、财力、精力应该说不算少了，每年取得的科研成果，单就数量来说也相当可观。拿发表学术论文的情况说，中国人发表的文章被三大检索收录的篇数在世界上也是名列前茅。但论文数量上去了，质量没有同步提高，其中的水分不少。我们大学搞科学研究，研什么、怎么搞、怎么评价等一系列相关的问题，还要认真推敲推敲。一句话，搞科研要搞真东西，要真研真创新，不能搞花架子，搞华而不实、中看不中用甚至连看都没法儿看的东西。那样的研究，不可能是战略性、前瞻性和公益性研究，不可能产生真正意义上的创新。少数人可能从中渔利，国家和人民却要受损失，长此以往，学校的声誉和发展潜力就会大打折扣，弄“噱头”者自己也得不到真正意义上的发展。

俄罗斯的赫尔岑在《科学中华而不实的作风》一书中写道：“俄罗斯性格中最大的长处之一，就是极端轻而易举地接受并占有别人的劳动果实。而且不仅轻捷，同时还很巧妙，这是我们的性格中最富有人性的一面。不过这个优点同时也是一个极大的缺点，因为我们很少有人能够坚定不渝地潜心劳动。我们很喜欢假手他人火中取栗；让欧罗巴流着血汗去发掘每一条真理，做出每一件发现，让他们经受沉重的妊娠、艰辛的分娩和折磨人的哺育这一切苦痛，而婴儿却归属我们，我们似乎觉得这是合乎事物规律的。我们忽略了，我们将弄到手的婴儿乃是一个养子，我们跟它之间并没有有机的联系……”赫尔岑说的是俄罗斯民族的弱点，那么，他所说的弱点在我们民族当中有没有呢？我看，至少在一部分人身上是存在的。表现之一就是，凭侥幸取胜、便捷得利的浮躁之气。做事情不是扎扎实实、靠真才实学，而是想通过走个后门儿、找个关系、抄个后路达到目的。而且这种风气不是个别的，可以说带有普遍性，总觉得艰苦努力不如托人来得快。在这个当口，我想我们应该学学赫尔岑，朝那些“聪明人”大喊一声：“别贪图便宜，别因小失大，别再自欺欺人了，科学来不得半点虚假！”马克思曾指出，在科学的道路上是没有平坦大道可走的，只有那些不畏艰险、沿着崎岖的山路勇于攀登的人，才能达到光辉的顶点。

中华民族要实现伟大复兴，科学研究水平必须更上一层楼。高校在这方面的担子不轻。大家都知道，想在科学研究上搞出点有价值的“原始创新”、“集成创新”、“引进消化吸收再创新”来，很不容易，原始创新尤其不易。什么是原始创新？简单讲，就是要搞出别人没有的东西来。原始创新具有突破性、原创性，是最根本的创新，是最能体现智慧的创新。有了这一条，我们就有了核心竞争力，别人没有的我们有，我们就会主动得多，不至于受制于人。我们国家之所以在技术上和西方发达国家有差距，就差在原始创新上。许多项目的产业链，上头规划设计在别人手上，下游的市场利润在人家手上，只有中间的加工、生产、制造和运输等这些粗放的劳动环节在我们手上。我们出力最大，可得到的利润最少。原因就是核心技术在别人手上，话语权、定价权、利益分配权在别人手上。为此，中央下大决心要转变发展方式，把创新发展放在头等位置上。高校实现科研创新，我看，是不是可以从这么几个方面入手：

一是要有敏锐的眼光。首先要找准原始创新的突破口和切入点。当前，高校提高科研创新能力，要瞄准国际科技的最前沿做研究，瞄准我国经济社会发展重大需求做研究，瞄准为国民经济、国家安全、社会发展做出重大贡献的领域做研究，把这些领域作为自己的研究重点和主攻方向。选准了这些研究领域之后，就要有很强的“问题”意识，善于发现创新点。爱因斯坦说过，最重要的不是给出答案，而是提出问题。善于提出一个问题，就找到了解决问题的一半答案。牛顿通过苹果掉在地上这一自然现象，发现了万有引力定律。牛顿不是第一个看到苹果掉地的人，为什么其他人没有发现这个定律，唯独牛顿发现了？因为他有敏锐的眼光和强烈的问题意识。凡事爱问个“为什么”，善于透过现象看到本质，善于从日常生活中观察规律。

二是要有一股执着的劲头。科研创新是一项艰苦细致的脑力劳动，没有那么一股子“板凳甘坐十年冷，文章不写半句空”的执着精神，是不可能做到的。搞基础研究的同志，要“静下来”，老老实实、扎扎实实地做研究，力争搞出原创性成果。搞应用科学研究的同志要“动起来”，要走出书斋，走向生产生活一线，实实在在地搞好调查研究。达尔文的《物种起源》从 1844 年思想原理基本完成，到1859年正式面世，经历了15年。从1842年到1882年去世，达尔文一直安静地居住在伦敦东南的乡间别墅，在那里思考、学习、实验、研究他的“生物进化论”。他在自传中写道：“我一生的主要乐趣和唯一职业便是科学工作。潜心研究常使我忘却或赶走了日常的不适。”逝世前一年，他给自传写了一个补记。其中有这样一段话：“作为一个科学工作者，我的成功取决于我复杂的心理素质。其中最重要的是：热爱科学，善于思索，勤于观察和搜集资料，具有相当的发现能力和广博的常识。这些看起来的确令人奇怪，凭借这些极平常的能力，我居然在一些重要地方影响了科学家们的信仰。”再如，搞出“三大批判”（《纯粹理性批判》、《实践理性批判》、《判断力批判》）的德国哲学家康德，一生不出哥尼斯堡小镇，生活单调而有规律，小镇上的居民甚至以他散步的时间来对表，其精准的风格可见一斑。经过多年的潜心研究，他最后形成的哲学体系非常严密。你可以不同意他的哲学观点，但你不得不佩服他的哲学体系的严密性。我们应该学习他们那种锲而不舍、不达目的不罢休的执着精神。

三是要有“闹中取静”的定力。不这样，你在科学研究的路上就走不远，也难以取得大成就。对一个人来说是这样，对一个群体、对一所学校来说也是如此。现在社会上有较重的浮躁气，大学、老师和学生不可能完全不受影响。但“风物长宜放眼量”，不论干什么，心不静不行，太着急了不行。要顶得住诱惑，耐得住寂寞，守得住清贫，坐得住、定住神。坐得住才能想得深，想得深才能冒得出。这些话好讲，也不难懂，但真正做到是不容易的。比如，著名作家托尔斯泰在《战争与和平》、《安娜·卡列尼娜》相继问世后，各种宴请、采访、会见、签名包围着他，使他极为苦恼。这时，托尔斯泰正在准备写一部揭露和抨击沙皇专制制度的长篇小说《复活》。一天，托尔斯泰把佣人叫到跟前，对他说：“从今天起，我

'死'了，就在房间里。不过，别忘了给我送饭。"从此，他把自己锁在房间里，集中精神写作。每当有人来拜访托尔斯泰时，佣人便显出十分悲痛的样子对客人说："先生死了，死在谁也不知道的地方。"渐渐地，社会上都传说托尔斯泰神秘地死了，来访者也因此绝迹了。然而，9年过去了。1891年《复活》脱稿，托尔斯泰也同时"复活"了。黑格尔说，事物要符合它的概念。用老百姓的话来说，就是干什么你得像什么，到什么山上唱什么歌。要当兵，你就要有当兵的样儿；当老师，你就要为人师表、率先垂范；当学生，你就要好好学习，以学为生。搞科研，就要按科学研究的规律办事，老老实实地研究、探索、发现；虽不能至，心向往之。这样，大家共同努力，长期坚持，再加上客观条件的持续改善，高校的研究水平一定能够达到一个新的境界，更好地为建设创新型国家做出积极的贡献。

*四是要有协作精神。*搞科研，特别是重大科研和应用科研项目，单枪匹马不行，要有团队合作的精神。单靠几位教师"单兵作战"，你搞你的，我搞我的，互相封锁信息、封闭成果，文人相轻，很难搞出大成果、成就大事业。有善于合作、敢啃"硬骨头"的科研团队，有能搞大规模"兵团作战"的联合队伍，集体攻关、集智攻关，才能实现科研上的突破。领导上，要为科研营造一个宽松的环境。学府不是政府。政府的命令要坚决执行，学术上的问题可以争鸣。允许思想碰撞，允许不同意见，要祝贺成功、宽容失败，让搞科研的人丢掉包袱，放开手脚，充分发挥聪明才智，实现科研的突破。

三、必须大力服务经济社会发展

任何大学都不是脱离社会存在的，离不开时代，离不开社会实践，离不开社会需求和人民的需要。因此，我们教育方针的一个重要内容，就是教育必须与生产劳动相结合，必须与社会实践相结合。当前，我们最大的实践，是建设中国特色社会主义，推动经济社会又好又快发展，这给大学服务经济社会发展，提供了难得的历史机遇和广阔的舞台空间。

胡总书记明确指出，高校要紧紧围绕科学发展这个主题、加快转变经济发展方式这条主线，不断增强服务经济社会发展能力，促进产学研紧密融合，着力推动“中国制造”向“中国创造”转变，自觉参与推动学习型社会建设，为社会提供形式多样的教育服务，积极发挥思想库和智囊团作用，努力为党和国家科学决策、民主决策做出积极贡献。这段讲话，进一步明确了大学的社会服务功能和责任，拓展了以往“学以致用、学用结合”理念的内涵，对大学的定位进行了新的概括。大学除了要加快科技成果转化和产业化步伐直接服务经济社会发展外，还要当好“思想库”和“智囊团”，用更多的形式为党、为国家、为社会、为人民服务。

按照习惯思维，一提到大学服务经济社会发展，人们想到的往往是找课题、跑项目、搞开发。这并没有错，但不够全面。事实上，高校服务经济社会发展的功能，决不仅仅是“搞开发”的问题，它有着丰富的内涵。大家不要把“服务经济社会发展”的内涵理解浅了，把外延理解窄了。对于大学来说，服务经济社会发展是一项系统工程，是一篇大文章，需要做好各个方面的工作。

一是促进产学研相结合。随着经济的快速发展，大学和企业的边界变得越来越模糊了，彼此渗入到对方的传统领地，承担起对方的某些职能，这就第一次把“知识”和“经济”这两个彼此分离和独立的概念密切结合在一起，“知识经济”这一新型经济形态应运而生。如果说，中古时期的大学必须处理好与教会的关系，工业化时期的大学要处理好与政府的关系，那么，知识经济时期的大学则必须处理好与现代企业的关系。当前，高校与企业结盟、与工厂对接，形成产学研相结合的新路子是世界各高校发展的普遍选择。近年来，在著名大学周围兴起了许多科技园、工业园，如美国的硅谷、英国的剑桥工业园、日本的筑波工业园等。在这个方面，大多数高校已经动了不少心思，搞出了一些成绩，虽然当中也出现了一些问题，但总的看，这条路越走越宽，越走越活。目前，我国高校孵化了北大方正、清华同方、清华紫光、江中制药等一批著名高科技企业，开发了诸如方正计算机汉字激光照排和电子出版系统、中南碳飞机刹车片、东软 CT 等重大项目，并形成了规模化的生产能力，填补了我国一些生产领域的空白，对于推动国家高新技术产业发展、培育新的经济增长点、促进社会就业等方面做出了重要的贡献。我们大学也要把产学研结合列入学校发展规划，整合利用社会资源与政府、与行业协会、与企事业单位搭建合作平台、共建产学研联合体，形成高校、政府、社会三者间良性互动的运行机制和深度合作机制，实现经济效益和社会效益的最大化。

二是加快科研成果转化。科研成果转化是高效服务经济社会发展的主要表现形式。如果科研成果脱离社会需要，背离生产生活，是没有实际意义的。现在，一些高校搞科研，在指导思想和科研观念上存在着“实用主义”，把发表多少论文、是否对职称评定有用，作为科研的终极目标。有的高校科研成果不少，发表了很多文章，做了不少实验，但成果向实践转化不了，走不进工厂企业，走不到田间地头，形不成生产力，产生不了经济效益和社会效益，背离了服务经济社会发展的目标。因此，高校要转变科研观念，从经院式的科研思维中解脱出来，科研要走工农商相结合的道路，根据生产生活的需要确立科研课题。具体讲，就是要紧紧围绕经济建设中的难点热点，围绕社会主义建设实践，围绕人民关注的生产生活问题，围绕企业发展的瓶颈难题，把这些作为科研重点研究对象，加大应用技术研究，加快实现科研成果转化，切实为经济社会发展提供科技支撑。

三是积极投身社会实践。当前，全党上下正在贯彻以落实科学发展观为主题，以转变经济发展方式为主线，积极推动我国经济社会发展的伟大战略思想。同时，我国正在实施推进西部大开发、振兴东北地区等老工业基地、促进中部地区崛起、支持东部地区率先发展的发展战略，为大学师生干事创业提供了广阔的发展空间。要牢固树立人人可以成才、人人可以干大事的思想。比如，学经济的同学，要考虑我能在调结构、转方式中发挥什么作用；学科技的同学，要考虑我在未来国家科技创新中能发挥什么作用；学政治理论的同学，要考虑我在党的理论创新、科学决策、政策研究中发挥什么作用。总之，要把握国家的发展大势，努力学习本领，积极投身建设中国特色社会主义伟大实践中。毕业后，到祖国最需要的地方去，到艰苦的地方去，到工作推不开的地方去，到矛盾最复杂最突出的地方去，向实践学习、向群众学习，在基层一线经受锻炼，在实践中砥砺品质、锤炼作风、积累经验、增长才干，提高服务经济社会发展的本领。

高校是社会的思想库。高校引领服务社会除了靠人才和成果外，还有思想，尤其是原创思想。用高校的思想服务引领社会，主要体现在两个方面：一个是给政府、给社会提供决策咨询，出主意、想办法、给思路；另一方面是给社会纠偏。比如，地方经济社会发展的方向和路子偏了，落实党的路线方针政策有问题了，地方党委和政府的决策失误了，大学就应该发挥批判的功能，发出自己的声音，提出不同的意见，这也是服务经济社会发展的表现形式。

四、大学必须大力推进文化传承创新

文化传承创新是高等教育的又一重要职能。胡锦涛总书记在讲话中说，高等教育是优秀文化传承的重要载体和思想文化创新的重要源泉；要积极发挥文化育人作用，掌握前人积累的文化成果，扬弃旧义，创立新知，并传播到社会、延续至后代，不断培育崇尚科学、追求真理的思想观念，推动社会主义先进文化建设；要积极开展对外文化交流，增进对国外文化科技发展趋势和最新成果的了解，展示当代中国高等教育风采，增强我国文化软实力和中华文化国际影响力，努力为推动人类文明进步做出积极贡献。把文化传承创新作为高等教育的第四大职能提出来，体现了党对我国高等教育群体的充分信任，也对全国高校提高办学治校水平提出了新的要求。

学习理解总书记的指示精神，我觉得要抓住三个关键：一是搞清楚什么是文化；二是搞清楚大学究竟要传承什么文化；三是搞清楚大学怎么传承创新文化。

第一，什么是文化。关于文化的定义，可以找到若干种。文化是人类在社会历史发展过程中所创造的物质财富和精神财富的总和。文化是个大概念，包含了很多东西。在 5 月 6 日《光明日报》上，山东大学徐显明校长对此做了比较好的阐述。他说，文化的基础是道德，大学之所以受人尊重，原因之一是大学之中有大德、有大道、有大爱、有大师、有大精神，这“五大”使得大学成为道德的高地，具有民族和社会良心堡垒的崇高地位；文化的核心是价值，大学对于社会价值塑造具有双重意义，即教育学生如何消除价值冲突，为社会塑造新价值；文化的纽带是知识，知识就是大学的内涵，大学是文化的集中概括；文化的高度是思想，文化的创新是扬弃，文化的融合是交流。大家看，文化的内涵如此之丰富。如果用比较简单的话来概括，我看可以把文化包含的东西划分成三个层次：第一个层次是知识和信息。知识和信息很重要，但这是初步的。比知识和信息高一个档次的是思想和方法。再往上，就是精神。人类文化的终极表现形式应该是人类精神。文化部原部长孙家正同志讲，文化就是人的外化，文化是从哪里来的？是由人化文，是由人变化成文化的。那么，文化是干什么的？四个字——以文化人。由人化文，说明了文化的来源；以文化人，说明了文化的功能。文化可以概括为三个形态：一个是物质形态，一个是精神形态，一个是方式形态。

文化传承创新的第一个关键，是搞清楚什么是文化。

第二，大学要传承什么样的文化。这实际上是一个文化路径选择问题。这个问题非常重要，特别是在出现“信仰危机”的时候，解决好这个问题意义重大。近代以来，每逢历史转折时期，中国总会出现中西文化问题的大讨论，包括怎么看待中国传统文化、怎样看待西方文化等问题，究其原因，在于它与国家向何处去密切相关。关于这个问题，历史上的一些教育大家如蔡元培、文化学者如梁漱溟等，都曾进行过深入的思考和探讨。比如，梁漱溟提出了“文化三路向说”。高校作为文化传承的堡垒，对于前人的文化传统不去传承不行，但不管中国的外国的，一律照本宣科，一律拷贝式地传承，也会泥沙俱下、误人子弟，甚至贻害世人。这方面的历史教训十分深刻。关于高校传承什么文化的问题，我理解，高校要传承四个方面的文化。一是要传承中华民族优秀传统文化。我们中华民族五千年来，在发展过程中形成了自身独有的传统文化，当然这里有精华、有糟粕，有真知、有谬误。我们要去伪存真、取其精华、去其糟粕，为建设中国特色社会主义提供文化支撑。二是要传承世界上其他国家和民族的优秀文明成果。文化是无国界的，都是人类文明发展的成果与结晶。那么，我们要学习借鉴比我们高明的地方，只有向高手学习，向高手看齐，才能赶上去、超过去。比如，西方的先进科技、管理方式等。三是要传承我们中国共产党建党以来90年形成的精神文明成果。今年是建党90周年，要利用这绝好的机会，把我们党发展奋斗的历程向大家讲清楚，激发学生爱党爱国爱民族的思想情怀。四是要传承校园文化。校园文化是大学在长期的发展过程中所形成的具有独特气质的精神文明成果，集中表现在它的校训校风和光荣传统上。它是学校精神的时代标志和具体凝聚，是约束大学生行为的价值和规范体系。校园文化对大学生的言谈举止、行为方式、思维方法的影响是无形的，也是巨大的。所以，大学要把校园文化灌注到教学科研环节中去，在潜移默化中影响人、改变人、塑造人、成就人。

第三，大学怎么传承创新文化。先说传承。这就要重视我们中华民族自己的文化，坚守我们的文化、捍卫我们的文化。对于这个问题，我们的思想认识、具体工作、措施办法、实际效果，都远远不够，与五千年的悠久历史不相适应，与我们的大国地位不相适应，与我们的经济发展速度不适应，与我们在世界上的影响还不适应。本来有一些是我们中华民族的优秀传统，现在成了别人的文化遗产。比如，我们的端午节、汉字发明、中医、印刷术居然成了韩国的文化遗产，这不能不引起我们的深思。更有甚者，还有的搞历史虚无主义，看不起我们的传统文化，否定历史，数典忘祖，自己糟蹋自己。高校要有守护传统的使命感和责任感。

再说创新。创新就是在传承文化的同时，从中凝炼出精华，创造出我们自己的文化和文化产品，为破解文化发展难题，转变文化发展方式，促进文化事业繁荣发展提供强有力的支撑。近年来，韩剧、日本动漫、美国大片风靡世界而我们还没有创造出这样的作品。我们能够出口电视机，却很难出口电视节目。在整个世界文化潮流中，我们声音还很微弱，话语权远远不够，更谈不上中国的话语体系。大学在传承创新文化方面，首先要建立起高度的自觉和自信，同时，要有与时俱进的创新意识，不断激发文化创造力，在建设中华民族共有精神家园的基础上，推动中华文化走向世界。

还有一个重要的问题，就是要注重研究和运用好网络文化。网络文化是时代的产物，是信息技术和数字技术运用于人们的生产方式、生活方式和思维方式之后新生的一种新型文化形态。它的传播速度快，涉及领域广，能穿越时空、跨越国家，直达全球各个用户。只要轻点鼠标就可以分秒之间把信息传到万里之外。互联网已经成为人们丰富文化生活、满足精神需求的重要途径，成为社会思想文化的集散地和社会舆论的“放大器”，成为社会组织动员的重要手段。这既为传播先进文化搭建了新的平台，为文化繁荣发展开辟了新的空间。同时，也使一些消极落后甚至腐败没落的思想文化得以传播蔓延，甚至成为国内外敌对势力对我进行破坏的一种重要途径，威胁着我们的国家利益和网络文化安全。现在的年轻人，特别是大学生，基本都是网络文化的直接参与者、受益者，同时，也是受影响者，积极的影响和消极的影响都有。因此，我们要把它作为一个重要的文化阵地来研究。要着眼特点、着眼发展，探索规律、把握主动，把积极因素充分利用起来，把消极影响降到最低程度，确保网络安全，使网络文化成为社会主义先进文化的一块重要阵地，运用自如，进退得当，走出中国互联网文化的健康、顺畅、安全的新路子。

学习十七届六中全会精神的几点体会*

最近，中央召开的十七届六中全会作出了《中共中央关于深化文化体制改革推动社会主义文化大发展大繁荣若干重大问题的决定》。胡锦涛总书记作了重要讲话。李长春同志就《决定》（讨论稿）作了说明。以文化为命题召开全会进行讨论，并做出决定，这反映了我们党对文化建设的认识达到了新的高度，对文化发展规律的把握达到了新的高度，是新世纪新阶段指引文化建设大发展大繁荣的纲领性文件，具有很强的时代性、思想性、针对性和指导性。现在，全党全军和全国人民正在认真学习传达贯彻六中全会精神，学习贯彻《决定》和总书记讲话精神。下面，谈一谈我的初步学习体会，跟大家交流、探讨。

一、关于《决定》的历史定位和伟大意义

关于这次全会以文化为命题，专门研究深化文化体制改革、推动社会主义文化大发展大繁荣的基本考虑，李长春同志从“四个需要”的高度作了全面阐述，讲得很清楚了。这里，我从历史的角度、哲学的角度谈谈学习体会。

大家知道，我们党对文化建设的认识和部署大致是分两个大的方面论述的。一个是从党和国家的发展战略讲，从大战略的角度来认识。突出的表现有三个例证。一个是 1940 年毛主席发表的《新民

* 中央召开十七届六中全会后，先后在多个单位的学习班上作过辅导，本文根据在山东省委党校的讲课录音整理。

主主义论》。毛主席为我们党和国家制定了新民主主义革命的政治纲领、经济纲领和文化纲领，全面系统地阐述了新民主主义文化的性质、特点和发展历史。把文化建设作为我们党领导革命和建国的三大纲领之一。另一个是，江泽民同志“三个代表”重要思想的提出，把代表先进文化的前进方向作为建设一个什么样的党和怎么建设党、什么是社会主义和怎么建设社会主义的根本建设之一。这就把文化提到了马克思主义基本原理与党和国家根本建设的高度。还有就是党的十五大报告，也讲中国特色社会主义的三大纲领，即政治、经济和文化。因为文化涉及意识形态、理论指导。十五大前，我们党将其称为精神文明建设，十五大正式改称文化建设，对中国特色社会主义伟大事业是从政治、经济、文化三位一体的高度进行阐述和部署。到了十七大，又加上了社会建设，是“四位一体”共同推进。

另一个角度，就是从文化建设本身角度讲的。历史上我们党最有影响和深远意义的决定有三次。

一次是1942年毛主席在延安文艺座谈会上的讲话。讲话针对“五四”文学革命以来，特别是30年代革命文学运动以来文艺发展的实际，提出了革命文艺的服务对象和如何服务的问题。著名的“两为”方向和“双百”方针，就是这次提出的。讲话阐述了革命文艺工作者要深入生活，学习马克思主义和学习社会，革命文艺工作与党的关系等重大原则问题，对马克思主义文艺理论的发展做出了重大贡献。座谈会后，不少文艺工作者深入斗争生活，同工农群众相结合，写出了一大批为工农兵服务，深受人民群众喜爱的文艺作品，使中国文学艺术进入新的发展阶段。

另一次是1984年党的十二届六中全会，做出了关于加强精神文明建设的决定。当时的背景是，改革开放刚开始，人们的思想大大解放，冲破了“两个凡是”的禁锢，思想界、理论界、文艺界思想非常活跃，社会上出现了“自由化思潮”和“精神污染”问题。党的领导上也出现了“一手硬、一手软”的问题。为了解决这一问题，党中央及时召开了六中全会，做出了加强精神文明建设的决定。但是，这个决定没有得到很好的贯彻，之后出现了学潮，出现了“六四”风波。

再一次是十四届三中全会，党中央做出了一个关于新形势下加强精神文明建设的决定。当时的背景就是，十四大做出了建立社会主义市场经济体制的决定，这个决定讲的新形势就是市场经济的新形势新环境新条件，在这种背景下，要保证社会主义市场经济健康建立、顺利进行，必须加强精神文明建设。精神文明建设既为市场经济把方向，又为市场经济提供精神动力。十六大以后，国务院颁布了文化发展《纲要》，但大部分内容是工作细则。

真正对文化建设认识达到一个新的高度，是胡锦涛同志“七一”讲话和这次全会作出的《中共中央关于深化文化体制改革推动社会主义文化大发展大繁荣若干问题的决定》。之所以这样讲，有这么几个原因：

第一，讲话和《决定》总结了我们中华民族五千年文明发展的历史，总结了我党90年来经济文化建设特别是改革开放30多年来文化建设的经验教训，把社会主义先进文化紧密地同中华民族的生存发展，同马克思主义政党的复兴危亡，同我们党领导和建设中国特色社会主义伟大事业紧密地联系在一起。明确地提出：“文化是全党的血脉，是人民的精神家园。社会主义先进文化是马克思主义政党思想精神上的旗帜。”

第二，讲话和《决定》是在我们的经济建设取得显著成就，人民的物质生活水平大大提高，而对精神文化需求提出新的期待的背景下作出的，是民心所向、民心所盼、民心所待。《决定》充分肯定了改革开放以来特别是十六大以来我党抓文化建设取得的成就，尖锐地指出了面临的挑战和存在的问题。《决定》是建立在客观分析形势基础之上的，是实事求是的，是稳妥可靠的。

第三，讲话和《决定》是在世界多极化、经济全球化深入发展，科学技术日新月异，各种思想文化交流交融交锋更加频繁，文化在催生各国竞争力中的主导地位作用更加凸显，维护文化安全任务更加艰巨，增强国家文化软实力，中华文化的国际影响力更加迫切的大背景下作出的。文化的力量也是我们常讲的“软实力”，极大地关系到我们在国际上的竞争力、影响力和话语权。

总之，《决定》是在当代中国进入全面建设小康社会的关键时期和深化改革开放、加快转变经济发展方式的攻坚时期作出的。正如《决定》概括的：“文化越来越成为民族凝聚力和创造力的重要源泉，越来越成为综合国力竞争的重要因素，越来越成为经济社会发展的重要支撑，丰富精神文化生活越来越成为我国人民的热切愿望。”

从哲学的角度来理解文化的意义，可以从文化同人的关系、同社会的关系、同世界的关系进行分析。大家知道，马克思所讲的文化概念是指人类创造的物质文明和精神文明的总和。随着历史的发展和我们对文化的认识，逐步把文化放在物质之外或之上来理解。这就要正确理解文化与人的关系。因为，文化的来源是人，是人在实践中创造了文化；反过来，文化的功能又是以文“化人”、以文“育人”。所以说，文化的来源不管有多少源头，包括自然现象、历史发展等，唯有人才能把它创造出来、归纳起来。同样，不管赋予文化多少功能，其中最核心的是培养人，通过育人、化人，把人培养成有理想、有道德、有文化、有纪律的新人。因为文化中主要是意识形态，培养“四有新人”首先要解决好认识论和价值观问题。这次《决定》讲：“社会主义核心价值体系是兴国之魂”。所谓认识论，最根本的是坚持辩证唯物论和历史唯物主义，坚持解放思想、实事求是、与时俱进。有了这个认识论，就能抵制“左”的和右的干扰，就不僵化、不教条、不唯书、不唯上、不唯利，只唯实。价值观要坚持马克思主义指导，坚持中国特色社会主义共同理想，全心全意为人民服务，走共建共享的社会发展道路。心里装着人民，坚持爱国主义的民族精神和以改革创新为核心的时代精神，也具有了共同的思想基础。

讲到这，就是讲到了政党、民族、国家，就提出了一个问题，怎么把大多数人凝聚在党的旗帜下，团结在民族的旗帜下，聚集在国家利益的旗帜下，这就是文化和社会的关系。社会不是抽象的社会，而是具体的社会、现实的社会。人是社会的人，社会是人的社会。文化和社会的关系，就是文化要反映社会矛盾、时代特色、民族感情、爱国情操、社会道德，要让健康和先进的文化引领国家的发展和民族的振兴。

文化和世界的关系早年就有，现在尤甚。讲到文化的作用，过去主要讲对社会生活、人的思想观念，对经济、政治、外交的渗透，是潜移默化的作用。现在这个作用丝毫没有减弱，新形势下又增添了新的功能。文化已经发展成为一个独立的产业。文化本身就是生产力，是综合国力评价标准的内容。目前，西方国家文化价值比例大致占 GDP 的 20% 左右，美国是 25%，占四分之一。我们 2010 年仅有 11052 亿，约占 GDP 的 2. 75%。就是这 2. 75% 也不平衡，北京最高，占 12. 5%，而落后地区、老少边穷地区基本排不上号。这怎么能在世界上形成竞争力和影响力？怎么推动中华文化走向世界？实际上，自秦汉以来，我们中华文化就同世界有紧密联系和广泛交流。13 世纪蒙古的成吉思汗打到欧洲，西方各国仿效中华文化。18 世纪以前，欧洲人提出了“中学西鉴”。18 世纪后工业革命，欧洲产生了工业文化，在这方面超过了我们。工业化当然要优于农业社会，所以，世界文化进入“西学东鉴”时代。文化不光是交流融合，还有碰撞和交锋，甚至出现了文化侵略。所以，如何抵制文化侵略，保证文化安全，就有一个“防”与“进”的问题。有人提出，中华文化要走出去、走上去、走进去。“走出去”就是要把中华文化推向世界，在世界文化中占有一席之地，要进得去、站得稳、留得下。“走上去”就是不但有一般的文化，还有高端文化。我们的出口从文化上讲也大多是武术、杂技、剪纸，缺少高端产品，占领不了高层次领域。“走进去”就是如何把主流思想、价值观推广出去，让人家了解接受，走进大脑、走进灵魂，融汇贯通。

总之，我们对文化建设的认识，一是要高。站在战略高度，站在历史与现实结合的高度，站在中华民族生存发展的高度来认识。二是要新。站在时代前沿、发展潮头，要充分认识，物质贫乏不是社会主义，精神空虚也不是社会主义。没有社会主义文化的繁荣，就没有社会主义现代化。三是要全。文化本身既是事业又是产业，文化本身不光反映客观、反作用于客观，而且本身就是客体之一，是综合国力的重要组成部分。四是要深。就是透过现象看清本质，深入把握内在规律，从社会发展的规律认识文化的地位作用，从文化的发展规律，加深对社会规律、执政规律的认识。

这样，我们就会充分认识到推进文化改革发展不但是必要的、重要的，而且是紧迫的，刻不容缓。自觉把文化建设作为深入贯彻落实科学发展观的根本要求，切实把文化建设同经济建设、政治建设、社会建设同等看待、同等谋划、同等推进，协调一致可持续地发展。

二、《决定》的基本内容和主要亮点

决定稿除了引言和结束语，共九个部分，分为三个板块。第一、第二部分构成第一板块，主要阐述新形势下深化文化体制改革、推动社会主义文化大发展大繁荣的重大意义、指导思想、奋斗目标、重要方针。第三、第四、第五、第六、第七、第八部分构成第二板块，主要部署文化改革发展重点任务。第九部分是第三板块，阐述加强和改进党对文化工作的领导。在学习时要把握好三个大方面。第一，文化内涵十分丰富、外延非常宽泛，要从中国特色社会主义总体布局出发把握文化的范畴，重点研究部署与经济建设、政治建设、社会建设相对应的文化建设。第二，推动社会主义文化大发展大繁荣是一项紧迫的任务，也是一项长期任务，既要抓紧推进当前紧迫的工作，又要对长期战略目标作出谋划。第三，文化改革发展是一个理论性和实践性都很强的问题，既要注重从理论上阐明文化改革发展的重大问题，又要注重从实践上提出实实在在的政策措施。当前和今后一个时期推进文化改革发展，需要着力研究解决以下几个问题：一是进一步深化对推进文化改革发展重要性和紧迫性的认识，增强全党全社会的文化自觉；二是加强社会主义核心价值体系建设，巩固全党全国各族人民团结奋斗的共同思想道德基础；三是繁荣文化创作生产，更好满足人民精神文化需求；四是加快文化事业和文化产业发展，提高我国文化总体实力；五是完善文化体制机制，增强文化发展动力和活力；六是加大文化人才培养力度，壮大文化人才队伍；七是加强和改进党对文化工作的领导。我觉得，《决定》内容丰富、博大精深，所阐述的九个大问题，蕴含着文化建设的方方面面，从理论和实践的结合上回答了用什么立场观点方法来认识文化，用什么指导思想和发展思路发展文化。也就是通常讲的，在新的历史起点上发展什么样的文化和怎么发展文化的问题。与以往的决定、讲话和做法比较起来有“六大亮点”。

第一个亮点，对文化发展道路和目标做出了明确的定性定位

《决定》鲜明地提出，坚持中国特色社会主义文化发展道路，努力建设社会主义文化强国的宏伟目标。我们常说的文化大发展大繁荣都是文化建设过程的推演，当然也是目标之一，但它是一个动态标准、过程标准。而明确提出走中国特色文化发展道路，建设社会主义文化强国这样宏伟清晰、顺应潮流、符合民心的战略目标，有

特别的意义、全新的意义。这一个“强”字可不是一般标准，“强”不仅是大，也不仅是多，而是纵着比，历史上最先进；横着比，是世界上最有力的，每一个中国人都有文化的自觉和文化的自信，成为精神饱满、自尊自由之人。我们在文化上的一切工作都应沿着这条道路、朝着这个目标前进。为了实现这个总目标，按照十七大提出的全面建设小康社会奋斗目标新要求，还提出了2020年文化改革发展奋斗的阶段性目标。就是打造文化强国的第一步目标：社会主义核心价值体系建设广泛深入，良好的道德风尚进一步弘扬，整体素质明显提高，适应人民需要的文化产品更加丰富，精品力作不断涌现；公益性文化事业全面繁荣，覆盖全社会的公共文化服务体系基本建立，基本公共文化服务实现均等化；文化产业整体实力和国际竞争力显著增强，公有制为主体、多种所有制共同发展的文化产业格局全面形成，文化产业成为国民经济支柱性产业；文化管理体制和文化产品生产经营机制充满活力、富有效率，以民族文化为主体、吸收外来有益文化、推动中华文化走向世界的文化开放格局进一步完善；高素质文化人才队伍发展壮大，文化大发展大繁荣的人才支撑更加有力。全党全国要为实现这些目标共同努力，不断提高文化建设科学化水平，为把我国建设成为社会主义文化强国打下坚实基础。

第二个亮点，《决定》清晰地阐明了文化发展要遵循的方针原则

一是坚持以马克思主义为指导，推进马克思主义中国化时代化大众化，用中国特色社会主义理论体系武装头脑、指导实践、推动工作，确保文化发展改革沿着正确道路前进。这是从基本原理、理论体系上讲的，这就要解决好指导思想一元化与社会生活多样化、多元化的关系问题。一元化指导与多元化需求并不矛盾。马克思主义的指导是思想方向上的指导，而不是搞“清一色”。这就好比一个公园，可以万物丛生、百花齐放，这是多样化。对这些万物、这些

百花，有一个共同要求，就是要健康、安全、有序、美观。要给它们浇水、施肥、剪枝、灭虫、除害，这就是一元化要求。实际上，多样化、多元化本身就马克思主义的题中之义。马克思主义本身也是开放的发展的，所以，要体现时代特点、中国特色、大众特需，只有这样才能保证文化的改革发展不偏离正确的轨道。

二是坚持社会主义先进文化前进方向，坚持为人民服务、为社会主义服务，坚持百花齐放、百家争鸣，弘扬主旋律、提倡多元化。以科学的理论武装人，以正确的舆论引导人，以高尚的情操塑造人，以优秀的作品鼓舞人，在全社会形成积极向上的精神追求和健康文明的生活方式。这是从路线方针政策角度讲的，强调的是文化改革发展的根本性质。文化是经济政治的反映，是人民在实践中创造的。反过来，又作用和影响实践的精神成果的总和。文化有先进和落后之分，是否正确反映了客观事物的本质规律及发展趋势，是否促进经济发展、社会全面进步和人的自由发展，是判断文化先进与否的基本标准。我们的文化发展建设必须坚持先进文化的前进方向，坚持“两为标准”和“双百方针”，始终使积极向上、健康文明的主旋律占主导地位。

三是坚持“以人为本”、贴近实际、贴近生活、贴近群众，发挥人民在文化建设中的主体作用，坚持文化发展为了人民、文化发展依靠人民、文化发展成果由人民共享，促进人的全面发展，培育有理想、有文化、有道德、有纪律的社会主义公民。这一条是《决定》最大的亮点之一，就是坚持以人为本，强调人民的主体地位，有了这一条，根本立场就站对了，文化发展的目的就明确了。为人民、靠人民、扎根人民的文化，比任何文化都更能感动人、吸引人、凝聚人。有了这一条，文化的发展建设不仅方向正确，而且有取之不尽的力量源泉，以人化文、以文化人、以文育人就有了基础、源泉和动力。

四是坚持把社会效益放在首位，这是文化发展的根本要求。社会效益和经济效益的统一，是社会各项工作的普世价值，文化尤甚。因为文化有凝魂、聚神、合力、教化、引领人们言行和社会思潮的特殊功能，所以，社会效益必须放在优先地位。在保证社会效益的前提下，取得最大经济效益。失去社会效益就会迷失方向，没有经济效益就难以持久。我们要辩证认识、统筹协调，实现两个效益高度统一。

五是坚持改革开放，着力推进文化体制机制创新。这是强调文化改革发展的根本动力。讲文化建设发展要有世界眼光、改革精神、体制创新、安全观念。这样才能保证文化建设发展视野开阔、动力不竭、健康安全、可持续。

以上五条是我们在推进文化改革发展中必须要遵循的基本原则，特别是“以人为本”很有新意，反映了社会主义文化的本质要求、价值取向和是非标准，是文化改革发展的出发点和落脚点。

第三个亮点，对文化建设与发展思路系统的说明很有新意

概括起来就是“两手抓”、“两加强”，满足“两个需要”。所谓“两手抓”，就是一手抓好公益性的文化事业建设，一手抓好经营性的文化产业。所谓“两加强”，一是加强政府的主导作用，一是加强市场的推动作用。“两个需要”是指既要满足广大人民群众的基本的文化需要，又要满足不同层次、不同人群、不同地域的多层次的文化需要。

“两手抓”，一手抓好公益性的文化事业建设，一手抓好经营性的文化产业的发展，实施双轮驱动的战略。这是党的十四大以来适应社会的市场经济的发展，适应社会主义文化道路的发展，逐步认识、逐步实施的。我们的经济体制改变了，文化怎么办？这是客观需求。就文化本身来说，也要走向市场、走向竞争，这是文化发展的内在规律的需求。社会发展过程中有一个规律，就是生产力发展

了，人民的物质生活改善了，消费结构也会随之变化。经济学上有一个定律叫“恩格尔定律”，就是家庭食品开支与家庭总收入的比例关系的定律。其要点是，随着居民收入增加，耗费在食品上的支出比例会减少。食品开支与家庭消费支出总额之比，称为“恩格尔系数”，数值越小说明生活越富裕，数值越大说明生活水平越低。人均GDP达到3000美元时，人民日常生活的食品开支比例明显下降，文化消费需求急剧增长，达到23%～30%。如果按23%计算，我国2008年人均已达3000美元，文化消费应该是42400亿元，实际上只有7620亿元，相差五分之四。不是消费不起，而是生产不出来。我们从2000年十五届五中全会提出“文化产业”的概念，到党的十六大明确提出深化文化体制改革，文化产业从无到有逐步扩大。为了稳妥起见，2003年开始试点，以后逐步展开，现在文化产业已经开始逐步发展起来。改革的总思路是“双轮驱动”、“比翼齐飞”。中心目标是理顺政府与文化企事业单位的关系，政府归政府，市场归市场，不要把所有文化都推向市场大潮。留归政府的，要确保其“公益性”，由政府全力扶植文化事业，增强投入转换机制，增强活力，改善服务，实现人民群众基本文化权益。同时，不能让所有文化都赖在政府怀里，能推向市场的就按市场规律操作，明确其“经营性”，自主经营、自负盈亏、自我发展、自我约束，以满足人民群众多样化、多层次、多方面的文化需求。分类改革，创新机制，调整结构，转变职能。8年来全国共核销事业编制18万多人，注销事业单位4300多个。吃惯皇粮的事业单位终于在市场的洗礼中得到锻炼提高。习惯“一手抓”的文化管理部门开始从“办文化”转向“管文化”。文化体制改革明确了公益性文化事业的责任，政府近8年的文化基础设施投入是过去几十年的总和，覆盖城乡的基本文化服务体系基本形成。五大惠民重点工程极大地满足了基层群众看书看报难、看戏看电影难、文化活动少的状况；文化产品的供给前所未有地扩大，广大群众的选择前所未有地增多。目前，我国已是世界第三大电影生产国、第一大电视生产国，年出书的品种总量稳居世界第一位。专家评价，中国文化进入“黄金发展期”，文化产业被列入了国家重点振兴计划，逐步成为国民经济支柱产业。北京、广东、江苏、山东等文化大省文化产业附加值超过千亿元。一批总资产和总收入“双百亿”的文化产业成为骨干力量。即使在国际金融危机肆虐的2008年，我国的文化产业仍然逆市上扬，增速超过国内总产值8个百分点，学者分析中国文化出现了“发展里程碑”。文化体制改革锻造了“走出去”的底气实力，中华文化在国际影响力不断扩大，对外交流范围和渠道不断扩宽。近150个国家与我们展开政府间文化合作，350多所孔子学院走出国门。主流媒体的国际传播能力不断提升，西强我弱的传播格局有所扭转。截至2010年底，《人民日报》的网络和各报刊的国外受众，比2002年增长了50%以上。《新华社》海外用户遍及170个国家和地区。舆论认为，中国文化呈现了“复兴曙光”。

文化体制改革的深入推进，使文化生产力空前释放，文化建设活力显著增强，公益性文化事业在保障人民基本权益方面作用日益突出，经营性文化产业占国民经济的比例明显增大，国际竞争力逐步增强，文化市场日益繁荣，精品力作不断涌现。这充分证明，中央关于文化体制改革的决定部署是完全正确的，改革已经取得显著成绩，但面临的问题和挑战还不少，改革的任务还很艰巨。按照公认的标准条件，国家文化就业收入比全国超过GDP的5%，就可算是国家支柱产业。我国现在是2.75%，还差“2.25%”。就文化产业产值来讲，世界上总的排序，美国仍然是老大，它的文化产业收入占GDP的20%～25%。第二名是日本，日本1995年提出“文化立国”战略，发展很快，我只查到了2006年的数字，这一年日本文化产业的收入是14700亿美元，占GDP的30%。它的动漫是文化战略重点，占世界总额的60%左右。文化产业排名靠前还有英、法、加、韩等国，这是第一方阵。韩国1998年提出“文化立国”战略，它规划文化产业在世界上的份额从占1.1%提到5%，现在基本实现了文化产业收入世界排名第五的目标。这次《决定》对文化发展的目标任务和建设思路规定和说明比较清晰，从“两手抓”到“两加强”，再到“两满足”，很清楚、很明白。

第四个亮点，突出强调了人才在文化建设发展中的地位作用

强调推动社会主义文化大发展大繁荣，队伍是基础，人才是关键。牢固树立“人才是第一资源”的思想，加快培养造就德才兼备、锐意创新、结构合理、规模宏大的高素质文化人才队伍。三个层次，一个是造就高层次领军人物，一个是培养高素质专业文化工作队伍，另一个是加强基层文化人才队伍建设。无论是文化元素的升华提炼，文化潮流的引领带动，还是文化艺术的再创造再发展，都离不开专门的文化人才。文化强国首先应该是文化人才强国。人才辈出的时代，必然是文化兴旺的时代。我国春秋战国出现思想文化高峰，形成百家争鸣的局面，与以老子、孔子、墨子、韩非子等诸子百家的卓越建树密不可分。我国唐宋时期诗词散文发展之所以形成鼎盛局面，与李白、杜甫、白居易以及唐宋八大家的杰出贡献密不可分；欧洲文艺复兴铸就一世辉煌与达·芬奇、米开朗基罗等密不可分；18世纪下半叶欧洲古典音乐的兴盛，离不开海顿·莫扎特、贝多芬、“维也纳三杰”的音乐成就。这表明，一个时代的思想文化的大厦，必然要有一大批大师和大家来支撑；一个民族的灿烂文化，必然要有一大批泰斗和巨匠来代表；一个国家的文化繁荣兴盛，必然要有一批领军人物来领衔。一个国家、一个民族乃至一个地区、一个单位也是这样。比如，齐鲁文化之所以成为经典，成为中华文化的核心，就是因为这里造就了大批圣人级的人才。文圣孔子、亚圣孟子、兵圣孙武、科圣墨子、匠圣鲁班、智圣诸葛亮、算圣刘洪、

书圣王羲之都是山东人，有了这些圣人级的人才，才有了流芳百世的经典，才有了文化的繁荣和传承。建设文化强国，必须把人才建设摆在更加突出的位置。用战略思维、改革精神谋划和推动文化人才队伍建设，特别要加大对年轻人才、高层次人才、复合型人才的培养力度，造就一批世界级的文化代言人。前些年有个调查，现在中国在世界上的畅销书，排名第一的是《孙子兵法》，排名第二的是《毛泽东军事思想》，第三位是孔夫子的《论语》。这三本书两本出自山东，有了这样的名人名著，文化才能走向世界。文化人才大都属于知识型、思想型、学术型、技能型的人才，是人才的特殊群体和精英方阵，所以，要特别强调形成尊重劳动、尊重知识、尊重人才、尊重创造的良好风气。落实好知识分子政策，提倡相互尊重，各显其长，反对文人相轻、互相拆台。要鼓励创新、宽容失败，营造有利于优秀人才健康成长，脱颖而出的良好环境，形成人尽其才、才尽其用，各类文化人才竞相涌现，创新活力充分发挥的生动局面。

同时，还要加强基层文化人才队伍建设，统筹好城乡一体化的文化发展。基层的文化人才、农村的文化人才队伍是文化发展的重要推动力量。要给予特殊政策，要有规划、有机构、有人去落实。名家也要深入基层、深入生活、深入群众。基层自己也要建立起文化人才队伍，使我们的文化人才形成名人大家、专业人才、基层人才、群众骨干相配套的人才队伍，为推动文化大发展大繁荣提供人才资源和智力支撑。

第五个亮点，是更加强调文化的民族性，强调社会主义先进文化、优秀传统文化都要保持和展现民族精神

同一切事物一样，文化的特征之一就是，只有民族的，才是世界的；只有特色的才能入主流。过去我们经常提“传统文化”，这次在传统文化前面加了“优秀”两个字，称为“优秀传统文化”。我们说的传统文化，通常讲的是1840年以前的中国文化，属于古代文

化范畴。因为1840年鸦片战争后，中国沦为半殖民半封建社会，许多文化被奴化了。1949年新中国成立了，中国人民从此站起来，这才逐步建立起了属于自己的新民主主义文化。而1840年前，我们的国家是封建社会，经济体制是农耕为主，政治制度是宗法主导。从文化形态看，属于封建文化、农耕文化。当然，这个文化在历史上曾起到过积极的作用，但它和工业文化、工业文明比起来，属于落后文化，不然，就不会有后来的新文化运动。我们过去讲“取其精华、去其糟粕”，是吸收传统文化中优秀思想、优秀成分。对整个传统文化，我们持革命的态度、扬弃的态度，用新民主主义文化取代封建文化，用工业文明取代农耕文明。现在提优秀传统文化，就是对我们文化的民族性、历史性比过去的提法多了一些肯定的成分，并且给了一个肯定性的定位。《决定》说：“优秀传统文化凝聚着中华民族自强不息的精神追求和历久弥新的精神财富，是发展社会主义先进文化的深厚基础，是建设中华民族共同精神家园的重要支持。”我们要全面认识我国优秀传统文化，古为今用、推陈出新，坚持保护利用、普及弘扬并重，加强对优秀传统文化思想价值的挖掘和阐发，加强文化遗产保护，维护民族文化的基本元素，使优秀传统文化成为新时代鼓舞人民前进的精神力量。并对古籍整理出版、历史文化名城名镇名村保护建设，深入挖掘民族传统节日的文化内涵，开设传统文化课等等，鲜明地提出建设优秀传统文化体系，把对文化的民族性的认识提到了一个新的高度。

中华文化是一个整体，包括优秀的传统文化、我们党在革命战争年代创造的革命文化、建设时期和改革开放时期创造的中国特色社会主义文化，还有吸收外来文化的有益成分。对这些文化进行梳理整合、有机结合、全面准确鲜明地体现中国特色、中国气派、中国风格，体现我们中华民族的理想信念、精神追求、道德风尚和思想感情。无论时代怎么变化，文化的“营养”可以加强，但中华民族的“根”不能变、“基因”不能变。无论开放到什么程度，对中华民族的感情不能变、本色不能变。建设中华民族优秀文化传统体系是我们的历史责任，也是我们推进文化建设发展的重要内容、坚实基础和不竭动力。

第六个亮点，鲜明地提出了“中国文化要走向世界”的战略

随着我国综合实力的提高，世界越来越需要了解中国，中国也越来越需要向世界说明自己。提升中华文化的影响力和软实力是中国实施发展战略的重要手段。《决定》鲜明地提出：“推动中华文化走向世界”，要统筹国际国内两个大局，开展多层次多渠道的文化交流活动，增强我国国际话语权。对中华文化走向世界提出不少具体规定和要求。中华文化能不能真正走向世界，是经济全球化的一个必然要求，也是我们能否建成世界文化强国的一个重要标志，也是增强国际竞争力、提升大国影响力的一个重要表现。

推动中华文化走向世界，必须形成与我国国际地位相称的文化软实力。实力是影响他人行为、实现自己目的的能力。实力分为硬实力和软实力两种形态，硬实力是一种支配性实力，如经济力量、军事力量和科技力量；软实力是一种吸引力，如意识形态和政治价值的吸引力、文化感召力等。任何国家的“软实力”都像信用一样，蓄积起来需要很长时间，但丧失很快。所以，中华文化能不能走向世界并产生较大的国际影响，主要取决于我们软实力的强弱，同时，还要有把文化内容传播出去的能力，即文化的国际传播能力。

首先，要把我们的文化软实力打造起来，增强中华文化的吸引力。整合国内国外两种文化资源，把政治、艺术、情感、形象融为一体，使人感到客观、有用、风趣，能引起共鸣，才能吸引人、打动人，让人家像买你的物质产品一样，自觉自愿地买你的文化产品。即使物质产品，也应有文化的因素，像麦当劳、肯德基、可口可乐等，你在享受这些产品的同时，首先想到的就是美国，这就是潜移

默化的影响，日久生情，你的感情就会发生微妙的变化，价值观就容易产生认同。有了吸引力，才能走得出去、落到了地、抓得住人。要做到我们既能出口电视机，又能出口电视节目、思想观念、意识形态和价值观。传播能力要改进提高。有的可以是官方形式，有的可以是民间形式，有的用文化形式，有的用经济形式。做到，商品中赋予文化内涵，文化中有商品意识。美国的做法值得研究。早在20世纪20年代，美国电影同业工会在一份致白宫的备忘录中明确指出："电影可以成为我们极小成本甚至零成本进行国家宣传的最佳方式。"好莱坞电影由此开始成为美国的一种国家宣传方式。联合国开发计划署公布的《人类发展报告（1999年）》显示，美国出口最大的单一产业，不是飞机和汽车，而是电影和电视节目。好莱坞在全球《讲人类的故事》，把美国精神和美国价值观塑造成普世价值在全球传播。现在有人提出"三极文化战略"，认为在世界文化多元的格局中，从影响力的角度看大体分为三极：欧洲文化、美国文化和中国文化。尽管我们这一极目前还比较弱，但只要精心谋划、梳理出最有特色、最有代表性的内容，建立"第三极文化"的文化推广战略，是可以大有作为的。我们要善于把中华文化的思想观点、理论原则、根本方法，推广到社会艺术、道德、宗教和政治法律思想、哲学等各领域，渗透到学术研究艺术创作、媒体传播等精神生活的方方面面，创造形成社会主义文化。正如毛主席讲的，我们学会了马克思主义，学会了社会主义文化，中国人在精神上就会由被动转为主动。从这时起，近代世界历史上，那种看不起中国人，看不起中国文化的时代应当完结了。实际上，世界上很多国家包括西方世界，对中国发展模式、中国奇迹，中国历史还是感兴趣的。但是，我们怎么用文化的载体去表现、去传播，在世界上树立起我们的旗帜、打造我们的品牌，去占领市场、征服人心，是我们每个中国人的历史责任和光荣义务。

再一个是增强我国文化传播的能力。积极创新文化走向世界的渠道、途径和方法。这几年提的文化年、文化周，政府之间的文化交流，举办研讨会等民间交流，都是很好的办法。许多世界上的文化活动，我们要积极参与，发出我们的声音。要善于利用最现代的传播技术，建设传播快、广、深、多的一流媒体，使我们的图像、声音、文字、信息、影视节目广泛传播到世界各地，加快媒体境外落地的步伐。积极探索市场化、商业化、产业化的运作方式，着力打造一批具有国际竞争力的外向型文化企业，打造具有重要影响力的国际文化贸易平台，打造具有核心竞争力知名文化品牌，真正让中华文化走向世界各地，深入各族人民。

三、关于加强对文化工作领导、提高推进文化改革发展水平需要把握的几个问题

《决定》第九条对此作了专门阐述。根据我的学习体会，加强和改进党的领导要把握好以下几个问题。

第一，要充分认识文化建设的地位作用，把推进文化大发展大繁荣摆到重要日程上来筹划

文化建设不是单打一，同经济建设、政治建设、社会建设包括生态文明建设是紧密相连的。文化最大的特点是具有极强的渗透性、持久性，像空气一样无时不有、无处不在，能够以无形的意识、无形的观念深刻影响着有形的存在、有形的现实，深刻作用于经济发展和人们生产生活。文化既是推动社会发展的重要手段，又是社会文明进步的重要目标。联合国教科文卫组织提出：发展最终应以文化概念来定义，文化的繁荣是社会发展的最高目标。许多国家都制定了“文化立国”战略，提出把文化作为发展战略轴心，经济、社会、技术和教育战略都应当围绕这个轴心而展开。文化作为文明的积淀，作为社会发展方向的引领，解决的是“从哪里来、到哪里去”的问题。文化既是凝聚人心的精神纽带，又直接关系到民生幸福。

恩格斯说："文化上的每进一步，都在迈向自由的一步。"我们讲改善民生，文化应该是一个很重要的组成部分；我们讲社会公平，文化是一个不可或缺的重要体现；我们讲幸福指数，文化应该是一个很重要的价值尺度；我们讲生活质量，文化应该是一个显著的标志。文化直接贡献于经济增长，对提升经济发展质量发挥着重要作用。我们不是讲要调整经济结构、转变发展方式吗？实际上，文化产业具有资源消耗低、环境污染小、科技含量高的特点，是典型的"低碳经济"、"绿色经济"、"朝阳产业"经济，文化产业已成为不可阻挡的新趋势。过去，我们经常讲经济发展，一靠改革，二靠科技，现在要加一条，还要靠文化。文化与经济相融合产生的竞争力已成为一个国家最根本最持久最难替代的竞争优势。所以说，文化是民族凝聚力和创造力的重要源泉，是综合国力竞争的重要因素，是经济社会发展的重要支撑。建设文化强国是我们党和国家实现现代化的宏伟目标。能否抓好文化建设，已成为各级领导班子和领导干部能力强弱、水平高低的一个重要标准。所谓文化自觉，首先是认识上的自觉、意识上的自觉，是敢于担当责任的高度自觉。负起领导责任，敢于担当，就要把握领导的主动权、主导权。要特别注意克服两种倾向：一个是放任不管，任凭文化自我发展；一个是包办代替，什么都管，束缚下面的手脚。领导，主要是思想政治领导，具体工作还要相信群众、依靠群众，按照文化发展的自身规律办事。主要是四大规律。

一是找准历史方位，把握具体条件，坚持从实际出发的规律。充分认识任何文化都是历史的产物，是时代的反映，推进文化建设必须立足现实的经济社会条件。马克思指出，人类自己创造自己的历史，但不是随心所欲地创造，而是在既有的现实条件下创造。因此，一定要把握好文化形态的历史延续和阶段性差异，把自己所处的具体方位和现实条件搞清楚。我国正处在并长期处于社会主义初级阶段，人民日益增长的物质文化需要同落后的社会生产之间的矛盾仍然是社会主要矛盾。经济上发展的不平衡、不协调必然对文化发展产生制约和影响。我们要把握我国发展的阶段性特征，在认识现阶段我们文化构成的现状基础上，根据中央统一部署制定好我们自己的文化发展战略，既不降低标准，也不提不切实际的目标：既不落后于时代，也不超越阶段。

二是坚持弘扬主旋律与提倡多样化相统一的规律。文化总是以丰富多彩的内容形式来展现的，是多元一体、多元共生、多元互补的，但其中总有一种占主导地位起支配作用。要壮大主流、汇集细流，改造和转变支流逆流。推进我国文化建设必须坚持中国特色社会主义的旗帜、道路、理论体系，坚持马克思主义价值体系，弘扬主旋律与提倡多元化相统一，不断巩固和壮大社会主义主流文化，努力在多元中占主导，在多样中谋共识。

三是坚持以立为本重在建设的规律。文化建设涉及人们的感情记忆、思维习惯、精神感悟，涉及人们的历史认知、理念认同、理想追求等。这些都需要时间的淘洗、实践的锤炼、长期的孕育。文化建设是在精神领域搞建设，与盖大楼修公路不一样，不是三五年就见效的，如果没有长期的积累就不可能有质的飞跃。推进文化建设，既要有紧迫感，只争朝夕，又要看到长期性、坚持不懈，重在建设和积累，持之以恒，久久为功，决不能急功近利。文化建设不是一届班子、一代人能完成的，要有一张蓝图绘到底、一届接着一届干的韧劲，这也是规律之一。

四是传承优秀文化吸收外来文化丰富建设自己的文化。以我为主，为我所用，古为今用，洋为中用，把传统文化和外来文化的积极因素融入我们中华文化，使其中国化、本土化。不忘本来，吸收外来，着眼将来，是文化建设的方针，也是规律。所谓文化自觉、文化自信、文化自强，最重要的是在把握好文化发展的规律上自觉，有了这个自觉自信自强，就有了基础和把握。

第二，要构建和完善科学的体制和机制

《决定》对这个规定阐述得非常清楚。这里分了几块。文化管理体制和文化产品生产经营机制是：建立健全党委领导，政府管理、行业自律、社会监督，企事业单位依法运营的文化管理体制和富有活力的文化产品经营机制。还强调："加快政府职能转变，强化政策调节，市场监督、社会管理、公共服务职能、推动政企分开、理顺政府和文化企事业单位的关系。完善管人管事管资产管导向相结合的国有文化管理体制，加强国有文化资产管理。健全文化市场综合行政执法机构，推动副省级以下城市改造和完善综合文化行政责任主体。"还有一段表述："推动社会主义文化大繁荣大发展是全党全社会的共同责任。要建立起党委统一领导、党政齐抓共管、宣传部门组织协调、有关部门分工负责、社会力量积极参与的工作体制和工作格局，形成文化建设强大合力。"

这几段表述，说来说去，主要是把握四点：党委统一领导，党政齐抓共管，部门分工负责，社会力量积极参与。高度负责，各负其责，相互支持，协调共进。

第三，要加强文化战线领导班子和人才队伍建设

人的因素始终是第一位的，是亘古不变的真理。任何单位任何工作搞得好坏，领导班子和人才队伍起关键作用。大家有一个共识，哪个文艺团体出成绩、出经验、出好的作品、出杰出人才，哪个单位的领导一定是开明的、高水平的。领导首先是政治上的领导，所以，要选政治上强的班子，才能把握住单位的局面和工作的方向。领导是群众的核心，要德才兼备，有了德，才能不孚众望；有了才，才能开展工作。德才兼备的人对党、对人民有感情，对工作对事业有责任心。积我多年的经验，感情和责任心是做好一切工作基础的基础。有了感情，就有了责任心，不会的可以学会，不懂的可以学

懂，不明白的可以搞明白；有了困难和矛盾，可以想出思路和办法去克服、去化解。如果没有感情和责任心，给他再好的条件也干不成事情，甚至把好的条件浪费了、破坏了。

人才队伍的领军人物很重要。好的剧团一定要有名演员，好的医院一定要有名医生，好的饭店一定要有名大厨，这个道理大家都清楚。因此，要把人才中的精英人才选拔好、培养好、使用好、保护好。包括文化产业，也要有创新精神的骨干人员，才能想出好点子、做出好的成绩。因此，要特别注意培养有创新能力的人才。有人说，美国算不上文化资源大国，却是一个文化强国，强在哪里？强就强在有一大批来自世界各地的创新人才和精英人才群体。好莱坞大片、麦当劳薯片、英特尔芯片，被称为影响世界的“三片”，这三片都是创新的产物。

山东临沂红色经典文化搞得好，主要得益于临沂市委领导和宣传部门的高度重视和创新精神。他们最大的贡献是把沂蒙精神提高到和井冈山精神、延安精神、长征精神、西柏坡精神同等的高度，上升到国家级民族级的精神层面。沂蒙精神形成多年，到了这届领导班子手上，地位、作用、影响和辐射力发生了巨大变化，传遍了全国，影响了世界。还有海尔的企业文化精神，与张瑞敏的创意密切相关。当然光有领导、专业人才的积极性还不够，还要注意发挥人民群众的积极性。群众是最有力量、最有智慧的，群众中蕴藏着很多人才。很多知识、很多宝贝要善于深入下去，发现挖掘利用。形成领导、专业人才和群众相结合的格局，共创文化大发展大繁荣的局面。

对山东建设文化强省的几点思考*

这次应邀来山东，和大家一起来讨论关于山东建设文化强省的有关问题，感到很荣幸，同时又感到压力很大。主要是对经济问题、文化问题，没有进行专门的研究，不像军事，还有一些经历和思考。既然党校领导给我出了这个题目，我就把自己的一些不很成熟的想法拿出来，跟大家作些交流，供大家参考。主要谈三个问题。

一、建设文化强省是加快山东经济社会发展的必然选择

最近，山东省委、省政府在继续强调建设经济强省的同时，确立了建设文化强省的战略目标。这是有远见的。按照历史唯物主义的观点，文化对于促进和推动经济社会发展具有无可替代的特殊功能和作用。新世纪新阶段山东要加快经济社会发展进程，一个带全局性和战略性的问题，就是要把建设文化强省摆在显要位置。

文化这个概念内涵十分丰富，可以在多种意义上理解和使用。我们今天所讲的文化，主要是从精神层面来讲的，指的是人们在实践中创造的，反过来又指导和规范实践的精神成果的总和。文化的基本要素包括四个方面，即知识、情感、伦理、信仰，其中信仰是核心和根本。这四个方面相互渗透，是一个有机的整体，反映着社会的认知程度、情感方式、道德风尚、思想价值追求，是社会文明程度的一个基本标志。文化广泛渗透于社会生活的方方面面，如大象而无形，似大道而无为，流逝若水，润物无声，引领着人们的物

---

*本文根据2008年9月28日在山东省委党校的讲课录音整理。

质生产、制度更新和历史创造，是社会的意义之源、秩序之源和力量之源。特别是在当代社会，文化与经济、政治、科技相互交融，在推动经济社会发展过程中发挥着越来越突出的作用。

（一）文化正日益成为最核心的生产力

关于文化和生产力的关系，马克思主义经典作家曾有过精辟的论述。在《德意志意识形态》中，马克思恩格斯把人类社会生产划分为三种基本形式：物质生产、人口生产和精神生产（即文化生产）。在这当中，文化及其生产过程，既是构成生产力的一个重要方面，同时又渗透在物质生产和人口生产中，影响着生产力的发展变化。从这个意义上说，文化是一种生产力。而它作为一种生产力，其地位不是僵化不变的，而是随着时代的变化而变化。在农业时代和工业时代，文化在生产力发展变化中是一种辅助力量；而在信息时代，文化及其生产正日益成为影响生产力的核心要素，或者说，正在逐渐成为最核心的生产力。这主要体现在两个方面。

一方面，文化及其生产在社会生产中的地位越来越重要，越来越突出。当今时代，文化生产领域不断拓展，在文化事业发展的同时，兴起了文化产业化的浪潮，新兴文化产业部门大量涌现。文化生产加速推进，尤其是文化产业，普遍被人们看作“无烟产业”、“朝阳产业”和“最有希望的产业”。据统计，目前我国和各地区的文化产业每年都以15% ~20%的速度增长，大大超出我国经济增速和一般产业。文化生产所占比重越来越高，对提升整个社会生产力的贡献率成倍增长。目前西方发达国家文化产业占GDP的比重普遍达到20%左右，而且有逐渐增高的趋势。

另一方面，文化广泛渗透在社会生产其他各个方面，越来越成为推动社会生产力发展的最重要因素。依据文化的内容和属性，我们通常把文化分为科学文化和思想文化。目前，以信息科学为主要标志的当代科学文化，加速向高新技术和现实生产力转化。文化智力因素，逐渐成为决定经济发展潜力的最重要力量。正是在这个意义上，我们说，科学技术不仅是生产力，而且是第一生产力。同时，还要看到，以思想、价值观、信仰、信念等为主要内容的思想文化，在社会生产中也发挥着越来越重要的作用。著名经济学家萨缪尔森继市场经济学和宏观经济学之后，提出了“文化经济学”的概念，对思想、价值观等因素在经济活动中的巨大作用作了系统阐述。我国著名经济学家厉以宁在上世纪末，针对我国经济领域出现的道德缺失现象及其消极影响，提出了“第三只手”的观点，把道德、价值观等思想文化因素看成是继第一只手即“市场”、第二只手即“国家宏观调控”之后，调控和引导经济活动的“第三只手”，并认为这只手不可或缺，其作用和影响日渐增强。由此可以看出，没有文化作支撑，生产力就不可能获得质的提升和大的发展。

（二）文化正日益成为最关键的竞争力

一般来说，我们可以从两个层面来认识竞争力。从内部关系看，它主要指一个国家、地区、社会、企业自身协调运转，创造增加值的可持续增长的综合能力；从对外关系看，它指的是不同国家、地区、社会、企业，在相互联系和相互作用的过程中，所表现出来的优长及有利态势。无论从哪个层面来理解竞争力，它都不是单一的力量结构，而是由多要素组成、受多因素影响的复杂力量体系。在这个体系中，文化的作用日益凸显，正在成为影响竞争力的关键因素。这主要表现在两个方面：

一方面，文化以产品形式直接参与竞争，文化竞争力的地位越来越显要。在文化产业出现之前，文化作为竞争力的重要因素是在背后起作用的，但是，随着文化产业的兴起和发展，经济竞争力在许多方面直接表现为一种文化竞争力。这时，文化要素就成了产品竞争力乃至经济竞争力的核心要素。大量的事实表明，具有文化含量、文化品位、文化个性的产品，往往能够更好地实现经济增值，在竞争中胜出。当前，经济活动在许多方面表现为文化产品的生产、销售、消费和竞争。如美国 2000 年的文化产品出口为 700 亿美元，居出口创汇第二位。近几年，仅音像制品一项，就超过了航空航天业，跃居首位。目前，世界许多国家和地区，都把积极挖掘和整合自己的文化资源，创造区域文化优势，打造文化产品，作为增强竞争力的战略选择。

另一方面，文化在整个生产和竞争中的基础性地位不断增强，作用越来越突出。竞争力的生成，与区域资源、技术、资本、组织形式、人才队伍等因素紧密相关，文化是其中至关重要的因素。在不同的社会形态和历史时期，资源、资本、技术一直发挥着重要作用。随着社会发展和信息时代的到来，文化的基础性作用越来越明显，成为影响竞争力的核心要素。1990 年，美国著名管理学者普拉哈德和哈默尔提出了核心竞争力的概念，认为它是“我有而别人没有”的独特技术和技能。近年来，许多学者认为，文化才是当今社会的核心竞争力。北京大学著名教授张维迎认为，核心竞争力具有五大特性，即“偷不去、买不来、拆不开、带不走、流不掉”。后来，人们又加了一条——“变不了”。技术、资本、人才的转移、流动相对容易，而文化就不那么简单了。你可以抢走一个人的财富，但抢不走他的精神。著名管理学家小托马斯·沃森，在《一个企业和它的信条》这本书中明确提出，创造一种凝聚人心的企业文化，特别是核心价值观，并始终如一地信奉它，是企业获取核心竞争力的根本法则。由此可见，国家、民族、地区、企业之间的竞争，既是技术、资本、人才的竞争，更是文化的竞争。

（三）文化正日益成为最重要的融合力

社会要素和部门既高度分化，又高度融合，这是社会发展的必然趋势。当今时代，经济全球化加速推进，科技革命日新月异，社会要素、部门和分工进一步细化，加强融合成为推动社会和谐发展的必然选择。在推动社会各要素、各部门、各种力量的融合中，文化发挥着越来越重要的作用。具体来说，文化的融合作用主要体现在三个方面：

一是体现在文化与经济的相互渗透、文化建设和经济建设的协调发展上。当前，“文化产业化”和“产业文化化”互动发展，产生了积极的社会效果和经济效益。事实表明，在经济建设中融入文化要素，在文化建设中注重发挥经济的作用，这是推动经济社会又好又快发展的重要途径。如果忽视这一点，发展就会受到消极影响。比如，美国时代华纳和美国在线两家企业兼并重组后，由于忽视了企业文化的融合，结果导致在决策、管理、营销等方面分歧很大，企业发展面临诸多难题。又如，德国的戴姆勒和美国的克莱斯勒两家企业虽然走到了一起，但不同文化的冲突一直困扰着公司的经营管理者，影响着企业的发展。这说明，在经济社会发展中，必须注重强化文化的融合作用。

二是体现在文化与政治的相互渗透、文化建设和政治建设的协调发展上。在社会生活中，文化不仅是政治的重要基础，而且是政治的有效表现形式。在西方，近代资产阶级的文化启蒙运动，不仅为资产阶级革命提供了有力的思想先导，而且对资产阶级民主政治的发展进步至今发挥着重要作用。在中国，五四新文化运动所高举的民主和科学两面旗帜，不仅唤起了中华民族的觉醒，而且对当代中国民主政治建设仍然具有积极影响。时代越是向前发展，文化与政治的联系越是紧密。推进社会主义民主政治，建设社会主义政治文明，不仅是制度和体制层面的建设，也是精神层面的建设。如果社会主义民主建设仅仅停留在制度和体制层面，而民主精神不能深入人心，那么，发展社会主义民主政治的目标就难以真正实现。

三是体现在文化与社会的相互渗透、文化建设和社会建设的协调发展上。新世纪新阶段，中国特色社会主义建设，已拓展到经济建设、政治建设、文化建设、社会建设四个方面，形成了“四位一体”的社会发展布局。文化广泛渗透到教育、就业、住房、医疗等社会事业各方面，对调解社会矛盾，调节人们的心理，调整人与人、人与社会的相互关系，发挥着积极作用。

（四）文化正日益成为根本的凝聚力

凝聚力是国家、民族、地区或部门发展进步的必要条件，是影响国家强弱、民族兴衰、企业成败的重要因素。一个缺乏凝聚力的国家、民族或集体，就是一盘散沙。凝聚力来自哪里？我认为，最主要的是来自“三同”，即同宗、同利、同文，也就是具有共同的祖先、共同的利益、共同的文化信仰和价值追求。这“三同”，就像三条纽带，即血缘纽带、利益纽带和文化纽带，把全体成员联系起来、团结起来，成为一个整体。在“三同”中，共同的文化信仰和价值追求处于最高层次，在凝聚力的形成和发展中，具有根本性、决定性意义。大家都知道，以色列是犹太人在20世纪中叶建立起来的国家。1900多年前，古罗马的恺撒大帝把犹太人赶出耶路撒冷，从此犹太人没有了祖国，散居世界各地，在历次战乱中饱经沧桑。特别是在第二次世界大战中，居住在德国的犹太人被屠杀了三分之二。尽管如此，在近两千年的发展中，他们仍然没有被同化或消融，而是保持着强烈的犹太民族认同和民族凝聚力，最后建立了以色列国家。这靠的是什么？主要是具有悠久历史的以犹太教为核心的犹太文化。再拿美国来说，它是一个移民国家，没有“同宗”的社会基础，其凝聚力很重要的是来自文化认同。小布什在西点军校说：“没有美国种族，只有美国信念。”这话确实值得我们深思。我们中华民族具有悠久的历史文化，在长期生活和实践中，形成了以爱国主义为核心的优良文化传统和伟大民族精神，这是中华民族历经磨难而不衰、始终保持强大凝聚力的根本原因所在。值得关注的是，随着市场经济的发展，城乡之间、区域之间社会成员加速流动，社会财富和人们收入快速增长，由“同宗”、“同利”而形成凝聚力的传统机制正在发生深刻变化，文化在形成凝聚力中的作用进一步增强。

（五）文化正日益成为最深厚的创造力

创造力主要指创造新思想、新体制、新事物的能力。创造力是推动民族和社会发展的强大动力，是国家综合实力和竞争力的源泉，也是民族素质的重要标志。去年 10 月份，世界经济论坛公布了《2007—2008 年全球竞争力报告》，排名在前的有美国、瑞士、丹麦、瑞典、德国、芬兰、新加坡、日本等国。报告指出，美国排名第一，主要是因为其拥有高度先进而且创新能力强的公司和高效的生产要素市场。对于瑞士，报告则指出，主要是因为其创新能力强，有非常先进的企业文化。

文化是创造力的深厚基础。从历史上看，凡是文化发展繁荣的高峰时期，也是这个社会创造力最旺盛的时期。古往今来，凡是创新能力强的大艺术家、大科学家、大哲学家、大文学家，本质上都是文化大师。没有文化的人哪来的创造力？具体来说，文化是知识，为创造力的形成和发展提供了强大的智力支持；文化是情感、伦理和信仰，为创造力的形成和发展提供了牢固的思想道德基础和根本价值取向；文化还是一种方法，是体现和反映民族特色的一种思维方式，为创造力的形成及发展提供了思想工具和手段，制约和影响着创造活动的内容、程度及方向。由此可见，文化及其活动是创造力形成和发展的最深厚的源泉。特别是在当今时代，随着知识经济的发展，文化创造力的影响更加明显、更加突出。

我们党和国家准确把握时代发展的特征和大势，从路线、方针和国家整体发展战略层面制定了文化建设纲领和发展纲要，大力推进文化体制改革，积极推动社会主义文化大发展大繁荣。一位日本学者在研究当代中国社会发展变化时发现，自十三大以来中国共产党历次党代会报告中“文化”一词出现的频率是逐步提高的。十三大19次，十四大22次，十五大51次，十六大84次。他由此得出结论，中国共产党对文化和文化建设越来越关注。这从一个侧面反映了我们党和国家高度重视文化和文化建设的事实。近几年来，全国许多省市和地区，根据自身特点，在战略谋划和实践中把文化和文化建设摆在更加显著的位置，提出了加快文化建设的目标和任务。特别令人高兴的是，我们山东省委省政府提出了“建设文化强省”的战略任务，并具体制定了“实现由文化资源大省向文化强省跨越”的八大工程，即思想道德建设工程、文化体制改革工程、文化载体建设工程、文化产业发展工程、文化精品打造工程、文化发展环境工程、人才队伍培育工程和中华文化标志城规划建设工程。

改革开放以来，山东的经济建设取得了巨大成就。在这个基础上，山东又以前瞻的眼光，提出了建设文化强省的战略目标。我感到，山东省委省政府领导站得高、看得远，对党的十七大精神和胡主席重要指示理解是深刻的，对山东经济社会发展要求的把握是准确的，对当代文化的巨大作用及其发展趋势的认识是透彻的，制定的政策和措施是切合实际、深得人心的。我为此感到振奋。

二、厚重的传统文化资源是山东建设文化强省的突出优势

山东建设文化强省有很多优势，有一些其他省市难以比拟的突出优势。从文化层面讲，主要有四个方面：一是以泰山和“三孔”为代表的名山大川、名胜古迹；二是以齐鲁文化为基本内涵的传统文化资源；三是以沂蒙精神为重要特征的红色经典文化资源；四是以海尔企业文化为代表的当代新型文化。今天，我着重讲一讲我们山东的区域传统文化。

对于传统文化，我们要有正确的认识和态度。传统文化中既有积极因素，也有消极因素；既有民主性精华，又有封建性糟粕。因此，对传统文化全盘继承是错误的，全盘否定也是错误的。毛泽东同志讲过，中国革命离不开历史，中国具有悠久的历史文化，从孔

夫子到孙中山，我们要承继这份珍贵遗产。党的十七大报告关于文化建设讲了四个方面，其中第三个方面是弘扬中华文化，构建中华民族共有精神家园。我们山东的厚重传统文化资源，是十分宝贵的精神遗产，要很好地研究、很好地挖掘、很好地运用，使之在文化强省建设中发挥更大的作用。

（一）山东区域传统文化的主要特点

我们山东作为中华文明发祥地之一，孕育和形成了源远流长的齐鲁文化。齐国和鲁国都是周代的封国，它们各自形成了自己的文化风格和特点；经过春秋战国的社会动荡、文化交流和后来的百家争鸣，特别是经过孟子的改造、荀子的集大成，两国文化基本上融为一个整体，我们一般称它为齐鲁文化。

齐鲁文化塑造了山东人鲜明的性格特征。日本有个著名的“面相学”大家，名字叫坂元宇一郎，他对中国人的面相作了系统的研究后指出，最标准的中国人的相貌就是山东人那种类型。国学大师钱穆，他不是山东人，是江苏无锡人，他有几个看法：第一，在中国，代表正统文化的首先要推山东人；第二，比较起来，从古到今，山东人最有做中国标准人的资格——他们最强韧、最活跃，大圣人、大文学家、大军事家、大政治家，各种伟大典型的人物都有；第三，中国文化的历史精神，实质就是道德精神，而山东人可以说是中国道德精神的代表。

齐鲁文化具有这么大的魅力，它到底有哪些特点呢？我觉得，可以概括为这么几条：

1. 地位重。在许多人的心目中，“齐鲁文化”、“儒家文化”、“中国传统文化”这三个概念之间，有许多相互重合的成分。齐鲁文化虽是地域文化，但是在中华传统文化中长期发挥着主流文化的作用。有专家称，“齐鲁文化是中国传统文化之核心和主体”。作为中华民族思想文化的重要源泉，海内外华人心中的圣地，齐鲁大地在中华文化发展中具有独特地位和突出贡献。

早在汉代，儒家文化就跨出了国门，先在朝鲜半岛、日本、越南、新加坡等地传播，后来又传入阿拉伯地区和欧洲，对世界文明发展产生了一定的影响。2004 年，海外孔子学院开始建立，到 2006 年 7 月，已达 80 所，截至 2007 年底，已在 66 个国家和地区建立了 227 所，预计到 2010 年达到 500 所。速度是相当惊人的。“孔子”的头衔，业已成为我们国家对外交流的“名片”，发挥着文化软实力的巨大影响力。

2. 层次高。《论语》和《孙子兵法》一文一武，构建了中国古代历史上经国治军的最好方略。儒家文化以建构人类自身生存发展的人文之道为核心内容，以修己安人、内圣外王为价值取向。孔子的《论语》作为中国古人尤其是士人阶层的“圣经”，经后人不断阐发，意义逐渐加深，从一般知识分子的安身立命，到成为“圣人”，下学而上达，迈向“闻道”境界。《孙子兵法》揭示了人类战争活动最一般的规律，体现了人类社会所有竞争领域的根本特点和共同要求。在西方，著名军事思想家克劳塞维茨写过《战争论》这部不朽的名著，但是与孙子相比，按照以色列一位战略家所说的，他也只能“屈居第二”。

3. 范围广。出自山东的文圣孔子、亚圣孟子、兵圣孙武、科圣墨子、匠圣鲁班、书圣王羲之等，他们在人类文明史上，都是影响很深远的。拿兵法来讲，《武经七书》中就有五部出在齐鲁境内，就是《孙子兵法》、《吴子兵法》、《六韬》、《三略》和《司马法》。加上姜太公、孙膑、诸葛亮、戚继光等兵法家，组成强大的阵势。山东的道家和道教文化也很深厚和发达。庄子活动于山东、河北、河南交界一带，唐代封庄子为“南华真人”，封《庄子》这本书为《南华真经》，而南华山就在菏泽东明境内。胶东面临大海，自古便有神仙传说和修仙方士，成为道教重要源头；金元之际，又有著名的全真道从这里兴起，这是有深刻历史文化背景的。

隋、唐以前，三分之一的书画家出现在齐鲁境内，在全国首屈一指，独领风骚。其他诸如李清照、辛弃疾、蒲松龄等，都是出在山东。迄今为止，国家邮政集团公司发行的三枚地方特种邮票，有两枚出在山东，一个是《八仙过海》，一个是《古代名将戚继光》。此外，还有特色鲜明的泰山文化、黄河文化、运河文化、滨海文化等，如此深厚的文化积淀和如此丰富的文化资源集于一省，在全国是不多见的。

4. 作用大。在中国两千多年的传统社会，孔孟学说发挥的作用是其他思想无法比拟的。它最大的贡献就是化解了大一统的政治和分散的小农经济的矛盾。所以，汉代就提出“罢黜百家、独尊儒术”的政治主张，宋代又有“半部《论语》治天下”的说法。据史书记载，宋代宰相赵普碰到国家大事或重要问题不能解决的时候，他都到《论语》中寻求“锦囊妙计”。历史上，儒家思想不仅对国家意识形态发挥着主导作用，而且渗透到社会生活的方方面面，影响着人们的认识和思考，成为一种大众化的思维方式和生活方式。

（二）山东区域传统文化的基本精神

继承传统文化，最根本的是要弘扬其基本精神。山东区域传统文化的基本精神是什么呢？我觉得，至少有这样五个方面：

1. 修身为本的伦理精神。齐鲁文化与其他国家传统文化有很大的不同，别的文化，有的关注天堂和来世，有的关注鬼神，但齐鲁文化关注的始终是现实，是活生生的人，是每个人如何处理好自己与他人、与社会的关系。因此，从本质上说，齐鲁文化是一种伦理文化，反映着强烈的道德精神。这种文化把修好自己的身、做好自己的事，作为立身处世的根本。强调遇事不要怨天尤人，要多反省自己，从自己身上找根源，修养好自己的思想和行为。儒学的价值目标是“内圣外王”，讲的就是做人是做事的前提，修身修好了，做事才有基础。所以，儒家把修身作为齐家治国平天下的先决条件，体现出修身为本的价值取向。《大学》里说：“自天子以至于庶人，壹是皆以修身为本。”如何修身？儒家也提出了一套明确的法则，就是要力行“仁、义、礼、智、信”五德。随着时间的推移，后人对这五德进一步丰富和发展，形成了完整系统的伦理道德体系。

儒家的修身为本，讲的不仅仅是一个道德问题，而且强调要把修身和做事、为政、人格气节的自我完善统一起来。在做事上，就是要积极入世、救世，要自强不息、积极乐观、刚健有为。在为政上，强调要正己正人，首先注重道德修养、端正自己，以自己的模范行动影响和带动整个社会。在人格和气节的自我完善上，不仅要修身立德，而且要立功、立言，实现人生“三不朽”。

2. *仁爱兼爱的人本精神*。齐鲁文化始终把“人”放在中心位置，体现出了强烈的人本精神。《管子》认为，明君治理万民，也要像日月普照天下一样无私，对人民“爱之、利之、益之、安之”。“以人为本”这个概念，就是管子提出来的，他说：“夫霸王之所始也，以人为本，本理则国固，本乱则国危。”孔孟思想的核心是“仁”，什么是“仁”？孔子有自己的解释，就是“仁者爱人”。强调把对父母、兄弟等有血缘关系的爱，扩展到国家、社会和他人。墨子主张“兼爱”，要求爱无差等，“周爱人”，即普遍地爱一切人。不管是管子的“以人为本”、孔子的“仁者爱人”，还是墨子的“兼爱”，都反映了一种强烈的人本精神。

这种人本精神突出体现在政治思想和实践中，就是要爱民、重民、惠民。管仲说，要“以百姓为天”，因为“政之所兴，在顺民心；政之所废，在逆民心”；“治国之道，必先富民”，“仓廪实则知礼节，衣食足则知荣辱”。墨子认为，应该“兴天下之利、除天下之害”，只有“爱利百姓”，获得民心，政权才会巩固。孔子主张德治仁政，教化万民，曾发出“苛政猛于虎”的呼声。孟子说，“民贵君轻”，要“保民而王”、“为民父母”、“与民同乐”，“善政不如善教之得民”，统治者应当实行“王道”，而不是“霸道”。

3. 义利统一的诚信精神。讲诚信是齐鲁文化的一个鲜明特色，诚信是怎么建立起来的？主要是正确处理义和利的关系。首先，齐鲁文化对义看得特别重。孔孟认为，君子以义为上，以义为先，以义为重，“君子喻于义，小人喻于利”，杀身成仁，舍生取义。这种重义的精神，对于塑造山东人的品格起到了重要作用。直到现在，人们说起山东人来，评价还是三句话：讲诚信、讲义气、很豪爽。其次，齐鲁文化并不排斥利，比如管仲就很重利，并且围绕着怎么实现利的问题提出了比较丰富的经济思想。最后，齐鲁文化还强调义和利的统一。利有大利、小利之分，大利是公利，是国家之利、长远之利，追求公利是最大的“道义”。小利是团体之利、个人之利，获取这方面利益必须符合道义原则，“君子爱财，取之有道”。

需要强调的是，齐鲁文化所讲的“义”的内涵中，非常注重“诚信”的价值和作用。《论语》里有孔子和子贡的一段对话，子贡问孔子如何统治国家，孔子说，“足食，足兵，民信”三个条件即可。并说可以“去兵”、“去食”，但不能去“民信”，“人无信不立”，民众不信任国家，国家就不能存在了。《庄子》里讲了个故事：有个叫尾生的人，一日与某女子相约在桥下见面。大雨瓢泼，桥下涨水，却不见那女子来。尾生坚守信约，在桥下苦等。水越来越大了，他抱着桥桩，不忍离去，直至淹死。这个尾生，据考证是鲁地人。“尾生之信”和“抱柱之信”两个成语都是赞扬尾生讲信用的。

4. 开放求变的开拓精神。齐鲁文化具有很强的开放性和包容性。齐鲁文化的延续发展就得益于开放和包容。春秋战国之际，临淄稷门附近的稷下学宫，成为当时文化学术中心。除了儒、墨、道、法、兵，还有名家、阴阳家、纵横家等各派，汇集到这里讲学，著书立说，交流切磋，形成了百家争鸣的生动局面。在稷下学宫鼎盛时期，容纳了当时“诸子百家”所有学派，汇集了天下贤士上千人，各种学派都可以在这里自由发言、平等讨论。胡适在《中国中古思想小史》中说：“稷下学宫就像大熔炉，争鸣辩论就像粉碎机和搅拌机。旧的学派儒、道、墨、名、法等家，经过争鸣辩论，被粉碎搅拌装入熔炉熔炼形成许多新的学派。如黄老道家、阴阳家等，就是战国稷下的产物，是齐学的新产品。”郭沫若称，“这稷下之学的设置，在中国文化史上实在是有划时代的意义”。今天，很多学者都把它称为中国文化的“元典时期”、“轴心时代”。

当时，齐国商业比较发达，“天下之商贾归齐若流水”，商品的广泛流通，带有开放和不断革新的要求。管子提出“不慕古，不留今，与时变，与俗化”，崇尚的是一种变革精神。孔子晚年读《易经》“韦编三绝”，追求的是一种改“过”自新的精神。墨子、甘德、邹衍、扁鹊、公输班（鲁班）等，都是各个领域变革创新的杰出代表。

进入近代以来，齐鲁文化以泰山文化为根基，又以东海文化为中介，接引西方文化进入其中，萌发出更强的开拓意识。“闯关东”就是山东人勇于开拓的历史写照。1911 年，东北人口约 1841 万，移民人口约 1000 万，其中山东移民为 700 万～800 万。1912 年至 1949 年，山东人闯关东的总数达 1800 多万。东北的大开发，山东人居首功。还值得一提的是，新中国成立前去台湾的山东人，数量之多，居大陆各省之冠，他们为建设台湾做出了很大贡献。这在 2001 年台北出版的《山东人在台湾》丛书中有详细记录。

5. 以和为贵的和谐精神。齐鲁文化以和为贵、崇尚和谐的精神非常突出。一是主张和而不同。孔子有句名言，君子和而不同，小人同而不和。关于“和”与“同”的关系，晏婴有过很精彩的表述。他打比方说，如果是以水调剂水，而不加任何调料，那烧出来的汤则毫无味道；如果只是一个声调，没有高低徐疾之分，声音就不优美，谁也不爱听。意思是说，不同看法的协调就是“和”。所以，“和”不是千篇一律，毫无差别，而是“和而不同”，是在保持差别和个性的前提下的和谐一致。二是主张中庸处事。和谐精神还表现为持中有度的思想和行为方法。孔子认为“过犹不及”，主张“执两用中”。子思把“和”提升到“道”的高度，认为“中也者，天下之大本也；和也者，天下之达道也。致中和，天地位焉，万物育焉”。三是主张谦让宽容。孔子强调，处理人与人的关系，要讲究忠恕之道，体现谦让宽容的精神。“礼之用，和为贵”，礼的功能有很多，最可贵的就是协调各种关系，使社会整体达到和谐有序。为此，《论语》中特别推崇“温、良、恭、俭、让”。四是主张平等相待。“四海之内皆兄弟”，“四海之内若一家”，“天下远近大小若一”，这些平等相待的观念，在齐鲁文化当中占有很大的分量。多民族的国家怎么样和谐相处？齐鲁文化提供了一个文化认同和民族认同的理念。墨子认为，要“视人之国若视其国，视人之家若视其家，视人之身若视其身”，坚决反对“以大欺小，以强凌弱，以富侮贫”。这种强调国与国、家与家、人与人完全平等的思想，对构建和谐社会、建设和谐世界仍有重要的借鉴意义。

值得强调的是，在齐鲁文化中贯穿着强烈的爱国主义精神。我在前面概括的齐鲁文化五个方面基本精神，都与爱国主义精神联系在一起。拿孔孟学说来讲，它提出“大一统”的思想，主张修身齐家治国平天下，主张“生于忧患，死于安乐”，主张“克己复礼、天下归仁”、“杀身成仁”、“舍生取义”，所有这些都是以爱国爱民为价值取向的。中华民族历史上的爱国英雄、名人义士、忠臣烈女，像岳飞、戚继光、文天祥、辛弃疾、包公等，几乎都是儒家文化熏陶出来的。

（三）山东区域传统文化必将转化为建设文化强省的突出优势

在过去数千年历史上，山东区域文化曾长期走在中华文明发展进步的前列。传统文化是祖先留给我们的宝贵精神财富，只要与当代的历史条件相结合，就会焕发出新的生机和活力，为建设经济强省、文化强省提供强有力的支撑。这里，我想着重联系海尔独特的企业文化现象，分析一下传统文化资源转化为山东建设文化强省之突出优势的现实可能性。

海尔集团诞生于齐鲁大地，是当代中国第一品牌，是家电行业的“航母”，其独特的管理经验被正式写进哈佛教材，这在中国企业里面还是第一个。从一定意义上说，海尔代表的是国家的形象，是东方的形象。海尔的崛起是古老东方在新世纪崛起的先锋和象征。海尔成功的奥秘何在？其中很重要的一个原因，就是成功地把外来文化、现代文化和我们山东的区域传统文化很好地融合，形成了特色鲜明的海尔企业文化。张瑞敏说：“管理中国企业只能用中国式的管理模式。我的管理模式的公式是：日本管理（团队意识和吃苦精神）+美国管理（个性舒展和创新竞争）+中国传统文化中的管理精髓=海尔管理模式。”他喜欢读三本书：《老子》、《论语》和《孙子兵法》。他说：“《老子》帮助我确立企业经营发展的大局观；《论语》培育我威武不能屈、贫贱不能移、勇于进取、刚健有为的浩然正气；《孙子》帮助我形成具体的管理方法和企业竞争谋略。”

海尔文化的精髓就是齐鲁文化所蕴含的人本精神，就是以人为本。海尔明确提出：“海尔是海，企业是人。”在海尔，形成了“以人为核心”的氛围。海尔集团以彼此之间的相互信任和理解，来培养员工的忠诚服务、精神和参与意识；以增强类似于家族意识的社团组织，来提高集体合作精神；以对员工的全面关心和平等对待，来充分发挥每个劳动者的才能、潜力和创造性。

儒家倡导的诚信深深融入海尔的企业文化。海尔遵循“真诚到永远”的社会服务宗旨，始终以“海尔人就是要创造感动”作为企业的服务理念。在市场营销中，坚持做到“先卖信誉，后卖产品”，

"质量不打折，服务不打折，信誉不打折"。独特的质保体系，赢得了消费者。国内许多行业和地区风行的"承诺"制度，其实是深受海尔影响。

《孙子兵法》的权变思想，在海尔也得到很好体现。海尔集团认为，"市场唯一不变的法则是永远在变"，只有不断对市场变化做出灵活反应，"以变制变，变中求胜"，才能把握商机，赢得主动。面对市场饱和状态，海尔提出"创造需求，创造市场"，"只有淡季的思想，没有淡季的市场"，"必须在别人否定你的新产品之前自己否定自己"。面对瞬息万变的市场，海尔集团的工作作风是"迅速反应，马上行动"，"产品开发要有第一速度，销售要有第一速度，纠错不过夜要有第一速度"。面对不断增大的业绩和知名度，为了防止盲目骄傲，提出"永远战战兢兢，永远如履薄冰"的生存观念。

最近我在网上和一些书上，看到了海尔的十大理念。这些理念，包括一些规章制度，基本上都有齐鲁文化的印记。从海尔跨越发展的过程看，山东经济社会发展应该从齐鲁文化中汲取丰富的思想资源和精神营养，齐鲁文化也能够古为今用，转化为促进山东经济社会发展的强大动力、建设文化强省的巨大优势。事实上，这些年来，山东各地在利用传统文化资源、推动文化建设方面，下了很大功夫，取得了很大成效，形成了许多亮点。像曲阜国际孔子文化节、惠民孙子国际文化节、淄博国际聊斋文化旅游节、潍坊国际风筝节、梁山国际水浒文化节、龙口国际徐福文化节、浮来山福寿文化节等，都是开发利用传统文化资源的重要成果。今天在这里，我只是举了这么几个例子，现在的情况是，在利用传统文化资源方面，成绩很大，潜力很大，空间很大，还可以做很多文章。

三、以科学发展观指导和统领山东文化强省建设工程

关于建设文化强省的问题，山东省委省政府已经做出了全面的规划和部署。我觉得，要贯彻落实好省委省政府的规划要求，一个

根本性的问题，就是要用科学发展观指导和统领文化强省建设工程。科学发展观是我国经济社会发展的重要指导方针，是发展中国特色社会主义必须坚持和贯彻的重大战略思想，也是我们推进文化强省建设工程必须遵循的根本指导思想。以科学发展观指导和统领文化强省建设工程，关键是要运用统筹兼顾的根本方法，把发展作为第一要义，坚持以人为本和全面协调可持续的基本要求，正确把握和处理好五个关系。

（一）把坚持文化正确导向与满足群众文化需求统一起来

建设文化强省必须牢牢把握正确导向，顺应历史潮流，反映时代精神，代表社会发展方向，使文化为思想的解放和历史的进步开辟道路，推动经济社会深刻变革。在当代中国，把握正确导向，最根本的就是加强社会主义核心价值体系建设。社会主义核心价值体系，是社会主义意识形态的本质体现，是社会主义先进文化的核心和根本。它的内容包括四个方面：马克思主义指导思想，中国特色社会主义共同理想，以爱国主义为核心的民族精神和以改革创新为核心的时代精神，社会主义荣辱观。坚持以核心价值体系为主导，把握好文化建设正确导向，这一点我们任何时候都不能动摇。

坚持正确的文化导向，不是空的，它需要通过广大人民群众的思想认识和文化活动反映出来，落到实处。人民群众是社会活动的主体力量，既是文化的创造者，也是文化的享受者、承担者。这就需要我们在坚持正确导向的时候，必须要关注、研究群众的文化需求。当前，人民群众文化需求的多样化呈加速发展态势。如何看待精神文化多样化的现状呢？我讲三句话：一是必然性，二是进步性，三是复杂性。必然性，指的是人民群众精神文化需求多样化的出现是必然的，因为它是改革开放以来物质生活多样化的反映和表现。进步性，是指人民群众精神文化需求多样化，对推动社会发展具有积极意义。多样化既是文化大发展大繁荣的重要标志，同时又是推动文化和社会发展的重要条件。复杂性，是指格调不一、良莠混杂，一些封建主义糟粕借多样化沉渣泛起，资本主义的腐朽文化乘机而入。这种状况，既给我们坚持文化的正确导向提供了机遇，同时也带来了严峻挑战。如何把两者统一起来？在认识上，我们要看到它们是互相包含、互相依赖、互相促进的辩证关系。在工作上，一是要防止和克服忽视人民群众需求的倾向，不断研究群众精神文化生活的新特点新趋向，密切追踪群众文化需求的新变化新规律，最大限度地满足群众需求。二是要防止和克服迎合低级趣味的倾向，弘扬主旋律，坚持高格调。着眼于提升人们的文化素质、道德修养、精神境界，发展先进文化，支持健康文化，改造落后文化，抵制腐朽文化，用社会主义核心价值体系引领多样化的发展。三是要防止和克服方法简单的倾向，要不断创新手段和方法，在增强亲和力、吸引力和感召力上下功夫，不断增强导向的针对性和实效性。

（二）把加强和改善文化设施与创新文化体制结合起来

文化设施作为硬件，是文化建设的基础条件，也是文化发展繁荣的一个重要标志。文化设施建设具有一次投入、长期受益的特点，能够为文化发展进步提供长久的支撑。在文化建设中贯彻“发展”这个第一要义，最直接、最基本的就是把文化设施建设搞上去。对这个问题，我们必须要有清醒的认识，拿出魄力，舍得投入。当前，随着我国经济的快速发展，许多地方都加快了文化设施建设的步伐，重大文化设施建设，城市公共文化设施建设，基层文化基础设施建设普遍展开，取得了重大进展。这是个十分可喜的现象。但是也出现了一些值得关注的问题。比如说，有的缺乏论证，建设项目文化含量不高，有设施、没文化；有的长期闲置、空转，利用率不高；有的盲目攀比，缺乏特色，重复雷同等。对此，我们必须引起注意，引以为戒。要深入实际，了解民意，周密规划，把科学性、群众性、效益性统一起来，真正使我们的文化设施建设成为精神文明建设的窗口、对外文化交流的桥梁、科学文化普及的阵地、地域文化传承的驿站、艺术成果展示的殿堂、群众文化活动的乐园。

在加强改善文化设施的同时，要把创新文化体制进一步突出出来。文化体制是软件，是繁荣和发展文化的关键，是发挥硬件效能的倍增器。大量事实说明，文化建设上遇到的一些矛盾和问题，从深层次上说，都与体制有关。创新文化体制已经是一个最现实、最迫切的课题，摆在我们面前。近年来，党和国家对创新文化体制越来越重视，专门出台了文件，从2003年开始在全国进行试点，涌现出深圳报业、云南丽江、北京儿艺等典型，取得了比较好的效果。比如，北京儿童艺术剧院，改制前年收入100万，勉强维持生存，改制一年后，年收入增至2000万，增长了20倍。这说明，软件不软，软件也很“硬”，甚至比硬件还硬。目前，我国文化体制改革创新正围绕着塑造市场主体、培育市场、加强法制建设、改善宏观管理等关键环节全面展开。听说，省委省政府在这些环节上都有很有力的措施，我相信，在这方面会出更多的成果，创造出更丰富的经验。

（三）把繁荣文化事业与发展文化产业贯通起来

文化事业与文化产业如同车之两轮、鸟之双翼。只有把两者贯通起来，才能在满足人民群众日益增长的精神文化需求的同时，有力推动经济社会发展。这方面，党和政府提出了“两手抓、两加强”的原则要求，就是一手抓公益性文化事业，加强政府的主导作用；一手抓经营性文化产业，加强市场的主导作用。这是文化领域贯彻落实科学发展观的重要体现。

文化事业是社会文化生产的一个重要阵地，是保障广大人民群众文化权益的一条基本途径。因此，我们要站在立党为公、执政为民的高度，以强烈的阵地意识、群众意识和服务意识，把文化事业办好做强。

与此同时，我们要在发展文化产业上下更大功夫。文化产业是从事文化生产和文化服务的经营性行业，主要包括影视业、图书出版业、发行业、动漫业等。在市场经济发展过程中，文化产业搞不起来，经济强省和文化强省的双重目标都难以实现。原因在于，文化产业具有双重属性、双重功能。一方面，它具有产业属性，经济功能，能产生巨大的经济效益。2007 年中国《文化蓝皮书》披露，美国的一部动画片《变形金刚》及其相关的衍生产品，就从中国赚了 50 个亿。美国的一本杂志《读者文摘》，年收入是 25 亿美元。另一方面，文化产业具有文化属性，具有强烈的意识形态功能。文化产业的产品与其他产业的产品有一个根本的不同点，其他产业生产的产品主要是满足人们的生理需要，比如生产粮食是免于饥饿，生产钢铁是为了造房子、造汽车等，让人生活得更加舒适。而文化产品不同，它有满足人生理需求的方面，但主要还是承载思想、价值观、情感的载体，是传递文化观念的工具。和尚庙里卖梳子的事例就是一个很好的证明。需要强调的是，文化产业在轻松环境中，以群众喜闻乐见的形式，实现思想和价值观的传递，就此而言，它的意识形态功能，与文化事业相比，不仅不弱，有时甚至更强。

在这里，我给大家介绍一些我国文化产业发展的情况。目前，我国的文化产业同外国相比有六个方面的特点。一是起步晚。美国和西方在 20 世纪 40 年代前后就开始发展文化产业，60 年代前后形成了基本框架。而我国是在 20 世纪 90 年代起步的，落后了半个世纪。二是总量小。2003 年，我国文化产业的增加值是 3577 亿，占 GDP 的 3.1%；2005 年是 4328 亿，占 GDP 的 4%。而美国等西方发达国家，一般都在 20% 左右。三是规模小。我国的文化产业正在逐步形成规模经营，但仍然比较小。在西方国家，有大量的文化产业集团。美国 400 家最富有的公司中，文化企业占了 100 家。四是效率低。美国的电影《泰坦尼克号》，在 150 多个国家和地区放映，票房收入20亿美元。而我国2007年几百部国产电影的票房总收入是18.01亿元人民币，加上进口的总票房是33.27亿。五是出口少。2002年我国图书版权进出口比是8：1；2005年我国从美国引进图书版权4068种，输出是14种，进出口比是290：1；2007年引进10950种，输出版权2050种，进出比为5：1。每年开人大会的时候，许多人大代表大声疾呼：我们不能只出口电视机，不出口电视节目。六是竞争力弱。《中国文化产业国际竞争力报告》运用目前先进的评判方法，对15个国家的文化产业竞争力，从3个基本层面、5大基本要素、16个竞争面、67个竞争力指标进行评判，得出的结论是：中国文化产业竞争力排名最后。总体来讲，我国是一个文化资源大国，但还远远不是一个文化产业强国。发展文化产业，任重而道远。严峻的形势，对我们是一个挑战，同时也是一个机遇。只要我们能够解放思想、拓展视野，把思路搞对头，就能发挥后发优势，迎头赶上。

令人高兴的是，山东对发展文化产业见事早、抓得紧，有了很好的发展势头。根据多方面的经验，搞文化产业，有一个规律性的东西，就是“四个找到”：在中央的总体部署和国家大局中要找到自己的定位；在传统文化资源中和已有成就的基础上要找到新的增长点；在世界多极化和经济全球化的大背景下要找到自己的市场；在激烈的竞争中要找到自己的优势。这“四个找到”，或许能给我们一些启发。

（四）把提升城市文化与活跃乡村文化协调起来

城市文化代表着文化的品位和创造力，乡村文化反映着文化生活的活跃程度和普及程度。实施文化强省建设战略，必须推动城市文化建设和乡村文化建设的协调发展。

一方面，要把提升城市文化作为建设文化强省的重头戏。我们的城市文化这些年尽管有了很大发展，但跟一些发达国家比起来，我感觉，还有三个明显不足：一是文化氛围还不够浓郁；二是市民的文明素质还有待提高；三是城市文化在经济社会发展中的引领作用还不够充分。所以，我们必须全面提升城市文化的质量和品位，努力打造以城市精神为核心的价值创造力，以科技和文化创意为核心的城市文化创新力，以文化输出和传播能力为核心的城市文化辐射力，由城市品位、城市品牌、城市形象等要素所构成的城市文化影响力。

另一方面，要把活跃乡村文化作为建设文化强省的一项基础工程。我们山东是个农业大省，农村人口多、数量大，文化强省建设工程搞得怎么样，很关键的，就是看乡村文化发展水平。改革开放以来，农村生产力有了很大发展，人们的物质生活水平大幅提高，精神文化需求明显增强。如何适应新的形势，满足乡村日趋丰富的文化需求，是我们面临的突出任务。乡村文化要发展，必须借助社会主义新农村建设这个大好时机，在五个方面下功夫：一是要把统筹城乡文化建设，纳入统筹城乡经济社会发展的总体规划，提高对乡村文化建设的关注程度、研究深度和投入力度，把基本设施、基本组织、基本队伍建立起来。二是要大力发展科学，开展科技扶贫、科技支农，普及科技知识，提高农民的科技素养。三是要占领和巩固乡村思想文化阵地，开展移风易俗活动，开展创建和谐家庭、和谐村庄活动，抵制封建迷信和落后腐朽文化的影响。四是鼓励农民自办文化，有条件的，可以开发有特色的旅游项目，开展民俗文化活动。五是要充分发挥城市文化对乡村文化的示范和带动作用，搞好对口支援和帮扶，把城市的文化人才、技术、资金、管理等方面的优势与农村的文化资源、文化市场等方面的优势结合起来，促进城市文化多下乡、常下乡，努力推动城市文化与乡村文化不断融合、互相吸收、共同繁荣。要把城市开展社区文化、广场文化、节日文化活动的成功经验，推广运用到乡村群众文化活动中去。

城市也好，乡村也好，发展文化都要在推动文化产业发展上动脑筋、想办法。文化产业发展不起来，文化建设就缺乏经济条件，也没有发展后劲。

（五）把开发文化资源与保护文化遗产兼顾起来

我们齐鲁大地，可以说处处承载着中华民族厚实的历史文化积淀。有以实物形式存在的，像孔府、孔庙、孔林等文物；有口碑相传、蔚成民风的，像泰山庙会、千佛山庙会等传统节日；还有形诸文字、意蕴深厚的儒家、兵家等文化，都是中华文明积淀的鲜明体现。对于这些宝贵的文化资源，我们要开发好、保护好。

开发利用文化资源是建设文化强省的一个重要条件。通过开发利用，可以弘扬齐鲁文化的优秀传统，进一步提高山东文化的总体实力和竞争力。当今时代，开发利用文化资源是世界性的一个文化发展趋势，你不开发，别人就会来开发，你的优势就会丢掉，就会由主动变为被动。《国际广播影视学刊》披露，美国好莱坞对开发中国深厚的文化资源越来越关注，在拍摄了《末代皇帝》和《花木兰》之后，又投入5000万美元巨资，利用高科技手段，拍摄《孙子兵法》，随后计划拍摄的还有《成吉思汗》、《杨家将》、《天仙配》、《西游记》。拍完以后在中国放映，既赚了中国人的钱，又塞进了美国的价值观。所以，我们要有开发利用文化资源的高度自觉性、主动性。

开发的内涵非常丰富，不要一提开发就理解为“开挖”，就想到地下的，想到古代的，而是要把地上的与地下的、古代的与现代的、人文的与自然的兼顾起来，做到科学开发、深度开发、系列开发。拿我们山东来说，要努力挖掘各地域的传统节日文化，在保留传统节日的原汁原味的基础上，融入新的要素，丰富文化内涵，提升文化品位。要积极开发具有民族传统和地域特色的刺绣、绘画、雕刻、编织等民间工艺项目，积极开发戏曲、风筝、大秧歌、舞龙灯等民间艺术和民俗表演项目，开发古镇游、生态游、农家乐等民俗旅游项目。对散落在各地的儒家文化资源、兵家文化资源等，进行有效的挖掘、整理和利用，借助相关的名称、标志、象征和口号，进行经营和推广，扩大山东文化品牌知名度，努力把山东文化品牌做大做强。

在积极开发利用文化资源的同时，要做好文化遗产保护工作。只有把文化遗产保护好，才会延长文化资源的使用期，实现文化资源的长期利用和持续发展。否则，只重开发不重保护，文化资源就会受到破坏甚至导致枯竭。要以对历史负责、对民族负责、对未来负责的精神，做好重点文物保护、文化典籍整理保护、中华缮本再造、非物质文化遗产保护和传统文化整理工程。根据文化遗产的不同情况，科学论证，区别对待，保护技术已经成熟的，有步骤地实施文化遗产发掘、整理；开发技术还不成熟的暂缓开发，坚决杜绝随意开发、过度开发。另外，在加强文物保护的同时要保护好环境和生态，这也很重要。

《孙子兵法》的成书之谜及魅力之源*

《孙子兵法》是我国流传最久、影响最广的一部兵书，也是世界军事史上一部千古奇书。奇在三个方面：一是容量极大。不到6000字的篇幅，却概括了玄妙无比的军事哲学，蕴含了方方面面的谋略智慧。二是跨越时空。成书于2000多年前，生命力丝毫不减，被历代兵家封为圣典，推崇备至，至今仍闪烁着智慧的光芒。三是超越军事。两千多年来，不仅军人把它奉为“兵家宝典”，而且政治家、外交家、企业家甚至教练员、营销员也将其视为“智慧的宝库”，从中寻求思想启迪和成功方略。据说，日本的松下幸之助——世界级的企业家，把《孙子兵法》当作天下第一神灵顶礼膜拜。日本企业家供奉孙子的像，就像中国人供奉关老爷的像。从智慧和发财的角度讲，把它摆在了天皇之上。

那么，这本神奇的兵书是怎样形成的呢？为什么会有这样经久不衰的巨大魅力呢？今天，我就和大家一起走进这本千古奇书，探索其中的奥秘。主要讲三个问题。

一、《孙子兵法》的成书之谜

《孙子兵法》是我国现存历史最久的一部兵书。由于缺乏明确的文字记录，有关《孙子兵法》的作者是谁，怎样成书、什么时间成书等问题，长期以来一直存有疑问，争议不断。

---

* 本文根据在清华大学、北京大学等单位的讲课提纲整理。

下面我们首先回答第一个问题：《孙子兵法》的作者究竟是谁？

表面上看起来，这似乎不是个问题：《孙子兵法》的作者不就是孙子吗？这有什么问题？其实，问题就出在这里。孙子的“子”并不是人的名字，这里的“子”有两种解释：一是爵位，古代的爵位有“公、侯、伯、子、男”五种，“子”是其中之一。二是尊称，对有名望的男性公民，在姓后加上个“子”，类似于我们现在所说的“先生”。史书记载，春秋战国时期有两位著名的军事家，都叫“孙子”。春秋战国时期距今2500年左右（公元前770年~前476年是春秋，公元前475~前221年是战国）。那时，中国出了两位有名望的军事人物，一位是春秋末期吴国将军孙武，一位是战国中期齐国将军孙膑。两人生活的时间相差160年左右。那么，写《孙子兵法》的这位“孙子”，究竟是孙武还是孙膑呢？这个问题的争议由来已久，1000多年前就有争议。这在今天来看是不可思议的。为什么会有争议呢？因为史书上记载有两部兵书，一部叫《孙子兵法》，一部叫《孙膑兵法》。如果两部兵书都流传于世，就不存在这个问题了。问题是东汉以后《孙膑兵法》失传了，只有《孙子兵法》流传于世，于是争议就来了。

大体有三种意见：

第一种意见认为，既然司马迁在《史记》中明确记载孙武以兵法十三篇见吴王，那么《孙子兵法》的作者就是孙武，而孙膑另有兵书，那就是《孙膑兵法》。这是主流意见。

第二种意见认为，《左传》中根本就没有记载“孙武”这个名字，由此断定历史上没有“孙武”其人，孙武和孙膑其实是一个人，“武”是其名，而“膑”是绰号，那么《孙膑兵法》与《孙子兵法》其实是同一本兵书。

第三种意见来了个折中，认为《孙子兵法》最初由孙武撰写，最终完成于孙膑。

那么，究竟哪一种说法是正确的呢？千百年来，人们围绕这一问题争论不休，谁都说服不了谁，一直处于僵持状态。直到1972年，这个千年疑问才“迎刃而解”了。因为这一年我国有一个考古大发现。

这年4月10日，在山东省临沂银雀山的一个基建工地上，挖掘出了一座汉武帝时期的古墓，出土了大量竹简。当时，卫生局想修建一个地下室，在挖掘的时候发现了一座古墓，逐渐挖开之后，发现了一口大棺材。古代棺材一般是外层为“椁”、里层为“棺”。按照国家文物挖掘规定，凡是发现古墓都要报告当地文物管理部门。施工单位立即报告了山东省文物管理单位。有关专家很快赶到现场。为了看看里面究竟有些什么东西，他们在椁板上凿开一个洞，然后伸手进去摸，里面全是泥水，费了很大劲，摸出来一些漆器和陶器，还有一些粘满稀泥的细长的木片，就随意扔在一边。这时，参加考古的一位专家（中国社会科学院考古研究所的吴九龙先生）注意到这些木片子，觉得很像竹简，就拿起来细看，居然有“吴王问”等字样。专家立刻断定——这是竹简！

竹简自从东汉时期蔡伦发明纸张之后用得越来越少，大概从魏晋开始基本不用了，至今已经一千七八百年。现在一下子发现一大批，共7000多枚，当然是一个震惊世界的大发现！更让人兴奋的是，这一发现，解开了一个人们争论了千年的疑问。

考古人员经过去污处理，很快辨认了大多数竹简上的文字，发现写的大多是兵法战策，其中有竹简清清楚楚地写着《孙子兵法》和《孙膑兵法》。一部分竹简还记载了孙武与春秋末期吴王的对话，另一部分竹简记载了孙膑与战国中期齐威王的对话。“事实胜于雄辩”。两部兵书同时出土，证明历史上孙武、孙膑各有其人，并各有兵书传世。孙武写的是《孙子兵法》，孙膑写的是《孙膑兵法》。而且，据考证，孙膑是孙武的后代，大概是孙武的第六代子孙。至此，持续千年的悬案终于有了明确的结论。

银雀山竹简考证结果公之于世后，在国际上引起很大反响。日本、美国等国家的汉学家，以及香港、台湾地区的考古学家、历史学家，纷纷发表文章评论。消息传到毛主席那里。毛主席在湖南第一师范学校学习时就读过《孙子兵法》，还写过读书笔记。在延安时期又专门研读过这部兵书，在《论持久战》、《中国革命战争战略问题》等著名篇章中直接引用了孙子的名言。得知出土了西汉时期的竹简《孙子兵法》，很想一睹为快。考古专家和历史学家、语言学家们立刻加班加点地解读、编辑、印刷，1974 年初呈给毛主席阅读。当时毛主席已 81 岁高龄，身体状况已经很不好，还要亲眼看一看出土的《孙子兵法》，可见他老人家对这部兵书有多么喜爱。

下面谈第二个问题：二十几岁的孙武为什么能写出《孙子兵法》？

据《史记》记载，孙子曾经带着兵法十三篇到吴国的宫殿觐见吴王。这件事情发生在公元前 512 年。当时孙子究竟多大呢？史书上没有孙子出生年月的记载，学者们根据相关事件的时间记载推断，认为孙子的年龄在 25 岁左右。同志们可能感到不好理解：一个二十出头的年轻人，又没指挥作战的经历，怎么能写出《孙子兵法》这样流传千古的兵书来呢？

从一系列历史记载来看，孙子的兵书虽然只有 5000 多字，但它的形成经历了一个比较长的过程。总体上说，《孙子兵法》是孕育于齐国兵学文化氛围之中，产生于吴国与越国的争霸战争之中。形象地说，十月怀胎在齐国，一朝分娩在吴国。

说《孙子兵法》孕育于齐国兵学文化氛围，主要有两个方面的原因：

一是他深受齐国兵学文化的影响。我们前面说，孙子是吴国的将军，但他的老家是齐国的乐安，就是现在山东省滨州的惠民县，说起来我跟他还是老乡。春秋时期的齐国，是一个兵学大国，尽管战乱不断，但是文化发达，特别是军事文化发育很早，有很多著名的军事家。齐国的始祖姜太公，是中国历史上精通兵法的第一人，被称为兵家始祖。商朝末年，他用谋略帮助周武王打败了商纣王。他的谋略思想被后人汇集成兵书，这就是著名的《太公兵法》。春秋初期的齐桓公和名相管仲，君臣二人都擅长谋略。齐桓公在管仲的辅佐下，运用一系列奇谋妙计，“九合诸侯，一匡天下”，成为春秋时期最早的霸主。到了春秋中期，又出了一位著名的军事家司马穰苴，他写有著名兵书《司马法》，是当时兵家战将必读的书。孙子就生活在这样一个军事文化大国中，深受兵家思想的影响。同时，孙子生活的时代战乱不断。据记载，春秋时期242年间，各种战争483场，平均每年两场。这就使得孙子对战争能够有切身的体会和直观的认识。

二是他深受军事世家的熏陶。孙子不仅生长在军事大国，而且出生于军事世家。他的曾祖父和祖父，都是善于带兵作战的将领。孙子的家族最初不姓孙，而是姓陈，后来还姓过田。孙子的祖先最早是西周时期陈国的后代，后来陈国的一位公子因为逃避宫廷的迫害逃到了齐国，改姓田，逐渐进入齐国上层社会，并发展起田姓家族。后来为什么改姓孙了呢？因为孙子的祖父田书立下了赫赫战功，齐景公非常高兴，除了赏给田书大量钱财，还给了他一个特殊荣誉，赐给他一个新的姓氏——孙。赐予新的姓氏，就意味着可以另立门户，成为一个新姓氏的掌门人，后世姓孙的人都要尊其为始祖。这是很高的荣誉。从此，孙子的世家就由田姓改为孙姓。

孙子的父亲也是高官，高居卿位。这样的家庭自然对孙子寄予很大希望。所以，孙子出生的时候，父亲给他取了一个响亮的名字“孙武”，并以“长卿”为其“字”，希望他一生尚武，在军事上建功立业，长期在齐国取得高贵的军事和政治地位。生长在这样一个军事世家，孙子从小耳濡目染有关战争的事情，感受军营的气氛，甚至直接聆听爷爷排兵布阵、灵活运用战略战术的故事。更重要的是，在这样的家庭中，他还能够直接接触到各种兵书。有的人说《孙子兵法》是历史上最早的兵书。这种说法不准确。只能说它是现存的、今天人们所能看到的最早的兵书。其实，在孙子兵法之前，已经有几本兵书，如《军志》、《军政》、《令典》以及《太公兵法》、《司马法》等。当然，这些兵书还比较简单，很不系统，主要是带兵打仗的法令法规。在孙子那个年代，兵书通常是藏于密室的，叫秘籍，只有国君和高级将帅才有资格阅读，一般人接触不到，偷看兵书要杀头。而孙子有条件看到各种兵书。这是个得天独厚的条件。

把这两方面原因综合起来看，一方面，孙子置身于兵家云集、战乱频繁的战争环境之中，深受其军事文化和战争智慧的影响；另一方面，孙子生活于军事世家，既从祖辈身上潜移默化地获得了一些有关战争的感性认识，又有条件直接研究前人的兵书。这就为孕育他的兵法思想提供了很好的条件，同时也为他撰写兵书提供了丰富的素材。应当说，《孙子兵法》并不完全是孙子独创的，其中也借用了前人的一些观点和语句，比如“兵法曰”、“《军政》曰”，这些字眼后面的话直接取自前人的兵书。这些情况说明，孙子确实曾饱读兵书，从中汲取了宝贵的思想营养。

第三个问题：为什么孙子是齐国人，兵书却成于吴国？

前面说过，《孙子兵法》“十月怀胎在齐国，一朝分娩在吴国”。有的同志可能会问：既然《孙子兵法》孕育于齐国兵学文化氛围，为什么产生于吴国呢？这里也有两个方面的原因。

孙武出生在显赫的军事世家，有父辈的呵护、关照，而且齐国又是当时最发达、最强盛的大国，按照常理，孙武应当在齐国发展，大显身手。然而，他一生最光彩、最有作为的时间并不是在齐国，而是在远离家乡的吴国。他为什么离开齐国，跑到偏僻的吴国去呢?

最直接的原因是，齐景公执政时，齐国陷入了“四姓之乱”。齐国虽然表面上强盛，但长期存在着卿大夫集团之间激烈的权势之争，到齐景公执政时愈演愈烈，四大家族（即田、鲍、国、高四姓集团），为了争夺土地、赋税、人口和财富，彼此激烈争斗，相互兼并，搞得齐国战乱频繁、动荡不安。孙氏家族最初是由田姓家族分支出来的，与田姓有着千丝万缕的联系，在这场兼并斗争中理应站在田氏一边。但是自孙武的祖父另起门户之后，与田氏逐渐疏远，作为一个小的姓氏，处于四姓争斗的夹缝之中，很容易成为牺牲品。这时的孙子已经长大成人，大概在20岁左右。孙子少年壮志，希望治国平天下，但面对齐国卿大夫相互斗争、战乱不已的状况，感到非常失望，认为没人能够收拾齐国这个烂摊子，齐国已经不可救药。因而，他面临着人生道路上第一个重大选择：是继续在齐国做卿大夫斗争的殉葬品，还是投奔其他能够施展理想抱负的地方去呢?

经过一番深思熟虑，他决定离开齐国，远走他乡。他环视天下，西面的晋国和西北面的燕国，是与齐国时战时和，时而是朋友，时而是敌人，而且长期处于战乱之中，国力每况愈下，不是施展理想和抱负的地方。南面的吴国，虽然比中原地区落后贫穷，但已经开始出现新兴气象。孙子以他特有的远见卓识，认定吴国是自己应该去的地方。于是，大约在公元前517年，孙武离开齐国，长途跋涉来到吴国。

还有一种说法，认为他大约30来岁才离开齐国。他在齐国时已经结婚生子，他的岳父是齐国的史官，相当于当时的文史馆馆长，这使得孙子有条件阅读大量史书和兵书。他30多岁投奔吴国之后还曾经一度在吴王军队里当了一年多的士兵，然后才写出《孙子兵法》。这样算来，他写成《孙子兵法》的时候应当在35岁左右。这种说法似乎更容易被人们所接受。但仅仅是一种说法，没有确切的史料记载，很难考证。所以，姑且存之。

目前学者们大多持第一种观点。但是，不管具体细节怎样，有一点是肯定的，那就是孙子勇敢地迈出了人生的第一步，离开生他养他的故乡，来到陌生的吴国开创事业。

那么，吴国人口众多，带兵的将军也不少，为什么唯有孙子能够写出这本千古奇书呢？这就涉及第二个原因，那就是孙子在吴国的隐居著书生活。

孙子到了吴国之后，并不是急于去拜见名门，以求得一官半职，而是在吴国首都姑苏城（今苏州）外的罗浮山下隐居起来。

孙子居在罗浮山有两个原因。一个原因，孙武知道，有实力才会有机会，有作为才能有地位，靠家族地位不是本事，也难以长久。要想在吴国找到用武之地，实现远大的抱负，必须有超乎众人的本事。其实，这也是他兵法思想中的一条重要原则。他在《形篇》中写过一句经典名言："昔之善战者，先为不可胜，以待敌之可胜。不可胜在己，可胜在敌。"也就是说，古往今来，凡是善于指挥打仗的人，总是首先想办法使自己处于不可被战胜的地位，以等待敌人出现可以被我战胜的机会。至于能不能使自己处于不可被战胜的地位，主要靠自己的主观努力，而敌人是否出现可以被我战胜的机会，又主要在于敌人是否做出错误的分析判断和错误的行动。这就是俗话说的"打铁先得自身硬"。干大事先得有杰出的才能。正是基于这种思想，他决定先隐居起来，潜心研究兵法，提高自己的谋略能力，积累非一般人所能具有的特殊资本。

另一个原因是罗浮山距离吴国的国都不远，隐居在此可一举三得。一是躲开闹市潜心研究。偏僻的郊区是静心研究兵法的好地方。二是可随时了解吴国的情况，观察天下大势。孙子是齐国人，但《孙子兵法》没有直接提过齐国的情况，却两次提到吴国和越国的纷争。这说明，孙子撰写兵书时已身处吴国，密切关注吴国动向，考虑为吴国出谋划策。三是便于结交朋友，其间他结识了伍子胥等人，为日后走上政治舞台打下了基础。

孙武就在这样的环境中隐居了五年，过着自耕自种、深居简出的生活。其间，孙武系统地整理曾经在齐国读过的兵书，博采众家之长，将自己的兵法思想一字一句地写在竹简上，然后将竹简一枚一枚地连缀起来，形成了独具特色的兵法十三篇。可以说，孙子之所以能写出一本旷世奇书，与他在姑苏城外隐居五年、刻苦研究兵法有密切关系。如果没有这五年的刻苦钻研，就不可能有流传千古的《孙子兵法》，也不可能有古今仰慕的伟大军事家孙武。

二、《孙子兵法》的魅力之源

刚才说过，《孙子兵法》问世之后，随着时间的推移越传越广，被人们誉为千古奇书。人们普遍对它四个方面的特点称奇叫绝，或者说有四个不可思议之处。

第一，全书只有 5913 个字，却涵盖了战争主要阶段、主要方面、主要问题的基本规律和谋略思路。五千多字，在如今的博士论文或学术专著中，很可能只是一个序言，还没有进入正题，孙子却以这样的篇幅写成了一部战略学的百科全书。真是不可思议！

第二，《孙子兵法》几乎每一句话都简单明了地揭示了一条战争哲理或者谋略思路。比如，讲怎样才能不战而屈人之兵，主要办法是“上兵伐谋，其次伐交，其次伐兵，其下攻城”。四句话，四四十六个字，多一字不可，少一字不行。非常简练地提出了四种途径、四种办法。所以，有人赞叹：《孙子兵法》是“一句一理，字字珠玑”。

第三，产生于冷兵器时代的《孙子兵法》，经过热兵器战争、机械化战争，特别是步入热核时代的战争后，美国人运用《孙子兵法》调整对苏军事战略，把调整后的新战略称为“孙子的核战略”。进入信息时代后，指导信息化战争，仍然求助于《孙子兵法》。

第四，2500多年过去了，《孙子兵法》不仅没有随着时间的流逝而过时，反而成为跨时代、跨领域、跨国界的宝典，被人们用于战场、商场、赛场、职场。历史上，还从来没有一部书有这样长久而旺盛的生命力。《孙子兵法》历千年而不衰的巨大魅力来自哪里？是什么原因导致这么多的“不可思议”？下面是我对这个问题的理解，与同志们一起研究。

(一) 舍事而言理的思维方式

一个直接原因是当时的思维方式以及书写方式。孙子的兵书是写在竹片上的。竹简通常有三种尺寸。短的8寸，长的3尺，一般的是1.2尺。中短竹简通常用来写子书，诸子百家的书。长的用来写律书，有关法律、规定，等等。银雀山汉墓出土的竹简《孙子兵法》是用1.2尺的竹简写的，不到一公分宽，薄一至两毫米。每枚竹简大约写30个字。这种书写方式决定了不能长篇大论，动不动就洋洋万言。现在的书是越来越厚了，文章也越来越长。如果用竹简来写今天的博士论文，恐怕一篇博士论文的竹简就得拉一汽车。显然，那时的书写方式不允许一篇文章或一本书写得太长，要字字斟酌，惜墨如金。正是由于这种客观要求，春秋时期的哲学家、思想家们，思考研究问题通常采用渐悟和顿悟的方法。平时对生活中的大量事实，在头脑中进行反复的分析和思考，越琢磨越深入，越深入越明白，忽然间领悟了其中的道理，然后把它记载下来。悟的时间长，写的时间短。往竹简上写的时候，不能写太多文字，要采用“舍事而言理”的方法。就是舍弃具体事情，只写从中领悟的深刻道理。这样就节省了文字，压缩了篇幅。几个字，一句话，就阐明了一个道理。《孙子兵法》就是这样，全文没有一个具体案例，从不去讲某一场战争的具体过程，而是直接讲兵法原则。每一句话都揭示了一条战争哲理，每一个字都蕴含有深刻的思想。这样就使《孙子兵法》能够以尽可能少的文字，表达尽可能丰富的思想。

当然，当时的文字还没有今天这样发达，可用的单字只有三四千，十分有限。这就迫使人们不得不一字多用，通过上下文表达其意思。如《孙子兵法》中的“兵”字，就有十几种意思，有时指兵器，有时指战争，有时指兵法，有时指兵家，有时指士兵，等等。

其实，这一特点并非《孙子兵法》所独有。与《孙子兵法》差不多同时代的哲学家老子，他写的《道德经》也仅有5000来字。而孔子的《论语》和时下很多人热衷于研究的《易经》，也都不过万把字。篇幅都很小，文字都很少，但内容丰富、思想深刻。可以说，这几本小册子是中国传统文化的基石。《道德经》是道家学派的奠基石，《论语》是儒家派的奠基石，《易经》是阴阳学派的奠基石，而《孙子兵法》则是兵家学派的奠基石。各家学说都有其精华，各有所长，都是中华民族思想文化的结晶，兼收并蓄有益于探索执政之道、经营之道。所以，政府领导和企业家学国学很有必要。

（二）具有规律性、灵活性、普适性三大特点

我经常在想，一种思想、一种理论或者一种学说，如果揭示的是普遍规律和基本原理，它就会在实践发展的历史长河中不断显示其科学价值，不断被人们作出新的理解、赋予新的内涵，不断被人们运用和发展，这样它就会具有长久不衰的生命力。《孙子兵法》就是这样一种思想、一种理论、一种学说。我认为，《孙子兵法》之所以具有跨越2500多年时空而熠熠生辉的巨大生命力，就在于它具有规律性、灵活性和普适性。

首先，《孙子兵法》揭示了人类战争活动最一般的规律。我们知道，规律是有层次的，有普遍规律和特殊规律之分。特殊规律往往与特殊的历史条件相联系，历史条件变了，它的作用就受到限制了。而普遍规律能够超越时空，持久发挥作用。《孙子兵法》揭示的就是人类战争的普遍规律，只要战争活动存在，《孙子兵法》就不会过时。尽管战争形态由冷兵器战争，经过热兵器战争、机械化战争，

演进到了信息化战争，战争的手段和方法发生了巨大变化，但孙子揭示的“知彼知己，百战不殆”、“攻其无备，出其不意”等反映战争普遍规律的思想，仍是我们必须遵循的制胜法则。孙子那个年代，不知彼，不知己，每战必殆。在信息时代，知彼知己比以往任何时候都更为重要。科索沃战争期间，南斯拉夫的空军司令非常英勇，亲自率领六架米格－29飞机升空与北约飞机搏斗。然而，升空不久即被一一击落。什么原因？因为南联盟的各种指挥通信、雷达探测系统在战争开始之际就全部被摧毁了，以致南联盟这6架飞机升空之后，像聋子、瞎子一样，什么也看不见、听不见，不知道敌机在哪里，而他们自己却完全暴露在敌人的面前，成为一个个活靶子。可见，“知彼知己，百战不殆”这八个字，蕴含着古往今来的战争制胜规律。按照这一规律办事才能取得胜利，违背这一规律必败无疑。企业经营领域也要遵循这一规律。决策前要深入调查，了解市场和需求，了解竞争对手的实力和特点，搞清自己的长处和短处，然后才能作出科学准确的决策。

其次，《孙子兵法》体现了思维方式的开放性和谋略艺术的灵活性。孙子是一位朴素唯物论者和辩证法大师，在军事领域开创了突破常规、打破僵化、灵机应变的先河。他十分注重透过纷繁复杂、千变万化的战争现象，从军事哲学的高度把握攻守、全破、虚实、奇正、刚柔、阴阳、众寡、迂直等矛盾双方的运动规律，提炼出鲜活的谋略智慧，指导人们灵活地驾驭战争。诸如“以正合，以奇胜”、“以迂为直，以患为利”、“兵无常势，水无常形”等经典名言，比比皆是，处处蕴藏着活的灵魂，充满着旺盛的活力，历久弥新，即使在当代战争的舞台上仍然可以灵活地运用。

例如，第一次海湾战争中，美国的军事实力远远强于伊拉克，简直就是巨人与侏儒之间的较量。美军完全可以从伊科边境大举进攻，轻而易举地突破萨达姆精心构筑的防线。然而，美军发动地面攻势时，并没有采取硬碰硬的打法。美军为了减少伤亡，以最小的代价赢得胜利，采用了声东击西、避实击虚的战术。进攻发起前，在伊科过境部署重兵，频繁进行陆海空联合作战演习，将伊拉克的共和国卫队主力全部吸引过来。最后，在漫长的伊沙（伊拉克与沙特）边境上，伊拉克只留下一个师。美军的目的达到了。发起地面进攻时，美军以第 7 军和第 18 空降军快速向西机动，从伊沙边境杀进去，大大出乎萨达姆的意料，数十万共和国卫队被包围，举手投降。美军称这次作战的战术为“左勾拳战术”。其实，这就是孙子揭示的“避实击虚”这一战争指导规律在现代条件下的灵活运用。

再次，《孙子兵法》体现了人类社会各个竞争领域的根本特点和共同要求。竞争是人类社会生存和发展的基本动力。战场搏杀、商场竞争、赛场竞技、外交谈判、政治较量等领域的活动都具有竞争性、对抗性的特点，都需要运用智慧去驾驭和赢得竞争。战场搏杀无疑是最激烈、最复杂的竞争。《孙子兵法》作为对这种特殊竞争活动的理论总结，其丰富的谋略思想自然体现了各种竞争活动的根本特点和共同要求，从而使其可以超越历史、国家、行业、阶级等界限，成为人类共有的精神财富。“不战而屈人之兵，善之善者也”等战略思想，不仅是古代军事家追求的理想境界，而且是当今政治家、外交家、企业家所尊奉的制胜法宝。据说，西方国家许多企业家欣赏《孙子兵法》，最为看重的就是“不战而屈人之兵”的思想，认为是“和平竞争”的法宝。通过用各种和平的手段，占领对方的市场、收编对方的企业、控制对方的命脉，最终达到垄断市场、独霸行业，获取最大利益的目的。在这种经济竞争过程中，用计用谋的复杂程度、激烈程度，丝毫不亚于战场上的搏杀。

正是因为《孙子兵法》具有规律性、灵活性和普适性，所以，进入 21 世纪之后，这部古老的兵书焕发出了更加旺盛的生命力，世界上众多政治家、外交家、军事家、企业家，都注重在实践中活用其思想精髓，进一步丰富和发展孙子的制胜智慧，使《孙子兵法》在当代社会放射出更加耀眼的光芒。

三、学习《孙子兵法》的基本方法

在英文版的《孙子兵法》中，英国汉学家贾尔斯（1910 年任大英博物馆东方书刊和手稿助理馆长，译有《孙子兵法——世界最古老的军事著作》）写了一个很有意思的“前言”，里面有这样一段话：

“希望《孙子兵法》成为自由世界里所有的现役官兵，所有的政治家和政府工作人员，所有的高中和大学学生的必读材料。如果我成为总司令、总统或总理，我还要前进一步：我要用法律的形式规定下来，对全体军官，特别是全体将军，每年进行两次《孙子兵法》十三篇的考试，一次口试和一次笔试，及格分数是 95 分。任何一位将军如果考试不及格，立即自动免职，并不许上诉，其他军官一律降级使用。我强烈地认为，《孙子兵法》对我们的生存至关重要；它能提供我们所需要的保护，看着我们的孩子和平茁壮地成长。永远记住，从古时起，人们就知道：战争的真正目的是和平。”

这段话非常幽默风趣，但又不失严肃和认真。我想，外国的文人尚且如此看重《孙子兵法》，如此强烈地呼吁人们学习《孙子兵法》，活用其思想精髓。作为当代中国人，我们就更没有理由忽略祖先留给我们的这个智慧宝典。

法国总统希拉克与我国外交部副部长会见时，最希望得到的礼物就是一本《孙子兵法》。我们国防大学防务学院每年培养几十个国家的高级军官，他们最喜欢的课题是《孙子兵法》和毛泽东军事思想。2003 年我到美国访问时，发现许多书店里都有中文版和英文版的《孙子兵法》。美国国防大学有些学员还向我们代表团宣读了他们撰写的关于《孙子兵法》的论文。由此可见，《孙子兵法》确实已经不是中国人独享的专利，而是世界各国人民共同的精神财富。

近十几年来，我们国内也很重视《孙子兵法》，军队和地方大学大都开设了《孙子兵法》课，各级军官、政府官员和企业经营者都不同程度地学习过《孙子兵法》，但实际效果却有待提高，需要在教与学两方面探索更加有效的方法。特别是政府和企业的高层领导，学习《孙子兵法》要着重于取其精华、用其智慧。总结多年的体会，我认为，高级领导学习《孙子兵法》，要在“悟”、“融”、“用”三方面下功夫。

（一）“悟”——领悟孙子思想的精髓

所谓“悟”，就是指人们通过长期体味和思索而达到对某一事物的深刻理解。中国古代军事文化与西方古代军事文化的一个最为明显的区别在于，前者偏重于哲学思辨和直觉渐悟，后者偏重于逻辑推理和求实索真。《孙子兵法》是中国古代军事文化的杰出代表，最典型地体现出哲学思辨的特点。孙子撰写十三篇的基本方法是“舍事而言理”，每一篇集中阐述几个辩证观点，甚至每一句都蕴含着深刻的哲理。这就要求人们必须逐字逐句地咀嚼，反反复复地思索，才能理解它、领悟它，得其真谛。

例如，《计篇》主要论述重战、慎战的观点，着重以“道”、“天”、“地”、“将”、“法”五个字阐述了决定战争胜负的基本要素。其中“道”是什么含义？为什么把它列为第一要素？孙子对此没有详细说明，仅仅解释说，“道者，令民与上同意也”。如果我们学而不思，囫囵吞枣，就可能忽略了孙子这一重要的理论贡献。简而言之，孙子所说的“道”，基本上相当于我们今天所说的政治，是治国治军治理企业的头等大事，也是决定战争胜负的第一要素。萨达姆之所以在关键时刻被他的军队和民众抛弃，重要原因是他治理政治的能力太低，不得人心。得民心者得天下，失人心者失天下。正因为如此重要，所以孙子将“道”列为第一位。懂得这一点，我们才能从国家大局的高度思考战争问题。

又如，《谋攻篇》主要论述战略运筹问题，集中阐述了“不战而屈人之兵”的“全胜”思想。“全”字在这里表示什么意思？在全篇乃至全书中有什么作用？只有弄清这些问题，我们才可能把握孙子的大战略思想，增强运用武力和非武力等多种手段解决争端的意识。

再如，《虚实篇》主要论述如何运用军事实力的问题，突出阐述了“避实击虚”的思想。其中的“虚”是不是仅仅指虚弱的敌人？值得注意的是，这里的“虚”字包含一种变实为虚的意思。谁都知道专拣软柿子捏，那并不是真正的本事，问题是怎样把“硬柿子”变“软”。联系“出其所必趋”、“攻其所必救”等上下文，我们便可以发现，在孙子看来，敌人“必趋”、“必救”的司令部、网络枢纽、后勤基地之类的要害之处虽然是重兵把守的地方，是兵力充实之处，但也可通过信息欺骗、佯动误导、假象迷惑等手段，使它由实变虚，成为易破之敌。如果能够切实把握这种奇妙的辩证法思想，无疑有助于我们灵活地谋划战略方案，巧妙地实施作战指挥。

孔子曾说：“学而不思则罔。”从上述分析可以知道，学习《孙子兵法》尤其需要认真思考，囫囵吞枣，不求甚解，是不行的。毛泽东在《中国革命战争的战略问题》一文中曾经指出：“中国古代大军事家孙武子书上‘知彼知己，百战不殆’这句话，是包括学习和使用两个阶段而说的，包括从认识客观实际中的发展规律，并按照这些规律去决定自己行动克服当前敌人而说的；我们不要看轻这句话。”

这种从哲学高度剖析孙子观点的方法值得我们很好地学习。

《孙子兵法》的精髓要义我悟来悟去，悟出了四条。

一是辩证观。什么事情都要辩证地看，不要孤立地看；要发展地看，不要僵化地看。《孙子兵法》不足6000字，提出的“奇正、虚实、众寡、强弱”等具有哲学意义的对立和矛盾的范畴就有260

对。可以说字里行间都充满了辩证法。

二是系统观。孙子看问题，总是在全局上看，系统地看，比如他讲战争制胜要素“道、天、地、将、法”，讲将领才能“智、信、仁、勇、严”，每一个思想都有一系列的相互联系的观点来作支撑。整个十三篇就是一个完整的系统。就像孙子说的，具有“率然之势”。率然是古代传说中的一种蛇。这种蛇的特点是：“击其头则尾至，击其尾其头至，击其中则头尾俱至”。十三篇就是这样前后呼应，浑然一体。

三是创新观。《孙子兵法》强调“战胜不复”，“以奇制胜”，经常根据变化的天文地理，提一些奇招妙招，并强调“兵无常势、水无常形，能因敌变化而取胜者谓之神”。

四是效益观。强调“兵不钝而利可全”，运用各种奇谋妙算，以最小的代价求得最大的胜利。

（二）“融”——融会孙子思想体系

所谓“融”，即融会贯通，全面理解。有人以为，只要记住孙子的一些名言警句就掌握了《孙子兵法》。殊不知，《孙子兵法》是一座完整的军事艺术宝库，各篇之间既彼此独立，又相互关联，只有全面了解孙子的思想体系，才能说读懂了《孙子兵法》。

从全书结构看，从《计篇》到《用间篇》，依次论述了战略运筹、作战指挥、战术变化、军事地理、特殊战法等方面的问题，层层递进，纵向揭示出战争各个主要阶段的基本原则。

从文字表述看，某些重要观点不仅在某一篇中集中阐述，而且在其他篇中加以丰富和完善。如“知胜”思想，孙子首先在《始计篇》中以“庙算”之说强调先知而后行的观点，然后在《谋攻篇》又写出“知彼知己，百战不殆”的名言，接着又在《地形篇》进一步阐发“知彼知己，胜乃不殆；知天知地，胜乃不穷”观点，最后在《用间篇》中再次重申“先知”思想，并特别强调，对敌情的预先了解不能依靠鬼神暗示或巫师猜度，只能依靠各种间谍，即能够掌握第一手情报的人。

又如“慎战”思想，孙子开篇即言“兵者，国之大事，死生之地，存亡之道，不可不察也”，精辟地阐明了慎重对待战争问题的思想。《火攻篇》中“主不可以怒而兴师，将不可以愠而致战”等一系列警言，进一步强调了这一思想。此外，“全胜”、“诡道”等思想都贯穿于各篇，必须综合各篇有关言论方能知其主旨、得其神韵。

其实，我们指挥军队作战和组织企业经营，都需要系统地用计用谋，而不能单向思维。比如，企业酝酿某一个重大决策过程中，必定要想办法做到知彼知己，把各方面情况搞清楚；要先备而后动，不打无把握之仗；要力求避实击虚，选准突破方向和目标；要争取攻其无备，出其不意，在对手意想不到的市场、领域、项目上先发制人。这就要求我们系统掌握《孙子兵法》的谋略思想体系，以便在实践中灵活运用、连环运用。

（三）“用”——活用孙子谋略原则

所谓“用”，即灵活运用。运用好的本质是一个“活”字。这个“活”字有多种理解：可以作“实”字解，就是不能把理论当作教条，要实事求是、求真务实；可以作“变”字解，就是不能把理论僵化，要因时而变、因事而变；可以作“新”字解，就是根据时空变化，不断丰富发展，“苟日新，日日新”；可以作“奇”字解，就是奇妙无穷、以奇制胜。兵学不是刻板的理论，而是实用之学。兵法原则只有在实践中灵活运用才有活力，而且人们只有在实践中才能更深刻地理解它的内涵，并进一步发展。古人说“半部论语治天下”。北宋王安石说：“信但用孙武一二言便可成功名。”他认为韩信仅仅灵活运用了孙子的一两条奇谋妙计便赢得了楚汉战争。这里突出强调的就是活学活用，反对死读书、读死书。战国时期的赵括，熟读兵书，满腹韬略，但脱离战争实际，只会纸上谈兵，一旦带兵打仗就手足无措，乱了方寸。我们不能重蹈赵括的覆辙。

毛泽东曾经在《中国革命战争的战略问题》一文中说："读书是学习，使用也是学习，而且是更重要的学习。"对《孙子兵法》光学不用，等于不学，与赵括没有什么两样。与其如此，还不如把时间和精力用于做更有益的事情。目前，我国研究《孙子兵法》的专家学者很多，文章专著也相当浩繁，世界各国无法比拟，但在灵活运用《孙子兵法》方面却不尽如人意。要改变这种状况，不能只靠专家学者，应当更多地依靠有实践经验和实践机会的军事指挥员、政府官员和企业经营者。实践不仅是理论的源泉，而且是理论与时俱进的动力。《孙子兵法》是中国古代战争实践的产物，是战争实践经验的总结，只有把它灵活地运用于各个领域的实践之中，才能充分放射其智慧之光。因此，我们既提倡认真学习《孙子兵法》，更提倡灵活运用《孙子兵法》。

在这个问题上，我认为应当在两个方面狠下功夫，要实现"两个扩展"：

一是把《孙子兵法》的谋略思想由理论分析向实践应用扩展。在过去相当长的时间里，《孙子兵法》研究局限于军队院校、研究单位和专业学者，侧重于版本校注、理论研究、思想分析。今天，我们注意到，面对世界新军事变革的挑战和新形势下信息化战争的新要求，越来越多的部队指挥员对《孙子兵法》产生了浓厚兴趣，把《孙子兵法》的思想精髓运用到军事训练和实兵演习之中。外军也高度重视学用《孙子兵法》。2003 年美军在伊拉克战争中实施的"震慑"行动，其理论创始人厄尔曼上校说，他的震慑理论直接取自中国《孙子兵法》中的经典名言"不战而屈人之兵"。

二是把《孙子兵法》的谋略思想从军界向社会各界扩展。《孙子兵法》不仅是指导战争的书，而且是指导竞争的书。随着国家经济的快速发展，许多地方的学者、企业家甚至政府机关，都在学习和运用蕴含在《孙子兵法》中的竞争智慧，并把《孙子兵法》的思想精髓运用于企业经营、政务管理、外交谈判等领域，甚至运用于体育竞赛的排兵布阵，产生了很好的社会效益。

同志们，我们要清楚地看到，《孙子兵法》早已走出国门，成为世界各国共同的精神财富。面对欧美各国政界、军界、商界日益重视学习和运用《孙子兵法》的新形势，作为孙子的后人，我们应当切实从“悟”、“融”、“用”三个方面学好用好这部兵学宝典，让《孙子兵法》中那些最有价值的谋略智慧在军事领域、外交领域、企业经营领域、市场竞争领域全面发挥作用，推动我国国防和经济建设又好又快地发展。

以上，我就《孙子兵法》的形成过程和生命力根源谈了自己的一些研究心得，为大家下一步学习《孙子兵法》开个头。要想真正了解《孙子兵法》的思想精髓，还是原原本本地读原著。但愿今天这一课有助于提高大家学习《孙子兵法》的兴趣。

《孙子兵法》的科学价值及为将之道*

《孙子兵法》可谓是世界历史上的一本千古奇书。之所以被称为千古奇书，一是奇在跨越2500多年历史时空，仍然富有生命力，被一代又一代人青睐。二是奇在不到6000字的篇幅，却蕴含了方方面面的谋略智慧，指导一代代兵家战将导演了一幕又一幕的战争活剧，至今仍然闪烁着智慧的光芒。三是奇在2000多年来，不仅军人奉为“兵家宝典”认真研读，而且政治家、外交家、企业家甚至体育运动的教练员，开拓市场的营销员，都将其视为“智慧宝库”，从中寻求制胜之道。那么，这本神奇的小册子究竟是怎样一本兵书？有什么科学价值？我们怎样学习它？从中学些什么有用的东西呢？今天我就讲讲这些问题。

一、关于《孙子兵法》的三个疑问

学习和研究《孙子兵法》首先要弄清一些基本问题，诸如它的作者、性质和特点等。但长期以来，不少人对《孙子兵法》的这些基本问题存在着一些模糊认识甚至疑问。

（一）《孙子兵法》的作者究竟是谁

这是一个长期争议的问题。表面看，这似乎不是问题。众所周知，《孙子兵法》的作者不就是孙子吗？可是，春秋战国时期有两位

---

*根据在山东省委党校、山东滨州学院、美国UCLA加州大学洛杉矶分校的讲课录音整理。

著名的军事家都叫“孙子”。春秋战国时期中国军事历史上出了两位有名望的大人物，一位是春秋末期在吴国当将军的孙武，一位是战国中期在齐国当将军的孙膑。两人生活的时间相差约160年。那么，写《孙子兵法》的这位“孙子”究竟是孙武还是孙膑呢？这个问题不仅今天有些人弄不太清楚，而且早在1000多年前就有争议。为什么弄不清楚呢？因为，史书记载有两部姓孙的人所写的兵书，一部叫《孙子兵法》，一部叫《孙膑兵法》。如果两部兵书一直流传于世，就不会弄不清楚作者是谁了。可是，东汉以后《孙膑兵法》失传了，只有《孙子兵法》流传于世。这样一来，人们虽然知道有两个军事家叫“孙子”，却只见到一部姓“孙”的兵书。于是争论就来了。大体有三种意见：一种意见认为，既然司马迁在《史记》中明确记载孙武以兵法十三篇见吴王，那么《孙子兵法》的作者就是孙武，而孙膑另有兵书，那就是《孙膑兵法》。这是主流意见。第二种意见认为，《左传》中根本没有记载孙武这个名字，因此历史上没有这个人，孙武和孙膑其实是一个人，武是名，膑是绰号，《孙膑兵法》与《孙子兵法》其实是同一本兵书。第三种意见认为《孙子兵法》由孙武撰写，完成于孙膑。那么，究竟哪一种说法更合理呢？

千百年来，人们围绕这一问题争论不休，谁都说服不了谁，一直僵持着、争论着。直到1972年，这个千年疑问才迎刃而解了。

1972年中国有一个考古大发现。这年的4月10日，在山东省临沂银雀山的一个基建工地上挖掘出了一座汉武帝时期的古墓，出土大量竹简。考古人员经过种种去污处理，很快辨认出大多数竹简的文字，发现竹简上撰写的内容大多是兵法战策，其中大量竹简分别清楚地写有《孙子兵法》和《孙膑兵法》，一部分竹简记载了孙武与春秋末期吴王阖闾的对话内容，另一部分竹简记载了孙膑与战国中期齐威王的对话内容。事实胜于雄辩。两部兵书同时出土，证实历史上孙武、孙膑各有其人，并且各有兵书传世，孙武是《孙子兵法》的作者，孙膑是《孙膑兵法》的作者。而且，孙膑是孙武的后世子孙。至此，持续千年的悬案终于有了明确的结论。

（二）《孙子兵法》讲阴谋诡计还是讲科学思维

有人曾在网上发表文章，主题是“孙子兵法可休矣”，认为我们现在进入法治时代，要提倡守法纪、守规则，孙子兵法讲奇谋诡道，与时代要求不符，所以不宜传播。还有人提出，不要给领导者讲《孙子兵法》，否则他们学会了孙子的奇谋诡道，在领导工作中要心眼、玩权术，而不依法执政，危害很大。应当说，这些说法的主观愿望是好的，但也反映出一个问题。那就是，《孙子兵法》究竟是一本什么样的兵书，他们没有弄清楚。如果认真读一读就会发现，《孙子兵法》所讲的奇谋诡道，并不是损人利己的阴谋诡计，而是治国治军的大谋略、大智慧、大思路。可以说，它重在揭示人类竞争活动的基本规律和重要原则。例如，“知彼知己，百战不殆”，强调做任何决策时，要想办法把敌我双方的情况搞清楚，建立可靠的决策基础，从而保证决策的正确性。这不仅是战争决策的铁定法则，也是任何竞争领域必须遵循的法则。再如，“昔之善战者，先为不可胜，以待敌之可胜”，指出凡是善于指挥作战的将领，总是把功夫下在战争打响之前，做好充分的物质和精神准备，同时等待敌人出现失误，敌人的失误可以给我战胜的机会。这不是其他竞争领域都需要注意的问题吗？《孙子兵法》的主体，就是这样的大谋略、大智慧、大思路，而不是歪门邪道、雕虫小技，它讲的是观察处理问题的智慧和方法。正是因为这本兵书中饱含大谋略、大智慧、大思路，所以才有旺盛的生命力，代代相传，才有广泛的适用性，被当代政治、外交、经济、体育竞赛等各个竞争领域的人士广为应用。

（三）《孙子兵法》与《三十六计》是不是同一本书

经常有朋友问我这个问题，也常看到有些人把《孙子兵法》与《三十六计》混为一谈，张冠李戴。比如，有的人问，“美人计”是

《孙子兵法》哪一篇的计谋?“知彼知己”是《三十六计》中的哪一计?等等。其实,这是两本价值相差很大的兵书。

从时间看,《孙子兵法》是春秋时期的作品,距今有2500多年的历史,“三十六计”一词虽然早在隋朝末年就已出现,但作为兵书,《三十六计》是明末清初的作品,距今四五百年。

从作者看,《孙子兵法》的作者孙武是一位武将,从战争实践中探索战争规律、总结战争艺术,理论与实践结合得相当紧密。《三十六计》的作者没有确切记载,但根据书中引用的大量文史材料和诗词典故以及工巧对称的文章风格看,作者应是一位对文史颇有研究的老夫子,而非经历实战的军人。

从内容看,《孙子兵法》是世界上最早一部专讲战略思想的军事著作。孙子构思兵法十三篇时,正值春秋争霸之际,这使得他总是着眼于天下大势,站在全局高度,为吴王争霸天下提供思路。《孙子兵法》的主体内容就是这种谋划方略的思路。相对而言,《三十六计》是一本侧重讲战术的兵书。

弄清以上疑问,有助于我们更好地理解和把握《孙子兵法》。接下来讲第二个问题。

二、《孙子兵法》的科学价值

《孙子兵法》是我国古典军事文化遗产中的璀璨瑰宝,是我国古代最伟大的军事理论著作,也是我国古籍在世界影响最大、最广泛的著作之一。世界上最大的网上书店——亚马逊网上书店在网站的首页有这么一则广告:“如果一个人一生只读一本书的话,我建议他读《孙子兵法》。”《孙子兵法》一书常年位居该书店科学类畅销书排行榜的前几位。据美国《洛杉矶时报》报道:“9·11”事件后,《孙子兵法》在一个月内卖出了1.6万册。那么,产生于2500多年前的一部古老兵法,为什么有这么大的魅力,得到如此高的评价?我想,原因不是别的,就在于这部兵法蕴含着极高的永恒的科学价值。就像孔子的《论语》、老子的《道德经》一样，《孙子兵法》堪称兵法经典。什么是经典？念而不厌，典而不烦，常讲常新的就是经典，经典的东西是可以重复的，是可以跨越时空、历久弥新的。昙花一现的东西，不管它在当时多么绚丽多彩，也不会成为经典。

我经常在想，一种思想、一种理论或者一种学说，如果真正揭示了普遍规律和基本原理，它的科学价值就会在历史长河中不断显现出来，不断被人们作出新的理解、赋予新的内涵，不断被运用和发展，从而长久不衰，具有无限的生命力。《孙子兵法》就是这样一种思想、一种理论、一种学说。

(一)《孙子兵法》揭示了人类战争活动最一般的规律

规律是有层次的，有普遍规律和特殊规律之分。特殊规律往往与特殊的历史条件相联系，历史条件变化了，其作用就受到了限制，就不再起作用了。而普遍规律不一样，它能超越时空的限制持久地发挥作用。《孙子兵法》揭示的是人类战争的普遍规律，只要战争活动存在，《孙子兵法》就不会过时。尽管战争形态的发展，由冷兵器战争，经过热兵器战争，经过机械化战争，演进到了高技术战争、信息化战争，战场环境、战争样式和战争手段发生了巨大变化，但是，孙子揭示的“知彼知己、百战不殆”，“攻其无备，出其不意”这些反映战争普遍规律的思想，仍是我们必须遵循的制胜法则。在孙子那个年代，不知彼、不知己，每战必殆。信息时代的战争更是如此。我们常说“建设信息化军队，打赢信息化战争”。什么是信息化战争？所谓信息化战争，就是大量使用信息技术而产生的一种全新的战争形态；建设信息化部队是打赢信息化战争的前提和基础，形象地说，就是要解决“眼睛”、“耳朵”和“神经”问题，只有“看”得远、“听”得清、“想”得快，才能“打”得准。冷兵器战争比拼肌肉和体能，机械化战争比拼钢铁和化学能，信息化战争比拼硅片和“信息能”。机械化战争崇尚“以大吃小”，信息化战争注重在获取“信息优势”的前提下“以快吃慢”、“以巧制拙”。近几场局部战争表明，如何保持和获取信息优势已经成为信息化战争的核心和关键。一旦获取了信息优势，就拥有了“拨开战争迷雾”的能力，战场就可能变得“单向透明”，信息化战争胜负的天平就已经失衡，大幅度地倾斜了。不掌握信息优势，就像在拳击场上蒙着眼睛格斗，对手能看见你，你看不见对手，力气再大也没有用。科索沃战争期间，南联盟的空军司令亲自驾机升空，率领六架米格－29飞机与北约飞机搏斗。虽然米格－29飞机的性能并不差，但升空不久即被一一击落。什么原因呢？原来南联盟的指挥通信系统、雷达探测系统，在战争开始之际就被全部摧毁了，所以，南联盟的飞机升空后像聋子、瞎子一样，什么也看不见、听不见，而他们自己却完全暴露在北约战机面前，成为活靶子。可见，“知彼知己、百战不殆”蕴含着古往今来的战争制胜规律。这是接近于哲学层次的规律，按照这一规律办事，就容易取得胜利；违背这一规律，必败无疑。我想，在社会竞争的各个领域，同样必须遵循“知彼知己”的规律。决策之前要作深入调查，了解竞争领域的整体现状和发展趋势，了解竞争对手的实力和特点，搞清自己的长处和短处，然后才能做出科学、正确的决策。我军的战争史就是以劣势装备战胜优势装备对手的历史，靠什么？很重要的一点是靠谋略。

（二）《孙子兵法》体现了思维方式的开放性和谋略艺术的灵活性

孙子是一位朴素的唯物论者，又是辩证法的大师，他在军事领域开创了突破常规、打破僵化、随机应变的先河。他注重透过纷繁复杂、千变万化的战争现象，从军事哲学的高度把握攻与守、全与破、虚与实、奇与正、刚与柔、阴与阳、众与寡、迂与直等矛盾双方的运动规律，提炼出鲜活的谋略智慧，指导人们灵活地驾驭战争。在《孙子兵法》中，“以正合，以奇胜”，“以迂为直，以患为利”，

"兵无常势，水无常形"，这样经典的名言比比皆是。这些名言蕴藏着活的灵魂，具有旺盛的活力，在当代战争舞台上灵活运用这些谋略，仍然可以导演出非常精彩的战争活剧。孙子兵法正在深刻地影响着现代战争。据有关资料报道：美国自 20 世纪 70 年代末以来，在国防部官员和美军军官中举办了上千次《孙子兵法》讲座，并把相关的内容融入现代战争。例如，第一次海湾战争中，美国的军事实力远远强于伊拉克，他们的较量简直是巨人跟侏儒的较量。经过 38 天的空中打击，最后发动地面攻势时，美军完全可以从伊科边境大举进攻，轻而易举地踏破萨达姆精心构筑的防线。但是，美军为了减少伤亡，为了以最小的代价赢得胜利，采用了声东击西、避实击虚的谋略。进攻发起前，在伊科边境部署重兵，频繁进行陆海空联合作战演习。组织海上佯动，把伊军的注意力吸引到科威特沿海；组织陆上佯动，使伊军确信美军将在科威特南部实施主要进攻。通过这些措施，把伊拉克的共和国卫队主力全部吸引过来，以至于在伊拉克与沙特漫长的边境上只留下了一个师，犹如大门洞开。这时，美军发起了名为"沙漠军刀"的地面进攻，以第七军和第十八空降军快速向西机动，从伊沙边境杀进去，大大出乎萨达姆的意料，致使数十万伊拉克军队被围，17.5 万人被俘。而多国部队仅阵亡 126 人，其中美军 79 人。美军称这次作战的战术为"左勾拳战术"。其实，这就是孙子揭示的"避实击虚"这一战争指导规律在现代条件下的灵活运用。

(三)《孙子兵法》体现了人类社会所有竞争领域的根本特点和共同要求

竞争是人类社会生存和发展的基本动力，战场搏杀、商场竞争、赛场竞技、外交谈判、政治较量等活动，都具有竞争性、对抗性特点，都需要运用智慧去驾驭和赢得竞争。战场搏杀无疑是最激烈、最复杂的竞争，《孙子兵法》就是对这种特殊竞争活动的科学总结，

《孙子兵法》中丰富的谋略思想，体现了各种竞争活动的本质特点和共同要求，从而使它能够超越历史、国家、阶级、行业等界限，成为人类共享的精神财富。比如，“不战而屈人之兵”的战略思想，不仅是古代军事家追求的军事斗争的最高境界，也是当今政治家、外交家、企业家所尊奉的制胜法宝。据说，西方国家许多企业家欣赏《孙子兵法》，最看重的就是“不战而屈人之兵”的思想，他们认为这是“和平竞争”的法宝。他们往往通过各种和平的手段，不动声色地占领对方的市场、收编对方的企业、控制对方的命脉，最终达到做大做强、获取最大效益的目的。在经济竞争和外交博弈中，有关各方表面上温文尔雅，但用计用谋的复杂程度、激烈程度，丝毫不亚于战场上的搏杀。用谋略制胜不动枪不动炮，搞个协议，签个合同，就把你的公司吞并了，人马收编了，财富收走了。所以说，在这种竞争活动中，《孙子兵法》大有用武之地。《孙子兵法》强调：“夫战者，以正合，以奇胜，故善出奇者，无穷如天地，不竭如江河。”这就是出奇制胜的道理。“奇”在什么地方？就是打破常规。当然，谋略是建立在实力基础上的，实力包括软实力和硬实力。从本质上看，谋略也是实力之一，只有把二者巧妙地结合起来才能赢得竞争。比如，中国的洗衣机市场早就饱和，许多当年曾生产洗衣机的中小企业都已被淘汰出局。目前在市场上站住脚的，是实力雄厚、为数不多的几家企业。现在的洗衣机市场，春秋和冬季好销，夏季相对成了淡季。按理说，夏季经常洗澡，换衣服比秋冬更勤，可是为什么夏季洗衣机反而淡销呢？现在饱和的洗衣机市场，卖的都是大容量、耗电量高的产品，大都是 5 公斤的容量。秋冬使用，有利于清洗全家的床单、被罩之类的大件，而夏天天天洗澡，换下来的背心之类的小件，谁会去开洗衣机呢？这就是生活的现实。海尔先人一步抓住了这个商机，开发了容量 1.5 公斤的小型洗衣机“小神童”。推出后立即在市场畅销，在 20 个月内销售了 100 万台，其间经过了6次技术改进。

三、把握《孙子兵法》科学价值的基本方法

《孙子兵法》产生于中国，但它不是中国人的专利。早在唐朝，就走出国门，漂洋过海，传遍世界。如今，已经成为世界各国共享的智慧宝库。随着改革开放的深入发展，我们在政治、军事、文化、外交、经济、体育、文教等方面与外国人打交道的机会越来越多，国外的政治家、军事家、外交家、企业家、教练员都在运用《孙子兵法》的谋略思想进行竞争，而我们作为《孙子兵法》的正宗传人，更要学会灵活运用孙子的智慧应对挑战。总结多年的体会，我认为，学习《孙子兵法》应该在“悟”、“融”、“用”三方面下功夫，才能得其神韵、取其精华，真正掌握、继承和发展《孙子兵法》的科学价值。

（一）领悟思想精髓

中国古代军事文化与西方古代军事文化的一个最明显的区别，就在于前者偏重于哲学思辨和直觉渐悟，后者偏重于逻辑推理和求实索真。《孙子兵法》是中国古代军事文化的杰出代表，最典型地体现出哲学思辨的特点。孙子撰写十三篇的基本方法，是“舍事而言理”，每一篇集中阐述几个辩证的观点，甚至每一句都蕴含着深刻的哲理，这就在客观上要求我们必须逐字逐句地咀嚼、反反复复地思索，努力把握精髓。舍事言理就是只讲结论，不举事例；只讲观点，不讲论据。每句话反复思考，才能悟透。例如，《计篇》主要论述重战、慎战的观点，着重以“道”、“天”、“地”、“将”、“法”五个字阐述决定战争胜负的基本要素。其中“道”表示什么含义？为什么将其列为第一要素？孙子对此没有详细说明，仅仅解释说“道者，令民与上同意也”。如果我们学而不思，就可能忽略孙子的这一重要理论贡献。简而言之，孙子所说的“道”，基本上相当于我们今天所说的政治，是治国治军治理企业的头等大事，也是决定战争胜负的

第一要素。实践证明，得民心者得天下，失民心者失天下。正因为如此重要，孙子将“道”列为第一位。懂得这一点，我们才能从国家大局的高度思考战争问题，从政治上看军事。又如，《谋攻篇》主要论述战略运筹问题，集中阐述了“不战而屈人之兵”的“全胜”思想。“全”字在这里表示什么意思？在全篇乃至全书有什么作用？只有弄清这些问题，才能把握孙子的大战略思想，增强运用武力和非武力等多种手段解决争端的意识。再如，《虚实篇》主要论述如何运用军事实力的问题，突出阐述了“避实击虚”的思想。其中的“虚”是不是仅仅指虚弱的敌人？怎样才能迫使敌人由实变虚？联系“出其所必趋”、“攻其所必救”等上下文，我们便会发现，在孙子看来，敌人“必趋”、“必救”的司令部、网络枢纽、后勤基地之类的要害之处，也可通过信息欺骗、佯动误导、假象迷惑等手段，使之由实变虚，成为易破之敌。切实把握这种奇妙的辩证法思想，无疑有助于我们灵活谋划战略方案，巧妙实施作战指挥。孔子曾说：“学而不思则罔。”从上述分析可知，学习《孙子兵法》尤其需要用心去“悟”。满足于字面了解，囫囵吞枣、不求甚解是学不好的。

（二）融会思想体系

有人认为，记住孙子的名言警句就掌握了《孙子兵法》。殊不知，《孙子兵法》是一座完整的军事艺术宝库，各篇之间既彼此独立又相互关联，只有全面了解孙子的思想体系，才能说读懂了《孙子兵法》。从全书结构看，从《计篇》到《用间篇》依次论述了战略运筹、作战指挥、战术变化、军事地理、特殊战法等方面的问题，层层递进，纵向揭示战争各个主要阶段的基本原则。从文字表述看，某些重要观点不仅在某一篇中集中阐述，而且在其他篇中加以丰富完善。如“知胜”思想，首先在《计篇》中以“庙算”之说强调“先知而后行”，然后在《谋攻篇》又写出“知彼知己，百战不殆”的名言，接着在《地形篇》进一步阐发“知彼知己、胜乃不殆，知天知地、胜乃不穷”的观点；最后在《用间篇》中重申“先知”思想，并特别强调对敌情的预先了解不能靠鬼神暗示或巫师猜度，只能靠各种间谍，即掌握第一手情报的人。又如“慎战”思想，孙子开篇即讲，“兵者，国之大事，死生之地，存亡之道，不可不察也”，精辟地阐明了慎重对待战争问题的思想。《火攻篇》中“主不可以怒而兴师，将不可以愠而致战”等一系列警言，进一步强调了这一思想。此外，“全胜”、“诡道”等思想贯穿于各篇，我们必须综合各篇，方能知其主旨、得其神韵。

（三）活用谋略原则

“学”的目的在于“用”，“用”的原则在于“活”。“活”的内涵很丰富，可作“实”字解，就是不能把理论当教条，要实事求是、求真务实；可作“变”字解，就是不能把理论僵化，要因时而变、因事而变；可作“新”字解，就是根据时空变化不断丰富发展；可作“奇”字解，就是奇妙无穷、以奇制胜。兵学不是刻板的理论，而是实用之学。兵法原则只有在实践中灵活运用才有价值。只有在实践中才能更深刻地理解兵法的内涵，并加以发展。古人说：“半部论语治天下。”王安石说，“信但用孙武一二言便可成功名”。他认为韩信仅仅灵活运用了孙子的一两条奇谋妙计，便赢得了战争。突出强调的就是活学活用，反对死读书、读死书。战国时期的赵括，尽管熟读兵书、满腹韬略，但脱离战争实际，只会纸上谈兵，一旦带兵打仗便手足无措，乱了方寸。光说不练是“假把式”，我们不能重蹈赵括的覆辙。

毛泽东在《中国革命战争的战略问题》一文中说：“读书是学习，使用也是学习，而且是更重要的学习。”如果我们对《孙子兵法》光学不用，那与赵括就没有两样。与其如此，还不如把时间和精力用来做更有益的事情。目前，我国研究《孙子兵法》的专家学者众多，文章专著浩繁，但在灵活运用《孙子兵法》指导现代竞争方面，做得还不是太有效。改变这种状况，不能单靠专家、学者，应当更多地依靠有实践经验和实践机会的军事指挥员、政府官员和企业经营者，靠那些勇于实践、善于实践的实干家。实践是理论的源泉，更是理论与时俱进的不竭动力。《孙子兵法》是中国古代战争实践的产物，是战争实践经验的总结，只有将其灵活运用于各个实践领域，才能使它充分放射出智慧之光。因此，我们既要注意认真学习《孙子兵法》，更要注意灵活运用《孙子兵法》。

四、借鉴孙子的“为将五德”，加强能力素质培养

任何竞争，归根到底都是人的智力竞争。能不能正确把握《孙子兵法》的科学价值，学好、用好其谋略智慧，在激烈的社会竞争中立于不败之地，关键在于人，特别是领导者的智力水平和能力素质。所以，我认为，作为当代有志之士包括企业家、各级领导者和教育工作者，不仅要学习《孙子兵法》中的竞争谋略，更要学习孙子提出的为将之道，以提高智力水平和能力素质。

孙子的“为将之道”内容相当丰富，我这里只讲其中的“为将五德”，捎带讲一下“为将五危”。

先讲“为将五德”。所谓“为将五德”，就是指军事将领必须具备的五个方面素质。孙子说：“将者，智、信、仁、勇、严也”。这五个字的内涵相当丰富，要求也相当高。

（一）关于“智”

“智”，我觉得至少包含智力、智慧、智谋这几个方面。作为将领，要号令千军万马，必须有极高的智慧，要善于把握战机，善于出谋划策。人的智商有高有低，但智慧主要来自后天的培养。在古代汉语中，智力的“智”和知识的“知”是相通的，是一个意思。我理解，上面是个“知”，下面是个“日”，就告诉我们，要每天学习知识，逐步增强智力。知识是智慧的根基，要有高超的智慧，必须有广博的知识。这是对将军的要求，也是对企业家和领导者的

要求。

首先，要以智为上。大家注意，孙子提出的五德标准——“智、信、仁、勇、严”，第一个就是“智”。“智”为五德之首。孙子的这个要求具有普遍的意义，一再被历史所证明。楚汉战争中，刘邦和项羽争天下，刘邦得到天下之后，曾宴请文武百官。宴席上，他给文武百官提了一个问题：为什么项羽丢了天下，而我得了天下呢？大家说来说去，没有一个人说到点子上，最后刘邦进行了总结，他说：“夫运筹帷幄之中，决胜于千里之外，吾不如子房。镇国家，抚百姓，给军饷，不绝粮道，吾不如萧何。连百万之军，战必胜，攻必取，吾不如韩信。此三者，皆人杰也。吾能用之，此吾所以取天下也。项羽有一个范增而不能用，此其所以为我所擒也。”“夫运筹帷幄之中，决胜于千里之外，吾不如子房。”这里的子房，也就是刘邦的谋士张良。这个人智力过人，相当于刘邦的参谋长。“镇国家，抚百姓，给军饷，不绝粮道，吾不如萧何。”萧何是搞后勤保障的。古时打仗讲究的是“兵马未动，粮草先行”，粮草供应非常重要。“连百万之军，战必胜，攻必取，吾不如韩信。”韩信是刘邦的大将，异常勇猛，有一句话，妇孺皆知：“韩信将兵，多多益善”。刘邦说：“虽然我的才能不如这三个人，但是他们都心甘情愿地辅佐我，帮助我打拼天下。这就是我得到天下的真正原因。”而“项羽有一个范增而不能用，此其所以为我擒也”。由此可知，刘邦是靠智慧打败项羽、夺取天下的。若论个人的勇猛，刘邦绝对不是项羽的对手，但是他靠的是他的战略智慧、用人智慧，他知道自己的短处，而且知道怎样集众人之长弥补自己的短处。这就是大智慧，这就是智为上。

西方的军事理论家克劳塞维茨指出：非凡的勇气有的时候也可以弥补失算，但是就平均的结果而言，智力不足往往带有致命性。项羽凭着勇猛冲杀的劲头也打了很多胜仗，但是最后因战略失误，导致彻底失败，这就源于他智慧不足。

必须指出的是，一个人智慧水平高低有一定的天生因素，但更主要的是来自后天的学习。刘邦倚重的谋士张良与项羽的成长经历充分说明了这一点。他们两个年轻的时候，有一个共同的特点，都是有勇无谋的小伙子。可是，中年之后两个人走向了截然不同的道路，中年之后项羽率领千军万马战斗，依旧是一个猛汉；而张良在中年之后变成了谋士，满腹韬略，为刘邦策划了一系列关键性的谋略。这其中的转折点是什么？张良年轻的时候，是一个愣头的小伙子，秦始皇把他所在的韩国给灭了，张良逃离韩国，四处寻找武士，以报复秦始皇。在周游的过程中，他认识了一个武士，给武士打一个大铁锥，一甩出去很远，造成了杀伤。他找到这位武士不久，听说秦始皇要东巡，他们便在秦始皇东巡的必经之地埋伏起来。远远地看见秦始皇的车队过来了，武士便把铁锥甩了出去，但是没有甩着，打到后面的车上了。秦始皇急忙让手下搜查，张良落荒而逃。有一天，他在一座桥上闲逛，迎面过来一个老头。老头走到他跟前时，有意把鞋子踢到桥底下，然后对张良说："小伙子下去把鞋给我捡起来。"张良心想，这个老头怎么让我给他捡鞋？他挥起拳头要打，不过心里一想，这个人敢这样对我说话，肯定有什么毛病。便忍住愤怒，下桥把鞋捡了回来。没想到，老头又说："帮我穿上！"张良更生气了，真是得寸进尺呀。同时，心中更加生疑，这究竟是个什么人？于是，就给他穿上了。这时，老头说："你这个小伙子还不错，五天之后来这里见面。"张良心想，果然碰到神人了。五天之后，一大早张良就来到桥上，却见那个老头已经在那了。老头生气地说："与老者约会怎么还姗姗来迟，回去吧，五天之后再来。"张良只好折了回去。五天之后，天刚刚亮，张良就往桥上跑，可是老头又已经站在桥上了。老头斥责道："你怎么又来晚了，回去，五天之后再来！"好不容易等到第五天，半夜里张良就跑到桥上。这一次是张良先到，等了一会老头来了。老头高兴地说："孺子可教也。这样吧，我给你一本书好好读读，日后必为王者师。”老头从怀中掏出竹简给了张良，然后转身走了。天亮的时候，张良把竹简打开一看，是《太公兵法》。张良好生奇怪，此后就开始学习这本兵书，不久就学进去了，最后，自己鲁莽的性格也逐渐改变了，由一个鲁莽的青年变成了足智多谋的谋士。

项羽是贵族子弟，年轻时也学习，开始是学书、读书。他说，读书本这个东西只能记一些人的名和姓，不愿意读。他的叔叔项梁就教他学剑，学一段时间之后，他又说，学剑只是一个人对一个人，我要学万人敌。项梁又教他学兵书，项羽很高兴，兴致勃勃。可是，学了一段时间之后，还没有完全弄懂，他又不学了，把兵书甩到脑后，就这样带着半生不熟的兵法上了战场。所以说，在谋略学习上，项羽远远不如张良下的功夫多。在战争中，虽然项羽打了 70 多次胜仗，但是在最后在垓下之战中惨败，被迫自杀。而张良屡屡给刘邦出谋划策。当时项羽有 40 万军队，刘邦只有 10 万军队。但是最后刘邦赢了，这与张良有很大的关系。所以，刘邦在庆功宴的感言中，把张良排在第一位。由此可见，孙子把“智”放在第一位，确实是古往今来人才成功经验和失败教训的总结。

其次，要智随职迁。职务职称跟智慧不能简单地画等号，职务高、职称高不等于智慧高。但是智慧必须与职务和职称相适应，职务越高职称越高，承担的责任越大，对智力、智慧、智谋的要求也越高。克劳塞维茨有一句名言：“智力必须随着职位的提升而相应地提高。”有些人在职位职称较低时表现非常突出，可是一旦提升到较高的职位职称上，由于智力没有相应的提高，便显得很不适应。现实生活当中，许多同志对职务职称的升迁非常迫切，但是对知识的积累、智力的提升重视不够。有人说：“机遇只钟情于有准备的头脑。”没有一定的智能担当不了大任，就是把你放到那个位置上，你也干不好，大家也不信服。特别是在现在这个知识爆炸的时代，随着人们科学文化知识水平的提高，尤其要不断更新知识，在知识储备方面要先人一步，在智力水平方面要高人一筹。真正做到智随职迁，使智能与职位职称相适应。比如，企业领导者的智力要随着企业的发展而不断提高。经营一个小企业与经营一个大企业，面临的许多问题都不一样。小企业或企业初创时期，主要靠体力，埋头苦干就能有业绩。大企业或企业成熟时期，主要靠智力，抬头看路才能有方向。如果领导者不注重提升智力，把方向和道路引错了，就有可能满盘皆输，前功尽弃。

再次，智随时进。就是说，智的内涵要随着时代的发展而发展。过去会打算盘，会写信，会“识文断字”，就算聪明人。今天，不懂电脑，不懂信息技术，无异于半文盲。作为搞企业的，只懂生产不懂经营，不了解市场，不会与外商打交道，你就很难做大做强，你那个企业也搞不好。就管理来讲，只懂得管理学，不懂得心理学、行为学、社会学，也搞不好管理。智也是个时空概念，随着范围的扩大而扩大，随着时代的前进而前进。智不是僵化的凝固的东西，而是一个不断变化更新的形态。学习永无止境，实践永无止境。据说，现在每到周末，许多企业领导，不远千里坐飞机到各地参加学习班、研讨会、组织沙龙、交流信息、结识朋友。为什么呢？这就是因为时代发展了，经营管理现代企业需要更多、更高的智慧。

我们现在开始进入信息时代、知识爆炸的时代，有些学生对电脑的熟悉程度恐怕高于老师，从网上获取知识的能力恐怕也强于老师。过去，老师和学生不在一个知识平台上，老师饱学知识之后再教给学生，学生只能被动地跟随老师学习。而现在，老师与学生处在同一个信息平台上，学生获取知识的途径多、速度快，甚至某些方面走在老师的前面。这就要求老师们、校长们智随时进。

（二）关于“信”

对于“信”，也有多种理解。我觉得最重要的是诚信、信任、威信。“人无信不立”。诚信是为人之本，更是为将之德。作为率领千军万马的将军，国家存亡、民众生死系于一身，必须要有诚信，就是要言必信、行必果，一诺千金。有了诚信，才有威信，士兵才愿意把生命托付给你，你才能号令三军，冲锋陷阵。《孙子兵法》强调对敌人要施计用谋、兵不厌诈，对内部则要诚实守信。“信”为三军之魂。

春秋中期，齐国著名将领司马穰苴就是以信立威的典型。当时，齐国面临晋国和燕国的侵犯，战争初期齐国不是很有利，齐景公便把一个叫司马穰苴的低职位军官提拔起来统率三军，但对他不太放心，要控制他。于是，齐景公把自己宠幸的一位大臣庄贾派去当监军官。司马穰苴知道这是对自己不放心，但是没有办法，只能接受。他就和庄贾约定明日午时在军营门前会合，然后一起率军出征。庄贾平时在齐王的身边，是宠臣，根本没把司马穰苴放在眼里，只是随便应付说：“知道了。”第二天上午，司马穰苴在军营门前整顿三军，并插上木杆，“立表辕门”，以等待庄贾。辕门就是行军打仗时的军营大门，表就是计时用的木杆。眼看日影越来越短，乃至消失，正午时间到了，可是庄贾还是没有来。司马穰苴让部队继续等待，一直到黄昏之际，庄贾才姗姗而来。司马穰苴问道：“你为什么这么晚才来?”庄贾满不在乎地说：“同僚们知道我要出征，非要拉着我喝酒送行，这不就来晚了。”司马穰苴以为他被什么紧急军政要务耽误了呢，原来是喝酒。司马穰苴便厉声问执法官：“与军队约定了会合时间而无故迟到，按军法当如何惩处?”执法官说：“当斩!”司马穰苴便下令把庄贾绑了起来。庄贾一看司马穰苴来真格的，立刻派随从跑回去告诉齐景公。齐景公心想，我刚刚把你提拔起来，你就要斩我的宠臣，好大的胆子。立刻派人坐自己的马车飞奔辕门，使者快马加鞭，高声大喊：“刀下留人!”司马穰苴却斩钉截铁地说：“将在外，君命有所不受!”说完，就把庄贾砍了。他接着又对使者说，国君知道庄贾违反了军法，还帮他说话，也应该惩处，但是不能杀君王。他便让执法官把齐王马车左边的马给杀了，以示惩处。司马穰苴的官兵们看到将军连君王都敢得罪，真是执法如山、言而有信之人，无不由衷佩服。后来打仗的时候，全军将士都非常勇敢，赢得了一场又一场胜利。司马穰苴的故事告诉我们：在平常管理过程中，不要过多的情绪化、人情化，如果对自己的亲戚、朋友、领导网开一面，就不能树立讲诚信的形象，也不可能树立起威信。

“信”为经营之本。市场经济越是发展，搞企业越要讲诚信；越是要把企业做大做强，越是要讲诚信；越是要面向世界发展企业，就越是要讲诚信。没有诚信，无异于自设障碍，自掘陷阱。做企业，是先做人，再做事。为什么有远见的企业家都拜关老爷呢？关羽又不是经商的，拜他干什么？就是因为关羽最讲诚信，在世人的眼里，关羽就是忠义的化身。你拜关老爷，说明你是诚实守信的。诚信是立身之本，你讲诚信，人家才愿意和你交往。讲诚信，你才能赢得更多的机会。现在有些商家经常玩一些小花招欺骗消费者，挣一时之利，但挣不了长久之利。人家都不和你做生意了，你利从何来？

诚信是社会公德，是社会正常运行的基本前提。一切法律和规章制度都是建立在诚信基础上的，市场经济既是一个竞争的经济、法治的经济，也是一个讲诚信、讲道德的经济，合同就是建立在诚信基础上的契约。现在，一个非常严重的问题是，诚信已经成为我们社会的紧缺资源，诚信的缺失使社会运行成本增大。假冒伪劣产品盛行，可以说社会上人人都是受害者，因此，唤起诚信人人有责。如果说做其他事情还有一个能力问题，但讲诚信对能力要求并不高，它的核心问题是个道德品行问题，讲诚信人人都可以“从我做起”。当然，作为领导在这方面更要起带头作用，你管不了整个社会的事，但可以管得住自己，管得住你那个单位，在你那个单位培育、营造以诚信为核心的文化。领导讲诚信是有信心的表现，你信任大家，大家才信任你，才能有敢打必胜的信心，才能义无反顾地跟着你向前冲。作为一个领导，能力不大，群众尚可谅解。如果发现你做人不行，不讲诚信，把群众当成小孩子耍，你就成了孤家寡人，就没有人跟你走，最后的结果就是一事无成。

应当说，培养人们讲诚信的美德，教育工作者责任重大。大多数人的思想品德都是在青少年时期形成的，因此，我们在对青年学生进行智育的同时，要特别注重进行德育，尤其是培养他们以诚信为本的思想品德，为他们日后成为杰出人才奠定坚实的思想基础。

（三）关于“仁”

孙子所说的“仁”，可以理解为仁爱、仁义、仁慈。孙子所说的“仁”与孔子所说的“仁”是相通的。孙子强调的战争的最高境界是“不战而屈人之兵”，就是不经过大军交战，不用残酷的杀戮，就能取得战争胜利，这是对国家对人民最大的仁、最大的爱。穷兵黩武，把人民拖入战争的苦海，让生灵惨遭涂炭，是不仁不义的。

在孙子关于具体作战的论述中，也有一些关于爱护老百姓、爱护士兵、善待俘虏的论述。比如，“视卒如婴儿”、“视卒如爱子”等，处处体现了仁爱的思想。孙子强调，要以情带兵。军队是血气方刚的年轻人集中的一个群体，这个群体，平时在边疆上守卫着国家的安全，战时在战场上冲锋陷阵，浴血奋战。将军负有指挥作战的重任，但仗是由普通的官兵来打的。将军在地图上用铅笔把冲锋的箭头指向敌人的城堡和阵地，士兵用自己的血肉之躯铺平前进的道路。“一将成名万骨枯”。作为将领，必须要用情去凝聚军心。所以孙子提出，将领要“视卒如婴儿”。“卒”就是士兵。你要把士兵看成婴儿，像父母对待婴儿那样去保护、呵护、培养士兵。这样，士兵才会对将军感恩戴德，愿意在将军的指挥下奋勇作战。孙子说，“视卒如爱子，故可与之俱死”。意思是说，你把士兵看成像自己的儿子一样，士兵就会和你同生死、共命运，即便献出生命也不会退缩。历史上以情带兵有很多脍炙人口的故事。比如，战国时期有一位大将名叫吴起，他的一个士兵背上长了疮，化了脓。那时，医疗条件很差，吴起就把这个士兵叫过来，俯下身子，用嘴把脓疮里的脓吸了出来。几天后，这个士兵的脓疮好了。消息传到士兵的家乡，左邻右舍都很感叹，只有这个士兵的母亲号啕大哭。邻居们不理解，问："你儿子的脓疮好了，你还哭什么啊？"这位母亲说："你们不知道啊，三年前，孩子他爹就是被这个将军吸过箭疮，结果战死沙场，再也没有回来。今天我儿子又被他吸了脓疮，儿子必然拼死为这位将军效力，奋勇杀敌，可能再也回不来了。"

这个故事告诉我们，以情带兵，下属就会以情换情，就会感恩戴德地报效于你。现在我们实行的是市场经济体制，经营管理企业也有个"以情带兵"的问题。现在许多企业领导总希望企业能够有凝聚力和向心力，希望员工提高对企业的忠诚度。其实，企业内部的凝聚力和向心力，很重要的也是来自领导对员工的仁爱之心，以情换情总是会得到好的回报。相反，把员工当成赚钱的机器，呼来唤去，没有起码的尊重，甚至工资都不按时发放，让员工对企业尽心尽力怎么可能呢？

海淀区有个亿阳公司，是经营电信业务的。亿阳公司的老总邓伟先生坚持用事业、用利益、用制度、用感情凝聚人心，提出"员工富有，公司强盛，惠及世界，令人尊重"的管理理念。领导关心员工，员工尊重领导，把公司的发展与员工的个人前途联系在一起，上下同心，亲如家人，风正心齐干劲大。员工说："心情舒畅了才思泉涌，心烦意乱就处处别扭。在亿阳工作顺心提神，有使不完的劲。"这就是感情的力量、仁德的威力。

另外，《孙子兵法》讲到"进不求名，退不避罪，唯人是保，而利合于主"，也体现了仁义的观念。他强调，领导者努力工作并不是为了寻求个人名利，遇到困难和挫折也不要逃避责任，要一心想着为民众和国家谋利益。这样的领导者才是一个具有高尚品德的人，拥有大仁大爱之心的人。人们生活在世界上对于处理上下左右的关系，有的认为是个方法问题，我总是告诉他们，是态度问题，这个态度就是忠诚、老实，就是表里如一，安守本分，朴实厚道。只有忠诚老实，才能让上级有信任感，让同事有安全感，让下级有依赖感。没有好的人品做底子，就很难做个好干部。周总理曾说过："世界上最聪明的人是最老实的人，因为只有老实人能经得起事实和历史的检验。"的确如此，那些精于算计、过于"聪明"的人，人们往往避而远之，不愿与之为伍；那些实在厚道的人，人们则愿意与之为友、乐于与之共事。如果真是对自己的一生负责的话，还是本分一些好。不守本分的人，能糊弄一时，但糊弄不了历史。在我们的现实生活当中，有人争功诿过，见到荣誉当篮球，见到困难当足球，甚至争名于朝、争利于市，贪一己之利，不惜中伤他人，这与孙子所说的"仁"是格格不入的。

（四）关于"勇"

"勇"，是为将者最起码的要求，也是军人最宝贵的品质。因为军人时刻与危险为伴。电视剧《亮剑》的收视率为什么这么高？我认为，这从一个方面反映了人们对和平时期军队勇敢精神的呼唤和期盼。《亮剑》在这方面给我们的启示至少有三点：其一，士气是军队的灵魂，没有士气的军队，即使武装到牙齿也不堪一击；其二，指挥员的气质和性格决定部队的士气，而部队的士气决定部队的作为；其三，敢于"亮剑"是最重要的，勇敢是指挥员最重要的心理品质。正如李云龙说的："倒在对手的剑下不丢人，不敢亮剑才丢人！"

指挥员的素质是由多种素质集合而成的，其中勇敢是知识、智能和体能不能代替的。从某种意义上说，勇敢这种素质有"一票否决权"。如果一个指挥员心理素质不够健全，平时还可以行使职权，甚至能把部队带得井井有条，但是一旦投入战场就会立见分晓。所以，苏联卫国战争时期的著名将领什捷缅科说过：“指挥这一行不是任何人都能干得了的”，“战争造就了许多人才，也淘汰了一些和平时期的‘统帅’。不仅包括统帅，而且包括一些战时虽然尽力，但总也指挥不好的指挥员”。这些人之所以“指挥不好”，一个重要原因就是心理素质不能适应战争环境的要求。战争中，指挥员处在特殊的工作环境和巨大的精神压力下，他的指挥活动不仅是在个人生命受到威胁的情况下进行的，而且承受着千军万马生死攸关的重大责任。重大的决策产生的过程，是一个高度紧张而痛苦的过程。例如，第二次世界大战中有一次意义非常重大的战役——诺曼底登陆战役。这次战役是盟军司令艾森豪威尔指挥的。1944 年 6 月，英美盟军经过将近一年的精心准备，准备发起诺曼底登陆战役。这时，艾森豪威尔作为最高指挥官，因为气象等方面的原因，为确定登陆时间煞费苦心，承担着沉重的精神压力。他非常清楚地知道，由 5000 多艘舰船组成的庞大的登陆编队，一旦驶离港口，那么，不管气象条件允许不允许，登陆行动都不能停下来。登陆成功，他将成为第二次世界大战的英雄，登陆失败，他将会成为“千古罪人”。因为这一仗将付出几十万将士的生命。所以，下达了开始登陆命令以后，他写下了这样一段文字：“我们在瑟堡—勒阿佛尔地区的登陆失利，我已将部队撤回。陆军、空军和海军都恪尽职守，表现出极为勇敢的献身精神。如谴责此次行动或追究责任，应由我一人承担。”

可见，他在下达登陆命令的时候，就已经做好了上军事法庭的准备。有史学家评论说，下达诺曼底登陆命令是艾森豪威尔一生中最重大的决定。“下达命令后，艾森豪威尔显得十分疲倦，肩上的四颗星，每一颗似乎都有一吨重。……对于一个从没有过制定重大决策经验的人来说，下决心似乎是一件很容易的事。当一个人不负有实际责任的时候，批评一个方案或提出一个方案都是很容易的。但是，同样一个人，如果把下决心的权力交给他，而且他必须对其决心负责，他很快就会意识到这个任务是多么艰巨！”

对于权力，有一个很有意思的现象：平时，人们对权力是趋之若鹜，权力越大越好，生怕权力不够大。但是，当危机到来的时候，人们对权力的态度完全变了——这个时候是避之唯恐不及。远的不说，大家想一想 2003 年抗“非典”时的情况就完全清楚了。因为这个时候作出的任何决定，都跟重大的责任联系在一起。决策的困难，不在于决策本身，而在于决策的后果，在于巨大的风险。

由此可见，将军的勇敢和普通士兵的勇敢有所不同。士兵的勇敢主要体现在敢于浴血沙场，冲锋陷阵；而将军的勇敢主要表现在敢于决断，敢于负责，敢于承担风险。将军的勇敢不是匹夫之勇，而是大智大勇。这种勇敢不仅表现在不怕牺牲上，更重要地表现在敢于决断、敢于担当、敢于负责上。这种负责精神，就一个局部来讲，表现为对作战的成败和部属生命的高度负责；就全局来讲，反映着对国家、对民族、对党的事业的忠诚和高度的使命感。有了临危不惧、敢于负责的精神，才能在担负重大指挥任务时把个人的安危得失置之度外，保持超常的思维能力，而且越是环境艰苦、情况危急、条件复杂，意志越坚定，头脑越敏锐，思维越灵活，决策越合理。指挥员只有在无形的心理抗衡中压倒敌人，才能在有形的战场上战胜敌人，迫使敌人服从自己的意志。指挥员的“勇”，至少包括坚定、坚韧、坚强、坚毅、果断、无私这些心理因素。“将在外，君命有所不受”，就是一种把个人私利置之度外、把国家和民族利益顶在头上的行为。

战争实践一再证明，勇敢往往会在竞争的关键时刻决定成败，因为当一方的胆量超过对方的时候，其胆量就会因为对方的怯懦而发挥作用；有胆量的人每当遇到怯懦的人，就会增加胜算。因为怯弱的人在困难面前失去镇静，其能力就不能正常发挥。“狭路相逢勇者胜”。有些时候，最后的胜负，起决定性作用的是勇气和胆略。指挥员的勇敢对部队的军心士气具有决定性的作用。长征途中，红军干部在关键时刻喊的一句话是“跟我上！”国民党军官在关键时刻喊的却是“给我上！”一个“跟”，一个“给”，勇怯立见，效果截然不同。拿破仑曾经作过一个形象的比喻。他说：“一头雄狮可以率领一群绵羊去作战，而一只绵羊却不能率领一群雄狮去做作战。”意在说明，一个群体里领军人物的胆量是至关重要的。

勇敢并不等于鲁莽，也不是感情用事，一时冲动。勇敢是理智的勇敢，是建立在对形势的缜密分析和正确判断上。1950 年，新中国刚刚建立，百废待兴，解放军转战南北，打了多年的仗，非常疲惫。此时美国侵入朝鲜，直接威胁中国的安全，我们是出兵还是不出兵？政府高层许多人不同意出兵，毛泽东面临众多反对意见，反复掂量，昼夜思考。毛泽东一生有两次决心最难下：一次是 1946 年和国民党决裂，另一个就是 1950 年出兵朝鲜。这期间，毛泽东整天把自己关在书房，查阅古今中外的战争战例，通过周恩来和苏联沟通，了解情况。经过一番慎重考虑，毛泽东在军事委员会上说：让我写不出兵的理由，有百条千条，但都敌不过“不能置之不理”六个字。我认为，“应当参战，必须参战，参战利益极大，不参战损害极大。打得一拳开，免得百拳来。”根据这一决策，中国人民志愿军雄赳赳、气昂昂，跨过鸭绿江，连续实施 5 次战役，把美国侵略者从鸭绿江边赶过了“三八线”，打出了军威、国威，打破了美国人不可战胜的神话。

战场上需要“勇”字当先，其他竞争领域同样需要这种精神力量。改革、创新、创业都需要有勇敢精神，因为它要打破常规，突破框框，承担风险。首先要像邓小平讲的那样，敢试敢闯，要有那么一股劲，那么一股气。同时，还要像胡总书记讲的那样，贯彻落实科学发展观，要对形势任务做出科学的分析，照顾到方方面面的利益，统筹好各方面的关系，才能把事情做好。当前，敢于摒弃那些不符合科学发展观的思想观念、习惯做法和行为方式，这本身就是一种勇气、一种胆识。

大家知道，内蒙的神华集团，发挥国企的气魄与担当，不甘只当“卖炭翁”，而是在弘扬艰苦奋斗的传统过程中，打破老框框，走出了一条“矿路港航电油化一体化”、“产运销一条龙”的新路子，开启了以自主创新为支撑、以一体化运作创效益的新经营模式，至2011年底，神华集团有全资和控股子公司39家、生产煤矿58个，拥有营运里程1500公里的铁路、一亿吨吞吐能力的黄骅港，总资产达6100亿元，这里的关键就是一种改革的勇气和创新的胆识。

（五）关于“严”

“严”，应当包含严于律己、严谨、严明、威严这几方面的含义。但是最主要的是两个方面：一个是对自己要严格要求，严于律己，有一个威严的形象；一个是对部队要严格管理严格要求，是一种管理理念和领导艺术。

为将之严，首先严己。用现在的话说，就是不能马列主义对外，而是要起表率作用。古代对将帅的威严是有很多规矩的，包括登坛拜将、布兵摆阵、行军宿营等，都有一系列的严格要求。将帅的形象在士兵眼里就是一面旗帜，就像《论语》里说的：“其身正，不令而行；其身不正，虽令不从。”自己要起表率作用这就是身正。当年，小平同志对新进政治局的常委也提过很严格的要求，说：“你们是党和国家的领导人，你们的言谈举止，甚至于穿衣走路都要注意自己的形象。”这些都说明，任何一个领导者都要对自己确立一个非常严格的标准，在部属面前树立一个好的形象。这本身就是一种无形的力量。如果自己制定的规章制度自己都不执行，要想让下属去遵守那是不可能的。曹操削发代首的故事、诸葛亮自贬三级的故事、张爱萍将军自己罚站的故事等，都是严人先严己、严兵先严官的生动事例。

为将之严，对管理部属来讲是一种重要的管理理念和领导艺术。孙子强调，“令素行以教其民，则民服”。这里的“素”是平时、长期的意思。就是说，颁布的法令法规，只有长期贯彻执行，部队才会服从你的管理，养成习惯。反过来，“令不素行以教其民，则民不服”。平时不严格，令不行，禁不止，到了打仗的时候，就会一盘散沙，不听指挥。严是爱，松是害。平时要求严格，战时减少伤亡是最大的爱。领导对员工、老师对学生也是这样，平时要求严格，使他好好成长，不犯错误，就是对他的爱。严师出高徒。我们讲以人为本，并不是处处迁就，热了给他安空调，冷了给他送棉衣，更重要的是培养人、成就人，使他能够成为有用之才，能够干好事业，是最大的以人为本，这才是严的真谛。

以上就是孙子的“为将五德”。曹操读孙子兵法时读到此处时说：“五德兼备方为良将。”大家知道，孙子的思想是非常辩证的，他一方面强调为将者要具备五种品德，另一方面又要求为将者要避免五种弱点。他指出：“将有五危：必死、可杀也；必生，可虏也；忿速，可侮也；廉洁，可辱也；爱民，可烦也。凡此五者，将之过也，用兵之灾也。覆军杀将，必以五危，不可不察也。”下面具体解释一下：

“必死”，是指一心只想死拼，而不知用计用谋。这种人往往盲目冒进，很容易被敌人击败。

“必生”，是指那些一心想求生的人，这种人在决策时往往会犹豫不决，失去有利战机，以致被敌人打败、俘虏。

“忿速”，是指那些求胜心切、感情用事，盲目浪战，以非常急躁的心态作战的人。这样的人容易被敌人的小阴谋弄得急躁不安，怒而兴师，愠而致战，被敌人打败。

夷陵之战就是个很好的例子。关羽大意失荆州之后，被东吴俘虏，关羽父子被砍了头。刘备得知这一消息，怒从心起，拔剑而起，不听诸将劝阻，执意出兵攻打东吴，报仇雪恨。结果，被吴将陆逊火烧连营四十余里，刘备落荒而逃，逃到白帝城没有几年就忧郁而死。这就印证了孙子所讲的“忿速，可侮也”。

“廉洁”这个词的意思和我们今天讲的不一样，是指将领过分爱惜自己的荣誉，过于自尊，过于珍惜自己的脸面，这样的将领面对敌人的羞辱，往往沉不住气，落入对方的圈套。红楼梦里有一诗句“好高人愈妒，过洁世同嫌”，说明人是生活在现实生活当中的，是脱不了世俗的，不是生活在书本上、会议里，要把原则性和灵活性很好地结合起来，豁达大度，从容待人处世。

“爱民”就是过于顾及民众的局部利益、眼前利益，而失去整体利益和长远利益。先秦语言中，“爱”没有爱护和喜欢的意思，而是“吝惜”的意思。作为统帅，不要舍不得打破坛坛罐罐，要分清哪是局部利益、哪是全局利益，为了维护整体利益，必要时可以牺牲局部利益。维护和保护好民众的根本利益，才是真正的爱民，只顾眼前和少数人的利益，看起来是爱民，实际上是害了人民。比如，1947 年 3 月，胡宗南集中 23 万大军进攻延安，当时我们在陕北已经占领了 100 多个城镇，但只有西北野战军 2 万多人和中央机关少量部队。面对国民党军队的进犯，中央有两种意见：一种意见是坚决守住延安，与敌人硬碰硬，寸土不让；另一种意见认为，敌我力量悬殊，不能硬拼，只有通过运动战调动敌人，寻找机会歼灭敌人才是上策。毛泽东选择了第二种意见。这就意味着要打破坛坛罐罐，使一部分民众受到一些损失。尽管如此，毛泽东从长远着眼，还是决定撤离延安。经过三战三捷，不久即重回延安，从战略上保护了人民群众的长远利益。

以上我就《孙子兵法》的基本特点、科学价值、把握其科学价值的基本方法，以及借鉴孙子的“为将之道”加强能力素质培养等问题，谈了一些研究心得。最后，我想再次重复一句话：对于《孙子兵法》，谁学谁受益，早学早得益，学得越好受益越大。作为企业家，抽时间学学《孙子兵法》，从中汲取制胜智慧、竞争谋略会有很大帮助，会明显地提高参与社会竞争的思维能力和竞争能力。

附录一

学习三首诗词的体会

——诗词中国记者访谈录*

记者采访，要我谈谈对三首名作的解读：一是毛泽东同志的《沁园春·雪》；二是朱德元帅的《七律·太行春感》；三是田汉同志作词、聂耳同志谱曲的《义勇军进行曲》，也就是中华人民共和国国歌。

我才疏学浅，对诗词不很在行，开始写诗时连诗词格律、对仗平仄都不懂，何以解读？记者同志要求再三，不好推辞，只好说说自己的学习体会。

一、学习毛主席词《沁园春·雪》的体会

毛泽东主席不但是伟大的思想家、政治家、军事家，而且是一位伟大的诗词家。他的诗词气势恢宏、光辉灿烂，深受人民群众喜爱、文人墨客推崇，多为千古绝唱。其中写于 1936 年 2 月 7 日的《沁园春·雪》这首词，半个多世纪以来，一直受到中外学者的关注、研究、鉴赏、品评，考评的文章数不胜数。特别是对这阕词章的创作时间、地点和经过，长期以来人文殊异，成为难解之谜。

有的说，这阕词是毛泽东同志 1945 年 8 月 28 日在延安至重庆的飞机上写的；有的说是在重庆谈判期间写的；更有甚者，说该词不是毛主席所写，而是胡乔木代笔，等等。其实，胡乔木同志早就

---

*本文根据作者 2014 年 7 月 2 日接受诗词中国记者访谈的提纲整理。

声明予以否定。经过认真考证，这首词是毛主席于1936年2月7日在陕北清涧县高杰村袁家沟写的，即在红军长征到达陕北后，准备东渡黄河时写的，这一点确定无疑。

这首词写得较早，但发表较晚。正如长江大学文学院教授刘汉民先生所讲的，“雪天创伟词，保密近十年”。毛主席写诗填词，无论在马背上吟成的，还是在油灯下写就，一般都会出以示人，或送给诗友，或被爱好诗词的同志拿走。唯《沁园春·雪》写出后，毛主席守口如瓶，秘而不宣，将近十年。直到1945年赴重庆谈判，柳亚子先生向主席索要诗作时才面世。个中原因各有理解，还难定论。刘汉民先生讲，这一点颇值得玩味。

事情的经过大致是这样的。1945年8月10日晚间，日本向盟国乞降的消息传到中国，陪都重庆彻夜狂欢。第二天，几家大报头版发文庆祝，引用了唐朝杜甫的“闻官军收河南河北”的诗句作开头词——“剑外忽传收蓟北，初闻涕泪满衣裳”。8月15日，日本天皇正式广播《停战诏书》，虽然回避“投降”二字，但接受《波茨坦宣言》，等于宣布投降。此时，蒋介石为了抢夺抗战胜利果实，在调兵遣将的同时，请毛泽东主席赴重庆谈判。起初国民党当局认为，毛泽东不会前来，出乎意料的是，毛泽东8月28日到达重庆，并受到重庆各界人士的热烈欢迎。毛主席的诗友、爱国诗人柳亚子先生赋诗相庆：

阔别羊城十九秋，重逢握手喜渝州。
弥天大勇诚能格，遍地劳民战尚休。
霖雨苍生新建国，云雷青史旧同舟。
中山卡尔双源合，一笑昆仑顶上头。

柳亚子称毛泽东此行是“弥天大勇诚能格”。这不是艺术家夸张而是事实。从这几年公开的蒋介石日记可以看出，在43天的重庆谈判中，蒋介石在对待毛泽东的态度和打算上有过三个阶段的考虑：

第一阶段是感化，希望以“热情”的招待，用软的一手让中共交出军权和解放区政权。第二阶段是准备拘留和“审治”。毛泽东对蒋介石软硬不吃，展开了针锋相对斗争；9 月 27 日蒋介石索性停止谈判，飞到西昌“休息”一个星期，这几天蒋介石的日记中都是关于如何审判和惩治毛泽东的内容。不过，考虑到国际国内各方面的形势，蒋介石怕“审治”会造成严重后果，尤其是毛泽东身后有百万大军和广大的根据地，深得广大人民群众拥护，还有国际担保，因此，蒋介石最后决定将“审治”改为“训戒”，送毛泽东回延安。

接到蒋介石的邀请，我们党内估计到蒋介石会要阴谋，劝毛主席不去。主席说，如果不去，蒋介石就可以在道义上占上风，说我请你谈判你不来，只好武力解决，制造内战就有了借口。毛主席说，此去“准备坐班房”，“如果是软禁倒不怕，正要在那里办点事”。谈判进行得很艰难，双方都不让步。原来准备 10 天，因谈得很不顺利，毛主席在重庆待了 43 天。在谈判陷入僵局的情况下，毛主席在重庆展开了统战工作，会见了许多老朋友，同柳亚子多次会面。柳亚子向毛主席赠诗，请求回赠。毛主席当时没有写诗，就抄了 10 年前写的《七律 · 长征》相送。因为这首诗见于美国记者斯诺的《西行漫记》，柳亚子读过，于是提出希望能看到毛主席的新作。应柳亚子先生的要求，毛泽东在回延安前（10 月 7 日），把自己于 1936 年 2 月在陕北清涧县写的《沁园春 · 雪》一词抄录回赠，并附信：“初到陕北看到大雪时，填过一首词，似与先生诗格略近，录承审正。”这首词共 25 句、114 个字，其气势之大古今罕有。

北国风光，千里冰封，万里雪飘。
望长城内外，惟余莽莽；大河上下，顿失滔滔。
山舞银蛇，原驰蜡象，欲与天公试比高。
须晴日，看红装素裹，分外妖娆。
江山如此多骄，引无数英雄竞折腰。

惜秦皇汉武，略输文采；唐宗宋祖，稍逊风骚。
一代天骄，成吉思汗，只识弯弓射大雕。
俱往矣，数风流人物，还看今朝。

毛主席将诗词赠予柳亚子先生，本是一种私人友情来往，是应柳亚子请求赠予的，而且是19年不见的老朋友之间畅述情怀，并无公开发表之意。精于诗词的柳亚子看到这首词，连呼“大作！大作!”。毛主席10月7日赠予柳亚子，11日离开重庆回到延安。柳亚子到机场送走毛主席，回到家中反复吟诵这篇豪迈的词章，诗兴大发，遂于10月22日以次韵润之咏雪作填词“沁园春”一首为和：

廿载重逢，一阕新词，意共云飘。
叹青梅酒滞，余意惘惘，黄河流浊，举世滔滔。
邻笛山阳，伯仁由我，拔剑难平块垒高。
伤心甚：哭无双国士，绝代妖娆。
才华信美多娇，看千古词人共折腰。
算黄州太守，犹输气概，稼轩居士，只解牢骚。
更笑胡儿，纳兰容若，艳想浓情着意雕。
君与我，要上天下地，把握今朝。

柳亚子作了这首和词后，连同毛主席的原词，一同送到我党代表团在重庆办的报纸《新华时报》，要求发表。此时，毛主席已回延安，周恩来仍在重庆负责中共代表团的工作，周恩来就和代表团的同志同报社的同志商量，一致不同意发表。报社同志向柳亚子先生解释，公开发表毛主席的诗词，需向本人请示，主席已回延安，请示往返费时，委婉拒绝。柳亚子却坚持要发表，反复陈述理由。11月11日，《新华时报》发表了柳亚子的和词，引起广泛关注，读者见了和词，很多人急切地欲找原词。其中，吴祖光就是好奇者之一。经反复打听，最终在好友黄苗子那里抄到一份毛主席的原词。吴祖光认为，从风格的涵浑奔放看，颇近苏辛词派，但找遍苏辛词找不出任何一首这样大气磅礴的词作，这样的词作可遇难求，无论如何不能放弃。他认为《新华时报》是党报，有组织约束，而他自己办的民营报纸——重庆《新民报晚刊》——则灵活得多。于是，吴祖光于11月14日在《新民报晚刊》上发表了《毛词·沁园春》并加按语："毛润之氏能诗词，似鲜为人知。客有抄得其《沁园春·咏雪》词者，风调独绝，文情并茂，而气魄之大，乃不可及。据毛氏称则游戏之作，殊不足为青年法，尤不足为外人道也。"词已见报，轰动山城，全国各地许多报纸争相转载，传遍全国。一时间，撼动了当时的文坛和政坛。国民党政府极为恐慌。蒋介石急忙令组织文人墨客进行比试。国民党的大小报纸刊登了不少和词和挑战文章，不仅相形见绌、屈于下风，而且无意中宣传了毛主席的诗词，显示了中国共产党人的豪迈胸襟、英雄气概。当时有人说这是"诗坛大战"，以文论政，国共两党胜负已露端倪，预示着人心已经倒向共产党。当时毛主席在延安，王若飞将国民党纠集的文人的"骂人之作"通过其舅父黄齐先生寄给毛主席。毛主席看后，在致黄齐生的信中说：国民党的骂人之作"鸦鸣蝉噪，可以喷饭，并附一观"。

那么，毛主席为什么能在1936年2月写出如此大气磅礴的词？我研究了当时的创作背景，是不是可以这样理解。

第一，从毛主席个人角度看，1935年遵义会议确立了毛泽东同志在全党全军的领导地位。我们党回到了正确路线上来。同年11月3日，在甘泉县下寺湾，召开中共中央政治局常委会议，着重讨论当前的军事行动。会议决定：军事工作由毛泽东负责，成立西北革命军事委员会，由毛泽东任主席，周恩来、彭德怀任副主席，进一步巩固了毛泽东的领导地位。从这个角度讲，应该说诗人是充满自信、充满豪情的。这就为写这首豪迈之词奠定了良好的思想基础。大家都知道，遵义会议之前，毛泽东一直受王明路线的打压和排挤，被排除在中央指挥和决策层之外，那种心情，写出豪放之词是很难的。心境好了，心胸开阔了，才思泉涌，激情万丈，就能创作出气壮山河的名篇佳作。

第二，从中国革命形势看，这里有三个小背景需要提一下。一是1935年10月中央红军主力长征到达陕甘，重新有了可以立足之地，革命形势一片大好，巨大的胜利对全党全军是巨大鼓舞。二是1936年2月，日本帝国主义继侵占我东北三省以后，又将魔爪伸向华北。蒋介石迎合日本帝国主义要求，继续实行不抵抗政策，“消极抗日积极反共”，国家和民族处于危机存亡之秋。三是1935年12月中共召开了瓦窑堡会议，确立了军事任务。根据形势分析，红军要东渡黄河，向山西发展，才能取得有利形势。当时规定东渡黄河的各项准备工作要在1936年2月5日完成。也就是毛主席创作《沁园春·雪》的前两天。根据会议决议，毛泽东同志率领红军长征部队胜利到达陕北清涧县袁家沟，准备东渡黄河开赴抗日前线。就是在视察地形时，毛主席登上海拔千米覆盖的高原，看到眼前千里冰封的大好河山，诗兴大发，写下了这首千古绝唱。

这首词，充分表现了毛主席的革命乐观主义精神和豪迈气概，字里行间流露出对中国革命前途的高度自信，也展现了他海纳百川、纵贯古今、“会当凌绝顶，一览众山小”的气度和胸怀，展现出英明领袖的气质和风范。这首词，毛主席对历代英杰皇帝一一点评，但是，在主席眼里，都稍逊一筹，都有遗憾。这对全军将士和全国人民无疑是巨大的鼓舞。毛主席这首词，突破了传统思维空间，近观天地，远论古今，情感与景物相生，令人叹为观止。正如1958年他老人家自注所言：“雪，反对封建主义，批判两千年封建主义的一个反动侧面。文采、风骚、大雕，只能如此。须知这是写诗啊！难道可以谩骂这些人们吗？别的解释是错误的。末三句是指无产阶级。”这就是领袖的气度。这里我还可以举一个小插曲，讲讲毛主席的气度。就在他老人家写了《沁园春·雪》五个月后，在保安的窑洞里，毛主席告诉美国记者斯诺：蒋介石总有一天要面临选择，要么抗日，要么被部下打倒。果然，1936 年 12 月 12 日，西安的张学良、杨虎成将军发动“兵谏”，逼蒋抗日，在斯诺心目中，毛泽东成了神奇的预言家。毛主席的思想文才和他个人的魅力那是古今中外英雄人物都难以比拟的。所以我觉得，这首词既是一首前无古人、后无来者的超凡之作，也是一篇催人奋进的战斗檄文。

现在我们正在以习近平为总书记的党中央领导下，共圆“实现中华民族伟大复兴的中国梦”。我们要以“欲与天公试比高”的精神、“数风流人物还看今朝”的气魄，团结一心，共同奋斗，把我们伟大的祖国建设得更加绚丽娇美。

二、学习朱德元帅《七律·太行春感》的体会

朱老总这首诗是 1939 年春在太行山写的，所以叫太行春感。诗的原文如下：

远望春光镇日阴，太行高耸气森森。
忠肝不洒中原泪，壮志坚持北伐心。
百战新师惊贼胆，三年苦斗献吾身。
从来燕赵多豪杰，驱逐倭儿共一樽。

先说说这首诗的创作背景。大家知道，1937 年卢沟桥事变后，全面抗日战争爆发。从 1937 年到 1939 年 9 月，毛泽东同志关于抗战的重要文献连续发表 14 篇，如著名的《抗日游击战争的战略问题》、《论持久战》等都是这期间发表的。当时，全党和全国有一个统一的认识，就是民族矛盾上升，阶级矛盾居次，因此实现了国共合作。就我们党来说，方针已定，那就是积极抗战、全面抗战、持久抗战，一定要把日本侵略者赶出中国去。中国工农红军为了早日出师抗日，于 1937 年 8 月 25 日改编为国民革命军第八路军。在朱德同志指挥下，由陕北誓师，东渡黄河，浩浩荡荡开赴华北抗战前线。从 1937 年 11 月到 1939 年春，八路军的 3 个师（115 师、120 师、129 师）

深入敌后，发动群众组织地方武装，建立抗日民主政权，点燃了太行山区的抗日烽火，与日寇展开浴血奋战，收复了60余座县城，大片国土从日寇的铁蹄下解放出来，在华北建立了第一个抗日根据地——晋冀鲁豫抗日根据地，使其成为抗击日本侵略者的主要战场之一，革命形势一片大好。在正面战场上，蒋介石却消极抗日、积极反共。自1938年10月日本侵略者占领广州、武汉后，国民党军纷纷溃败，国土大片沦陷。而固守太原的阎锡山摇摆不定，一会儿想抗，一会儿想降，既想团结依靠共产党，又怕共产党坐大，在联共和反共之间徘徊。而日本侵略者看到了国民党的弱点，也看到了共产党的力量，所以，集中兵力对付共产党八路军，抗日战争进入艰苦的相持阶段。就是在这样的情况下，朱总司令写了这首诗。

"远望春光镇日阴，太行高耸气森森。"开头这两句就把当时的气氛写出来了。第一句可以作三层理解：第一层，自然季节已是春天来了，但政治气候阴沉昏暗；第二层，共产党领导的根据地春天来了，日寇侵占的敌占区和国民党统治区的人民却仍生活在阴沉昏暗的环境中；第三层，遥望革命形势、发展趋势，充满春意盎然的气象，而眼前的形势却非常严峻。所以，第二句就写出，巍巍太行，高耸云天，气象肃穆，宏伟地站立起来。形势固然严峻，我根据地的军民却是顶天立地，我们的前途是光明的。我觉得这两句是写当时的形势。

接下来写感悟："忠肝不洒中原泪，壮志坚持北伐心。"这两句，作者巧妙而恰当地运用了两个典故，表达了中国共产党领导抗日根据地军民坚持抗战，决心打败日本侵略者的坚强信念。前句作者运用了《晋书·王导传》中的典故。说的是西晋灭亡，晋元帝司马睿在建康（现南京）重建了新政权——东晋。当时一些北方过江的士大夫为中原沦陷而悲叹流泪，这是空发牢骚徒悲伤啊！后句作者借用宋朝岳飞抗击金兵南侵、收复中原保家卫国的故事。有的认为，是指像孙中山先生当年北伐那样坚定不移，也有道理。把“不洒中原泪”和“坚持北伐心”这两个典故放在一起对比运用，感情真挚，比喻恰当有力。意思是说，具有忠肝义胆的人不应该像东晋士大夫那样，因中原暂时沦陷而“新亭对泣”，而应学习岳飞，坚持收复河山的壮志，把抗战进行到底。

接下来又深一层：“百战新师惊贼胆，三年苦斗献吾身。”这两句热情讴歌了中国共产党领导的根据地军民走过的艰苦的战斗历程以及取得的伟大功绩，笔调中洋溢着豪放和坚韧。百战新师是指由共产党领导的由中国工农红军改编的八路军。这支部队立下赫赫战功。比如，首战平型关、伏击雁门关、夜袭阳明堡，都是威震四海、闻名中外的大胜利。这三次战役分别是八路军的三个师打的。1937年9月在林彪、聂荣臻指挥下，在平型关打了抗日以来第一个漂亮仗，一举歼灭日本精锐第5师团21旅团共1000多人，击毁汽车100余辆、马车200余辆，缴获大批武器弹药和军用物资。10月，贺龙领导的120师在雁门关打了个伏击战，毙伤日军500多人，击毁汽车20余辆。还有一个漂亮仗，是刘伯承、邓小平、徐向前指挥的129师夜袭阳明堡。当时，日本鬼子老是派飞机轰炸我们。我们没有高射炮，步枪对付不了飞机，只好到处躲。当时任八路军385旅769团团长、后来成为共和国上将的陈锡联想，打不着天上飞的，可以打落了地的。经过侦察，敌人的飞机场只有个把连警戒，于是，10月19日突然袭击日军的阳明堡机场，一举击毁敌人飞机24架，消灭机场守敌100多人。此战极大地鼓舞了抗战军民的斗志，打击了日本侵略者的气焰。今天谈诗词，不是讲战例，如果讲战例，精彩的战例多得很。在战略防御阶段，八路军与日寇作战1600多次，歼敌5万多人，这当然称得上“百战新师惊贼胆”，同时也道出了朱总司令和根据地军民三年苦战创建了大好形势，感到无比自豪。

最后两句是豹尾佳句：“从来燕赵多豪杰，驱逐倭儿共一樽。”

唱出了作者对中国共产党领导的抗日军民坚持抗战、驱逐日寇、夺取胜利的战斗豪情和必胜信心，充满了革命的浪漫主义和乐观主义精神。自古燕赵多慷慨悲歌之士，英雄辈出、豪杰林立，军民团结、驱逐倭寇，解放全中国，迎来祖国新的春天，到那时，如同岳飞当年“直捣黄龙府，与君痛饮耳”，大家举杯共庆胜利，这是多么豪迈、多么畅快、多么令人向往的憧憬！尾联两句，就其在全诗中所起的作用来讲，可以称得上“豹尾”，以千钧之力，使全诗具有一种冲天气势，同时极大地拓宽了诗的意境，既是全诗最精彩的两句，也是全诗的高潮。

这首诗的艺术特点可以列出几条，比如，用典贴切，通俗易懂，寓意深刻，对仗工整，等等。细品全诗，最鲜明的特色可概括为两个字——“气势”。一般来说，气势是难以言传的，只能在吟咏中去细细体味、感受。但它又是可以体会可以琢磨的，因为它有其形成的原因。首先，作者在诗中选用了一些具有雄浑强健精彩的词语，如“气森森”、“忠肝”、“北伐心”、“惊贼胆”、“献吾身”、“多豪杰”等，音调响亮，节奏铿锵。其次，也是更深层的原因，是作者本人那种不畏强暴、不怕困难，压倒一切敌人的豪壮情怀和内在气质。这首诗正是这种情怀和气质的自然流露和升华。就像陈毅元帅说过的：“总司令就是总司令，总司令的诗有总司令的本色。”当然，诗的体式韵律，对表现这种气势也起到了非常重要的作用。

这期间朱老总写了很多诗，都很有特色。比如，《寄语蜀中父老》：“伫马太行侧，十月雪飞白。战士仍衣单，夜夜杀倭贼。”多么明白流畅，铿锵有力！古人云“诗言志，歌咏言”，言为心声，诗品反映人品。朱老总功高不骄傲，待人如春风，毛主席评价他是“肚量大如海，意志坚如钢”。这里我再讲个小例子。1939 年冬天，迎来了朱老总 53 岁生日。按照中国的传统习惯，兴讲虚岁，虚两岁，一岁是上天给的，一岁是父母给的，也就是 55 岁，正好进入老年期，算是大寿。北方局和八路军前线总部决定要给朱老总祝寿，朱老总坚决不同意，所以，不告诉他们确切日期。当时八路军前线总部驻在山西省武乡县王家峪，将士们和老乡商量，12 月 17 日举办。实际朱老总生日是农历 11 月 6 日、阳历 12 月 1 日。当时大诗人杨朔写了一首《寿朱德将军》为他祝寿。诗曰："立马太行旌旗红，雪云漠漠飒天风。将军自有臂如铁，力挽狂澜万古雄。"为表达谢意，朱老总写了《和杨朔作学原韵诗》，之后改为《赠友人》，老总诗曰："北华抗战赖群雄，壮士如云唱大风。自信挥戈能退日，河山还我流血红。"后来又将首句"北华抗战"改为"北华收复"，将末句"河山还我流血红"改为"河山依旧战旗红"。老总的这首诗，首先把收复北华功劳归到"赖群雄"和"壮士如云"上。申明取得的胜利是党中央正确领导，干部战士和老百姓团结奋战的结果，自己只是其中一分子。接着以磅礴气势，抒发了驱逐日寇、收复祖国大好河山的豪情壮志、抗战必胜的坚定信念和革命的乐观主义精神。

我们现在跟着党中央，跟着习主席，要实现"两个一百年"的宏伟目标，实现中华民族伟大复兴的中国梦、人民梦，就要学习朱老总这种坚定的信念和乐观主义精神，抓住机遇，应对挑战，化解矛盾，战胜困难，战胜对手，同时也战胜自己的缺点错误，用我们的辛勤劳动和聪明智慧，"同心协力唱大风"，"绿我涓滴，会它千顷澄碧"（习近平词）。

三、学习《义勇军进行曲》的体会

现在，我们无论走到哪里，参加什么的大活动，只要听到中华人民共和国国歌的旋律，就感到格外亲切、激动，心潮澎湃，无比自豪。可以说，国歌已经化作 13 亿人民的魂，溶入了中华民族集体的血脉。

那么，国歌是怎么创作出来的，是谁创作的，为什么叫"义勇军进行曲"呢？这要从中国的抗日战争史说起。

1931 年 9 月 18 日，日本侵略军炮击沈阳，爆发了震惊中外的“九一八事变”。1932 年初，日本帝国主义占领了东北三省。英雄的东北人民组成义勇军，在白山黑水之间与日寇展开了殊死战斗。就在同一时期，1932 年 1 月 28 日，日本侵犯我国最大的城市上海，“一·二八事变”爆发。1933 年 1 月，日寇侵占热河全省和察哈尔省北部，3 月中旬，日寇侵占华北地区长城各关口，逼近平津。在这关系民族存亡的关键时刻，国民党政府却采取了“攘外必先安内”的政策，加紧对中央苏区进行围剿，同时对日寇采取不抵抗政策，于 1933 年 5 月 31 日与日本签订了“塘沽协定”，进一步出卖祖国。在一年多时间里，我国东北和华北大部国土沦陷到日本侵略者手中。面对亡国灭种的危险，中国共产党领导全国人民掀起了抗日救亡高潮。全国各界以各种形式声援东北抗日义勇军。我们党组织的“左翼作家联盟”、“左翼戏剧家联盟”也组成了文艺大军，以电影、戏剧、音乐等形式，积极宣传抗日救国，号召全国人民团结起来抗击日本侵略者。《义勇军进行曲》就是这时诞生的，由田汉同志作词，聂耳同志谱曲。

这首歌的创作过程大致是这样的：1934 年底、1935 年初，上海“电通”电影公司要拍一部抗日题材的电影《风云儿女》。因为田汉是写作大家，下笔如神，挥手成篇，所以，电通公司就请田汉写剧本。田汉不孚众望，很快写出故事梗概，《义勇军进行曲》就是其中的主题歌。由于田汉同志思想进步，创作了不少号召抗日救亡的进步作品，国民党当局于 1935 年 2 月将田汉逮捕入狱。为加快电影拍摄进度，夏衍接手将故事写成剧本。聂耳知道后，马上找到夏衍，主动要求为这首主题歌谱曲。聂耳是中国无产阶级革命音乐的奠基者，是杰出的人民音乐家，是为无产阶级的解放而斗争的文艺斗士。他毫不犹豫地主动请缨，满怀激情创作了主题曲。他在参考《马塞曲》、《国际歌》和《船夫曲》等歌曲的基础上，为《义勇军进行曲》谱写了振奋人心的旋律。当时，聂耳仅用两夜时间就完成了曲谱初稿。此时的中国，笼罩在一片白色恐怖中。为躲避国民党政府的逮捕，党组织决定让聂耳出国暂避，同意他去日本深造。行期在即，只得将曲谱初稿带到日本修改，在日本将完成的曲谱定稿后寄回祖国，收件人是当时参与“电通”电影公司的孙师毅、司徒慧敏。这样，由田汉作词、聂耳谱曲的一首革命战歌就诞生了。这是聂耳短暂一生的最后作品，寄出这支曲子不久，在日本藤泽市游泳时，聂耳不幸溺水身亡，年仅23岁。

《风云儿女》这部电影，反映了“九一八事变”后，青年知识分子走出彷徨、投身抗战的故事，本身就有鲜明的时代意义。特别是配有《义勇军进行曲》的激昂歌声，因此，像插上了翅膀，在祖国大地上飞扬，响彻中国每一寸土地，吹响了抗日的号角。伴随着“一二·九运动”的学潮，伴随着救亡运动的巨浪、抗日战争的烽火、解放战争的硝烟，《义勇军进行曲》的旋律传遍大江南北、长城内外。由于《义勇军进行曲》的歌词有激情，曲调激昂优美，有冲击力，很快传到了我们的周边国家，后来传到了欧美，成为当时世界上传唱最广的歌曲之一。1940年世界著名黑人歌唱家保罗·罗伯逊在纽约的一个音乐厅演唱了这首歌，第二年他还灌制了一套名为《起来》的中国革命歌曲唱片，宋庆龄亲自为这套唱片撰写了序言。当时，《义勇军进行曲》是代表中国人民最强音的一支战歌。第二次世界大战即将结束时，由美国国务院批准的一套盟军胜利凯旋之歌的曲目中，不仅包括贝多芬、柴科夫斯基等音乐大师的作品，《义勇军进行曲》也列在其中。艺术家有国，艺术无国界。《义勇军进行曲》作为高品位的歌曲，不仅是中国的也是世界的，不仅影响了中国也影响了世界。从这个角度讲，聂耳不仅是中华民族的音乐家，也是人类历史上在世界上影响最大的音乐家之一。

《义勇军进行曲》是一首极富有创造性的歌曲。这首歌在战争年代激励着亿万人民去为争取自由解放而战斗。它对于唤醒民众保家卫国，争取民族独立，具有直接的宣传、教育、动员、鼓舞作用，因此，把它比喻为中国人民战斗的号角是恰如其分的。

对于中国人来说，最熟悉、最能唤起激烈共鸣的莫过于《义勇军进行曲》。每逢重大节日、重要场合、重要集会，都要升国旗、奏国歌。现在唱起它，我们仍然会感到革命的胜利成果来之不易，仍然心潮澎湃、激动不已，决心为实现中华民族伟大复兴的中国梦而努力奋斗。

下面我们来共同分析这首歌的歌词和谱曲，欣赏它的思想内涵和艺术价值：

起来！不愿做奴隶的人们！
把我们的血肉，筑成我们新的长城！
中华民族到了最危险的时候，
每个人被迫着发出最后的吼声！
起来！起来！起来！
我们万众一心，冒着敌人的炮火
前进，冒着敌人的炮火
前进！前进！前进！进！！

歌词不长，一共84个字，却是中华民族精神的高度凝练。它是散文诗的形式，通俗易懂，感情真挚，激情满怀，可以调动人的每一根神经，激活每一个细胞。词写得朴实、口语化，曲谱得生动、实情化。在旋律创作上，既吸收了国际上的革命成果和西欧进行曲的特点，又使其中国化，使之具有常有的民族特色，自然而然地就吸引广大群众，为人民群众愿意唱、喜欢听、容易学，很快就能掌握，因而最能发挥振奋人鼓舞人的战斗作用。

前奏具有铿锵的节奏、明亮的旋律。“起来，不愿做奴隶的人们，把我们的血肉筑成我们新的长城。”战斗气氛浓郁，给人坚定不移、势不可挡之感。

聂耳根据歌词分句的特点，把这首歌曲处理成由六个长短不等的乐句形成的自由体结构。虽然每个乐句的旋律、结构各不相同，但乐句与乐句之间衔接紧密、发展自然，唱起来起伏跌宕、浑然一体。

歌词第一、二句都是带号召性的，显得庄严雄伟，富有推动力。第三句“中华民族到了最危险的时候”是全部歌词中最重要的警句。这里不仅运用了全曲中最高、最强的音符音调，而且创造性地在“中华民族到了”之后，突然休止半拍，从而使“最危险的时候”这一句进一步得到强调。它鲜明地告诉人们：国家和民族正面临着生死存亡的抉择。在这里，我们似乎听到了作者在奋力呐喊！这一字一音都包含着号召人民奋起挽救祖国危亡的情感和力量。

第四句“每个人被迫着发出最后的吼声”，长达十三个字，聂耳出色地把它放在中低音区进行密集性处理，使之酝酿着一种不可阻挡的力量。

歌词的最后两句是全歌的中心思想和高潮所在，像一声冲锋号，激励着无数战士。冒着敌人的炮火前进！结尾时再三强调“前进”两字，音乐上富有动力，象征着中国人民百折不挠、勇往直前的伟大精神。

全歌采用重复最后一个乐句的方法结束。但作曲家在歌词的处理上非常有创造性：原词结束句是“前进！前进！前进！”聂耳在这三个“前进”之后，又添加了一个“进”字，从语法上看，它似乎有些多余，但这却是画龙点睛之笔。经过谱曲，它使歌声更加有力和富于特色，同时，也加强了这首歌的战斗性。

把《义勇军进行曲》定为国歌，不是偶然的，而是历史的必然、正确的选择。我体会至少有两大因素。

第一，从艺术角度看，从歌词到旋律，最能体现中华民族忧患与自救意识和爱国主义精神；最能体现中华民族百折不挠、勇往直前的乐观进取精神；最能体现中华民族独立自主、奋发图强、不信鬼神、不惧邪恶、自强不息的奋斗精神。它旋律激昂、铿锵有力、节奏明快，饱含着强烈的爱国热情，最能唤起让人们内心的强烈共鸣，激发人们的斗志和信心。

第二，从政治角度看，国歌是民族的灵魂、精神的象征，是增强民族团结和维护祖国统一的一面爱国主义旗帜。必须具有启发人、教育人、凝聚人、振奋人的作用。尤其是新中国的建立，既是一个新纪元的开始，又是一次新的长征。新中国成立后，面临着抵御外敌入侵，粉碎敌对势力颠覆，防止内部腐化变质，改造旧世界、建设新世界，实现民族复兴的神圣使命和艰巨任务，更需要居安思危，勿忘国耻，振奋精神，和平崛起。而《义勇军进行曲》正好具备了这样的功能和作用，把它选为国歌是历史的选择、人民的选择、正确的选择。

事情的经过是：在建国准备工作的筹备中，国旗、国歌、国徽的确定是一项重要内容。1949 年 6 月，新政协筹备会专门组织了征集国旗国歌国徽的评选委员会。7 月 4 日登报公开征集。征稿启事发出后，应征稿件如雪片般飞来。短短一个多月时间，收到国旗图案 2992 种，国歌谱曲 632 首，歌词 694 首，国徽图案 900 幅。征集来的国歌谱曲和歌词各有所长，但都不甚尽如人意。人民政协 600 多位代表分成 11 个小组商讨国歌时，评委会成员著名画家徐悲鸿和著名建筑学家梁思成极力推荐《义勇军进行曲》。毛泽东、周恩来等当即表示支持。第六组在讨论过程中，郭沫若、李立三等同志认为，“新中国已经成立了，中华民族到了最危险的时候这句歌词应该修改”，而张奚若、梁思成、黄炎培等主张词曲都不应修改，以保持它的完整性。毛泽东、周恩来都强调了不改歌词的意义，这样就基本统一了思想。会议结束时，周恩来提议，大家起立齐唱《义勇军进行曲》。9 月 27 日，政协第一届第一次全体会议举行大会，正式通过在中华人民共和国国歌未正式制定前，以《义勇军进行曲》为国歌。1949 年 10 月 1 日下午 3 时，中华人民共和国开国大典在北京天安门广场举行，《义勇军进行曲》庄严雄壮的乐曲，作为新中国的国歌，通过无线电波，传遍全世界。

“文化大革命”期间，国歌的作者田汉被林彪、江青、康生诬蔑为叛徒，国歌歌词被禁唱。

“文化大革命”结束后，国歌只能奏曲、不能唱词的问题被广大人民群众提出来。经过广泛征求意见，绝大多数人认为，原国歌曲调经历了抗日战争、解放战争以及社会主义革命和建设时期，广大人民群众对它有着深厚感情。它一直在鼓舞我们的革命斗志，至今仍保持着强大的生命力，在国内国际有着广泛的影响，无论走到哪里，只要听到它的音调，马上就会感到这是中华人民共和国的伟大形象，产生一种民族自豪感。于是，确定了用原曲调填词的方案。新的国歌的歌词是：

前进！各民族英雄的人民！
伟大的共产党领导我们继续长征。
万众一心奔向共产主义明天，
建设祖国保卫祖国英勇的斗争。
前进！前进！前进！
我们千秋万代
高举毛泽东旗帜，前进！
高举毛泽东旗帜，前进！
前进！前进！进！！

为了使新填的词与曲谱结合得更好，原国歌曲谱个别地方做了调整。

1978 年 3 月 5 日，五届人大第一次会议通过了这首国歌。对此，全国人民有很大意见。随着全国工作重心转移和改革开放的进展，再加上《义勇军进行曲》的词作者田汉的冤案于1979年4月得到平反昭雪。特别是在讨论《修改宪法》过程中，全国各界人士纷纷要求恢复《义勇军进行曲》原词为国歌歌词，而不用新填的词。在广大人民群众的一致要求下，1982年12月4日，第五届全国人民代表大会第五次会议通过决议，"恢复《义勇军进行曲》作为中华人民共和国国歌，撤销本届全国人民代表大会第一次会议1978年3月5日通过的关于中华人民共和国国歌的决定"。邮电部1983年专门发了纪念邮票。为表明国歌的神圣和庄严，中共中央宣传部专门颁布了《关于中华人民共和国国歌奏唱暂行办法》，强调升降国旗、奏唱国歌要严肃认真，国歌要人人会唱。这是每个公民应有的爱国情感。小学生要将教唱国歌列入课程，并根据歌词内容进行爱国主义教育。之后，中共中央、全国人大、有关部委多次颁发通知或制定规定，对国歌的奏唱和教育进行细化。2004年3月14日，第十届全国人大第二次会议决定正式将《义勇军进行曲》作为国歌写入宪法。

人们在传唱国歌的同时，也表达出对国歌词作者田汉同志和谱曲者聂耳同志的怀念之情和敬仰之意！

中国是诗的王国。诗，源远流长，历史悠久，影响巨大，孕育了中华民族的发展。在我国优秀的传统文化中，诗家最多，拥有的读者最广泛。诗歌起源于上古社会，是在劳动生产、两性相恋、原始宗教中产生的一种富有韵律美感和感情色彩的语言形式。

诗歌来自人的心灵，它照耀人的灵魂，涤荡人的思想，点燃人的激情。从性质上讲，也是表达思想理念、抒发思想感情、记录生活实践的一种文学形式，主要体现"三个特质"。以抗日战争诗歌为例，我的看法是：

第一，时代性。诗歌是时代的产物，诗歌最能反映出当时的历史背景和历史真实，是历史的记录。比如朱老总的诗"驱逐倭儿共一樽”，一读就知道是抗日时期的诗，反映的是那个时代人们的思想感情。

第二，大众性。诗歌是艺术和大众的结合，是最便于普及和传承的艺术形式。因为诗歌高度凝练又有韵律，读来朗朗上口，易记易传。诗歌的题材、形式、风格是多样化的，百花齐放，色彩斑澜，有格律诗也有散文诗、长短句，喜闻乐见，深入人心。

第三，战斗性。抗战诗歌，具有激发斗志、凝聚民心的功能。所以，它属思想政治工作范畴，是战斗檄文，也是战斗号角。前线官兵是勇士，后方诗人是“斗士”，都是抗日英雄，功不可没。像田汉同志、聂耳同志，他们的诗作、歌曲唤醒了千百万革命群众，教育了世世代代的人民大众。他们的贡献抵得上百万大军。一个是枪杆子，一个是笔杆子；一个是硬实力，一个是软实力，都推动历史前进的动力，结合在一起威力无比、撼天动地。

抗日战争时期的诗歌，对当代军人具有重要启示意义。它一方面警醒我们勿忘历史，居安思危，增强忧患意识、使命意识，决不能麻痹大意、松散懈怠；另一方面也在提醒我们，要着眼新的形势任务，创作出新的有战斗力的诗词，积极培育当代革命军人的核心价值观，为打赢信息化条件下的战争做好准备，为提高战斗力服务，为建设和巩固国防服务，为实现中华民族的伟大复兴服务。

附录二

“中国梦”的历史痕迹

——诗词中国记者访谈录*

中国梦是历代中华儿女的追求和探索。从古人提出雏形到近代不断探索，直到中国共产党才找到了实现中国梦的适合中国国情的道路。

700多年前，南宋德祐二年（1276年）正月的杭州，元兵压境、危亡在即，爱国诗人郑思肖写下了《德祐二年岁旦二首》。其一曰：

力不胜于胆，逢人空泪垂。
一心中国梦，万古下泉诗。
日近望犹见，天高问岂知。
朝朝向南拜，愿睹汉旌旗。

这是我读到的诗词中最早提到“中国梦”的诗句。这首诗写得很悲怆，大意是说，国家面临危亡，我却有心无力完成扶危救亡的大业，见到人只能垂泪相向。心中萦怀着救国救民之梦，默念着《诗经》中的下泉之诗，盼望有一个开明的君主领导国人把敌人赶出去，救人民于水火，扶社稷于危亡。离人间较近的太阳还看得见，遥不可及的高天就无法打听了。我天天朝着南方抗元的义军跪拜，希望能亲眼看到他们打着汉人的旗帜凯旋。

这首诗的诗眼是“一心中国梦，万古下泉诗”，其意是：我一心

---

*本文根据作者2014年7月31日接受诗词中国记者访谈的提纲整理。

梦想要恢复中原、统一祖国，那万古传诵的《下泉》诗所表现的思想和愿望，正是我日夜盼望的。下泉诗是《诗经·曹风》中的一篇，全文如下：

冽彼下泉，浸彼苞稂。忾我寤叹，念彼周京。
冽彼下泉，浸彼苞萧。忾我寤叹，念彼京周。
冽彼下泉，浸彼苞蓍。忾我寤叹，念彼京师。
芃芃黍苗，阴雨膏之。四国有王，郇伯劳之。

《下泉》诗描写了曹国诸侯共公时政治混乱，政令苛刻，人民痛苦不堪，人民盼望有郇伯那样贤明的君主来关怀百姓、治理国家。郑思肖在这里借用原作诗意，希望能有一个贤明的君王领导人民收复失地，恢复宋朝江山，治理好国家。

有人提出，"力不胜于胆，逢人空泪垂"中为什么用空和垂？可以换别的字吗？这句话的意思是，作者有心恢复故土，却没有力量，只能与熟人相对默默流泪，颇有心有余而力不足、无可奈何空悲切的味道。大家知道，诗词的魅力在于意象之美、意境之美。一首诗词如果没了这些东西，就等于丢了灵魂。此处用"空""垂"二字堪称经典。"空"是徒然的意思，表示非常无助。比如林觉民与妻书中的"空余旧痕"，这里的"空"表现的是无可奈何，有心无力，极端痛苦之意。"垂"字极具动感和画面感，簌簌有声，似乎能听到落泪之声，诚如贾岛"二句三年得，一吟双泪流"的"推敲"精神，也如杜甫那"为人性癖耽佳句，语不惊人死不休"的执着风格。如换成别的字，如"逢人只泪流"、"见人空流泪"、"逢人只泪垂"等，都表现不出"力不胜于胆，逢人空泪垂"的意境。

宋朝还有一位大诗人陆游，在诗中提到中国梦，这就是作于淳熙十一年（1184 年）的《新晴午枕初起信笔》：

闭户日陶然，书窗春已妍。
华胥梦中国，龙汉劫初年。

浩浩尘扬海，茫茫柱倚天。
何妨架孤鹤，小憩华山前。

诗中所讲的华胥是传说中的理想仙国，“华胥梦中国”意指梦见和平安乐的理想仙国。龙汉是道教术语，原指道教所划分天地未分，既分及化生万物的五大劫号名，为宇宙万物生成演化的五个阶段，亦称五祖劫。《双华岁钞》老氏之书曰：“天地之数有五劫。东方起自子，曰龙汉，为始劫。南方起自寅，曰赤明，为成劫。中央起自卯，曰上皇，北方起自午，曰开皇，俱为住劫。西方起自酉终於戌，曰延康，为坏劫。”到明清时期，道士借指人生中生、老、病、死、苦五大苦恼。“龙汉劫”，即道家所说的乾坤成毁的劫难，是五劫之首。这句诗的意思是说，作者正做着和平安乐的中国梦，突然进入乾坤成毁的凶境，颇有好梦难圆的浩叹和感慨。大海扬尘，孤柱撑天，只好驾着孤鹤到华山避难去了。

陆游的另一首诗《五月十一日夜且半，梦从大架亲征，尽复汉唐故地》，体现了作者强国之梦的渴望。诗云：“天宝胡兵陷两京，北庭安西无汉营。五百年间置不问，圣主下诏初亲征。……驾前六军错锦绣，秋风鼓角声满天。苜宿峰前尽亭障，平安火在交河上。”光复汉唐故土是诗人一生的梦想。其《十一月四日风雷大作》云：“僵卧孤村不自哀，尚思为国戍轮台。夜阑卧听风吹雨，铁马冰河入梦来。”可见其寝馈不忘光复大业。陆游有名的诗《示儿》云：“死去原知万事空，但悲不见九州同。王师北定中原日，家祭无忘告乃翁。”这是他的绝笔。其爱国之情感人肺腑。在陆游的词里，也有精彩的记梦之作。如《夜游宫·记梦》，词曰：“雪晴清笳乱起，梦游处，不知何地。铁骑无声望似水。想关河，雁门西，青海际。睡觉寒灯里，漏声断、月斜窗纸。自许封侯在万里，有谁知，鬓虽残，心未死。”悲情烈慨，感动天地。梁启超《读陆放诗集》有诗曰：“诗界千年靡靡风，兵魂消尽国魂空。集中十九从军乐，亘古男儿一放翁。”这是对陆游极为中肯的评价。

写梦的诗词还有一位大词家，就是寝梦不忘救国的伟大斗士辛弃疾。他在《水龙吟》中高唱：“算平戎万里，功名本是，真儒事，君知否？……待他年整顿，乾坤事了，为先生寿。”气象何等壮伟！辛弃疾的记梦杰作《破阵子》直抒胸臆，痛快淋漓：“梦里挑灯看剑，梦回吹角连营。八万里分麾下炙，五十弦翻塞外声，沙场秋点兵。马作的卢飞快，弓如霹雳弦惊。了却君王天下事，赢得生前身后名，可怜白发生。”读之令人热血沸腾。

有人提出，孙中山先生《挽刘道一》也是气势恢宏、境界远大的好诗。此评价恰如其分。刘道一是同盟会会员，1906 年秋参加领导萍乡、浏阳、醴陵起义，同年 12 月 31 日被清政府杀害于长沙浏阳门外，年仅 22 岁。这是同盟会成立后的第一次武装起义，也是牺牲的第一位同盟会会员。孙中山先生悲痛难抑，遂作此诗——《挽刘道一》：

半壁东南三楚雄，刘郎死去霸图空。
尚余遗业艰难甚，谁与斯人慷慨同。
塞上秋风悲战马，神州落日泣哀鸿。
几时痛饮黄龙酒，横揽江流一奠公。

诗中的刘郎是指刘道一同志。悲战马是指边境地区的秋风战马为刘道一悲鸣。这里特别提到“神州落日泣哀鸿”，可理解为华夏的太阳像哀伤痛苦的人一样下落，用落日比喻刘道一的牺牲，表达悲愤和婉惜之意。

半壁东南：秦汉时期有西楚、东楚、南楚，合称“三楚”，指的是长江中下游及其以东、以南的半边江山。作者这里称“半壁东南三楚雄”。

黄龙酒的典故是指，北宋末年，北方的金国（女真族）大举南侵，岳飞率领岳家军奋勇抵抗，连连取得胜利，收复了大片失地，还准备渡过黄河向北追击。岳飞在他的词作《满江红》里写道："直捣黄龙府，与诸君痛饮耳！"黄龙酒不是酒的名称。黄龙是金人的首府，在今吉林省农安县。岳飞鼓励大家攻下金国首都黄龙府，大家一起开怀畅饮。后说指打垮敌人开怀畅饮，是庆功酒的意思。

记者要我谈谈周恩来总理早年的诗《大江歌罢掉头东》，我说说我的学习体会吧。这首诗写于1917年，当时周恩来19岁，是赴日留学前夕所作：

大江歌罢掉头东，邃密群科济世穷。

面壁十年图破壁，难酬蹈海亦英雄。

"大江歌罢掉头东"起句气势雄伟，表达了周恩来同志负笈东渡寻求真理的决心。意思是说，刚刚唱罢苏东坡的大江东去，浪淘尽千古风流人物，我就要掉转船桨，义无反顾东渡扶桑，去寻找救国的良方。

"邃密群科济世穷"。为了中华的崛起，我要认真细致地博览各门学科（群科），增长知识，来拯救危难的中国。

"面壁十年图破壁"，我要像禅宗初祖达摩那样，面壁十年学习知识，深悟其道；又像南朝画家张僧繇画的四条龙，一经点出眼睛就破壁而出，腾空飞去。我用达摩面壁的精神学习，学成之后如巨龙破壁腾飞。作者将"面壁"和"破壁"巧妙结合，不仅在修辞上是一种艺术创造，更重要的是表达了不同凡响的人生追求。

"难酬蹈海亦英雄"，表明作者为了革命放弃学业而东渡留学的豪情壮志。"蹈海"有两解，一曰跳海殉身。当时有的仁人志士为唤醒沉睡的民众而跳海自杀。二曰出洋寻求真理，亦称"蹈海"。此处应是第二意，即使达不到出洋的目的，有这一志愿也能称得上英雄。

这里有个背景需要交代。当年周恩来在天津南开中学毕业，又考入南开大学。但因领导学生运动，无奈放弃在南开的学业，东渡日本留学。所以，本诗是不得意者（难酬）的慷慨悲歌。此时的周恩来，父母双亡，学业无成，在海外孤身一人，境遇凄凉。但他并未沉沦，而是学习梁启超等人，立志改变自己、改变社会。这首诗就是这位 19 岁的青年梦想与现实、奋进与沉沦交织下的思想斗争。诗中豪迈之气盎然，失落、激愤、迷茫亦在其中，值得体味。

毛泽东主席的词《水调歌头·重上井冈山》，更是意境非凡，大气磅礴。这首词写于 1965 年 5 月，发表于 1976 年元旦。大体经过是：1965 年 5 月 22 日毛主席到达井冈山，29 日上午下山，其间，于 27 日下午在井冈山 115 号房间写了这首诗。这天下午，汪东兴到毛主席房间送文件，看到主席正在对初稿进行推敲。汪问：“主席，这首词发表不发表?”主席说：“再放放。”5 月 29 日晚，毛主席下山，住进吉安宾馆交际处。汪东兴向陪同的中共江西省委书记处书记刘俊秀展示了毛主席这首词的初稿。

不久，时任全国妇联副主席的邓颖超同志在北京陪同毛主席接见外宾后闲谈起来。邓大姐问毛主席最近有没有新写的诗词，毛主席便于 9 月 25 日将新作《水调歌头·重上井冈山》和《念奴娇·鸟儿问答》两首词，加上“词二首”作为总题目，打印一份清样，送给邓颖超。

《水调歌头·重上井冈山》初稿清样如下：

久有凌云志，重上井冈山。千里来寻故地，早已变新颜。到处男红女绿，更有飞流激电，高路入云端。过了黄洋界，险处不须看。

风雷动，旌旗奋，是人寰。三十八年过去，抛出几泥丸！可上九天揽月，可下五湖捉鳖，谈笑凯歌还。世上无难事，只要肯登攀。

十年之后，1976 年元旦，《诗刊》1 月号正式发表了《水调歌头·重上井冈山》，各种解读纷纷发表，正式发表的词对原作有所修改，改后的词是：

久有凌云志，重上井冈山。千里来寻故地，旧貌变新颜。到处莺歌燕舞，更有潺潺流水，高路入云端。过了黄洋界，险处不须看。

风雷动，旌旗奋，是人寰。三十八年过去，弹指一挥间。可上九天揽月，可下五洋捉鳖，谈笑凯歌还。世上无难事，只要肯登攀。

从修改后的词作看，无论是对仗的工整还是作品的意境，都有提升，比初稿强了许多。现谈谈我的体会。

“久有凌云志，重上井冈山。”很久就有凌云壮志，要重上井冈山。不远千里，寻访故地，看到了旧貌“已变新颜”。这里改了一句，原词“早已变新颜”改为“旧貌变新颜”。这种新旧对比的手法，比直叙更加鲜明、深刻。下面两句改得更好。

原词：“到处男红女绿，更有飞流激电”，改为“到处莺歌燕舞，更有潺潺流水”，韵味大大提升。到处男红女绿，更有飞流激电，是通过井冈山人的面貌和水力发电等建设成就的描写来概括“旧貌变新颜”的表现。这种写法不错，但过于平实，缺少诗的含蓄和韵味。改为“到处莺歌燕舞，更有潺潺流水”，换了一个角度，描绘井冈山美丽迷人的自然景物，漫山遍野，莺歌燕舞，飞瀑流泉，潺潺有声，一派勃勃生机。多么赏心悦目，富有诗情画意！与下句“高路入云端”相接，构成一幅山青水秀，百鸟欢唱，蝶飞燕舞，蜿蜒公路、盘山绕岭、奔向云端的井冈山的风物图，为我们立体呈现了井冈山的景色美，仿佛一幅美丽的山水画。虚实结合，看似虚，细悟实，而且实得很美很亲切。这既体现了主席重上井冈山故地重游的欣喜之情，也展现了社会主义建设的新成就，今非昔比，天翻地覆，流露出作者“誓把山河重安排”的自信。

“过了黄洋界，险处不须看”。黄洋界是井冈山五大哨口之一，山高陡峻，仅有一条羊肠小道在峭壁环绕。1928 年毛主席曾挥笔写下《西江月 · 井冈山》，尾句是“黄洋界上炮声隆，报道敌军宵遁”。主席站在黄洋界上沉思远望，山下一览无余，极目处是罗霄山脉的各个峰头此起彼伏，好像整个世界都被这连绵不断的千峰万岭占据着。浮想联翩，当年的黄洋界血与火的战斗险关都已闯过，今后还有什么险关可畏惧的呢?

“风雷动，旌旗奋，是人寰。”读到这句，不由使人想起中央文献研究室副主任陈晋同志的解读，他从旗帜的角度感慨地发表了对“旌旗奋”的理解。他说：红旗，是改变世界的动力和象征，也是诗人特别酷爱的意象。从“旗号镰刀斧头”到“山下旌旗在望”；从“红旗跃过汀江”到“风展红旗如画”；从“风卷红旗过大关”到“不周山下红旗乱”；从“红旗漫卷西风”到“壁上红旗飘落照”；从“红旗卷起农奴戟”到“妙香山上战旗妍”……旗帜飘过巍巍井冈，茫茫乌蒙，绵绵六盘，浩浩中国……一曲曲艰难困苦与诗意盎然的“红旗颂”，注入诗人缔造红旗、护卫红旗的生死之情。我们今天仍然要高举中国特色社会主义旗帜，坚定我们的道路自信、制度自信、理论自信。旗帜就是方向，旗帜就是灵魂，旗帜是我们汇聚力量的标志。

下面一句也改得好。原词是“三十八年过去，抛出几泥丸”，定稿改为“三十八年过去，弹指一挥间”。多么流畅顺情！自从 1928 年 10 月毛主席率领秋收起义部队和朱老总率领的八一南昌起义部队在井冈山会师，创建了第一个革命根据地，到 1965 年，恰好 38 年。虽然这 38 年经过了艰苦卓绝的斗争和不屈不挠的探索，还是觉得时间过得飞快。就是这 38 年，井冈山，全中国，都发生了翻天覆地的变化，物转星移，换了人间。井冈山是中国革命的发源地。井冈山斗争时期，红军白手起家，连穿衣吃饭都是大问题。井冈山地域狭小，又是山地，可耕地很少，当时的粮食连本地人都不够吃。朱毛会师带来一万多人怎么办？靠自力更生、艰苦奋斗。就是在这种极端艰苦的情况下，中国共产党绝处逢生，走出了“以农村包围城市，武装夺取政权”的光辉道路，创造了“你打你的，我打我的，打得赢就打，打不赢就走”的战法。井冈山精神千条万条，最根本的是两条，艰苦奋斗，大胆探索。就是自力更生，走自己的路。

“可上九天揽月，可下五洋捉鳖”，这一句改了一个字，原诗“五湖”定稿为“五洋”，一字之易，眼界气魄大不一样。可以飞升到长空摘月，也可以扎到大洋捉鳖，然后谈笑风生、高奏凯歌、胜利还朝。这是何等的胆识和气魄，又是何等的信心和风采，何等的豪迈和乐观！

最后两行，诗人向世人表明了一个朴素平常的道理，“世上无难事，只要肯登攀”。掷地有声，豪情万丈。告诉人们，世上的任何事情都不是难事，只要努力就会成功，这是富有哲理的诗句。可以说，这是一读就懂、流传最广的名言佳句。许多国内外政要和普通老百姓都耳熟能详，好多人写成条幅挂在室内，作为座右铭。它隐含了一个哲学命题，干任何事情关键在人，人的关键在心，在人的志气和意志。鼓励人们下定决心、排除万难勇攀高峰。只有攀上最高峰，才能领略“会当凌绝顶，一览众山小”的宽阔境象，才能领略“无限风光在险峰”的宇宙气象。

记者要我谈谈黄兴的咏鹰诗，原诗是这样的：

独立雄无敌，长空万里风。
可怜此豪杰，岂肯困樊笼？
一去渡沧海，高扬摩碧穹。
秋深霜气肃，木落万山空。

大家知道，黄兴是中国近代著名的革命家，与孙中山先生齐名，有“孙黄”之称。这首诗用“咏物抒怀”或“物托言志”的手法，通过对物的描写，抒发自己的感情，表现远大的抱负。大意是：雄鹰独立飞翔，其无可匹敌的豪气，搏击在长风万里的空中。像这样令人怜爱的豪杰怎么肯被束缚在不自由的牢笼中？这一去便是跨越浩渺的大海，展翅高飞在碧蓝的天空。哪怕是寒气肃杀的深秋、花木凋落万山皆空的环境也不会动摇。黄兴以雄鹰自喻，表达自己冲破旧制度束缚的决心和为国为民的抱负，表达他对革命前途的必胜信念和高度自觉的精神。

记者问：“砍头不要紧，只要主义真，杀了夏明翰，还有后来人”，这首诗是在什么情况下写的，主义真是什么主义？了解党史和近代革命史的人都知道，夏明翰是优秀的中国共产党党员，是令人敬仰的革命烈士。夏明翰，湖南衡阳人。祖父是前清进士，任过户部主事。父亲赴日本考察后主张维新，辛亥革命后投附革命。可惜父亲早逝，祖父逼他读《四书》、《五经》。他看到社会现实，人民受苦受难，决心投身革命。他是从一个富家子弟离家出走参加革命的。1921 年，经毛泽东、何叔衡介绍入党，曾任毛泽东的秘书，也曾带领暴动队智取团防局，一次夺得 40 多支步枪。1927 年，他参加农民运动讲习所，担任全国农民协会秘书长，兼毛泽东的秘书。同年夏天，国民党发动反革命政变。1928 年夏明翰在武汉护送李维汉回上海，自己转移时被捕，入狱两天后（即 1928 年 3 月 20 日）遇害。夏明翰就义时，行刑官问他有什么遗言，他要来纸笔一挥而就，写了一首长诗，其中有这四句惊人之作。面对敌人的枪口，夏明翰高呼“共产主义万岁！共产党万岁！”英雄就义。这里的“主义”，当然是指马克思主义真理、共产主义理想。

中国梦的提法由来已久，已有千年历史。历代仁人志士进行了不屈不挠的探索。但是，直到毛泽东和中国共产党人探索实现中国梦，才有了新的内涵和外延，赋予中国梦新的内核。毛泽东的中国梦就是国家独立，民族解放，人民幸福。这与以往的中国梦至少有三个不同。

一是高度不同。毛泽东的中国梦是从历史的高度、国家的高度、民族的高度、人民的高度，确立梦之根基、梦之目标和圆梦途径。完全超越了个人狭隘的利益视角，有一种天下为公、一切为民的大思路、大气魄、大视角。而以往的中国梦，高度不够，视野狭窄，不可避免地附带封建色彩，带有较大的阶级局限性。

二是基础不同。毛泽东的中国梦建立在现实支撑的基础上，从中国的实际出发，依靠人民的力量，为了人民利益，通过人民的共同努力共圆中国梦，所以信心百倍、力量百倍。以往的中国梦，大部分带有主观愿望或田园色彩，缺乏现实主义根基，有的甚至寄希望于皇帝的开明，这就是历史的局限性。如“力不胜于胆，逢人空泪垂”，“华胥梦中国，龙汉劫初年”等，只能是口头哀叹或主观想象，光说不做，或不能做、不敢做。既然没有实践基础，当然也没有实现的可能。

三是路径不同。以往的中国梦，表达了一代代华夏儿女的上下求索、奋起抗争，无一例外都失败了，主要是路径不通，没有找到实现中国梦的正确道路。从毛泽东开始，经过几十年的探索，到今天习近平主席提出实现中华民族伟大复兴的中国梦，找到了实现的路径，那就是：依靠中国共产党的正确领导，在科学社会主义理论的指导下，靠全国人民的扎实苦干来实现梦想。正如习近平同志所讲的：中华民族的昨天，可以说是“雄关漫道真如铁”；中华民族的今天，可谓“人间正道是沧桑”；中华民族的明天，可以说是“长风破浪会有时”。我们这一代人生逢其时，要跑好我们这一代的接力棒，履行好我们这代人的使命担当，用我们的聪明才智和工作成绩，书写党史国史的新辉煌。历史是无情的，人民是伟大的，你在实现中国梦的伟大事业中做了什么，历史记得清清楚楚，人民看得清清楚楚。

中国梦是个大课题，如果用一句话来概括，那就是：全党的梦，全军的梦，全国各族人民的梦，就是国家富强、民族振兴、人民幸福。